관리의 비밀

중국 역사에 나타난 관리들의 생존법

관리의 비밀

吏

중국 역사에 나타난 관리들의 생존법

천웨이 지음 이기흥 옮김

인간사랑

차례

서문

청나라 관료 사회의 큰 인물이었던 이홍장李鴻章은 일찍이 이런 말을 남겼다.

"세상에서 가장 쉬운 일이 바로 벼슬살이다. 만일 벼슬살이마저 할 수 없다면 그야말로 쓸모없는 인물이다."

정말 곰곰이 생각해볼 만한 말이다. 민국 시기에 선영광宣永光이라는 하찮은 인물은 이홍장의 말을 이렇게 해석했다.

"중국에서 벼슬살이보다 더 쉬운 일은 없다. 그런데 벼슬이 높으면 높을수록 벼슬살이가 더욱 쉽다. 그러나 하찮은 벼슬아치의 경우는 오히려 자리가 낮으면 낮을수록 벼슬살이가 더욱 힘들다."

군주제 사회가 계속된 중국 역사 2천여 년 동안 헤아릴 수 없을 만큼 많은 관료 집단에 속한 벼슬아치들은 관료 사회에서 거의 모두 하찮은 인물이었다. 이들은 대부분 한평생 '일인지하 만인지상'이라는 관리로서의 최고 권력을 손에 쥘 수도 없었으며 권세 있는 이들의 거만한 모습도 드러낼 수 없었다. 이와는 달리 이들은 언제나 살얼음 밟듯이 조심조심 두려움에 떨며 살아야 했다. 큰 인물과는 달리 이들에게는 아랫사람을 부리고 속이는 기술이 있어야 했으며 동료가 세운 공을 함께 나눌 줄 알아야 했다. 또한 상사를 예의 바르게 모시는 방법에 통달해야 했다. 관료 사회에서 하찮은 인물의 벼슬길은 이중삼중의 압박 속에서 살아남기라고 할 수 있다. 이야말로 하찮은 벼슬아치가 버티기 힘든 원인 가운데 하나이지만 이 밖에 다른 원인도 널려 있다.

군주제 시대 관료 사회의 역사를 살펴보면, 관료 사회의 잠언이나 철학을 남긴 이는 모두 다 권세를 누렸던 인물이다. 이들이 남긴 잠언이나 철학의 주제는 '덕으로써 정치를 하라' 나 '자연의 이치를 따르라,' 또는 '총명하게 일을 잘 처리하여 제 몸을 보전하라' 나 '크게 지혜로우려면 어리석은 사람처럼 행동하라' 였으며, '사소한 일도 빈틈없이 살펴라' 나 '오로지 얼버무리며 속이고 감추어라.' 등도 있었다. 심지어는 사람을 깜짝 놀라게 만드는 후흑厚黑의 방법도 있었으니, 한 사람의 벼슬살이에 그야말로 의견이나 방법이 정말 많았다.

그러나 이런 여러 가지 의견이나 방법 가운데 관료 사회에서 하찮은 인물이 내놓은 저작은 찾아보기 어렵다. 바꾸어 말하면, 관료 사회에서 하찮은 인물들이 남긴, 벼슬아치를 위한 경전은 거의 없으며, 그들처럼 수많은 중하급 관리들이 잘못된 방향을 바로잡았을 뿐이다. 큰 인물들이 내세운 관리를 위한 방향이나 견해는 이들이 처한 경우나 권력 등 여러 가지 원인 때문에 하찮은 인물들이 배우고 모방하기에는 결코 적합하지 않았다. 게다가 사람들을 더욱 괴롭힌 것은, 큰 인물은 높은 곳에 있었기에, 벼슬을 하는 이라면 도덕적인 기준에 맞게 처신해야 하며 검소하고 소박한 기풍을 가진 대신들을 모범으로 삼아야 한다는 등 마음에도 없는 말을 할 수밖에 없었다는 점이다. 이런 빛 좋은 개살구 같이 번지르르한 말은 관료 사회에서 하찮은 인물이 큰소리칠 수 있는 말이 아니었다.

역사를 보면 관료 사회에서 하찮은 벼슬아치였지만 몇몇 뛰어난 인물은 하나같이 벼슬아치 노릇을 기술적인 일로 보았다. 그러기에 관료 사회의 입장에서 말한다면, 이런 하찮은 인물이야말로 가장 훌륭한 기술을 가진 무리였다. 이들은 일처리에 융통성을 발휘해야 했으며, 수단을 부리며 권세에 아부할 줄도 알아야 했으며, 원만한 처세로 어느 쪽의 미움도 받지 않아야 했다. 그리하여 이들은 빌붙어 이익을 취하는 행위를 진취적이라 믿었으며, 미화하고 알랑거리고 비위 맞추는 일을 열정으로 변화시켰으며, 권력에 대한 아첨과 아부를 공경으로 받아들였으니…….

그러나 이렇게 하려면 자신의 명성이야 내던질 수밖에 없었으니, 말처럼 어찌 그리 쉬웠겠는가?

그러나 2천여 년 동안의 중국 봉건 사회 역사 속에서 한 무리의 하찮은 인물들은 비록 '덕 쌓기'나 '학설 세우기'는 할 수 없었지만 '공적 세우기'는 할 수 있었다. 만약 우리가 관료 사회에서 활동한 하찮은 이들 인물들의 벼슬살이 방법을 종합한다면 오로지 한 문장으로 표현할 수 있으니, '수신을 위한 내경과 관계학을 혼합해서 사용하며 안팎으로 수련하여 영원히 쓰러짐 없는 든든한 자리를 확보한다.'는 것이다.

'수신'이란 무엇인가? 수신은 바로 '내강內剛'할 수 있는 노력이다. 이는 마치 사람 몸의 뼈와 같다. 뼈대의 받침이 없으면 일어설 수 없다. 게다가 뼈가 나약하면 오랫동안 걸을 수도 없다. 벼슬살이도 이와 같아서 먼저 단련해야 할 것은 수신을 위한 내경이다. '단단한 근육에 강철 같은 뼈대'로 연마되면 온갖 변화에 변함없이 대응할 수 있다. 이런 점에서, 하찮은 인물과 큰 인물은 모두 서로 통하는 바가 있다. 다른 점이라면 하찮은 인물의 수신은 벼슬살이와 동시에 '면벽面壁'해야 한다는 데에 있다. 면벽은 사실 훗날 벽을 깨려는 데 목적이 있다. 윗사람을 공경하며 벽을 깨려면 반드시 면벽이 앞서야 한다.

관계의 법칙에 정통하면 '외유外柔'에 이를 수 있다. 이는 마치 몸의 피와 살이 차디찬 백골을 덮어 감추어야만 다른 사람을 오싹하게 만들지 않고 친근하게 접근하며 자유자재로 행동할 수 있는 것과 같다.

수신과 관계의 법칙은 하찮은 인물이 가져야 할 벼슬살이의 수단이다. 이들을 결합하면서 윗사람을 공경하고 동료와는 잘 섞이고 아랫사람을 잘 통제한다면 벼슬길에서 여유롭게 행동할 수 있다. 벼슬길에서 하찮은 인물은 수신과 더불어 임기응변의 책략을 함께 중시해야 한다. 수신으로 바로 서고 임기응변의 책략으로 실행할 수 있기 때문이다. 수신은 사실 중요하지만 관료 사회는 결코 안락하고 자유로운 세계가 아니다. 관료 사회에는 수없이 많은 보이지 않는 규칙으로 가득하다. 이런 보이지 않는 규칙을 실제로 집행하는 이는 대부분 하찮은 인물이다. 그러기에 하찮은 인물이 발을 붙이고 이름을 떨치려면 임기응변의 책략으로 자신을 보호하고 배려해야 한다. 또 임기응변의 책략으로 융통성 있게 대응하는 것이 일을 이루는 바탕이 되어야 한다.

이 책에 나오는 관료 사회의 하찮은 인물은 명예와 이익을 함께 거머쥐고 한 지역의 지방장관이 되기도 했고, 관료 사회를 이리저리 여유롭게 오가며 몸을 숨기는 막료가 되기도 했고, 지혜와 모략으로 어느 날 갑자기 높은 자리를 차지하며 진취적인 인사가 되기도 했으며, 융통성 있는 일처리로 관료 사회의 오뚝이가 되기도 했으며, 수신을 위한 내경과 관계의 법칙을 완벽하게 결합하여 입신의 경지에 이르며 권세가 하늘을 찌를 듯이 대단한 인물이 되기도 했다. 이들의 이름은 오늘날 크게 알려지지 않았을지라도 이들의 벼슬살이 철학은 관료 사회의 소중한 재산으로써 후세 사람들에게 깨우침과 함께 조심하라는 경고 메시지를 줄 수도 있다.

제1장

면벽십년面壁十年

수신을 위한 내경內經이 된 '면벽십년面壁十年'은 불교의 시조 석가모니에게서 나온 말이다. 석가모니는 산속 동굴에서 풍찬노숙하며 면벽한 지 십 년 만에 참선을 통해 불도를 깨닫고 설법을 펼치며 중생을 제도했다. 수신이란 짧은 시간 안에 이루어질 수 있는 것이 아니라 끈기 있게 오랫동안 지속해야 함을 알 수 있다. 관직에 있으면서 수신을 하려면 평시에도 언제나 마음에 두고 있어야 문득 깨달음에 이를 수 있다. 비록 제목은 '면벽십년'이라고 붙였지만 단지 경계하기 위해서이고 그 목적은 사실 뒷날의 '도파벽圖破壁'[1]에 있다.

1 저우언라이周恩來의 『대강가大江歌』에 이런 구절이 있다. '大江歌罷掉頭東, 邃密群科濟世窮, 面壁十年圖破壁, 難酬蹈海亦英雄.'

1. 제갈량諸葛亮 – 학이우즉사學而優則仕

공자는 이렇게 일렀다.

"학문을 하면 녹봉이 따른다."[2]

또한 공자의 수제자 자하子夏는 이렇게 말했다.

"학문을 하면서도 여력이 있으면 벼슬길에 나선다."

송나라 진종眞宗 조항趙恒은 『권독시勸讀詩』에서 한 걸음 더 나아가 이 말에 자세한 해석을 붙였다.

부자 되려고 기름진 밭 사지 말게,
책 속에 천 가마 곡식 있네.
편안하게 살려고 멋진 집 짓지 말게,
책 속에 황금으로 지어진 집 있네.
훌륭한 중매쟁이 없다고 탓하지 말게,
책 속에 백옥처럼 예쁜 아가씨 있다네.
먼 길 나서는 데 따르는 이 없다고 한하지 말게,
책 속에 수레와 말이 떼 지어 있다네.
사나이 평생 뜻을 이루려면
책상머리에서 오경을 부지런히 읽게.

富家不用買良田, 書中自有千鍾粟.
安居不用架高堂, 書中自有黃金屋.
娶妻莫恨無良媒, 書中自有顔如玉.

2 學也, 祿在其中矣. 『논어』「위령공」에 이 구절이 있다.

出門莫恨無人隨, 書中車馬多如簇.

男兒欲遂平生志, 五經勤向窓前讀.

고대 관료 사회에는 이런 행운아가 적잖이 있었으니, 바로 학문이 선비들에게 관료 사회로 나아가는 탄탄대로였다.

학문을 해야만 비로소 벼슬을 할 수 있었기에 이름 없는 많은 이들에게 학문은 벼슬길로 가는 필수과목이었다. 옛 사람들이 책을 읽고 학문을 하는 것은 거의가 벼슬을 얻기 위함이었으니, 이는 중국의 역사 발전 과정에서 흔히 볼 수 있다. '낭형영설囊螢映雪'[3]이니 '착벽차광鑿壁借光'[4]이니 '현량자고懸梁刺股'[5] 따위는 모두 '하루아침에 명성을 얻어 천하에 알리기' 위함이었다. 벼슬과 부귀영화는 함께 결어 짠 직물이다. 어떤 사람의 벼슬과 그 벼슬의 높고 낮음은 그 사람의 성취를 평가하는 주요한 기준이 되었다. 벼슬이 높으면 높을수록 그의 학문도 높고 업적도 컸기에 사람들은 그의 인생에서 성취한 가치가 더욱 높아졌다고 믿

3 진晉의 차윤車胤은 어려서부터 가난하여 여름이면 반딧불이를 모아 그 빛으로 책을 읽었으며, 같은 시대 손강孫康은 겨울이면 언제나 눈의 반사광을 이용하여 책을 읽었다. 이제 이 말은 가난한 환경 속에서도 부지런히 애써 공부한다는 뜻으로 쓰인다.

4 서한西漢의 광형匡衡은 벽을 뚫은 뒤 이웃집 불빛을 끌어들여 책을 읽었다. 고생을 참아가며 열심히 공부한다는 뜻으로 쓰인다.

5 한漢의 유학자 손경孫敬은 어렸을 때 참으로 숱한 고생을 참아내며 공부했다. 깊은 밤까지 공부하며 자기도 모르게 잠들까 염려한 나머지 머리카락을 끈으로 묶어 들보에 연결했다. 졸음이 와서 고개를 깊이 끄덕이면 아픔을 느끼도록 하여 잠을 쫓았다고 한다. 또한 전국시대 유명한 정치가 소진蘇秦은 젊은 시절 꽤 높은 학문 수준에 이르렀지만 각국으로부터의 멸시는 물론 집안 식구까지도 냉대하자 큰 결심으로 다시 학문에 매진하며 깊은 밤 송곳으로 자기의 넓적다리를 찌르며 쏟아지는 잠을 쫓았다 한다.

었다. 그리고 사람들은 그 앞에 머리를 조아리며 설설 기었다.

삼국 시대에 제갈량諸葛亮은 상대로부터 '촌놈' 소리를 들었다. 사실, 제갈량은 승상이 되기 전에는 분명 초야에 묻힌 촌놈이었다. 제갈량의 고향은 도겸陶謙이 관할하던 서주徐州 부근이었다. 뒷날 조조曹操가 거느린 대군이 세차게 밀고 들어와 마을이 함락되고 말았다. 조조는 서주를 함락한 뒤, 아버지를 죽인 원수를 갚기 위하여 보이는 대로 사람을 죽여 수십만이나 되는 주검을 사수泗水에 버리니 흐르는 피가 넘쳤으며, 이 주검으로 강물이 흐름을 멈출 정도였다. 이때, 불과 몇 사람만이 죽음을 면할 수 있었다.

부모가 잇달아 세상을 떠나자 제갈량 형제는 전란 중에 온 집안이 참혹한 불행을 당해야 했다. 이때, 제갈량의 나이 겨우 열두 살이었다. 인생에서 어린 나이에 부모를 모두 잃는 것보다 더한 불행은 없을 터, 어쩌면 몸소 겪은 이런 내력 때문에 그는 어린 나이에도 경망스럽게 행동하지 않았는지 모른다.

그 후에 제갈량과 그의 형제자매는 어쩔 수 없이 숙부 제갈현諸葛玄을 따라 살 곳을 찾아 타향을 떠돌았다. 그들은 고향 서주로부터 천 리나 멀리 떨어진 형주荊州의 양양襄陽으로 와서 형주목荊州牧 유표劉表에게 몸을 의탁했다. 여기까지 오면서 어수선한 전란 속에 고생이 이만저만 아니었지만 양양에 와서야 비교적 안정된 환경을 찾았다. 하지만 숙부가 세상을 뜨자 제갈량은 의지할 만한 마지막 친척을 잃은 셈이 되었다. 제갈량의 청소년기에는 재난도 많았고 어려움도 많았다. 어려운 생활에 도처를 떠돌았으며, 이제 가까운 친척마저 세상을 뜨고 남에게 의지하여 살아야 하는 굴욕까지 겹쳤다. 차마 지난날을 돌이키기조차 싫었겠지만 이런 생활은 참으로 소중했다. 어려움을 겪은 제갈량은 사회와 인간에 대하여 더 깊은 이해와 판단을 하게 되었으며, 나아가 다른 사람이 배울 수 없었던 것들을 공부하게 되었다.

훗날, 제갈량은 융중隆中에서 스스로 농사를 짓는 생활을 했다. 이는 은둔 생활이라기보다는 벼슬길로 나아가기 위해 준비하는 생활이었다. 가난한 이에게, 벼슬길로 나아가기 위한 지름길은 열심히 공부하는 길밖에 없었다. 제갈량은 속세의 성가심도 피했으며 도회지의 소란스러움도 멀리했다. 그리고 불필요한 모임도 피했으며 제후에게 명망도 구하지 않았다. 그는 오로지 마음을 다해 학문에 정진할 수 있는 비교적 괜찮은 환경을 찾아야 했다. 이는 자기의 원대한 포부를 실현하기 위하여 지식과 능력을 축적하기 위해서였다. 그런데 융중은 산세는 높지 않았으나 수려했고, 강은 깊지 않았으나 맑고 깨끗했으며, 땅은 넓지 않았으나 평탄했고, 숲은 크지 않았으나 무성하여 길짐승 날짐승이 서로 어울리고 솔잎과 댓잎이 모두 푸르렀으니, 바로 여기가 제갈량에게는 손수 농사를 지으며 애써 공부하기에 더 없이 좋은 곳이었다. 고생스럽지만 담백하고 고요한 생활을 통하여 그는 높고 먼 곳을 향한 꿈을 키웠다. 이런 점은 그가 쓴 『계자서誡子書』와 『계외생서誡外甥書』를 통하여 알 수 있다. 그는 『계외생서』에서 이렇게 말했다.

"무릇 뜻을 원대하게 품어야 할 것이며, 선현을 앙모하며 욕정을 멀리하라. …… 만약 품은 뜻이 굳세지도 꿋꿋하지도 않으며 의기도 강개하지 않아 속세에 헛되이 물들고 욕정에 묶여 세상에 이름도 알려지지 않으면 영원히 평범한 사람으로 살며 비천함을 면할 수 없다."[6]

또한 그는 『계자서』에서 이렇게 일렀다.

"무릇 군자라면 고요한 마음으로 심신을 수련하고 검박한 태도로

6 夫志當存高遠, 慕先賢, 絶情欲 …… 若志不强毅 ,意氣不慷慨 ,徒碌碌滯於俗 ,默默束於情 ,永竄伏不庸 ,不免於下流.

덕을 닦아야 한다. 세속의 명리에 욕심을 버리지 않으면 자기의 뜻을 명확히 할 수 없으며, 심신이 고요하고 깨끗하지 않으면 원대한 이상을 실현할 수 없다. 학문을 함에 온 마음과 뜻을 기울여야 하며, 반드시 각고의 노력으로 공부해야 재주와 능력이 향상된다. 공부하지 않고서는 재주와 지혜를 넓히고 깊게 할 수 없으며 뜻을 명확히 하지 않으면 학문에 향상을 기할 수 없다."[7]

제갈량의 이 말을 한 마디로 간추리면 뜻은 원대하게 품고 외로움은 참아내야 한다는 뜻이다.

결국 이렇게 고생스럽게 공부하며 수행한 결과, 제갈량은 유비劉備의 삼고초려三顧草廬를 받아들여 천하의 대권을 함께 도모하게 되었다.

하찮은 인물도 벼슬을 하려면 반드시 책을 읽어야 했다. 물론 관료사회에는 공부를 하지 않은 인물도 있었다. 이들은 대부분 살림살이가 부유한 집 자제들로서 대수롭지 않게 벼슬을 돈으로 샀다. 이렇게 돈으로 사들인 벼슬이지만 부잣집 자제들은 오래 견디지 못했다. 학식이 없으니 직위가 그를 지켜주지는 않았다.

청나라 때에는 매관매직이 매우 성행했다. 이때, 돈으로 벼슬을 산 어떤 이는 공자孔子가 누구인지도 몰랐다.

건륭황제 때 양회兩淮[8]의 소금에 관한 행정을 관장하는 염운사鹽運使가 있었다. 바로 돈으로 벼슬을 산 사람이었다. 그날은 공자께 제사를 올리는 날이었다. 참으로 이상하게 여긴 염운사가 곁에 있는 이에게 제사로 받드는 공자가 대체 누구냐고 물었다. 곁에 있던 구실아치가 이렇

7 夫君子之行，靜以修身，儉以養德，非澹泊無以明志，非寧靜無以致遠. 夫學須靜也，才須學也，非學無以廣才，非志無以成學.

8 지금의 장쑤성 양쯔강揚子江 이북과 화이허淮河 남북의 대부분 지방.

게 대답했다.

"공부자孔夫子입니다."

무슨 말인지 못 알아들은 염운사가 이제는 훈장에게 가서 물었다. 훈장은 염운사에게 이렇게 말했다.

"공자는 성인입니다."

아직도 이해하지 못한 그는 그와 함께 벼슬살이를 하는 친구에게 물었다.

"공자가 무슨 벼슬인가?"

그 친구는 이렇게 대답했다.

"노魯의 사구司寇로서 상사相事를 대리했지."

이렇게 되자 염운사는 더욱 이해할 수 없었다. 그러자 이 친구는 다시 해석해 주었다.

"오늘날로 말하자면, 형부상서 겸 협판대학사協辦大學士에 상당하지."

이 말에 염운사는 문득 크게 깨달았다는 듯, 구실아치와 훈장을 당장 불러 힐책했다.

"무슨 부자, 무슨 성인이란 말이오? 그래, 그대들은 공중당孔中堂[9]도 모른단 말이오!"

구실아치와 훈장은 바로 면전에서 무식한 염운사를 비웃지는 못했지만 이런 어리석은 사람 밑에서 일한다는 사실이 참으로 괴롭고 안타까웠다. 결국, 어떤 이는 그 곁을 떠났으며, 다른 이는 상부에서 높은 벼슬아치가 시찰을 나왔을 때 일부러 염운사를 망신당하게 했다. 염운사는 끝내 맡은 일을 감당하지 못하고 감투를 벗었다.

9 '중당'은 명·청 시대 관직명이다.

학문이 있어야 벼슬을 하고, 벼슬을 하려면 학문이 필요했다. 그럭저럭 아무렇게나 벼슬살이를 하면서 뱃속에 든 것마저 없으면 사람들에게 웃음거리나 멸시의 대상이 될 수밖에 없었으며, 결과적으로 자연스레 맡은 임무를 감당할 수 없어 자리도 보장받지 못했다.

고대의 관료 사회는 사실 한 사람의 학식을 검증하는 곳이기도 했다. 만약 그 사람의 학식이 심오하지 않다면 겸허하고 신중해야 했다. 명나라 만력 초년, 과거 시험을 칠 때, 어떤 선비가 '원모성怨慕聲'을 제목으로 글을 썼다. 여기서 '원모'라는 말은 '사모思慕'라는 말과 같은 뜻이다. 이는 『맹자孟子』「만장상萬章上」에 나오는 말이다. 여기에서 맹자는 순舜이 부모를 사모했다고 말한다. 이 때문에 이 선비는 글을 지으면서 '순이 위대하게 된 것은 아버지의 가르침 때문이요, 또 어머니의 가르침 때문일세.'[10]라는 구절을 넣었다. 그러나 감독관은 그 뜻을 풀이하지 못하고 '보통'으로 평가하며 4등급에 넣었다. 선비는 너무 억울한 나머지 감독관을 찾아가 해명을 했다.

"제 글 속의 이 구절은 『예기禮記』「단궁檀弓」의 기법을 따른 것입니다."

그러나 감독관은 잘못을 알고 고치기는커녕 벌컥 성을 내며 선비를 꾸짖었다.

"자네만 「단궁」을 읽었구먼!"

그러면서 오히려 5등급으로 고쳐서 채점했다. 선비도 화가 나서 당장 감독관을 상부에 고발했다. 이 자리는 여러 사람이 노리며 기다리고 있었기에 남의 어려움을 틈타 기회를 잡으려는 이가 잇달아 나타났다. 물론 감독관은 동료에게 밀려날 수밖에 없었다.

10 爲舜也父者, 爲舜也母者.

이와는 다른 경우도 있다. 명나라 때 서존재徐存齋는 일을 훌륭하게 처리했다. 서존재는 한림翰林의 신분으로 강절江浙 지방의 원시院試 감독관으로 파견되었다. 만 서른이 채 되지 않았으나 직위는 오늘날 대학 총장에 해당했다. 이때, 시험에 응시한 어떤 선비가 글 속에 '안고공지탁顔苦孔之卓'[11]이라는 구절을 인용했다. 서존재는 '두찬杜撰'[12]으로 평가하며 4등급으로 처리했다.

서존재의 평가를 받은 이 선비는 도저히 받아들일 수 없었기에 이 글을 들고 서존재를 찾았다.

"선생님의 가르침은 정말로 훌륭하십니다. 하지만 '고공지탁苦孔之卓'은 두찬이 아니라 양웅揚雄의 『법언法言』에 나오는 말로 출처가 분명합니다."

서존재는 그 자리에서 얼른 일어나며 말했다.

"이 자리에 있습니다만 너무 젊은지라 학문이 부족합니다. 많은 가르침을 바랍니다."

그리고는 다시 1등급으로 평가했다. 당시 사람들은 서존재가 학식도 깊고 도량도 너그러워 벼슬을 할 만하다고 칭찬했다.

2. 고적高適 – 인내심

하찮은 인물이 면벽 십 년으로 어렵게 공부하며 몸과 마음을 갈고

11 안연顔淵이 공자에게 가르침을 받았지만 공자의 학문과 덕행이 너무 탁월하여 스승을 따르며 공부하는 데 어려움이 많았다는 뜻임.

12 전거나 출처가 확실하지 않고 틀린 곳이 많음.

닦으려면 인내심을 소중히 여겨야 한다. 인내심은 자기의 포부와 목표를 앞에 두고 흔들리는 마음을 가라앉히는 힘이다. 도대체 얼마나 기다려야 대수롭지 않은 관직이라도 얻을 수 있을까? 십 년, 이십 년, 삼십 년, 그것도 아니면 한평생? 벼슬자리는 관계官界에서는 언제나 부족한 자원이다. 벼슬로 향하는 길에 어깨를 겨룰 이는 수없이 많다. 그러기에 많은 이들이 하나의 자리를 놓고 인내심을 가지고 기다린다. 사람의 한평생은 몇 십 년을 견딜 수 있을까? 한평생 온갖 적막과 평범함을 참고 견디라고 말하진 않겠다. 그런데 당나라 때 시인 고적高適은 벼슬길로 들어선 하찮은 인물에게 이렇게 명확하게 일러주었다.

"만약 그대가 벼슬길로 섞여 들려면, 게다가 멋지게 섞여 들려면 오십 년을 악착스레 기다려야 하네."

오십 년이라니? 오십 년은 벼슬아치로서 몸과 마음을 갈고 닦기 위한 최고의 경지이다. 이런 경지가 있었기에 고적은 같은 시대를 산 다른 시인들보다 벼슬길이 더욱 순조로웠고 막힘이 없었으며 영광스러웠다. 게다가 더욱 높은 평가를 후세 사람들에게 받았다. 『구당서舊唐書』「고적전高適傳」은 '당나라에서 시인으로서 높은 지위에 오른 자는 오직 고적뿐이다.'[13]라고 기록했다.

고적은 어린 시절 거의 아무것도 가진 것이 없을 정도로 가난했다. 그의 조상이 벼슬길에 올랐던 집안이긴 했다. 그는 어린 시절 소주장사韶州長史를 지낸 부친을 따라 광동廣東에 줄곧 머물렀지만 불행하게도 부친이 재임 중 일찍 세상을 뜨고 말았다. 기댈 곳 없었던 고적은 오로지 친구가 보태주는 몇 푼의 돈으로 살아야했다. 사실 고적의 이런 형편은 오늘날의 떠돌이나 다를 바 없었다. 그런데 생활은 이처럼 곤궁하

13 有唐以來, 詩人之達者, 唯適而已.

여 하루 세 끼 잇기가 곤란했지만 고적은 책을 읽고 무술을 연마하는 일을 결코 소홀히 하지 않았다. 그의 검술은 날로 발전했고 문장도 갈수록 훌륭해졌다. 또한 어린 시절 고적은 친구 사귀기를 좋아했다. 이것도 벼슬을 위해 쌓아야 할 자산 가운데 하나였다. 벼슬로 나아가는 길을 찾기 위하여 이제 스무 살이 된 고적은 친구의 의견을 좇아 한 자루 장검을 차고 장안으로 왔다.

젊은 나이에는 경망스럽기 마련이니, 고적은 서울에 오면 식은 죽 먹기로 벼슬자리를 쉬 얻을 줄 알았지만 끝내 아무런 결과가 없자 송주宋州의 송성宋城에서 오랫동안 타향살이를 할 수밖에 없었다. 개원開元 18년을 전후하여 고적은 계문薊門으로 북상하여 연조燕趙 지방을 발길 닿는 대로 돌아다녔다. 이때, 마침 연산燕山 일대에 북쪽 유목민족이 당나라의 변경을 침입하여 전투가 벌어졌다. 고적은 자진하여 전투에 참가했다. 그는 이 전쟁터에서 명예와 지위를 얻으려는 희망을 찾았다. 그러나 무슨 까닭인지 알 수 없지만 이 전투가 끝나고도 고적에게는 아무런 감투도 굴러들지 않았다. 고적의 희망은 수포로 돌아가고 말았지만 벼슬길로 나아가 한 자리 차지하려는 목표는 결코 포기하지 않았다.

그 후, 고적은 오랫동안 양梁과 송宋 사이(지금의 허난성 상추商丘)를 떠도는 생활을 했다. 스스로 밭을 갈아 농사를 지으며 생계를 이어가는 어려움이 잇달았다. 심지어는 어쩔 수 없이 다른 이의 도움을 받기도 했다. 바로 이 기간에 고적은 두 사람의 대시인과 교유하기 시작했으니, 한 사람은 이백李白이요 다른 한 사람은 두보杜甫였다. 고적은 이들과 함께 자주 제齊와 조趙 일대를 다니며 술을 마시기도 했으며 사냥을 하기도 했다. 또 옛 사람들을 그리워하며 시를 읊기도 했다.

이름난 시인과 함께 어울리다보니 고적도 자연스레 얼마쯤은 명성을 얻었다. 고적은 마침내 장구령張九齡의 동생으로 송주 자사로 근무하고 있던 장구고張九皐의 눈에 들었다. 장구고는 고적을 즉시 봉구封丘 현위縣尉로 천거했다. 고적의 나이 이미 쉰이 다 된 때였다.

쉰에 현관縣官이 되었으니 그리 높은 벼슬자리는 아니었다. 하지만 마침내 정식으로 벼슬길에 올랐으니 고적으로서는 참으로 기쁨에 잠겨야 했다. 하지만 그의 눈엔 그 자리가 9품에 불과한 낮은 감투인지라 그가 품은 큰 뜻과는 차이가 너무 컸다. 이리하여 고적은 결국 한 차례 술을 마신 뒤 마음을 굳히고 의연히 자리를 버리고 떠났다. 그는 먼지 속에 오랜 세월을 견디어 온 고검古劍처럼 인내심을 가지고 기다리며 다시 준비하기로 했다. 한 번은 장안에 온 지 오래지 않아 하동 절도사 가서한哥舒翰의 눈에 들어 군중의 서기로 발탁되며 그의 군막으로 들어갔다. 이는 고적의 생각과도 거의 맞았다. 고적에게는 이미 작전 경험도 있었다. 가서한은 고적을 매우 소중히 여겼다. 고적도 황하구곡黃河九曲을 수복한 뒤 자기의 주인 가서한을 따라 입조하여 황제를 뵈었다. 그는 황제에 대한 찬송을 아끼지 않으며 몇 가지 계책도 올렸다. 이때, 고적은 사실 여러 면에서 칭송을 받을 만했다. 이는 전투 중에 쓴 몇 편의 찬미하는 시 때문만은 아니고 적을 패배시킬 수 있는 능력에다 꾀를 내어 계책을 꾸미는 정치적 통찰력이 있었기 때문이다.

천보天寶 14년 안사의 난이 발발하여 반군은 계속 남하하고 있었다. 조정에서는 고선지高仙芝와 봉상청封常清을 파견하여 반란을 평정하려고 했으나 이들은 오히려 반군에게 모두 살해되며 패배했다. 반군이 장안으로 곧장 다가오자 현종은 가서한에게 동관潼關을 방어하도록 명하고 환관 이대의李大宜를 감군監軍으로 보냈다. 이대의는 군대와 전쟁에 대하여 잘 몰랐다. 그는 가서한에게 천연의 요새를 버리고 반군과 맞서 싸우라고 강요했다. 그 결과 작전은 대패로 끝났고 가서한은 투항했다. 현종은 어쩔 수 없이 사천四川으로 몸을 피했다. 군영에서 공을 세우려던 고적의 생각은 또 한 차례 실패로 끝났다. 하지만 그는 도망병이 될 생각은 아예 하지 않고 스스로 발걸음을 돌려 가장 높은 상전인 황제를 찾았다.

낙곡駱谷에서 하지군河池郡으로 달려간 고적은 황제를 뵙자 이렇게 글을 올렸다.

"가서한은 나라를 위한 충성심과 절의가 대단했지만 늙은 나이에 허약한 몸으로 맡은 바 임무를 수행하기 힘들었습니다. 그런데 감군 이 대의는 진종일 음주에 가무로 군무를 돌보지 않았습니다. 한여름인데도 병사들은 밥 한 그릇 제대로 배불리 먹지 못하였습니다. 그러니 어떻게 패하지 않을 수 있겠습니까?"

이 한 마디 말에 현종은 갑자기 마음이 탁 트이며 용안엔 기쁨이 넘쳤다. 고적을 얻기 힘든 인재라 여겼기 때문이다. 현종은 당장 고적을 시어사侍御史로 임명하여 항상 곁에서 자기를 시중들도록 했다. 오래지 않아 현종은 고적을 간의대부諫議大夫로 승진시켰다.

나무가 너무 크면 바람도 세게 맞는 법이니, 단기간에 연달아 승진하게 된 고적은 곧 환관 이보국李輔國의 노여움을 샀다. 이보국은 당나라 조정에서 권력을 독차지하며 악명을 떨친 환관 가운데 하나였다. 그는 일찍이 고력사高力士를 수행하는 하인이었다. 하지만 권력을 잡자 자기의 상전 고력사를 내쳐 서울에서 쫓아냈다. 조정에서는 재상마저도 제자의 예로써 그를 스승으로 모셨다. 대종代宗을 옹립한 뒤, 이보국은 더욱 안하무인이었다. 심지어 자기의 상전인 황제에게도 이렇게 말할 정도였다.

"폐하께서는 그저 가만히 앉아 계시고 국가의 중요한 일은 모두 이 늙은이가 하는 대로 따르시면 됩니다."

고적은 조정에서 언제나 솔직했기에 당연히 이보국을 건드릴 수밖에 없었고, 이 때문에 그의 노여움을 사게 되었다. 이제 막 벼슬길에 들어선 신출내기쯤이야 이보국에게는 크게 염려할 상대가 아니었다. 단지 몇 차례 황제에게 참언 한두 마디 올리는 것으로 고적은 그대로 좌천되어 사천 팽주彭州의 자사로 내몰렸다.

벼슬살이는 능력을 드러내는 일임은 물론 다른 사람은 가질 수 없는 통찰력을 필요로 하는 일종의 예술이다. 그 뒤, '이린의 반란' 중에 드러난 고적의 이런 통찰력은 그의 친구 이백과 비교해 보면 더욱 두드러진다. 이백이 고적과 두보를 만난 건 마침 현종에게 하사금을 받고 고향으로 돌아가던 때였다. 사실, 이백의 벼슬길은 이미 끝났지만, 원대한 꿈을 가졌다고 자부하던 그는 자기가 침몰했음을 결코 인정하지 않았다.

천보 15년(756년), 태자 이형李亨이 감숙甘肅 영보靈寶에서 즉위하니 바로 당의 숙종肅宗이다. 현종은 이제 태상황으로 높여 불리게 되었다. 이형이 제멋대로 황제의 자리에 오르자 제후왕들의 불만은 대단했다. 영왕永王 이린은 강릉江陵에서 군대를 일으키며 자신이 그 자리를 차지하려고 했다. 당시 이백은 여산廬山에 은거하고 있었다. 이린은 천하에 이름을 날리던 명사들을 자기 휘하에 두고 위엄과 기세를 높이려고 했다. 이리하여 이린은 심복 위자춘韋子春을 세 차례나 여산으로 보내 안사의 난을 평정하여 천하의 대업을 다시 일으킨다는 명목으로 그의 군영으로 이백을 모시려고 했다. 이백은 이에 응하여 여산에서 내려와 영왕이 이끄는 군영으로 들어가서 막료가 되었다. 이때, 부인 종씨宗氏가 온힘을 다해 말렸지만 이백은 듣지 않았다.

당시 고적은 강릉장사江陵長史였다. 이때, 이백이 정치적으로 완전히 무지한 선택을 했던 반면 고적은 보통과는 특별히 다른 예민한 정치적 감각을 보여주었다. 고적은 한눈에 영왕이 숙종에 맞서려는 마음이 있음을 알아보고 병을 핑계로 남몰래 강릉을 떠나 숙종을 찾아갔다. 그리고 강동의 형세를 자세히 소개하며 영왕이 필패할 수밖에 없음을 설명했다. 숙종은 고적을 절도사로 임명하고 내진來瑱, 위척韋陟 등과 함께 병사를 거느리고 영왕의 난을 평정하도록 했다. 야심이 넘치던 이린이 싸움에 패하여 피살되자 이린을 주인으로 모시던 이백도 반역의 무리에 빌붙었다는 죄목으로 투옥되었다. 그러나 고적은 오히려 차츰차츰 승진하여 형부시랑刑部侍郎에서 산기상시散騎常侍까지 이르렀으며, 나중에는 은청광록대부에 봉해졌다. 그리고 마지막에는 발해현후渤海縣侯까지 이르렀다.

고적의 성공은 문인들 사회에서는 하나의 기적이었다. 그와 같은 시대를 살았던 시인 묵객 가운데 이만큼 혁혁한 지위에 오른 이는 아무도 없었다. 그의 친구 왕지환王之渙과 왕창령王昌齡도 겨우 현위縣尉에 올랐을 뿐이었다. 또 이백은 비록 한때 뜻을 이루기는 했지만 마지막엔 죄인으로 몰렸다. 두보도 평생 우울함 속에서 즐거움을 모르고 살았으며, 더구나 전쟁을 눈앞에 두고 분주히 뛰어다니다가 가족까지 여기저기 흩어지고 말았다. 현종은 고적을 중용했을 뿐만 아니라 칭찬을 아끼지 않았다. 현종은 어느 성지에서 이렇게 말했다.

"시어사 고적은 지조를 세움에 올곧고 엄격했으며 사람됨이 고상하다. 또 경세제민의 웅대한 재략에다 넓고 깊은 재능이 충만하다. 게다가 앞을 내다보는 원대한 책략을 가지고 있다. 올곧은 말과 의로운 모습으로 보아 진실로 충신이라 하겠다."

그런데 우리는 하찮은 인물이 벼슬길로 들어서려고 할 때 고적이 끝까지 굳게 지킨 인내심을 다시 돌아보게 된다.

고적은 젊은 나이에 서울로 올라왔으나 허세를 버리지 못하고, '재능이 가득이어도 귀한 이 만나 뵙고 천거를 구하지 않으면, 해마다 고

생스레 공부해도 아무 소용없다네.'[14] '아름다운 옥도 모두 황제가 총애하는 대신에게 내리니, 하찮은 평민이야 현명한 천자께 어찌 다가가리.'[15]라고 노래하며 실망을 안고 떠난 뒤 12년을 은거했다. 연燕과 조趙 일대를 2년이나 떠돌았지만 아무런 성과도 거두지 못했으니, 태평성세에도 호방한 인물에게는 여전히 출구가 없었던 셈이다. 몇 년이 지나 고적은 다시 장안으로 돌아왔지만 발도 붙이지 못하고 어쩔 수 없이 돌아가야 했다. 이때, 그의 나이 벌써 서른다섯이었다. 사람의 한평생 칠십도 드물다는데, 이미 반평생이 지났던 것이다. 십 년 남짓한 은거 생활 뒤, 749년에야 고적은 하찮은 벼슬인 봉구封丘 현위가 되었다. 쉰이 막 되었을 때였다. 만약 돌연 찾아온 때에 운명을 바꾸지 않았더라면 고적도 맹호연孟浩然처럼 삶을 끝냈을지 모른다. 그러나 고적은 결코 전원시인이 아니었다. 고적은 큰 벼슬을 하려는 꿈을 끝내 접지 않고 9품의 하찮은 벼슬에서 시작하여 봉후에 이르기까지 벼슬길에서 한시도 서두르거나 초조해하지 않고 인내심을 가지고 가장 영광스러운 시기가 올 때까지 기다렸다.

3. 소진蘇秦 – 강인한 의지

하찮은 인물이 벼슬길에 나아가려면 매우 드문 용기가 필요하다. 벼슬길로 들어서기에 앞서서 이미 자신이 충분한 준비가 되었다는 생각은 그의 짐작일 뿐이다. 관리로서의 재목이 되는지 아닌지, 번쩍번쩍

14 有才不肯學干謁, 何用年年苦讀書.

15 白璧皆言賜近臣, 布衣不得干明主.

빛나는 금덩어리인지 아닌지 등은 모두 벼슬길에서 시험을 거친 뒤에야 알 수 있다. 모래에서 사금을 일듯이 벼슬길에서도 반복적으로 가라앉히고 걸러서 금에 붙은 모래를 씻어내야 한다.

벼슬길에 오른 수많은 선비들이 자기는 이런 책을 읽었고 제가齊家와 치국治國의 능력을 익혔다고 하면서 웅대한 포부를 실현하려는 강렬한 마음으로 큰일을 해내려고 하지만 결국 아무것도 이루지 못하고 코가 납작해지는 수가 있다. 전국시대 소진蘇秦이 바로 이렇게 덜렁거리며 한때를 보낸 인물이었다.

소진은 젊은 시절 자신감에 넘쳐 권세를 한 손에 넣으려고 했다. 벼슬길에 오르려는 그의 꿈은 강렬하여, 먹이를 노리는 매처럼 날마다 각국의 지도를 자세히 살펴보았다. 얼마 뒤, 소진은 진秦에서 감투를 차지하고 큰돈을 버는 것을 첫 번째 목표로 결정했다. 순조롭게 벼슬길로 들어서기 위하여 소진은 비교적 싼 값으로 자기 재산을 팔아 돈을 마련한 뒤에 진나라로 향했다. 떠나기 전, 그는 값비싼 담비가죽 코트를 한 벌 사서 몸에 걸쳤다. 그가 돈이 없어 진나라까지 달려온 것이 아니라는 것을 진혜왕秦惠王에게 보이기 위해서였다.

자리에 오른 지 오래지 않았던 혜왕은 소진을 접견했다. 회담 중 소진은 그동안 익혀온 높은 식견을 능숙한 언변으로 청산유수처럼 풀어냈다. 그는 당시 천하의 큰 흐름을 낱낱이 지적하며 혜왕이 강대한 힘과 우월한 지리적 조건을 바탕으로 천하를 통일하는 전쟁을 벌일 것을 힘써 종용했다.

유감스럽게도 진혜왕은 소진의 이런 알랑거림에 아무런 흥미도 느끼지 못했다. 그저 소진이 흰소리만 늘어놓을 뿐 현실과는 맞지 않는다고 여기며 완곡하게 소진의 요구를 물리쳤다.

하지만 소진은 체념하지 않고 함양咸陽에 줄곧 머물며 모두 10번이나 혜왕에게 글을 올려 강력한 무력을 바탕으로 천하 통일의 길로 나아갈 수 있다고 거듭 주장했다. 그러나 혜왕은 조금도 동요하지 않고 소진을 그저 겉만 번지르르하고 실속 없이 떠벌리기만 하는 하찮은 인물로 보았다. 오랜 시간이 지나자 소진은 비참한 생각이 들었다. 돈은 다 써버리고 값비싼 담비가죽 코트도 너덜너덜해졌다. 게다가 하루 한 끼의 밥도 제대로 배불리 먹지 못하자 검고 여윈 몰골로 변했다. 이제는 신발조차 없어서 제 손으로 짚신을 삼아 신어야 했다. 소진은 낡고 더러운 보따리를 짊어지고 고향으로 발걸음을 돌렸다. 낙양의 집으로 돌아온 소진의 모습은 말이 아니었다. 풀이 죽어 구차하기 짝이 없었다. 파락호 같은 남편을 마주한 아내는 아예 눈을 마주치려고도 하지 않았다. 게다가 부모도 그와 이야기를 나누려고 하지 않았으며, 형수도 밥상을 내놓지 않았다.

진나라 혜왕의 거절과 집안 식구들의 푸대접에 소진은 모든 것을 처음부터 다시 시작하기로 마음먹고 온 힘을 다해 떨쳐 일어나 공부에 매진했다. 그는 고대의 『음부경陰符經』을 구하여 날마다 열심히 읽으며 그 속에 담긴 넓고 깊은 모략을 반복하여 사고하고 탐구했다. 또 곳곳의 병법과 의학과 경제와 법령에 관한 서적들을 찾아 읽으며 당시 여러 나라의 구체적인 형세에 대하여 충분히 연구했다. 당시 여러 나라 가운데, 제齊, 초楚, 연燕, 한韓, 조趙, 위魏, 진秦 등 일곱 나라가 가장 강성했다. 이 가운데 진이 가장 강했다. 소진은 깊은 생각을 거듭한 끝에 여섯 나라가 결맹하여 공동으로 진에 맞서야한다는 전략적 견해인 '합종合縱'을 다듬었다. 이런 치국 방안에 대하여 소진은 스스로 이렇게 일렀다.

"이야말로 권력을 쥔 자의 마음을 바꿀 수 있는 책략이구나!"

소진은 다시 길을 나섰다. 이번엔 북방의 약소국인 연燕으로 갔다. 연의 문후文侯를 알현했을 때, 소진은 연과 다른 나라와의 결맹이 꼭 필요한 까닭을 자세하게 아뢰었다.

“연이 이렇게 아무 일 없이 안락하게 지내며 강력한 진의 침범을 받지 않을 수 있었던 것은 남쪽의 조趙가 보호벽이 되기 때문입니다. 진이 연을 공격하려면 반드시 조를 지나야 하고 먼 길에 온갖 고생을 해야 합니다.

조가 연을 공격하려면 백 리도 되지 않아서 연의 서울에 이를 수 있습니다. 조가 연을 공격하지 않는 까닭은 강력한 진이 뒤에서 견제하고 있기 때문입니다. 그러니 연은 이런 기회를 이용하여 조와 결맹하여 함께 강력한 진에 맞서야 환란을 미리 막을 수 있습니다.

무릇 눈앞의 어려움을 걱정하지 않으면 먼 곳에서 화가 온다 했으니, 제가 말씀드린 것보다 더 좋은 계책은 없다고 생각합니다.”

소진은 먼저 연이 조와 결맹을 맺은 뒤 다시 그 밖의 나라와 협력해 진에 맞서야 안전을 보장받을 수 있다고 역설했다. 소진의 뛰어난 언변과 정곡을 찌르는 의견은 문후의 마음을 사로잡았다. 이리하여 문후는 수레와 돈을 내주며 조나라로 가서 소진이 주장을 펼치도록 했다.

사신의 신분으로 조나라에 와서 조의 숙후肅侯를 알현한 소진은 강대한 진이 이미 중원을 침범하여 자기 손안에 넣을 마음을 품고 있다고 밝혔다.

“각국의 힘으로 볼 때, 단독으로는 진에 맞설 수 없습니다. 각국이 서로 진의 비위를 맞추려고 알랑거리면 장차 진은 여러 나라를 분명 각개 격파할 것입니다. 하지만 각국이 연합하면 땅덩어리는 진보다 다섯 배요 군사는 열 배나 됩니다. 진이 어느 한 나라를 공격할 때 각국이 원조한다면 아무리 강한 진도 결코 경거망동할 수 없습니다. 이래야 각국은 편안하게 지낼 수 있습니다.”

소진은 조후에게 앞장서서 6국이 합종하여 진에 맞설 것을 제안하라고 역설했다. 조후는 당장 소진의 의견을 받아들였다. 게다가 소진을 상국相國에 제수하고 각국을 유세하며 합종의 맹약을 이끌어내도록 파견했다. 소진은 이제 조나라 사신의 신분으로 각국을 돌며 성공적으로 군주들의 동의를 얻어냈다. 조나라에 돌아온 소진은 무안군武安君의 작위를 받았다. 이렇게 되자 소진은 '평시에는 세상에 널리 이름이 알려지지 않고 있다가 일단 재능을 발휘하자 사람들을 놀라게 할 업적을 이루었으니'[16], 세 치밖에 되지 않은 혀로써 일찍이 없었던 6국 동맹을 이룬 것이 바로 그렇다. 그의 신분은 이에 따라 백배도 넘게 올랐다.

소진을 태운 수레 행렬이 호호탕탕 빽빽하게 거리를 채우며 초楚로 향해 나아갈 때, 고향 낙양을 지나게 되었다. 그의 부모는 그가 고향으로 돌아온다는 소식을 듣자 서둘러 사람을 사서 집을 도색하고 길을 깨끗이 청소했다. 그리고 음악과 잔치를 준비하고 십삼 리 밖까지 그를 영접하러 나갔다. 그의 아내는 그를 보자 매우 정중한 자세로 예를 갖추면서도 감히 얼굴을 들어 남편을 쳐다보지도 못했다. 그 전에 소진에게 모질게 굴었던 형수는 땅바닥에 엎드려 무릎을 꿇고 그 당시 자기의 소홀함을 용서해 달라고 빌었다. 세력과 돈이 없으면 냉담해지다가 세력과 돈이 있을 때는 아첨하며 빌붙는 세태를 보며, 소진은 부귀와 권세의 중요함을 새삼 깊이 느꼈다.

소진은 좌절을 겪었기에 벼슬길로 나아가 손에 권력을 움켜쥐려면 이런 단련을 반드시 거쳐야 한다는 사실을 더욱 분명하게 깨달았다. 이

16 不鳴則已, 一鳴驚人. 『사기』「골계열전」에 나오는 구절이다. 남쪽 어떤 산에 한 마리 새가 있었는데 3년 동안 울지도 않고 날지도 않았으나, 어느 날 한번 날아오르자 하늘로 높이 치솟아 뭇사람들을 놀라게 했다는 고사가 있다.

런 면에서 소진도 친한 친구 하나를 단련시켰으니, 그 친구는 바로 장의張儀였다. 소진은 여러 사람 앞에서 장의를 모욕했으나 뒤에서는 장의가 벼슬길에 오르도록 도왔다. 당연히 소진 앞에서 장의도 이런 모욕을 똑같이 겪어야했다.

장의는 초楚나라에 가자마자 그 나라 재상에게 모욕을 당하고 흠씬 두들겨 맞기까지 했다. 어느 날, 초나라 재상 소양昭陽이 자기 집에서 잔치를 베풀었다. 귀빈들이 구름처럼 몰려들었고 훌륭한 사람들도 자리를 가득 메웠다. 장의도 이 기회에 권세 있는 자에게 빌붙으려고 했다. 잔치가 무르익자 술잔이 서로 부딪치고 제법 흥성거리기 시작했다. 그런데, 재상 소양은 문득 자기가 몸에 지니고 있던 벽옥璧玉이 없어졌음을 알았다. 잔치에 참석한 많은 이들이 떠들며 이 사건에 의견이 분분했다. 그리고 사람들의 눈빛도 점점 허름한 옷을 걸친 장의에게 집중되었다. 재상 소양은 장의라는 인물을 전혀 몰랐기에 시비곡직을 따지지도 않고 장의를 묶으라고 명령했다. 자백을 얻기 위한 고문으로 온몸이 터지고 찢긴 뒤에야 그들은 장의를 내쫓았다.

이렇게 장의는 흠씬 두들겨 맞고 비틀비틀 쓸어질듯 집으로 돌아와 아내에게 처음부터 끝까지 하나도 빠짐없이 털어놓았다.

"스승 귀곡자鬼谷子를 뵙고 산을 내려온 뒤 처음으로 찾은 초나라에서 이렇게 액운을 겪을 줄은 몰랐소."

그의 아내는 상처를 깨끗이 닦아주면서 이렇게 책망했다.

"당신이 권세 있는 자에게 빌붙어 벼슬을 하려니 그렇지요. 그게 아니라면 이런 고초를 왜 당하겠어요?"

그러나 장의는 아내에게 오히려 이렇게 물었다.

"좀 보구려, 내 혀가 아직도 붙어 있소?"

아내는 이 말이 무슨 뜻인지 헤아리지 못하고 웃으며 대답했다.

"있고말고요."

장의는 안심이 됐다는 표정을 지으며 한 마디 했다.

"혀가 아직 붙어 있다면 됐소."

이때, 장의의 동문이자 가까운 친구인 소진은 벌서 조나라의 상국 자리에 올라 있었다. 장의는 이미 출세한 소진을 찾아가 빌붙을 작정을 했다. 장의는 가슴에 희망을 잔뜩 품고 천신만고 끝에 조나라에 왔다. 다음 날, 소진을 만나려고 했지만 누구도 그에게 전갈하지 않았다. 닷새가 지나서야 문지기가 그에게 와서 이렇게 소식을 알려주었다.

"나리께서는 오늘 무척 바쁘십니다. 며칠만 더 묵으시면 다음에 어르신을 청하신답니다."

장의는 어쩔 수 없이 여관으로 돌아와 인내심을 갖고 기다렸다. 하지만 며칠을 더 기다려도 아무런 소식조차 없자 화가 잔뜩 난 장의는 그만 돌아가려고 했다. 하지만 여관 주인이 가로막으며 이렇게 말했다.

"상국께서 당신께 기다리라고 사람을 보내 전하지 않았소? 만일 그분께서 이제 찾으신다면 이 몸은 어디 가서 당신을 찾으란 말이오! 당신을 보내줄 수 없소."

이러지도 저러지도 못하고 온통 난처해진 장의는 초조한 마음에 안절부절못했다. 하루가 한 해인 듯 또 며칠을 참으며 버틴 어느 날, 마침내 소진과의 접견이 이루어졌다. 그런데 지금까지의 무관심이야 짐작한 바이지만 이번 접견은 분명 융숭하고도 다정하게 이루어지리라 생각했는데 실제로는 예상과 달리 정말 엉망이었다.

소진이 그를 위해 안배한 대면은 장의를 정말 참기 어렵게 만들었다. 홀로 당상에 도도하게 앉은 소진은 장의가 들어오는 것을 보고도 거드름을 부리며 전혀 움직이지 않았다. 장의는 울분을 꾹 눌러 참으며 아무 말도 하지 못하고 소진을 향해 두 손을 가슴에 가지런히 올리며 고개 숙여 인사를 했다. 그러나 소진은 장의에게 태연자약하게도 이렇게 말했다.

"몇 년 만에 만나는군. 그래, 잘 있었는가?"

그러면서 소진은 아래쪽에 차려진 식탁을 가리키며 덧붙였다.

"식사할 때가 되었군. 자, 소찬이나마 드시게. 그리고 자네에게 할 이야기도 좀 있네."

장의는 어쩔 수 없이 자리에 앉았다. 눈앞에는 채소 몇 접시와 현미밥 한 그릇이 놓여있을 뿐이었다. 눈을 들어 보니 소진의 식탁에는 온통 산해진미였다. 장의는 오랜 친구가 이렇게 자기를 모욕하는 것을 보자 벌떡 일어나 가 버릴 생각이었지만 억지로 꾹 참았다. 그런데 장의가 아직 몇 숟가락도 뜨지 않았는데 소진이 입을 열었다.

"자네 재간이 나보다 나은 줄 진즉 알고 있었네만, 어쩌다 자네가 이 지경에 이르렀는가? 내가 자네를 조후趙侯에게 천거하여 부귀하게 만드는 것은 어려운 일이 아니네. 하지만 자네에게 패기가 없을까 두렵네. 그럼 큰일도 이루지 못하고 자칫 나까지 말려들 수 있거든."

이 말을 들은 장의는 더 이상 자리에 앉아있을 수 없었다. 화가 온통 머리끝까지 솟은 장의는 이렇게 말했다.

"이 사람아! 난 자네가 친구를 잊지 않았다고 믿으며 천 리 먼 길을 찾아왔네. 그런데 자네가 나를 이렇게 대할 줄은 생각지도 못했네. 친구끼리의 의리라고는 하나도 없으니 말이야. 자네 지위가 높다고 사람을 너무 차별하는구먼!"

장의는 말을 마치자 자리를 떠났다.

장의는 오랜 친구였던 소진 곁을 떠나 진秦나라에 자기를 의탁하기로 마음먹었다. 하지만 서쪽으로 가는 길엔 험한 산이 첩첩이요 관문과 요새도 겹겹이었다. 천 리 먼 길에 이제 장의의 주머니도 달랑달랑 하니, 한낱 가난한 선비가 진나라로 가서 진왕을 접견하는 일은 결코 쉽지 않았다. 그런데 장의에게도 이제 때가 되어 운수가 트이려는지, 길을 떠난 지 얼마 되지 않았을 때 인재를 알아보는 탁월한 식견을 가진 마음씨 착한 이를 만나게 되었다. 이 사람은 억만 금을 가진 부호로서 장의에게 먹고 마실 돈을 내놓았을 뿐만 아니라 충실한 종이 고귀한 주인을 대하듯 그와 동행하며 잠도 같이 잤다. 장의는 덕분에 순풍에 돛을 단 배처럼 순조롭게 진나라에 이르렀다. 진왕을 만나려면 다른 이의 추천을 반드시 받아야 했지만, 장의에게는 추천에 필요한 한 푼의 자금도 없었다. 마음씨 착한 이 사람은 이번에도 아낌없이 주머니를 열어 장의가 조정 안팎에서 활동할 수 있게 도와주었다.

장의를 만난 진혜왕은 소진을 붙들지 않았던 일을 크게 후회하고 있었다. 혜왕은 장의가 소진의 친구인데다 막힘없는 언변을 통해 뛰어난 지혜와 계략이 있음을 알고 그 자리에서 장의를 객경客卿으로 앉히며 나라의 큰일을 꾸미는 데 참여하도록 했다.

천신만고 끝에 마침내 소원을 성취한 장의는 기쁨을 참을 수 없었다. 그는 어떻게 해야 그에게 앞길을 열어준 그 마음씨 착한 이에게 보답할 수 있을까, 이리저리 궁리했다. 그런데 이 마음씨 착한 이는 정중히 사절하며 돌아가려고 했다. 장의는 도무지 헤아릴 길 없어 이렇게 물었다.

"저는 어르신 덕택에 이렇게 높은 자리에 올랐습니다. 이제 그 은혜에 보답하고자 하는데 이렇게 급히 떠나려고 하십니까?"

그러자 이 사람은 이렇게 대답하는 게 아닌가!

"이 은혜와 덕은 모두 소진 대감께서 베푼 것이옵니다."

이 말을 들은 장의는 한편으로는 고맙고 한편으로는 부끄러운 마음으로 탄식하며 말했다.

“이 몸은 지금까지 다른 사람 손안에 있었는데도 전혀 깨닫지 못했습니다. 이 몸은 소진만큼 사태를 똑똑하게 볼 줄 모릅니다. 더군다나 이 몸은 이곳에 온 지 얼마 되지도 않았는데, 어떻게 조나라를 공략할 마음을 먹을 수 있겠습니까? 저를 대신하여 그 양반께 용서를 빌어 주십시오. 그리고 그 양반께서 큰일을 할 때, 저는 결코 경솔하게 건의하지 않을 것입니다.”

좌절당하며 마음의 상처를 입은 뒤, 넓적다리를 송곳으로 찌르며 어렵게 공부에 매진한 소진이나 끊임없이 모욕을 당하면서도 진을 중심으로 연횡連橫해야 한다는 주장을 견지한 장의나 모두 한결같이 벼슬을 하려는 자기들의 이상을 실현하기 전에 온갖 치욕을 참고 견디었다. 벼슬길에 오른 별 볼 일 없는 인물이 큰 힘을 얻기 전에는 그가 얼마나 큰 재능을 가지고 있는지, 그리고 얼마나 총명하고 지혜로운지 아무도 알 수 없다. 만약 자기가 옳다고 생각하는 일을 관료 사회에서 마구 날뛰며 제멋대로 처리한다면 실패를 당할 게 뻔하다. 그러나 이런 실패 앞에서 스스로 부담을 느껴 자기의 목표를 버려야 할까, 아니면 계속 참고 견디며 스스로를 자제하면서 몸과 마음을 갈고 닦아야 할까? 소진과 장의는 벼슬을 위하여 어떤 길을 걸었는가?

4. 강태공姜太公 – 만능박사

하찮은 인물이 벼슬길에 오르기란 그리 어려운 일은 아니다. 하지만 쉬운 일도 아니다. 벼슬길에 나서서 감투를 쓰기 위하여 어떤 이는 부지런히 무예를 익히는가 하면, 또 어떤 이는 온갖 고생을 참고 견디면서 경서에 몰두하기도 한다. 게다가 어떤 이는 말솜씨를 갈고 닦기 위하여 애쓰고, 어떤 이는 관계를 맺기 위하여 바쁘다. 더욱이 어떤 이는 자기의 명성과 위세를 높이기 위한 방법을 생각하며 자기야말로 다양한 재능이 있음을 과시한다. 다양한 재능을 갖추려면 말할 것도 없이 시간과 정력을 쏟으며 온 마음을 다하여 자기를 수련해야 한다. 이런 인물이 벼슬길을 멀리한다면 어쩔 수 없지만 벼슬을 하고자 한다면 벼슬길은 그에게 훤히 열려 있다. 뿐만 아니라 처음부터 관운이 형통할 수도 있다. 그러나 이것도 벼슬을 한 다음의 이야기이지 벼슬을 하기 전의 그들은 모두 남의 눈길을 끌지 못하는 하찮은 인물이었다. 고대 관료 사회에서 자기 자신을 만능박사로 무장한 이는 참으로 많았다. 뒷날, 사람들이 태공太公으로 높여 부르는 강자아姜子牙는 자칭 만능박사로 자기 자신에게 벼슬을 주어야 한다고 스스로를 천거한 인물이었다.

강자아는 일찍이 아내에게 버림을 받았다. 이런 점으로 볼 때, 강자아는 한 개인으로서 당시 어떤 지위도 없었을 뿐만 아니라 가정에서는 한 사람의 사내로서 내보일 것도 없었음을 알 수 있다. 아내에게 쫓겨날 정도였으니, 그야말로 완전히 공개된 자리에는 얼굴도 못 내밀 소인배였지만, 오히려 이런 인물이 늙은 나이에 벼슬길에 올라 높은 자리에 이르렀다.

강자아가 세상에 태어났을 때, 가세는 이미 기울어 가난한 집 아이가 될 수밖에 없었다. 먹고 살기 위하여 강자아는 소를 잡아 파는 일을 했다. 이런 백정 생활을 오래 계속해 약간의 돈이 모이자 이제는 술집을 열어 술을 팔았다. 농업을 중히 여기고 상업을 멸시하던 당시 사회에서 이런 일은 가장 비천한 직업으로 많은 사람들이 업신여겼다. 그러나 강자아는 가난했지만 품은 뜻은 결코 천박하지 않았다. 이것도 사업인데 소를 잡으면 어떻단 말이냐, 이렇게 생각하며 언제나 뼈를 깎는 노력으로 천문지리, 군사적 책략, 나라를 다스리는 길 등에 관하여 부지런히 연구하며 언젠가 나라를 위해 펼칠 재능을 쌓았다.

강자아가 살았던 때는 바로 은殷 왕조가 쇠락하며 속국이었던 주周가 점점 떠오르고 있을 때였다. 주의 백희창伯姬昌[17]이 어질고 깨끗한 정치를 베풀며 경제도 발달하고 사회도 안정되자 많은 백성들이 그에게 마음을 주고 있었다. 이런 소식을 들은 강자아는 은을 멸망시키고 주를 일으키는 데 뛰어난 재능과 원대한 계략을 펼치고 싶었다. 때맞추어 희창도 나라를 다스려 크게 일으키기 위하여 널리 인재를 찾고 있었다. 이리하여 강태공은 은을 떠나기로 결심하고 온갖 고생을 겪으며 주의 영지인 위수渭水로 와서 낚시로 세월을 보냈지만, 사실은 세상 돌아가는 모습을 살피며 원대한 포부를 펼칠 기회를 찾기 위해서였다.

낚시를 드리웠지만, 강자아는 결국 자신의 다양한 지혜와 강한 인내심을 가슴에 감추고 있었다. 그는 먼저 낚싯바늘에 속셈을 달았다. 보통 사람은 갈고랑이 모양의 낚싯바늘에 향기로운 미끼를 단 뒤 물속 깊이 던져서 물고기를 유인해서 낚았지만 강자아는 곧은 낚싯바늘에 미끼도 달지 않고 얕은 물에 던져 넣었다. 그는 낚싯대를 높이 들어 올리며 혼잣말로 중얼거리곤 했다.

“살 마음 없는 물고기야, 너희들이 원한다면 그대로 낚싯바늘 물어라!”

어느 날, 강가를 지나던 나무꾼이 미끼도 달지 않은 곧은 낚싯바늘로 낚시질하는 태공을 보자 이렇게 말했다.

“어르신처럼 낚시를 했다간 백 년이 되어도 물고기 한 마리 못 낚습니다.”

태공은 낚싯대를 들어 올리며 말했다.

17 주의 문왕文王.

"그대 말이 맞소! 이 늙은이는 물고기를 낚으려는 게 아니라 왕과 제후를 낚고 있소이다."

태공의 이상한 낚시 방법은 마침내 희창에게도 전해졌다. 이 이야기를 들은 희창은 병사 하나를 보내 태공을 불렀다. 그러나 태공은 아예 거들떠보지도 않고 오직 낚싯대에만 눈길을 둔 채 이렇게 혼잣말로 중얼거렸다.

"하나 낚아 보자, 낚아나 봐! 물고기는 낚이지 않고 어찌 새우새끼만 법석인고!"

병사의 보고를 들은 희창이 이번에는 벼슬아치를 보내 태공을 모셔 오도록 했다. 그러나 태공은 여전히 거들떠보지도 않은 채 낚시를 하며 이렇게 혼잣말을 했다.

"하나 낚아 보자, 낚아나 봐! 대어는 어디 갔나, 잔챙이는 법석 떨지 말게!"

낚시꾼이 분명 재덕을 겸비한 인재임을 이제야 알아차린 희창은 자기가 직접 가서 그를 모셔야겠다고 생각했다. 이리하여 희창은 사흘 동안이나 어육魚肉을 물리친 채 채식을 하고 옷을 깨끗이 빨아 입었다. 그리고 예물을 넉넉히 준비한 뒤 태공을 모시러 나아가기로 했다.

곧은 낚싯바늘로 높은 이의 관심을 산 일이 강자아가 쓴 유일한 방법은 아니었다. 낚시를 하면서 강자아는 자기를 위한 명성과 위세를 만들어 나갔다. 처음으로 위수 기슭에서 낚시를 시작할 때였다. 한번 자리에 앉으면 며칠이고 계속되는 낚시에도 고기라곤 한 마리도 낚지 못하는 태공을 본 어떤 마음씨 고운 농부가 이렇게 말을 걸었다.

"어르신, 좀 가는 낚싯줄을 쓰시고 향기로운 미끼를 달아 천천히 물속으로 던져야 합니다."

강자아는 농부가 시키는 대로 낚시질을 하여 당장 붕어 한 마리를 낚은 뒤, 잇달아 잉어 한 마리를 또 낚아 올렸다. 그는 그 자리에서 물고기의 배를 갈랐다. 그런데 물고기 뱃속에서 헝겊 한 오라기가 나왔다. 그 헝겊엔 이런 글귀가 쓰여 있었다.

– 여상呂尙을 제齊에 봉하다.[18]

이 일은 금세 사방으로 널리 퍼졌다. 날마다 강가에서 낚시하는 저 늙은이가 보통 사람이 결코 아니라는 사실을 주위에 널리 알린 것이다. 이런 이상한 방법으로 자기의 명성과 위세를 과시하는 일은 옛날 하찮은 인물이 사용하는 가장 효과적인 방법이었다.

강자아는 곧은 낚싯바늘로 사람들의 주목을 끈 뒤, 또 다른 재능을 펼치기 시작했다. 그것은 바로 점치기였다. 어느 날, 강자아가 강가에서 낚시를 하고 있을 때, 그가 앉은 뒤편의 큰길에 말이 끄는 수레 한 대가 나타났다. 수레 뒤편을 따르는 이들은 모두 얼굴을 찡그리고 있었고, 그 가운데 어떤 이는 흐느껴 울고 있었다. 게다가 수레를 부리는 이도 울음을 삼키는 얼굴 표정이었다. 수레에 누운 이는 이 집 맏아들로서 집을 멀리 떠나 스승을 모시고 공부를 하다가 갑자기 의식불명이 되었지만 의사들이 모두 고칠 수 없는 병이라기에 뒷일을 준비하려고 바삐 집으로 돌아가는 길이었다. 강자아는 손으로 수레의 발을 걷어 올리며 잠깐 살핀 뒤 이렇게 말했다.

"너무 상심하지 마시고 마음 푹 놓으시오. 이 젊은이는 사흘 안으로 좋아질 거외다."

가난하여 초라한데다 의지할 곳도 없어 낚시질이나 하는 이 늙은이가 하는 말이 진짜라고 믿을 사람은 하나도 없었다.

며칠 뒤, 강자아가 낚시를 하고 있는데, 성안에서 한 무리의 사람과

18 呂尙封于齊. 여상은 강자야를 가리킨다.

말들이 그를 향해 달려왔다. 낚시를 하는 강자아가 있는 곳에 이르자 말쑥하게 생긴 청년이 수레에서 내려 강자아에게 다가와 손을 맞잡고 깊이 머리를 숙이며 이렇게 말했다.

"제 생명을 구하신 은인이십니다, 어르신을 제 스승으로 모시겠습니다."

알고 보니 바로 며칠 전 수레에 누워 있던 바로 그 청년이었다. 이 청년의 아버지는 당시 조정의 중신으로서 주의 문왕文王을 곁에서 보필하고 있었다. 이때, 청년의 아버지는 덕망과 지혜를 갖춘 스승을 찾고 있었다. 그는 강자아를 아들의 스승으로 모시려고 했다. 게다가 거금을 약속하며 강자아를 자신의 수양아버지로 삼을 생각까지 했다. 하지만 이 모든 것을 강자아는 완곡하게 거절했다.

또 다른 어느 날이었다. 이 날도 강자아는 강가에서 낚시를 하고 있었다. 덩치가 큰 말을 몰며 무장 차림을 한 두 사람이 큰길 쪽에서 이리로 다가오고 있었다. 때는 바로 한낮, 말에게는 물을 먹이고 사람은 얼굴을 씻기 위해서였다. 강자아는 그 가운데 한 사람의 얼굴을 언뜻 살피더니 한숨을 길게 쉬며 이렇게 말했다.

"이 늙은이가 보아하니 그대의 인당은 거무스름하고 눈엔 핏발이 눈동자를 꿰뚫고 있소이다. 지금 당장 돌아가서 치료하지 않으면 분명 7일 안에 죽을 것이오."

두 사람은 강자아를 향해 한바탕 크게 웃더니 이렇게 말했다.

"저 늙은이가 제 정신이 아닌가 보오!"

말을 마치자 두 사람은 조금도 망설임 없이 훌쩍 자리를 떠났다.

원래 이들은 문왕 아래서 성의 방어를 책임지고 일하는 부장들이었다. 그런데 그 가운데 하나가 닷새째 되던 날 급병으로 세상을 떴다. 현대 의학 용어로 말하면, 핏발이 눈동자를 꿰뚫고 있다는 말은 안구에 대량의 핏발이 갑자기 섰다는 뜻이다. 이 경우, 말이 약간 어눌하고 앞뒤가 뒤섞여 어수선하며, 걸음걸이가 불안하고 사물이 겹쳐 보이기도 한다. 이것이 바로 뇌일혈의 전조이다. 급병으로 목숨을 잃었다고 하니, 뇌일혈로 사망했을 가능성이 매우 높다. 위수 기슭에서 낚시로 세월을 보내는 늙은이가 사람의 죽고 사는 일을 그대로 알아냈다. 이 사건은 금세 입에서 입으로 퍼져나가 강자아의 명성은 백성에서부터 조정까지 널리 알려졌다. 동시에 문왕의 귀에도 전해졌지만, 낚시질이나 하고 점이나 치는 늙은이가 나라에 무슨 도움을 줄 수 있을까, 이렇게 생각하며 문왕은 마음에 담지 않았다.

세월은 이렇게 하루 또 하루, 한 해 또 한 해 지나갔다. 그 동안 강자아는 위수 기슭에서 여전히 낚시로 세월을 보냈다. 그러던 어느 날, 사냥을 떠나기로 마음을 먹은 문왕은 미리 점을 쳤다. 점괘는 이렇게 나왔다.

"오늘 포획물은 용도 아니고 맥貘도 아니며, 호랑이도 아니고 곰도 아니며, 그대의 패업을 보좌할 인재이니라."

그러자 문왕은 지난 밤 돌아가신 아버지가 꿈속에서 한 말을 떠올렸다.

"성인이 네 앞에 나타나는 날이 바로 우리 주 왕조가 떨쳐 일어날 날이니라."

이리하여 가슴 가득 즐거움을 안고 사냥을 떠난 문왕은 생각지도 않게 위수 기슭에 이르렀다.

고요하고 그윽한 숲속에서 말 울음소리가 간간히 들려오고 떠들썩한 음성이 멀리서부터 가까이로 울려왔다. 강자아의 눈에 왕의 모습을 한 사람이 이쪽으로 다가오고 있었다.

낚시하는 늙은이의 세속에 구애되지 않은 초연한 모습을 본 문왕이 앞으로 다가와 이야기를 걸었다. 강자아는 때를 놓치지 않고 문왕에게 자기의 경험을 털어놓았다. 이야기를 하면서 두 사람은 참으로 의기투합했다. 문왕이 더욱 의아했던 것은 날마다 낚시로 세월을 보내는 늙은이가 천하 대사는 물론 국가의 정치와 국방에 대하여 이렇게 분명하게 아는 데다 지식도 깊고 넓어서 내다보는 관점과 견해가 한결같이 새롭고 독특하다는 점이었다. 게다가 문왕은 낚시하는 이 늙은이가 음양오행과 병법에도 상당한 조예가 있음을 알아챘다.

현인을 목마르게 찾아 헤매던 문왕은 강자아의 날카롭고 뛰어난 지혜와 기민한 언변 가운데 이분이야말로 자기가 찾아뵈어야 할 큰 어른임을 알았다. 문왕은 기쁨에 넘쳐 소리 높였다.

"저의 선조 태공께서 진작 어르신께 기대를 거셨습니다!"

이리하여 문왕은 가장 성대하고 엄숙하게 예의를 갖추어 그를 극진히 맞으며 자기의 마차에 함께 올랐다.

강자아는 출신이 보잘 것 없었다. 갖가지 역사 기록으로 볼 때, 가르침을 받은 유명한 스승도 없었으며, 또 나이도 많았다. 벼슬길로 말하자면 '나이가 보배'라는 것은 누구나 다 알고 있다. 만약 나이가 일정한 선을 넘으면 설사 하늘만큼이나 커다란 재주가 있을지라도 자리에서 물러나야 한다. 하지만 강자아가 위수 강변에서 문왕을 만났을 때, 그는 벌써 여든을 넘어서 하얀 머리에 이마저 빠진, 뼈만 앙상한 노인으로 증손자가 어른노릇을 할 나이였다. 문왕은 왕의 몸으로 그를 보배처럼 공손하게 모시며 높은 자리에 앉혔다. 그리고 그를 스승의 신분으로 올리고 대권을 주어 위풍당당하게 천하를 다시 짜게 했다. 이 모든 것은 강자아가 감투를 쓰고 벼슬을 하려면 재능과 지혜가 넘쳐야 정치와 외교에서 지지 않는 위치에 설 수 있음을 알았기 때문에 가능했다.

5. 유국태劉國泰 – 분명하게 처신하기

청나라 가경嘉慶 초년에 벌어진 화신和珅 사건은 세상에 큰 충격을 주었다. 이 사건 처리에 책임을 진 벼슬아치는 가경황제에게 보고하는 자리에서 이렇게 밝혔다.

"화신이 횡령한 액수는 크기가 대단하고 대담하기가 굉장하지만 모두 화신의 벼슬아치로서의 도덕 탓으로만 돌릴 수는 없으며, 사태가 이 지경이 되도록 부추긴 또 다른 이가 있습니다. 이 나쁜 놈이 화신이 횡령을 하는 데 지나칠 수 없는 큰 역할을 했습니다."

이 보고 가운데 딱 한 사람이 크게 눈길을 끌지 못했으니, 이 사람은 바로 산동지방의 순무巡撫 유국태劉國泰였다. 이 사람은 화신에게 돈을 긁어다 바치는 갈퀴였다. 그는 몇 년 동안 화신을 위하여 칠십만 냥이나 되는 백은白銀을 긁어 바쳤다.

화신 사건 속의 다른 사람과 견주면 유국태는 권세가 대단한 집안 출신이 아니었다. 그러나 화신의 수양사위가 된 뒤에야 비로소 고속 승진을 하기 시작했다. 하지만 화신과의 관계 때문에 지방의 고위 관리 행렬에 끼게 되었다는 그에 대한 간단한 평가는 그가 벼슬길에서 드러낸 지혜를 너무 무시하는 일이다. 정확하게 말한다면, 유국태는 벼슬길에서 자기 자신이 쌓은 '면벽십년'의 수행을 통하여 산동 지방 순무의 자격을 얻을 수 있었다.

유국태가 처음으로 얻은 관직은 강소江蘇 서부 사홍현泗洪縣의 현령이었다. 당시 이 지방은 관원들의 비도덕적인 행위와 겹치는 자연 재해 때문에 벼슬살이 하는 이에게는 두려운 곳이었다. 유국태는 중당中堂[19]

19 명청明淸 시대 내각대학사內閣大學士의 별칭.

화신과 괜찮은 관계를 맺고 있었다고는 하지만 썩 좋은 관직을 얻지는 못했다. 그가 이곳으로 발령이 난 순간에 운명은 서울에서 천 리나 멀리 떨어진 사홍현에서 제 힘으로 버티며 좋은 성과를 내야만 높은 지위로 오르며 영전의 기회를 잡을 수 있도록 결정되어 있었다.

임지로 떠나기 전에 그는 장인 소아릉蘇阿凌을 뵙고 벼슬살이의 바른 길에 대하여 가르침을 청했다. 소아릉은 벼슬길에서 수없이 많은 지혜와 경험을 익힌 이였다. 유국태는 그가 관리로서 행할 기교를 잘 가르쳐주기를 바랐다. 그러나 소아릉은 이렇게만 이르고 말았다.

"첫해에는 청렴하지. 그런데 그 이듬해엔 반청半淸이고 세 번째 해에는 탁해지거든. 그러나 자네는 이듬해와 세 번째 해를 첫해의 요구대로 지켜야 하네."

이때, 유국태의 의지는 결코 꿋꿋하지 않았다. 고상한 덕성도 없었다. 더구나 뛰어난 능력이 있는 것도 아니었다. 그의 꿈은 출세하여 돈을 버는 것이었다. 그랬기에 그는 장인어른을 원망하며 이렇게 속으로 중얼거렸다.

'어른께서는 나를 정말 그곳에서 3년이나 고생하길 바라는 모양입니다. 하지만 내가 어떻게 그렇게 고생하며 견딜 수 있단 말입니까?'

소아릉은 사위 유국태에게 이렇게 일렀다.

"어리석은 벼슬아치는 자리에 올라 권력을 손아귀에 넣으면 바로 한판 크게 챙길 생각만 하지. 이는 자네처럼 큰 꿈을 품은 인물이 해야 할 일이 아니네. 면벽의 어려움을 참아야만 고통 끝에 비로소 즐거움을 얻을 수 있는 법이네."

소아릉이 말한 '면벽面壁'은 유국태가 장래에 '파벽破壁' 해야 함을 알린다. '승진과 영전'은 벼슬아치라면 누구나 추구한다. 그리고 이 '승진과 영전'은 국가가 벼슬아치의 적극성을 자아내기 위하여 만든 제도

이다. 그러나 어떤 방법으로 '승진과 영전'을 하느냐, 이는 그야말로 '백관쟁명百官爭鳴'이다. 소아릉의 견해에 따르면, '승진과 영전'의 길은 오직 '수修', 이 한 글자 안에 있다. 이 '수' 자는 바로 수행을 말한다. 수행은 공덕을 완벽하게 한다. 그렇다면 '공'과 '덕'은 어떻게 해야 완벽한가? 그는 설명을 덧붙이지 않았다. 오직 '청렴'하라고 말할 뿐이다. 몇 가지 일차적인 자료가 우리에게 주는 인상에 의하면, 유국태의 이해력은 매우 높았다.

그가 부임하자마자 때마침 사홍현에는 가뭄으로 큰 재앙이 발생했다. 게다가 악질 토호들도 뒤에서 나쁜 짓을 일삼고 있었다. 유국태는 먼저 재난을 당한 백성들을 구제했다. 그런 다음, 조사와 증거를 잡은 뒤, 바로 상급자인 강녕江寧 순무의 아들 - 그는 악질 토호의 우두머리였다 - 을 법에 따라 처리했다. 상급자에게 미움을 사는 일은 벼슬살이에서는 큰 금기였다. 그러나 유국태는 순무가 자기에게 호감을 가지고 있다는 사실을 알면서도 전혀 개의치 않았다.

유국태는 역사에 자못 능통했다. 그의 역사 지식은 대단하여 한번 보면 잊지 않았다. 그러나 그의 수많은 상급자들도 역사에 관해서는 전문가라고 자칭했다. 유국태는 정사를 처리하는 외에는 거의 모든 시간과 정력을 역사 연구에 쏟았다. 이렇게 하여 그는 상급 관원과 교류하는 데 아무런 장애도 없었다. 이런 점도 당연히 상급자의 비위를 맞추기에 적합했으니, '면벽십년'으로 얻은 일종의 정치적 책략이 된 셈이다.

강녕 순무는 자기 아들이 하급자에게 처벌되었다는 사실을 알고 그대로 가만히 있을 인물이 아니었다. 유국태는 삼가 예를 갖추어 상급자를 찾은 자리에서 옛일을 내세우며 혼란한 상황을 다스리지 않으면 정치적인 업적을 쌓았다고 할 수 없다고 진술했다. 순무가 유국태에게 중당의 뒷심이 있음을 두려워하며 이 일을 잘 안배했다면, 유국태의 이치에 맞는 말과 상대방을 감동시키는 진심은 이 일을 처리하는 윤활유였음이 분명하다.

유국태는 사홍현에서 처음부터 끝까지 장인의 말을 따르며 백성들의 이익을 늘 앞세웠다. 물론 봉건 사회의 관리들 가운데도 진정으로 백성들을 위해 일을 처리하는 이가 드물기는 했지만 없지는 않았다. 유국태는 '청렴함'으로 강소 서쪽 지방에 명성이 자자했다. 그러나 그 역시 가능하면 빨리 승진하고 싶은 마음이 가득했다. 그는 자기가 이 관료 사회에서 하찮은 존재라는 것을 잘 알고 있었다. 하찮은 인물이 큰 인물이 되려면 '공'과 '덕'이 반드시 필요했다. '덕'은 백성들이 내려야 한다. 유국태는 이런 점에서는 훌륭하게 일을 했다. '공'도 당연히 백성들이 내려야 한다. 그러나 유국태의 인식은 단지 여기 머물러 있지 않았다. 그는 '공'이 상급자의 평정으로 이루어지는 것도 잘 알았다. 가끔 누군가 만들어낸 몇몇 공은 군중들의 우매함 때문에 어쩌면 바라는 바와는 정반대로 군중에 의해 '쓸데없는 일'로 여겨지기도 했다. 그러기에 그의 '공'은 반드시 상급자가 알아야 했고, 그가 한 일은 반드시 상급자에게도 이익이 되어야 비로소 '공'이 될 수 있었다.

그는 장인과 중당의 관계망을 통하여 나들이를 좋아하는 건륭황제가 몇 달 뒤 사홍현을 지나게 된다는 사실을 알게 되었다. 그는 즉각 자금을 마련하여 건륭황제를 위하여 행궁 한 채를 그 지방에 지었다. 민심을 얻기 위하여, 그는 소집된 노무자들에게도 노임을 지불했다. 하지만 백성들을 혹사시키고 물자를 낭비하며 윗사람의 비위를 맞추려 한다고 생각하는 백성들도 있었다. 여기 쓰이는 돈이 결코 공금은 아니었지만, 그는 간접적이나마 몇몇 사람들에게 수입 통로를 제공하여 그곳 백성들의 수입을 높였다. 그가 사홍현을 떠날 때, 그곳 백성들은 길게 행렬을 지어 무릎을 꿇고 이 '청렴한 벼슬아치'를 송별했다. 어쩌면 이렇게 이야기하는 이가 있을지도 모른다.

"그가 백성들을 위해 한 일은 모두 백성들의 뜻을 이용하는 데 있었다."

하지만 벼슬살이를 하는 이 가운데 백성들의 뜻을 이용하지 않는 자가 얼마나 될까? 그들은 많거나 적거나 모두 백성들에게 실질적인 혜택을 주는 동시에 자기의 공덕도 완벽하게 하려고 한다. 이런 일들은 확실한 표준으로 측정하고 따질 수는 없다.

훗날, 유국태는 큰 인물이 된 뒤, 사홍현에서 갈고 닦은 고상한 품격을 곧 상실하고 오히려 중당의 앞잡이가 되었다. 그러나 이 점은 여기서 토론해야 할 문제는 아니다. 뒷날 그가 행한 부끄러운 일들로 볼 때, 그가 사홍현에서 몸과 마음을 갈고 닦았다는 수행도 그 목적은 불순했다고 볼 수 있다. 물론 이 부분도 넘어가자. 여기서 이야기하고 싶은 것은 사홍현 현령 유국태라는 하찮은 벼슬아치에게서 면벽십년의 참뜻을 찾아낼 수 있을까 하는 점이다.

벼슬살이의 바른 길은 청렴함에 그 고귀함이 있다. 만일 이것이 하나의 구호라면, 어쩌면 벼슬길에서의 정치적 술수일지도 모른다. 하찮은 인물의 관운이 형통한지 아닌지, 그 공덕이 완벽한지 아닌지, 이 모든 것은 자기 자신을 엄격하게 다스려야 가능한 길임을 우리는 유국태를 통하여 알 수 있다. 벼슬길에서 온 마음과 힘을 다하여 상사에게 아첨할 필요도 없고, 동료와 전전긍긍하며 다툼을 벌일 필요도 없다. 오로지 자기 본분에 충실하면 된다. 이 본분은 관리가 반드시 갖추어야 할 능력 외에도 자기 자신을 엄격하게 다스리는 일도 포함된다. 자기 자신을 엄격하게 다스리는 일은 덕성이기도 하지만 나아가 하나의 능력이기도 하다. 벼슬살이를 하는 하찮은 인물로 말하자면, 자기 자신을 엄격하게 다스릴 수 없다면 권력을 쥐고 백성을 위하여 일할 능력의 기초를 잃어버릴 수 있으며 부패의 시험을 견디지 못할 수 있다. 그러면 권력을 쥐고 다스릴 수 있는 능력을 담보할 수 없다.

대체로 벼슬길에 오른 하찮은 인물이, 더욱이 일정한 권력을 독차지한 인물이 타락한 궤적은 유국태의 장인이 말한 대로 첫 해에는 청렴, 두 번째 해에는 반청半淸, 세 번째 해에는 탁濁, 바로 그대로였다.

첫해의 청렴은 바로 일종의 수행이다. 그러나 이 수행은 참으로 어렵고 힘들다. 그렇게 쉽다면 부처님이 어찌 한 분밖에 없겠는가? 수행 한 해 뒤, 관료 사회의 보이지 않는 규칙과 이익 앞에서 수많은 이들이 단호히 지켜야 할 마음을 잃어버리고 유국태의 장인이 말한 궤도로 기꺼운 마음으로 진입한다.

수많은 인물들은 자기의 공덕을 완벽하게 할 굳센 의지도 없었다. 왜냐하면, 그들에게는 유국태와 같은 원대한 꿈도 없었기 때문이다. 벼슬길에서 숱하게 널려 있는 하찮은 인물의 눈에는 눈앞에 놓인 이익이야말로 지체하지 말고 다가가 손에 넣어야 할 것이기 때문이다. 그들은 몇 년 동안의 '청렴'을 위한 수행 뒤에는 지금의 별 볼 일 없는 신분에서 벗어나 큰 인물이 될 수 있다는 생각을 아예 하지 않는다. 그들은 수행의 외로움과 고통을 참을 수 없어 끝내 갈피를 잡지 못할 어둠의 길을 선택한다.

사실 벼슬길에 오른 자는 자연히 명예와 이익을 동시에 갖기를 바란다. 이런 점에서는 설령 수행을 했다고는 하지만 유국태도 마찬가지였다. 건륭 황제가 남쪽 지방을 순행하면서 그의 경내에서 그를 접견할 때였다. 곁에 있던 직례학정直隸學政이 그에게 이렇게 물었다.

"사홍현령에게 감히 묻노니, 그대는 평소에 제일 좋아하는 것이 무엇이오?"

대답은 이러했다.

"돈입니다."

학정대신은 쌀쌀맞게 비웃으며 '소인은 이익에 밝고 군자는 의기에 밝다.'[20]는 말을 들어 그를 비꼬았다.

그렇지만 유국태의 대답은 참으로 솔직하다. 낮은 벼슬아치가 이익을 추구하는 것은 바로 낮은 벼슬아치에게 부족한 이익 때문이다. 사람은 결국 모자라는 것을 추구하게 마련인데, 학정대신께서는 의기를 추구하는구려!

이는 3년 동안 벼슬살이를 하며 얻은 그의 총결산일 수 있다. 그는 이익을 비켜가지 않았지만 어느 정도는 수행을 앞자리에 두었다.

유국태의 당초 출세도 몇몇 하찮은 인물에게 약간의 경험을 줄 수 있다. 그는 본래 기생의 아들로 태어났다. 그의 아버지는 고생스레 재물을 모았으며, 그에 대한 교육에 큰 관심을 기울였다. 그러했기에 유국태는 성인이 되었을 때 역사에 정통할 수 있었다. 하지만 그는 오히려 시대의 흐름에 부합하지 않는 방법으로 중당과 친분 관계를 맺었다. 곳곳에서 퇴짜를 맞으며 하찮은 감투도 얻지 못하자 그의 눈길은 중당을 주시하게 되었다. 중당이 어릿광대들의 연극을 좋아한다는 사실을 알게 된 그는 날마다 많은 시간을 들여 연습한 결과 마침내 웃음을 폭발시키는 연기를 익힐 수 있었다.

어느 날, 화신과 수양딸 나란納蘭이 가마를 타고 집으로 돌아가는 도중에 교자꾼이 덜렁거리다가 그만 넘어지고 말았다. 화신이 불같이 화를 내려는 바로 그 순간 피둥피둥 살이 찐 배불뚝이 사내 하나가 교자꾼이 넘어지는 모습을 가까운 거리에서 흉내 내는데, 진짜와 똑같은 모습에 약간의 과장까지 보태면서 사람들의 배꼽을 잡게 했다. 이 모습

20 君子喩于義, 小人喩于利. 『논어論語』「이인里仁」에 나오는 말이다.

에 화신도 그만 너털웃음을 터뜨렸다. 피둥피둥 살이 찐 배불뚝이 사내는 즉시 화신의 너털웃음을 흉내 내는데 이것도 똑같았다. 화신은 이 사내를 데리고 자기 집으로 함께 갔다. 이 어릿광대가 바로 유국태였다. 얼마 뒤, 유국태는 나란을 아내로 맞아들이니, 건륭 황제 때 권력을 손아귀에 쥔 중당 대감의 수양사위가 되었다.

제2장
모르는 사람과 관계 맺기

벼슬의 관계학에서 이르는 기본 요구는 온 힘을 다하여 다른 사람과 가까운 관계를 맺으라는 것이다. 다시 말하면, 모르는 사람과도 관계를 맺어야 한다는 뜻이다. 하지만 자기 이익을 위하여 다른 사람을 자기편으로 끌어들이는 데도 지식이 필요하고, 기회와 인연이 요구되며, 마땅한 이유가 있어야 한다.

봉건시대 관료 사회에서 같은 고향 어른 뵙기, 의형제 맺기, 스승으로 모시기, 혼인이나 혈연관계 없이 친척 되기, 부인끼리 서로 오가기, 손님으로 모시고 식사 대접하기, 마작 함께하기 등등의 기회와 인연 만들기는 사실 어느 시대에나 모두 널려 있었다.

1. 혼인으로 인척 되기

청나라 말기에 나온 소설 『도올췌편檮杌萃編』에서 가서보賈瑞甫는 이런 말을 한다.

"저 가승방은 여러분 덕택에 향시와 회시에 모두 합격하여 조정에서 임명한 관직을 맡아 유림의 본보기가 되었습니다. 그래서 조정에서는 엄정한 태도로 일하는 신하가 되고, 향촌에서는 정도를 지키며 아부하지 않는 선비가 될 것입니다.

하지만 훌륭한 신하에 올곧은 선비가 되려면 자연스레 품행부터 발라야 하는데, 다른 이를 대신하여 벼슬자리를 알아보는 따위의 일이 있으니, 이게 품행을 바르게 하는 데 가장 큰 장애물입니다.

그러나 저는 이런 일을 절대 하지 않겠다고 맹세하는 바입니다. 여러 친구들이 잘 모르고, 제가 경관직에 있으면서 지방 관리와 오가는 것을 보곤, 무슨 일이 있으면 관청에 알선하여 청탁을 좀 해 달라, 세금 걷는 자리라도 추천해 달라, 이럴까 염려됩니다. 그러면 저는 제 명성과 덕을 더럽히는 이런 일을 결단코 할 수 없다고 대답할 것입니다. 만약 진행 상황에 대한 보고까지 요구한다면 어찌 부탁한 이를 야단치지 않을 수 있겠습니까? 오늘 여러분 앞에서 이렇게 설명하고 있으니, 여러 친척과 친구들은 양해하시고 저를 탓하지 마십시오.

한 가지 더 드릴 말씀이 있습니다. 이제껏 저는 말할 것도 없이 경관京官이었습니다만, 앞으로 원외랑員外郎으로 발탁되고 낭중郎中이나 경찰京察도 될 것이며 나아가 더 큰 벼슬도 할 것입니다. 관아에서 가장 고약한 일은 벼슬아치의 친척들을 쓰는 것입니다. 그런 내용을 담은 상주문에 벼슬아치의 친척들이 주는 폐단을 깨끗이 없애야 한다는 내용을 보지 않았습니까? 제가 근무하는 관청에서는 벼슬아치의 친척들을 한 사람도 쓰지 않을 것입니다. 만약 여러 친척 친지들이 옛정으로 대하리라 믿으며 먼 길 마다않고 찾아와서 저 가승방이 매정하다고 나무라지 마십시오. 관례를 깨면서 자리를 찾을 수도 없을 뿐만 아니라 여비 한 푼도 드리지 못합니다. 설령 언젠가 고향으로 돌아가 제 잘못을 정중히 사과할지라도 제가 벼슬길에 있을 때는 관리로서 마땅히 지켜야 할 지침을 어길 수 없습니다."

이 말이 끝나자 여러 친지들은 서로 얼굴만 쳐다볼 뿐 말 한 마디 하지 않았다. 남의 비위를 잘 맞추는 후배 두 사람이 가서보의 흥을 돋운답시고 이렇게 알랑거렸다.

"정말 벼슬하는 이가 지켜야 할 바른 도리를 말씀하셨습니다. 이렇게 미리 우리에게 설명하셨으니, 모르고 잘못을 범해도 이러지도 저러지도 못할 일은 없겠습니다. 이야말로 남에게도 충직하고 돈후한 어르신의 모습입니다."

하지만 달이헌達怡軒은 오히려 조소를 보냈다. 그는 차갑게 웃으며 이렇게 말했다.

"벼슬하는 이가 바르고 바르지 않고, 청렴하고 청렴하지 않고는 모두 자기에게 달렸지, 어디 다른 사람 때문이겠소? 나는 자고로 이름난 신하나 올곧은 선비를 믿지 않소. 그래 부모형제 처자식과 관계를 끊을 수 있단 말이오?"

사실 가서보는 관료 사회의 베테랑이었으니, 그가 한 말은 완전히 말과 행동이 따로였다. 고대 관료 사회에서 관리의 친척을 쓰지 않는 일은 그야말로 불가능했다. 위로는 조정에서부터 아래로는 말단 9품에 이르기까지 가족과 측근들이 자기 곁에 있었으며, 한 집안 식구들과 측근들이 벼슬을 해야 자기의 정치적 지위를 더욱 공고히 할 수 있었으니, 이는 고대 관료 사회에서 흔히 볼 수 있는 풍속이었다.

황제의 권력에도 멀고 가까움, 그리고 친근함과 소원함이 있었다. 청나라 끄트머리의 다섯 황제는 모두 도광道光과 연결되어 있다.

혁저奕詝, 재순載淳, 재첨載湉, 부의溥儀는 모두 도광의 직계였다. 도광의 형제 항렬이 많았지만 도광의 자손이 자리를 이었기 때문이다. 황제에게 아들이 많았어도 뒤로 내려오면 점점 많이 벌어졌다. 그러나 황제가 가진 권력은 멀리할 수 없었기에 가장 가까운 피붙이 중에서 뽑아야 했다.

면개綿愷는 도광제 민녕旻寧의 셋째 동생으로 돈친왕惇親王에 봉해졌으나 대를 이을 아들이 없자, 도광제는 다섯째 아들 혁종奕誴을 양자로 보내 그 자리를 잇게 했다. 도광제의 넷째 동생 면흔綿忻은 서친왕瑞親王에 봉해졌으나 그 아들 혁지奕誌에게 대를 이을 아들이 없자, 도광제는 혁종의 아들 재의載漪를 단군왕端郡王에 봉하여 대를 잇게 했다. 도광제의 일곱째 아들 혁환奕譞의 아들 재도載濤는 일찍이 도광제의 다섯째 동생 혜친왕惠親王 면유綿愉의 아들 혁모奕謨의 양자가 되기도 했다. 광서제光緒帝에 이르러 재첨의 동생 재풍載灃이 순친왕醇親王의 작위를 이었으며, 그 동생 재도는 면유의 아들 혁모를 앞서 자리를 이어 받았고, 뒤에 종군왕鍾郡王 혁합奕詥의 자리를 받았다. 재순載洵은 이제 단군왕의 작위를 이어받았다. 애신각라愛新覺羅의 청왕조에서, '벼슬'을 둘러싼 관계의 규칙은 바로 이렇게 자기들만의 인맥으로 짜여졌다.

청왕조에 이르러 황제의 권한은 오로지 친족들로써 단단하고 튼튼하게 결속해야 했다. 후궁도 여기에 빠질 수 없었으니, 친족들로 후궁을 보호하는 세력으로 삼았다. 예허나라葉赫那拉 가문의 혜정惠征의 맏딸이 함풍咸豊 원년에 입궁하여 함풍황제 후궁 진영을 강화시켰다. 이때부터 예허나라 가문은 애신각라 가문과 척족이 되어 떼려야 뗄 수 없는 관계를 맺게 되었다.

예허나라 가문이 큰 권력을 독차지할 수 있었던 것은 함풍황제가 세상을 떠난 뒤 자희慈禧가 수렴청정을 하면서부터였다. 아들의 지위가 높고 귀해지면 어머니의 지위도 같이 높고 귀해지는 황궁에서, 예허나라 가문의 여인이 귀비에서 황태후로 올랐다. 중국에서는 뜻을 이룬 황후가 자기의 친족을 발탁하여 강대한 세력을 가진 황후파를 만드는 일이 자못 흔했다. 자희도 예외는 아니어서 이런 낡은 수법을 그대로 따랐다. 오래지 않아, 자희의 동생 계상桂祥이 관례에 따라 삼등봉은공三等奉恩公이 되어 공작의 영예와 대우를 받았다. 이전에 자희의 여동생은 함풍황제의 일곱째 동생 순군왕醇郡王 혁환의 복진福晋[21]이 되었으니, 한 집안에서 둘이나 혁환 형제와 혼인을 한 셈이다. 동치제가 세상을 뜬 뒤 자희의 뜻에 따라 순친왕 혁환의 맏아들 재첨이 황제의 자리에 올랐다. 자희는 큰어머니, 이모, 그리고 태후의 신분으로 계속 국정을 맡았다. 시동생이요 매부인 혁환은 황제의 친아버지로서 몸과 마음을 다하여 아들의 제위를 위해 진력했다. 이때, 황제는 예허나라 가문의 계상桂祥에게는 바로 생질이었으며, 자희의 조카이자 생질이었다.

자희의 뜻에 따라 광서황제光緒皇帝가 된 재첨은 계상의 딸을 황후로 맞았다. 이제 예허나라 집안은 황후의 친정 가문이 되었다. 광서제가 세상을 뜬 뒤, 조카딸도 황태후가 되었다. 이는 굉장한 영예였으니, 예허나라 가문에서는 뜻밖에도 두 번이나 황태후를 갖게 되었다. 또 순친왕 혁환은 두 명의 황제를 냈다. 이는 모두 혼인이라는 당겨도 끊어지지 않는 인연의 끈에 온전히 의지한 결과가 아니겠는가!

자희의 측근인 중신 영록榮祿도 관계에서는 중요한 인물이었다. 이런 인물이었기에 그도 거대한 인맥에서 떼어낼 수 없다. 조정이 영록을 자못 중시하는 까닭은 그의 조부 탑사합塔斯哈이 일찍이 객십갈이喀什噶爾[22]를 담당하는 대신으로서, 도광 연간에 장격이張格爾의 반란을 토벌하다가 목숨을 잃었기 때문이다. 또 감숙甘肅 양주涼州 지방 총사령관이

21 청나라 때, 만주족의 친왕親王, 군왕群王, 친왕세자親王世子 등의 정실부인.
22 오늘날 중국 서북부 신장 위구르 자치구 서남부 지방.

었던 부친 장수長壽와 천진天津 지방 총사령관이었던 백부 장서長瑞는 함풍咸豊 원년 태평군太平軍의 영안永安 돌파를 막는 전투에서 같은 날 전사하자, 나라에서는 부친에게는 근용勤勇, 백부에게는 무장武壯으로 시호를 내리고 '쌍충사雙忠祠'를 지어 기렸으니, 영록은 이로써 조상의 덕을 입지 않을 수 없었다. 게다가 숙부 장태長泰는 과이심친왕科爾沁親王인 승려 격림심格林沁을 따르며 염군捻軍[23]을 진압하다가 전사하여 당시 '한 집안에서 충신이 쏟아져 나왔다.'고 입을 모았다. 함풍황제는 장서와 장수가 죽은 뒤, '충성과 절개가 대대로 두텁고 굳다.'며 칭찬을 아끼지 않으며 친히 영록을 불러 아버지와 아버지 형제들의 나라를 위한 죽음을 물어 보았다. 게다가 비영동費英東은 청태조 누르하치의 천하평정을 보좌한 개국 공신인데, 바로 영록의 먼 조상이었다. 보통 사람이라면 이런 깊고 두터운 관계망을 감히 바랄 수도 없다. 하지만 영록에게는 조상들이 세운 위업이라는 아름답고 찬란한 빛이 그의 벼슬길을 밝혀주고 있었다.

혼인으로 맺어진 관계도 참으로 유리하게 작용했다. 그에게는 여동생이 둘이었다. 그들은 각각 기인旗人 가문 출신으로 장원을 한 숭기崇綺와 왕족인 곤강昆岡에게 출가시켰다. 그의 두 딸도 각각 예친왕禮親王 세탁世鐸의 며느리와 순친왕 재풍載灃의 복진으로 만들었다. 그의 후처는 대학사 영계靈桂의 맏딸이었으니, 세상 사람들은 당시에 그를 '대왕'이라고 불렀다. 이렇게 되자, 그의 인맥은 청나라 황실의 고관대작을 하나하나 꿰뚫고 껴안으며 서로 관계를 맺었다고 할 수 있으니, 이에 한 사람이 영화를 얻으면 모든 관계자가 영화를 얻는 모습이 되었다.

문맹이나 다름없는 양국충楊國忠도 자기 누이를 발판으로 벼슬도

23 염군은 태평천국 시기에 북방에서 농민들이 일으킨 무장 혁명군이다.

높이 오르고 돈도 크게 벌었다. 양국충과 양귀비楊貴妃는 굳이 따지자면 오누이 관계지만 촌수는 정말 멀었으며 직계도 아니었다. 양국충의 할아버지와 아버지 항렬의 친척들은 모두 포주蒲州 영락永樂(지금의 산시山西 융지永濟)에 자리를 잡고 살았다. 그의 아버지 양순楊珣은 일찍이 선주사주참군宣州司主參軍으로 일했으나 가정은 곤궁했다. 그의 어머니 장씨는 측천무후의 남총 장역지張易之의 누이였다. 양국충은 어려서부터 품행이 방정하지 못했으며 배운 것도 없고 재주도 없었다. 또 방탕한 행동에 술 마시고 계집질에 노름까지 일삼자 고향 친척들이 멸시하며 상대하지 않았다. 이런 특이한 소년 시절의 생활 경험은 그에게 노련하고 약삭빠른 특성을 갖게 했다.

서른 살이 되었을 때, 양국충은 고향에서도 발붙이지 못하자 결심을 새롭게 다지며 군대로 들어갔다. 촉 땅으로 온 양국충은 둔전병으로 근무했다. 이때, 양국충은 성적이 특별히 뛰어나 승진을 해야 했다. 하지만 익주장사益州長史 장관張寬은 생트집을 잡아 양국충을 한 차례 매질을 한 뒤 신도위新都尉로 임명했다. 임기가 끝나자 양국충은 더욱 곤궁해져 이제는 끼니도 잇기 어려웠다. 촉 땅에 사는 부호 선우중통鮮于仲通이란 자가 양국충의 당당한 모습과 재치 있는 말솜씨를 보고 경제적으로 큰 도움을 주었다. 이때, 양국충과 당숙부 양현염楊玄琰 사이에 얼마간의 내왕이 있었다. 양현염이 세상을 떴을 때, 그가 가서 상사를 도우며 처리했다. 한 번 두 번 오가는 횟수가 잦아지며 그만 종매(뒷날의 심국부인沈國夫人)와 부적절한 관계를 맺었다. 당시 양옥환은 이미 숙부를 따라 하남河南으로 떠난 뒤이기에 이 오라비와 얼굴을 마주한 적이 전혀 없었다.

뒷날, 양국충은 성도에서 도박으로 한 푼도 건지지 못하고 빈털터리가 되자 관중으로 도피하여 며칠 동안 부풍위扶風尉 자리에 있었으나 만족하지 못하고 사천으로 돌아가서 선우중통 밑에서 빌붙어 살았다. 이때, 사천의 광대 배유裴柔를 아내로 맞아 아들 몇을 낳아 길렀으나 생활은 참으로 빈곤하기 짝이 없었다.

양옥환이 귀비로 책봉되었다는 소식이 사천에 전해진 뒤, 검남절도사劍南節度使 장구겸경章仇兼瓊은 양귀비가 사천에서 태어났다는 사실을 알고 온갖 방법을 다 생각하며 장안으로 사람을 보내 그녀의 집안과 친교를 맺어 자기의 정치적인 배경으로 삼고자 했다. 선우중통은 장구겸경과 깊은 교분이 있었던 터라 양국충을 그에게 추천했다. 장구겸경은 양국충의 우람한 체구는 물론 당당한 풍채와 민첩하고 재치 있는 말솜씨에 대단히 만족하여 그 자리에서 그를 장안으로 보낼 심부름꾼으로 임명했으니, 두 사람의 관계는 이로써 더욱 밀접해졌다. 당시 장구겸경은 권력을 독차지하고 있던 이림보李林甫 때문에 제 자리를 지키지 못할까 염려하던 터라 양국충이 조정으로 들어가 도움을 주기를 바랐다. 이때, 양옥환은 벌써 귀비로 책봉되어 그녀의 세 자매는 날이 갈수록 사랑을 받고 있었다. 장구겸경은 황제의 처족으로 얽힌 관계를 이용하여 양국충을 서울로 보내며 사천에서 생산되는 비단을 조정에 바치게 했다. 양국충이 비현郫縣을 지날 때 겸경의 측근이 명령에 따라 그에게 가치가 돈꿰미 만 개나 되는 사천 지방의 특산품을 주었다.

천보天寶 4년(745년) 10월, 양국충은 장안에 이르렀다. 그는 양씨네 자매를 하나씩 차례로 예방했다. 그는 아름답고 정교한 사천의 최고급 특산품을 일일이 이들 자매에게 나누어주며 이렇게 말했다.

"장구겸경께서 보내신 것입니다."

이리하여 그의 장점을 안 양씨네 자매들은 현종 앞에서 장구겸경을 칭찬하여 현종이 그에 대한 호감을 가지도록 했다. 그리고 이들은 양국충을 현종에게 인사시키며 그가 저포樗蒲(일종의 도박)에 정통하다고 말했다. 현종은 양국충이 귀비의 친족임을 알고 그를 서울에 머물며 자리를 맡아 일하도록 했다. 또 그에게 공봉관供奉官을 따라 궁중에 출입할 수 있도록 허락했다. 게다가 오래지 않아 그를 금오병증참군金吾兵曾參軍에 임명했으니, 이는 비록 한직이긴 하지만 나중에 양국충의 벼슬이 오르며 돈을 모을 수 있는 조건과 기회를 만들어 주었다.

장안에서 자리를 굳게 잡은 양국충은 양씨네 자매와 맺은 관계를 이용하여 온갖 방법으로 자기 이익을 도모했다. 그는 괵국부인虢國夫人을 중간에 끼고 양귀비에게 접근하여 현종을 조심스레 모시며 환심을 샀으며, 또한 온갖 계략을 다 짜내어 권력을 가진 벼슬아치에게 빌붙어 비위를 맞추었다. 어느 날, 양국충은 저포놀이가 벌어진 잔치에서 계산을 담당하게 되었다. 그가 계산한 기록은 상세하고 정확했다. 현종도 이 놀이가 끝난 뒤 그를 가리켜 '호도지랑好度支郎'이라고 우스개를 던졌다. '도지랑'은 재물과 세금의 수지 계산과 통계를 책임진 벼슬아치였다. 현종의 이 말이 사실과 그대로 맞지는 않았지만 양씨네 자매는 황제의 말을 놓치지 않고 몇 차례나 양국충을 이 자리에 앉히도록 건의했다. 현종도 바람 따라 돛을 단다고 양국충을 어사중승御史中丞 왕홍王鉷 아래 판관으로 임명했다.

조정에서도 친소에 따른 호감이 이러했지만 아래쪽에 있는 하찮은 벼슬아치도 마찬가지였다. 주와 현의 지방 장관도 저마다 자기와 함께 일할 소그룹이 있었다. 관아의 관리들은 대부분 주나 현의 지방 장관 자신이 잘 알고 신임하는 개인 고문이나 친척이었다. 더욱이 권력의 중요한 요소요소에 심복과 친척을 배치했다. 주와 현의 지방 장관들이 이러했던 것처럼 곳곳의 벼슬아치들은 모두 개인적으로 인연이 있는 이를 주요 구성원으로 삼았다. 이런 점이 관계에 두루 퍼져서 벼슬길을 기웃거리는 하찮은 인물은 설령 위쪽에 아무런 관계가 없을지라도 모든 방법을 동원하여 의리로 맺어진 친족 관계라도 얻으려고 했다.

양아버지나 양어머니를 맺음으로써 친족 관계를 얻으려는 풍조는 청나라 때 관계에서 특별히 유행했다. 일반적으로 벼슬을 하고 싶은 하찮은 인물이 권세와 지위가 높은 이를 수양아버지로 모시고 자신은 기꺼이 손아랫사람이 되고자 했다. 이 밖에 권세와 지위가 높은 이에게 빌붙어 처첩이나 딸에게 그들을 양아버지로 모시거나 권력자의 처를 양어머니로 높여 모시게 했다.

이때, 변경을 지키는 총독은 물론 명성과 권세가 혁혁한 환관도 이들이 빌붙을 대상이었다. 예컨대, 『이십 년 동안 직접 본 괴현상二十年目睹之怪現狀』은 호부의 하찮은 벼슬아치가 환관을 양아버지로 모신 이야기이다.

"수백受百으로 불리는 혜록惠祿은 호부의 원외랑이다. 그는 당시 가장 권력이 막강했던 환관의 양아들이 되어 큰 사랑을 받았다. 서울이나 지방의 벼슬아치들은 말할 것도 없고 연줄을 잡으려는 이들은 모두 수백을 통해야 했다."

건륭황제 때, 어떤 한림이 오랫동안 기다려도 마음에 맞는 자리에 임용되지 않자 돌연 기발한 계책을 썼다. 먼저 자기 마누라에게 대학사 우민중千敏中의 부인을 양어머니로 모시게 했다. 우민중이 권세를 잃게 되자 이번엔 자기 마누라에게 상서 양시정梁詩正을 양아버지로 삼아 정성을 다해 모시게 했다. 양시정이 아침에 조정으로 들어가기 전에, 이 한림의 부인은 입궐 시 목에 걸쳐야 할 목걸이를 가슴에 모아 따스하게 한 뒤 손수 양아버지의 목에 걸어주었다. 이렇게 되자 한림도 자연히 때맞추어 운수가 트이며 관운도 형통하게 되었다.

양아버지나 양어머니를 맺는 친족 관계 이외에도 혼인으로 관계를 맺었다. 이것도 벼슬살이에서 권세와 지위가 높은 이에게 빌붙어 이들을 자기편으로 끌어들이는 방법 가운데 하나였다. 이런 방법으로 맺어진 관계는 같은 고향이나 의형제나 제자로 맺어진 관계에 비해 더욱 가깝고 탄탄했다.

북주北周의 하찮은 벼슬아치 이예성李禮成은 일찍 상처했으나 안목이 대단했다. 그는 양견楊堅이 제왕이 될 것임을 예견하고 그의 여동생을 후처로 맞았다. 양견이 북주의 승상이 된 뒤 이예성은 대장군의 자리에 올랐다. 오래지 않아 사무상대부司武上大夫로 다시 승진한 이예성은 이제 양견의 핵심 심복이 되었다. 양견이 황제의 자리에 오르며 수隋나라를 세우자 이예성은 협주자사陝州刺史에 봉해졌다. 이어서 강군공絳郡公에 봉해졌으며, 바로 좌위장군左衛將軍으로 벼슬이 올랐다가 또다시 우무위대장군右武衛大將軍에 임명되었다.

이예성의 통찰력과 안목에 우리는 감탄하지 않을 수 없다. 일반 백성들 사이에는 '나귀를 쓰려면 먹이를 주어야 한다.'는 말이 있다. 다른 사람이 권력을 가지고 있을 때는 거기에 빌붙어 아부하거나 예물을 보내거나 알랑거리며 비위를 맞추거나 미녀를 바치거나, 심지어는 자기의 친동생을 내세워 외척으로나마 관계를 맺어야 한다는 말이다. 바로 이예성은 양견의 앞날을 내다보며 일찌감치 양견의 여동생을 맞아들이며 처의 친족을 중심으로 파벌 관계를 형성했다. 벼슬길로 나서려는 하찮은 인물은 제때에 좋은 먹이를 잘 포착해야 한다. 앞당겨 이 준비를 잘 해야만 권세와 지위가 높은 사람에게 가까이 다가갈 수 있다. 그렇지 않고 쓰이길 기다리고만 있으면 이미 다른 사람이 앞을 다투어 먹이를 가로채고 만다.

2. 사문붕당師門朋黨

벼슬길에서 쌓는 인맥 가운데 또 하나 중요한 것은 사제師弟와 동문 관계이다. 이는 옛 관리를 선발하는 과거시험 도중에 생겼다.

과거시험에는 주고관主考官[24]이 있었다. 당송 시대에는 이를 '지공거知貢擧'라 불렀으며, 명청 시대에는 '주고主考' 또는 '총재總裁'라고 불렀다. 과거에 급제한 사람은 주고관을 '좌주座主'로 불렀으며, 스스로는 '문생門生'이라 일컬었다. 당나라 때는 합격자 명단에 함께 올라 진사로 급제한 이를 '동년同年'이라 불렀다. 송나라 이후에도 합격자 명단에 함께 오르며 과거에 급제한 이를 '동년'이라 했다. 청나라에 이르러 생원 중 공생貢生으로 선발된 이, 그리고 향시에서 함께 합격자 명단에 오른 이, 회시에서 함께 합격자 명단에 오르며 진사가 된 이들을 모두 한결같이 '동년'이라 일컬었다.

좌주, 문생, 동년 등 새로운 호칭의 출현은 고대 관료 사회에 새로운 인간관계가 형성되고 있음을 나타내는 지표이다. 선비들은 과거에 응시하면서 합격자 명단에 자기 이름이 들어 있기를 간절히 바랐기에 자기를 선발하는 주고관이라는 인물을 참으로 중요하게 여겼다. 게다가 과거제도의 규정은 새로 진사로 뽑힌 이는 주고관을 배알하도록 했으니, 이런 관계를 구체적으로 드러내려는 것이었다. 급제한 이는 스스로를 문생이라 칭하였으니, 자기와 주고관과의 관계를 하나로 묶음으로써 중용과 배려를 받기를 희망했다. 또 주고관도 이들을 보살피면서 뒷날 보답을 기대했다. 관료 사회의 흐름은 변화무쌍하여 예측하기 어려웠기에

24 국가에서 주관하는 과거시험에서 출제, 감독, 채점 등의 업무를 담당했던 관리 가운데 우두머리.

감투를 쓴 하찮은 인물은 대개 다방면으로 관계를 맺음으로써 점점 높은 곳으로 승진함은 물론 제 자리를 지키며 다른 이에게 밀리지 않기를 바라고 있었다. 과거제도의 발전에 따라 좌주와 문생의 관계, 그리고 동년의 관계도 벼슬살이를 하는 이에게는 갈수록 당연시되었다. 게다가 서로 배려하고 돌봐주는 일도 당연하게 여겼다. 과거제도가 만들어낸 이런 특수한 인간관계는 벼슬살이 하는 이들에게 승진과 벼슬 지키기를 위한 일종의 새로운 배경으로 매우 빠르게 형성되었다.

청나라 시대 소설 『관장현형기官場現形記』에는 어떤 문하생의 출세 이야기가 실려 있다.

원래는 실의에 빠진 문지기였지만, 스승과 제자, 그리고 동문 인맥이 있었기에 마침내 때맞춰 운수가 트여 벼슬도 하고 돈도 번 이야기이다.

과부過富는 원래 항주杭州의 성문을 지키는 문지기로서 관리가 된 지 얼추 17년이나 되었다. 그의 상사는 조상들의 얼굴을 보아서라도 그에게 몇 차례나 임시 관직을 맡겼다. 그러나 유감스럽게도 과부는 참지 못하고 분란을 일으켰다. 그러기에 뒤를 이은 역대 순무는 옛날에 저지른 잘못을 교훈으로 삼으며 과부에게 일을 감히 맡기려 하지 않고 성문을 지키도록 했다.

얼마 뒤, 이 지방의 순무 유중승劉中丞이 사고를 냈다. 그러자 순무를 탄핵하는 글이 몇 통이나 연달아 상부로 올라갔다. 일이 점점 시끄럽게 되자 조정에서는 흠차대신을 보내 유중승을 조사하여 처리하도록 했다. 유중승은 과부의 상사였다. 그러나 흠차대신은 뜻밖에도 과부가 향시에 합격할 때의 스승이었다. 흠차대신이 가까이하며 신임하는 수행 벼슬아치 가운데 형부원외랑 달기達旗도 일찍이 향시에서 과부와 함께 합격하였으니, 두 사람은 나이가 같았다.

흠차대신이 항주杭州에 머물며 사건을 처리하자, 과부는 옛날에 비할 바가 아니었다. 사건을 처리한 흠차대신은 그의 스승이었으며 흠차대신의 심복 달기는 그와 나이가 같고 동문이었으니, 같은 해에 급제한 교분에 같은 스승 아래서 공부한 동문으로서의 교분까지 더하여 그 인정은 보통이 아니었다. 여기에 흠차대신도 달기와 과부 두 사람을 일부러 더 가까이 지내도록 했다. 그리하여 하루에도 두세 차례 만나지 않는 날이 없었으니, 그 친밀하고 다정함은 정말로 대단했다. 이때, 과부의 정식 직무는 아직도 '성문을 지키는 문지기'이긴 하지만 실제 권력은 그 이상이었다.

유중승은 사람을 시켜 흠차대신의 일거일동을 빠짐없이 지켜보고 있었다. 과부와 달기 두 사람이 사이좋게 지내면서부터 이들은 벌써 이 사실을 유중승에게 쏜살같이 보고했다. 유중승은 이 정보를 듣고 양사兩司를 불러 상의했다. 안찰사는 노련한 말투로 이렇게 일렀다.

"과부가 흠차대신의 문생이니 앞으로 그의 협력을 피할 수는 없습니다. 이제 어른께서 그에게 먼저 인정을 베푸신다면 과부는 어른의 보살핌에 감동하여 온갖 일에 힘을 다 바쳐 충성할 것입니다. 그러면 이제 흠차대신은 어른께서 하시는 여러 가지 일들이 그의 체면을 생각한다는 것을 알고 어른께서 베푸는 인정을 무시할 수 없을 것입니다. 게다가 과부가 흠차대신을 수행한 이와 사이가 좋은 것도 그를 빌미삼아 서로 뜻을 나눌 수 있을 것입니다. 다행스럽게도 현재 지응국支應局, 영무처營務處, 그리고 방군통령防軍統領 등에서 임시직을 몇 자리 만들면서도 그에게는 맡기지 않았습니다. 어른께서는 왜 먼저 그에게 한두 가지 일을 맡기지 않으십니까? 이런 인정은 흔쾌히 베풀어야 합니다."

이 말을 듣자 순무는 맞는 말이라 여기며 그 자리에서 그의 말을 따르기로 했다. 양사가 돌아가자 날이 아직 어둡지도 않았는데 편지 한

통을 과부의 집으로 보내며 만나자는 뜻을 전했다.

같은 날, 유중승은 몸이 아프다며 순찰을 맡은 벼슬아치에게 관아의 문을 걸어 잠그고 자기를 찾는 이는 모두 돌려보내라고 분부했다. 다만 과부만 들여보내라고 일렀다. 과부가 찾아오자 그는 안방으로 모시며 잘 지내고 싶은 마음을 드러냈다. 앞서 과부가 들어올 때에도 유중승은 그곳에서 오랫동안 기다리고 있었다.

두 사람은 먼저 상사와 아랫사람이 만났을 때 서로 갖추어야 할 예에 따라 인사를 나눈 뒤 마주 앉았다. 유중승은 평복을 입고 고관이 써야 할 관도 쓰지 않은 채 과부와 마주 앉았다. 유중승은 먼저 과부에게 관모를 벗도록 권하며 이렇게 물었다.

"평상복은 가져오지 않았습니까?"

과부는 잔뜩 겁을 내며 대답했다.

"가져오지 않았습니다."

그러자 유중승은 부하에게 얼른 일렀다.

"내 옷을 과대인過大人께서 입으시면 딱 맞을 것이니, 빨리 가서 새 비단으로 지은 두루마기를 가져와 과대인께 입혀드리도록 하라."

이때, 과부는 이미 자기의 상사 유중승의 입에서 '과대인'이 되어 있었다.

부하는 대답이 끝나기 무섭게 새로 지은 의복을 가져와 과부에게 입히고 있었다. 과부가 아직 의자에 좌정하기도 전에 유중승은 이렇게 말했다.

"오늘 이렇게 이른 시간에 오시느라 아직 요기를 못 하셨을 것 같습니다."

유중승은 이어서 부하에게 이렇게 일렀다.

"먹을 것 좀 준비하여라. 나는 과대인과 함께 먹을 것이니라."

재빨리 상이 차려지자 두 사람은 우선 요기를 했다. 유중승은 과부의 이마에서 콩알만 한 땀방울이 흘러내리는 것을 보자 얼른 두루마기를 벗게 했다. 그리고 또 적삼도 벗게 한 뒤 집사에게 수건으로 과부의 등을 닦아주라고 일렀다.

환대가 끝나자 유중승은 그제야 과부에게 맡아야 할 두 곳의 일자리를 알렸다. 하나는 지응국이요 다른 하나는 영무처였다. 지응국은 청나라 말기 지방의 고위 관리가 현지에서의 자금 조달을 위해 설립한 비공식적인 재정 관리 기구이며, 영무처는 청나라 말기 정부가 세운 병무 관청이었다. 이들은 지방 재정청과 병무청에 해당하는 기관으로 모두 뒤로 생기는 것이 많은 자리였다. 과부는 대단히 기뻐했다.

지방의 공식 관청 기구에서 유중승은 과부의 가장 높은 상사였다. 그런 그가 자기의 존귀한 신분을 낮추며 아랫사람의 비위를 맞출 필요는 전혀 없었다. 그런데도 유중승은 이렇게 관아의 문을 걸어 잠그고 찾아오는 손님도 물리친 채 단둘이 약속하여 만났다. 또 의복을 선물로 내놓고 먹을거리까지 접대했다. 게다가 집사에게 등의 땀까지 닦게 하면서 온 정성을 다해 과부를 환대했다. 그리고 마지막에는 벼슬자리까지 주어 과부의 직위를 몇 단계나 한꺼번에 올렸다.

과부의 벼슬이 오를 수 있었던 것은 오로지 사문師門 관계 때문이었다. 이것도 벼슬길에서는 위력이 정말로 대단한, 보이지 않는 권력이었기에 언제나 벼슬길에 들어선 하찮은 인물은 이런 힘에 의지하려고 했다.

과부처럼 사문 관계로 인해 벼슬이 오른 경우는 소설 속의 일만이 아니었다. 현실 속의 벼슬길에서 이렇게 사문과의 친구 관계가 커다란 작용을 한 경우는 헤아릴 수 없을 만큼 많다. 건륭과 가경에 걸친 시기, 봉강대리封疆大吏였던 늑보勒保가 한 말을 보자.

"제가 성도로 가서 막 통판通判 자리에 앉았을 때, 상사의 환심을 사지 못한 탓으로 걸핏하면 꾸중을 들었습니다. 동료들도 바람 보고 노를 젓는다고 기회주의적 태도를 취하며 마지못해 저를 상대했습니다. 상급 관청에 순서대로 일을 보며 공무를 보고할 때에도 아무도 저를 상대하려고 하지 않았습니다. 이 때문에 늘 우울하기 짝이 없었지만 가난한 집안 형편에 감히 자리를 박차고 나가지도 못하고 하고 싶은 말도 삼키며 분을 삭여야 했습니다.

어느 해, 아무개가 사천의 총독으로 온다는 소식을 들었습니다. 이 사람은 바로 10년 전의 친구였습니다. 저는 남몰래 기뻐했습니다. 하지만 감히 다른 이에게는 말하지 못했습니다. 총독께서 오시는 날, 저는 남보다 앞서 교외까지 나가 이분을 영접했습니다. 그러나 총독께서는 저를 보지도 않아 좀 실망했습니다. 총독께서 성도 성문 밖에 이르자 저는 가까이 다가가서 알현하려고 했습니다. 하지만 또 거절당하고 말았습니다. 참으로 실망했습니다. 총독께서 일할 관아에 이르자 높고 낮은 벼슬아치들이 쉴 새 없이 알현했습니다. 총독께서는 이들을 다 맞았지만 유독 저만은 받아들이지 않았습니다. 제 명함이 벌써 그분 앞으로 올라갔기에 감히 내 마음대로 자리를 뜨지도 못했습니다. 날씨는 더운데다 땀은 비 오듯 흐르지 부글부글 끓어오르는 분노에 죽을 지경이었습니다.

이럴까 저럴까 주저하고 망설이고 있는데, 별안간 저를 호출하는 소리가 들렸습니다.

'다음은 늑보 드시랍니다.'

벼슬 이름을 부르지 않고 친구들끼리 부르는 이름으로 호출하기에 저는 묶였다가 갑자기 은사를 받고 풀려난 죄수처럼 즉시 의관을 잘 매만진 뒤 재빨리 안으로 들어갔습니다.

총독께서는 관모를 쓰지 않으시고 처마 아래 서서 저를 가리키며 이렇게 비웃었습니다.

'자네, 참 염치도 없이 그런 꼴로 나를 보러 왔군.'

저는 무릎을 꿇고 예를 올렸습니다. 그러자 그는 나를 일으키며 이렇게 말했습니다.

'자네, 그 대갈통 좀 조아리지 말게.'

그러더니 수행원에게 저를 도와 의관을 벗기게 했습니다.

'저 친구 개가죽 벗긴 뒤 후원으로 데리고 가서 더위 식히고 한 잔 해야겠네.'

총독께서 나무랄수록 저는 더욱 기뻤습니다. 왜냐하면, 이런 대우는 분명히 총독께서 저를 남으로 대하는 게 아니라는 뜻이기 때문입니다. 그래서 후원에서 술잔을 기울이며 옛 이야기를 할 때 저는 둥실둥실 선인이 되는 것 같았습니다. 오늘 당장 높은 벼슬을 받더라도 이 즐거움만은 못할 것 같았습니다.

당시 많은 벼슬아치들이 아직 돌아가지 않고 저와 총독이 이렇게 친밀하게 이야기를 나누는 모습을 보고 모두 깜짝 놀라는 게 분명했습니다. 삼경이 되도록 술을 마시며 즐기다 돌아오니 지부知府와 지현知縣은 아직까지 관아에서 저를 기다리고 있었습니다. 제가 돌아오자 그들은 제 손을 잡아당기며 이렇게 물었습니다.

'총독께서 무슨 지시가 있었소?'

이때부터 성도의 벼슬아치들은 저와 마주칠 때면 웃음 띤 얼굴로 제 비위를 맞추었으며 서로 다투어 저와 가까워지려고 했습니다. 하지만 저 늑보는 역시 그때 그 늑보입니다. 벼슬길의 야박한 세태가 정말 탄식할 만하지 않습니까!"

이 이야기는 청나라 사람 갈허존葛虛存이 수집하여 기록한 『청대명

인일사清代名人軼事』에 실려 있다. 늑보의 당시 관직은 성도 통판이었으니, 오늘날의 부시장에 해당한다. 청나라 때의 공식적인 권력 조직에서 통판은 지부知府의 좌관佐官으로서 정6품 벼슬이다. 지부의 업무를 돕거나 양식의 운반, 범인의 수색과 체포에 관한 감독, 수리 공사 등을 관장했다.

벼슬길에 들어선 갖가지 계파와 알게 모르게 아옹다옹 옥신각신 벌어지는 아귀다툼 속에서 자신을 세울 수 있는 인맥 형성은 하찮은 인물이 추구하는 목표이기도 하다. 이렇게 자기 인맥을 구축해 그 가운데 놓이면 서로 보호해 주는 것은 물론 무슨 일이 생겨도 편의를 봐 주었다. 배가 크면 높은 물결 무섭지 않다고, 설령 잘못을 저질러도 보호하고 도와주는 이도 매우 많았다. 승진이나 자기 자리를 보전하기 위해서는 벼슬길에서 맺어진 인맥을 소홀히 할 수 없다. 게다가 자기의 사문師門과 친구는 벼슬길을 위해 맺어진 인맥에서 그야말로 중요한 인물이다.

3. 고향 사람과 관계 맺기

옛 벼슬길에서 동향으로 맺어진 관계는 친족이나 '치마끈으로 엮어진 관계'를 제외하면 가장 친근했다. 같은 고향 사람끼리는 일종의 고향 사람으로서의 우정, 다시 말하면 '동향인으로서의 정분'이 있을 수밖에 없다. 동향인으로서의 정분은 당시에 모든 벼슬길에 스며들어 매우 중요한 작용을 했다. 그리하여 벼슬길에 들어선 하찮은 인물이 더 높은 감투를 쓰는 데 아주 중요한 끈이 되었다. 일단 동향인이라는 뒷심이 있으면 하찮은 인물은 기회를 놓치지 않고 이 커다란 나무에 확실하게 달라붙었다. 엄숭嚴嵩은 바로 자기 고향 사람에게 철저하게 달라붙어서 별 볼 일 없는 벼슬아치에서 권력의 최상부에 이른 인물이었다.

어린 시절, 엄숭은 가난한 집안 출신이었지만 대단히 총명했으며 음률을 잘 알아서 시까지 지을 수 있었다. 엄숭의 아버지는 명예와 지위에 푹 빠져 오랫동안 과거에 매달렸지만 매번 낙방한 선비였다. 그는 자기가 이루지 못한 꿈을 모두 아들에게 쏟아부어 전심전력 온 정성을 다해 아들을 가르쳤다. 효종孝宗 홍치弘治 18년, 엄숭은 열다섯에 진사에 합격했다. 그것도 차석을 차지하며 서길사庶吉士로 뽑혔다. 이제 그는 한림원에 들어가 공부하며 두각을 나타내기 시작했다. 정덕正德 2년(1507년), 엄숭은 한림원 편수編修로 관직을 받았다. 엄숭은 넘치는 자신감과 웅대한 포부를 안고 벼슬길에 들어섰다. 하지만 그만 큰 병이 들어 고향으로 돌아가 이름도 세상에 알리지 못한 채 은둔 생활로 세월을 보내야 했다.

엄숭의 은둔 생활은 십 년이나 계속되었다. 이렇게 긴 세월에 걸친 은둔 생활은 엄숭의 병세가 위중했기 때문이 결코 아니었다. 오히려 엄숭이 당시 관료 사회의 형세를 분석한 결과 아직도 자기에게 때가 오지 않았다고 판단했기 때문이다. 다시 말하면 자기를 도울 고관 귀족이 나오지 않았다는 판단이었다. 그러기에 장년의 나이가 되면 관직에 나서겠다는 생각은 하고 있었지만 아직은 참아야 했다. 게다가 이 기간 동안 조정의 총아 유근劉瑾도 초방焦芳의 부추김으로 남쪽 지방 사대부들을 배척하는 방침을 정하고 특별히 '강서 지방 사람을 함부로 쓰지 말라.'고 했던 상황이었다.

얼마 지나지 않아 황상의 뜻을 무례하게 범한 유근이 자신은 물론 그 무리들도 주살된 뒤, 엄숭은 무종武宗 정덕正德 11년 서울로 올라와 다시 조정으로 들어가 벼슬을 했다. 그리고 십여 년 동안 엄숭은 북경과 남경의 한림원에서 번갈아 봉직했다. 그는 비록 어떤 중요한 관직도 맡지 않았지만 벼슬길에 몰아친 차디찬 거친 파도는 그를 단련시켰다. 엄숭은 권력의 작용에 대하여 한 발 먼저 경험을 했다. 동시에 막힘없는 말솜씨와 줏대 없이 비굴하게 아첨하는 방법, 그리고 아랫사람을 속이며 윗사람의 비위를 맞추는 재주를 배웠다. 엄숭은 위로 오를 생각을 한시라도 잊지 않고 사방에 빌붙어 아첨하며 기회를 보고 있었다. 또한 오직 한 마음으로 배경이 되어 줄 사람을 찾으며 연줄을 잡으려고 했다.

황제의 자리를 이어받은 명나라 세종世宗은 나랏일엔 관심을 두지 않고 오로지 온 마음을 다해 귀신을 찾으며 진리를 묻는 멍청하고 어리석은 황제였다. 세종은 장생불로를 위하여 제단을 크게 짓고 간절히 기도하며 제사지냈다. 조정에 나와서 보는 정무는 대강대강 얼렁뚱땅 해치우고 조정의 크고 작은 일은 모두 몇몇 총신들에게 맡겨 처리하도록 했다. 당시, 예부상서 하언夏言은 세종의 총애를 한 몸에 받고 있었다.

이 하언이 바로 귀계貴溪 출신이었다. 그리고 엄숭의 고향도 강서江西 귀계였다. 하언은 정덕 12년에 진사가 되어 벼슬이 이부상서, 화개전대학사華蓋殿大學士에 이르렀다. 이렇게 한창 뜨는 고향 사람, 이 큰 나무를 엄숭은 무슨 수를 쓰더라도 배경으로 만들기로 마음을 굳혔다.

과거에 합격한 해를 헤아려 계산하니, 하언은 세종 정덕 12년에 진사로 급제했으니 엄숭보다 대략 12년이 늦었다. 하언은 엄숭의 후배로서 손아랫사람이었다. 하지만 하언이 앉은 자리는 엄숭보다 높았으며 권력도 엄숭보다 막강했다. 게다가 하언은 황상의 오른팔이나 다름없었다. 이제 엄숭은 이것저것 따질 필요 없이 어떤 방법을 쓰더라도 이 연줄을 잡아야 했다.

엄숭은 고향이 같다는 연분에 기대어 앉으나 서나 하언에게 환심을 살 기회를 찾았다. 어느 날, 엄숭은 집안에 술자리를 마련한 뒤 사람을 보내 하언을 초청했다. 그러나 거절당할 줄 누가 알았으랴. 하인이 울상을 지으며 결과를 보고하자 엄숭은 치솟는 화를 누르지 못하고 뺨을 때리며 한바탕 나무랐다. 그러고 나서 엄숭은 곰곰 따져보았다.

'오늘 하언을 모시지 못하고 다음에도 모시지 못한다면, 최고 권력자와 통하는 연줄은 끊어지는 게 아닌가? 이건 바로 내 앞날을 망치는 일이 아니겠는가?'

초조한 마음이 일자 엄숭은 자신이 직접 나서기로 작정했다. 엄숭은 초대장을 손에 들고 하언의 집으로 갔다. 하언은 남다른 재능에 보통 사람을 뛰어넘는 말재주로 세종의 총애를 한 몸에 받고 있었다. 또 그는 사람됨이 반듯하고 일처리도 착실하였지만 자신의 재능을 믿고 다른 사람을 쉬 얕보았으며 고집을 피우며 다른 사람의 의견에는 귀를 기울이지 않았다.

엄숭은 하언의 이런 천성을 벌써부터 잘 알고 있었기에 달콤한 말들을 머릿속에 가득 준비하여 부드러운 방법으로 강한 상대방을 녹이며 감동시키기로 마음을 굳혔다. 엄숭은 문지기에게 초대장을 건넨 뒤 문간에서 초조하고 불안한 마음으로 기다렸다. 이번에도 하언은 거리낌 없이 그를 문전박대하며 만나주지 않았다. 엄숭은 날개라도 달고 안으로 날아 들어가 하언을 억지로라도 집으로 모시고 싶은 마음이 간절했다. 엄숭은 마음을 가라앉히고 정신을 가다듬은 뒤 두루마기 자락을 단정히 걷어 올리며 이 집 대문간에 꿇어앉아 두 손에 초대장을 펼쳐들고 큰 소리로 낭송했다. 그런데 억양이 참으로 진지하여 감동적이었고 목소리는 은근하고 감미로웠기에 이 집 하인들도 모두 마음이 움직일 지경이었다.

하언도 엄숭이 자기 집 문간에 겸손하고 공손한 모습으로 꿇어앉은 모습에 자기도 모르게 감동하며 급히 달려 나와 엄숭을 일으켜 세우면서 연방 사죄했다.

"이러시면 아니 됩니다, 정말 아니 됩니다."

이리하여 하언은 엄숭의 초대에 응하여 잔치에 참석했다.

엄숭은 마침내 하언에게 빌붙을 기회를 얻고야 말았다. 음식이 오가는 사이에 엄숭은 혼신의 힘을 기울이며 자기가 가지고 있는 비장의 솜씨를 꺼내 하언의 비위를 맞추며 아부했다. 잇달아 술잔을 올리고 음식을 권하면서 하언을 즐겁게 하는 말들을 쏟아냈다. 수많은 말들이 모두 하나같이 하언을 기쁘고 유쾌하게 했다. 잔치는 오랫동안 계속되다가 밤이 깊어서야 끝났다. 하언은 마음껏 즐기다 돌아갔다.

이제 하언과 엄숭의 관계는 뜨거울 정도로 좋아졌다. 하언은 선배인 고향 사람 엄숭을 자기 속마음을 알아주는 친구로 여기며 무슨 말이든지 다 했다. 또 갖은 방법을 다하여 엄숭을 추천했다. 하언의 추천으로 엄숭은 점점 높은 자리로 올라갔다. 몇 년 지나지 않은 가정嘉靖 7년, 엄숭은 아무 권력도 없는 편사사서編寫史書라는 하찮은 벼슬에서 예부우시랑禮部右侍郎으로 승진했다. 이 자리는 아주 높은 벼슬은 아니지만 서열로 볼 때는 상서에 버금가는 위치였으며, 더구나 황제를 위해 직접 일하며 가까이 다가갈 수 있는 기회를 얻을 수 있는 위치였다. 이제 그에게는 중요 인물에게 한 걸음 더 다가가 온갖 수단을 펼치며 위로 오를 수 있는 조건이 마련되었다. 과연 엄숭은 세종이 칭찬에 약하다는 점을 단단히 이용하며 알랑알랑 비위를 맞추는 수법으로 세종의 환심을 몽땅 얻었다. 가정 15년, 그는 예부상서에 오르며 내각으로 진입했다.

새로 벼슬길에 오른 자는 흔히 제자, 후배, 동향, 친척 등 숱한 명목을 내세우며 찬밥 더운밥 가리지 않고 '울타리'를 찾고 '배경'을 찾아 관계를 맺고 자기를 위한 인맥을 쌓기 마련이다. 엄숭은 고육지계를 쓰고 치욕을 참아가며 마침내 자기 목적을 달성했다. 엄숭은 동향 사람을 이용하여 벼슬이 오른 첫 번째 인물이 아니었다. 엄숭의 성공은 관계의 실력자도 자기에게 찾아와 부탁하며 굽실대는 것을 바라며 환영했기에 가능했다. 권세와 지위가 높은 관계의 실력자들을 모두 자기 곁으로 사람을 모으며 세력을 확대하려고 생각했기에 더욱 가능했다. 그러기에 하찮은 인물이 영전이나 승진을 하려면 성질을 참고 체면도 버리고 자기 고향 사람의 환심을 사야 했다. 고향 사람은 동향 사람으로서의 인정과 체면도 무시할 수 없었지만 자기 세력을 넓히기 위해서라도 아래쪽에 있는 고향 사람에게 연줄을 열어 주어야 했다.

4. 세도가 부인에게 접근하기

벼슬살이에서 관계를 이야기하면서 소홀히 할 수 없는 인물이 있으니 바로 상사의 부인이다. '베갯머리송사'가 얼마나 대단한지 오직 당사자만은 알 수 있다. 그런데 '베갯머리송사'의 위력을 이용하여 알랑거리며 윗사람에게 총애와 신임을 받은 인물로는 이림보李林甫의 이야기를 빼놓을 수 없다.

이림보는 비록 당나라를 세운 이씨 종친으로서 이연李淵의 형제 이숙량李叔良의 증손이었지만 이런 관계에도 그는 그저 천우직장千牛直長이라는 종7품의 하찮은 벼슬을 얻었을 뿐이었다. 천우직장은 바로 궁정시위宮廷侍衛로 하찮은 벼슬이었다. 이런 벼슬도 이림보의 관료 사회에서의 기운찬 활동을 가로막을 수는 없었다.

궁정시위라는 벼슬은 분명 하찮은 자리였기에 이림보 자신도 이 자리를 달가워하지 않았지만 그래도 이 자리는 벼슬살이의 시작이었다.

처음에는 이림보도 권세 있는 상사의 부인에게 접근할 줄 몰랐다. 단지 외삼촌인 초국공楚國公 강교姜皎에게 사정을 이야기하며 승진할 수 있도록 도와 달라고 부탁했다. 강교는 자기 생질이 음악을 즐기며 음률에 정통한 것 외에는 별다른 재능이 없음을 잘 알고 있었다. 다행히 황제 이융기李隆基도 음악을 좋아했다. 이것이 오히려 최고 자리에 있는 황제의 비위를 맞추기에 좋은 점이었다. 벼슬살이하는 자는 솜씨가 하나라도 있으면 모두 써먹을 수 있어야 한다. 이림보는 태자중윤太子中允으로 승진하여 중앙의 벼슬길로 진입했지만 이 자리도 역시 조직 안에서 별로 중요하지 않은 벼슬이었다. 이림보는 태자중윤이라는 별 볼 일 없는 자리에 앉은 뒤에도 결코 한가롭게 있지 않았다. 그의 눈은 언제나 사방을 살폈다. 그 가운데도 그는 재빨리 상사의 부인을 집중적으로 살폈다. 왜냐하면, 이림보는 권세와 지위가 높은 사람만으로는 충분치 않다고 보았기 때문이다. 이림보는 권세와 지위가 높은 사람의 부인에게도 온갖 정성을 다하여 환심을 사기 시작했다. 이림보는 시중侍中 배광정裴光庭의 부인을 선택하여 남몰래 방문했다. 이림보가 그녀를 선택한 것은 그녀가 측천무후의 조카 무삼사武三思의 딸인데다, 당시 총애를 받던 환관 고력사高力士도 바로 무삼사 집안에서 나온 인물이었기 때문이다. 시간이 걸리지만 간접적인 이 방법은 과연 효과를 보았다. 개원 21년, 이림보는 배씨에게 고력사를 찾아가서 그를 재상으로 천거해 줄 것을 바로 진언해 달라고 부탁했다. 배씨는 그를 위해 고력사에게 칭찬을 적잖이 늘어놓았다. 고력사는 현종 앞에서 이림보를 직접 언급하지는 않았지만 황상께서 한휴韓休를 재상으로 임명할 것이라는 정확한 소식을 이림보에게 알려주었다. 이림보는 재빨리 머리를 써서 그 자리에서 황상에게 상주서를 올리며 한휴를 재상으로 추천했다. 더 큰 것을 얻기 위하여 일시적으로 굽히며 사람의 마음을 사는 수법은 효과를 보았다.

현종은 본래 한휴를 재상으로 제수할 마음을 가지고 있었지만 이번에 자기의 생각을 굳힐 수 있었음은 물론 이림보의 사람을 보는 뛰어난 안목에다 훌륭한 이를 천거할 줄 아는 공로까지 인정하게 되었다. 한휴는 재상의 자리에 오른 뒤, 이림보가 힘을 다해 자기를 추천한 공로를 잊지 않고 참으로 고마워했다. 이리하여 한휴는 현종에게 재상의 자리를 맡을 만한 인재라며 이림보를 천거했다. 이림보의 일석이조 계략은 마침내 성공했다.

이림보는 여인의 힘을 이용하면 좋다는 것을 알고 이번에는 황궁 안의 연줄을 찾기 시작했다.

이림보는 '부인 연줄'이나 '환관 연줄'을 잘 쓸 줄 알았다. 이것으로 그는 현종의 비위를 맞출 때 큰 효과를 보았다. 그는 환관이나 비빈과 두터운 교분을 쌓았기 때문에 황제의 동정에 대하여 모르는 것이 없었다. 이림보가 상주문을 올리면 그때마다 현종은 크게 만족했다. 이는 모두 그가 환관과 비빈을 통해 현종의 마음을 분명하게 헤아리고 있었기 때문이다.

이림보는 후궁 가운데 현종에게 가장 총애를 받는 이는 무혜비武惠妃라는 것을 알았다. 당시 양옥환은 아직 입궁하지 않았으며, 궁중의 권력을 쥔 이는 무혜비였다. 무혜비의 두 아들 수왕壽王과 성왕盛王도 자기 어머니가 총애를 받고 있었기에 이들도 황상의 환심을 사고 있었다. 하지만 황태자 이영李瑛은 오히려 황상의 눈 밖으로 점점 밀려나고 있었다. 이림보는 이런 내막을 안 뒤, 결정적인 승부수를 던지기로 했다.

그는 태자의 노여움을 살 위험을 무릅쓰고 무혜비에게 수왕을 지지할 결심을 드러내 보였다. 무혜비는 이림보를 믿을 만하다고 생각하며 걸핏하면 현종 앞에서 베갯밑송사를 벌이며 이림보에 대한 칭찬을 늘어놓았다. 이런 비호와 보살핌에 힘입어 이림보는 몇 단계나 연달아 고속 승진해 예부상서에 이르렀다. 중서문中書門 하3품으로 조정의 3대 재상 가운데 하나가 되었다.

역사에서는 이림보가 재능도 학식도 없으며 오직 하나 알고 있는 음률도 전문가의 눈에는 정통이 아니라지만 그가 한 발 한 발 위로 향해 승진할 수 있었던 것은 여인들과 이어진 연줄이 확실히 그를 도왔기 때문이다. 상사의 부인에게 접근하여 그들의 환심을 사며 사이좋게 지내는 일은 상사와 잘 지내는 것만큼이나 중요하다. 만약 이림보와 같이 심혈을 기울여 마음을 쓴다면 벼슬길을 가로막은 붉은 신호등도 분명 푸른 신호등으로 빠르게 바뀔 터이다.

벼슬길에서 여인을 통한 연줄을 뜻하는 단어 하나가 있으니, 바로 '치마끈 감투'이다. 이 낱말에 대한 가장 이른 시기의 기록은 송나라 때 학자 주휘周輝의 『청파잡지淸波雜志』 세 번째 권에 있다. 여기에는 이런 고사가 있다.

– 채변蔡卞의 처 칠부인은 일이 돌아가는 이치를 잘 알았으며 시詩와 사詞에도 능했다. 채변은 중한 나랏일이 있을 때면 먼저 베갯머리에서 정사를 의논한 뒤에야 대전에서 자기 의견을 폈다.

채변은 우상의 자리에 오른 뒤 집안에서 잔치를 베풀며 즐겼다. 이때, 잔치에 나온 광대가 이렇게 떠벌렸다.

"우승상께서 오늘 이렇게 큰 자리에 오른 것은 오로지 부인의 치마끈 덕택입니다."

채변은 바로 북송 때의 유명한 권신으로 '육적六賊의 머리'인 채경蔡京의 동생이다. 그는 왕안석의 변법을 열광적으로 지지했기에 왕안석의 총애와 신임을 한 몸에 받았다. 이리하여 그는 먼저 당시 권력을 손에 쥔 재상 왕안석의 사위가 되었다. 이어서 처갓집과의 관계에 기대어 상서좌승尙書左丞이라는 높은 자리까지 올랐다.

청나라 시대에 '치마끈 감투'의 방법은 벼슬길에 오르는 이들이 두루 사용하는 특효약이 되었다.

청나라 때의 실화소설 『관장현형기』 제38회는 '윗사람과 잘 지내려는 계집종은 이 집 영감의 수양딸이 되고, 벼슬길에 알랑거리는 방법 잘 아는 놈은 윗사람 망아지도 수양어미 삼는다.'라는 대목이다. 원문은 비교적 길기 때문에 여기서는 최대한 간략하게 요약하겠다.

"호광湖廣[25] 총독 단대인湍大人은 관아의 보주寶珠라는 시녀와 남몰래 서로 마음을 주고받았다. 단대인은 이 아이를 첩실로 앉히기로 약속했지만 새로 맞은 열두 번째 첩실이 사나운데다 상대하기도 어려웠기 때문에 감히 다시 맞아들이지 못했다. 그래서 참으로 미안한 마음에 보주를 수양딸로 받아들였다. 그리고 이 아이를 위해 대세창戴世昌이라는 유격遊擊(청나라 때의 무관)을 사위로 골랐다.

보주라는 계집아이는 이제 보주 아씨가 되었다. 까마귀새끼가 봉황이 되고 보니 이제는 자기 처지도 모르고 우쭐대며 제 남편 대세창에게도 이래라 저래라 큰소리로 부리는 게 그야말로 종 취급이었다. 그녀는 걸핏하면 다른 사람들에게 이렇게 말했다.

'흰소리가 아니라니까요. 호북 지방에서 어느 집에 아씨가 없나요? 어느 집 아씨가 출가하지 않았나요? 시집을 가면 바로 마님이지요. 마님 중에 나보다 나은 이가 어디 있습디까?'

그녀는 남의 비위 맞추기를 좋아했고 다른 이들도 그녀의 비위 맞추기를 즐겼다. 벼슬길을 잡으려는 이들이 대세창의 연줄로도 쓰이지 못하면 이제는 자기 아내를 보주 아씨에게 보내 아부하도록 했다.

25 후베이성湖北省과 후난성湖南省.

보주 아씨는 뇌물을 받고 벼슬을 파는 데는 수단이 대단하여 사고 팔기로 구두 약속이 되면 당장 그녀의 수양아버지요 옛 애인인 총독 단 대인에게 달려가 안기며 갖은 아양에 생떼까지 썼다. 하지만 늙은이가 허락하지 않을까 두려워하지는 않았다.

무창武昌에 구내암瞿耐庵이라는 후보지현候補知縣[26]이 있었다. 그는 벌써 나이 반백이 넘었지만, 사람이 그야말로 개 같은 꼬락서니로 아직 제대로 된 자리 하나 차지하지 못하자, 이제는 보주 아씨와 연줄을 맺을 생각에 이르렀다. 다행히 이 사람의 아내인 구부인은 참으로 영리하고 재치가 있어서 절집에서 향을 사르며 부처님께 절을 올리는 기회에 보주 아씨와 친분을 맺었다. 어느 날, 그녀는 보주 아씨가 잔치에서 술에 취한 틈을 이용하여 자기보다 스무 살도 더 적은 보주 아씨와 수양어머니로서 관계를 맺었으니, 이미 저질러진 일, 마침내 보주 아씨, 아니 더 나아가 총독 어른과 친척 관계를 맺게 되었다. 구내암은 총독의 보살핌으로 서리흥국주署理興國州라는 수입이 좋은 벼슬을 얻었다."

위의 이야기를 통하여 우리는 보주 아씨가 호북 지방 관료 사회에서 그 영향력이 그녀의 남편 녹영유격綠營遊擊 대세창을 훨씬 능가했음을 알 수 있다. 대세창이 해내지 못하는 일도 보주 아씨가 나서면 해결되었다. 말할 필요 없이 구내암의 아내도 그녀의 칠칠치 못한 남편보다 벼슬길에서 이루어야 할 교제 방식을 더 잘 알고 있었다. 만약 그녀가 힘을 다해 계략을 짜내지 못했더라면 구내암은 분명 지주知州의 자리를 차지하지 못했을 것이다. 벼슬길로 나아가는 길에는 여인의 마당을 지나야 했다. 사내는 벼슬길에서 어슬렁거리며 탐색하고 아내는 뒤에서 연줄을 맺었다. 벼슬길에서 성공한 인물 뒤에는 언제나 유능한 아내가

26 지현 자격을 부여받았으나 임용되지 못한 이.

있게 마련이어서, 관청의 인장印章은 믿을 수 없었지만 치마끈은 믿을 만했다.

함풍咸豊 연간, 청나라 말엽 중흥의 명신 호림익胡林翼이 호북 지방 순무(호북성장)의 자리에 오르며 막강한 군대를 장악하게 되었다. 조정에서는 마음을 놓지 못하고 관문官文을 총독(소설 속의 단대인과 비슷한 관직으로 호북과 호남 두 성을 관장함)으로 특별히 파견하여 남몰래 호림익을 감시하도록 했다. 순무와 총독이 함께 무창武昌에 머무르며 근무하자, 당시 호림익의 친구들은 모두 걱정이 되어 손에 땀을 쥐지 않을 수 없었다.

하지만 호림익은 정말 총명했다. 관문에게 공손한 모습으로 항상 예를 갖추어 대했으며, 게다가 매달 총독의 관아로 아주 두툼한 돈 봉투를 올렸다. 얼마나 많은 돈이었을까? 『청사고淸史稿』「관문전官文傳」의 기록에 의하면, 매달 거의 1만 냥의 은화를 올렸다고 한다. 이것은 시작 단계에 지나지 않았다. '앞문에서' 그저 예의를 차리며 총독과 인정으로써 관계를 맺는 데 불과했다. 다음 단계는 '뒷문에서' 맺은 관계였으니, 관문의 애첩과 의리로 맺은 친족 관계였다. 이리하여 그는 총독부와 참으로 예사롭지 않은 혈연관계를 맺은 셈이 되었다. 이렇게 두 단계를 거치자 관료 사회에서 약아빠진 호림익은 관문의 신임을 성공적으로 이끌어내며 같은 도시에 거주하는 총독의 견제와 조정의 의심을 모두 걷어냈다.

호림익이 관문의 애첩을 교묘한 꾀로 이용한 이야기는 민국 초기 천간이陳灨一가 기록한 『제향재비록睇向齋秘錄』에 상세하게 올라 있다. 청나라 사람 호사경胡思敬의 『국문비승國聞備乘』에도 사소한 부분에서는 약간의 차이가 있지만 이와 비슷한 일화가 수록되어 있다. 천간이 판본은 원래 작가가 호북 지방에서 오랫동안 벼슬을 한 아버지의 손위 친구 황유농黃幼農의 구술을 바탕으로 기록했지만 호사경 판본에 비하여 재미있는 일화가 더 많다. 간략하게 여기에 옮겨 독자들에게 전달하고자 한다.

"관문의 어린 첩에 대한 총애는 다른 첩에 대한 사랑에 비할 바가 아니었다. 언젠가 이 첩의 생일에 관문은 그녀의 환심을 사기 위하여 청첩장을 사방에 보내고 모든 벼슬아치들에게 통고하며 부인의 생일잔치라고 일렀다. 부인의 생일이라는 명목을 빌렸던 것은 명분을 몹시 중시하는 당시 사회에서 첩실이 비록 관문의 총애를 받을지라도 명분이 낮고 천하여 언제나 당당한 모습을 보이는 벼슬아치들이 첩실의 생일을 하찮게 여길 게 분명했기 때문이었다.

생일날이 되자 수많은 벼슬아치들이 축하하려고 몰려들었다. 총독 관아의 시종관은 그제야 사실대로 이들에게 알렸다. 이들은 자기네들이 속았다는 것을 알았다. 포정사布政使(부성장에 해당) 한 사람이 잔뜩 화를 내며 내뱉었다.

'조정에서는 이 몸을 2품의 고관으로 파견하였는데, 어찌 천첩의 치맛자락 아래 무릎을 꿇을 수 있겠소?'

다른 벼슬아치들도 잇달아 욕을 퍼부으며 집으로 돌아가려고 했다. 이때 호림익이 문간에 들어서더니 아무런 말 한 마디 없이 태연하게 생일 선물을 올리고 총독부에 축하의 인사를 올렸다. 뭇사람들이 참으로 기이하게 여기며 아직도 그가 속사정을 모른다고 추측했다. 그래서 시종에게 캐물었다. 하지만 이들은 호림익이 벌써부터 이런 사실을 알고 있었음을 알았다. 순무의 신분인데도 자신을 낮추며 생일을 축하하자 다른 이들도 모두 사소한 부분에 구속되지 않고 우르르 줄지어 들어갔다.

호림익의 특별한 성원이 있었기에 관문의 어린 첩은 체면을 지킬 수 있었다. 관문도 호림익의 '역할'에 크게 감동하여, '이제 저 분은 내

편이로다!'라고 생각하게 되었다.

호림익은 관문이 어린 첩의 말이나 계책을 모두 받아들인다는 것을 잘 알고 자기 부인에게 짬나는 대로 초대하여 함께 노닐며 즐기라고 당부했으며, 자기 자당에게는 잘 대접하도록 말씀을 올렸다. 어린 첩은 재기도 있어서 시를 읊고 지을 줄도 알았기에 호림익의 자당은 사귈수록 좋아하여 마침내는 그녀를 수양딸로 삼았다. 이때부터 어린 첩은 호림익의 자당을 어머니로, 호림익은 오라비로, 그리고 호림익의 부인은 언니로 불렀다. 다시 말하자면, 호림익은 이제 관문의 처남이 된 셈이었다.

이렇게 총독과 의리로 맺어진 친족 관계가 되자 일은 멋지게 풀렸다. 호북 지방의 정치나 군사에 관한 일로 관문이 중간에서 훼방을 놓을 것이라 생각하면 호림익은 먼저 자당에게 자기의 고민을 알렸다. 그러면 호림익의 자당은 다시 나이 어린 첩에게 일렀고, 그녀는 관문 앞에서 온종일 쉬지 않고 재잘거렸다.

'호림익 오라버니의 재능과 식견이 당신보다 천만 배나 나으니 모든 일은 그분이 하는 대로 두시면 잘못을 남길 리 없어요. 당신은 그저 한가롭고 여유롭게 지내시면 되요.'

관문은 어리석고 미련하기로 이름난 사내였기에 당연히 사랑하는 첩의 말이라면 무조건 복종했다."

이로부터 호북 지방의 관료 사회에서는 일의 크고 작음을 가릴 것 없이 모든 일의 처리는 호림익이 도맡았다. 호림익이 내놓은 사소한 제안이나 계책에 관문은 이제 한 마디의 이의도 달지 않았다. 이런 일은 모두 어린 첩의 썩지 않는 세 치 혀의 힘 때문이었다.

5. 높은 벼슬아치와 가까이 지내기

고대 사회의 벼슬길은 신분이 고귀한 이들의 눈에는 폭이 넓은 큰 길이었지만 지위가 별 볼 일 없는 하찮은 인물의 눈에는 이백이 노래한 촉도蜀道처럼 뛰어넘기 힘든 길이었다. 그러나 하찮은 인물이라도 넘치는 지혜가 있어 신분이 고귀한 이들의 세력이나 권세가 대단한 인물의 도움을 빌린다면 그들의 벼슬길도 탄탄대로였다. 당나라 때 문재가 출중했던 왕유王維는 몇 번이나 관료 사회의 중요한 인물과 사이를 가까이함으로써 부침이 심한 벼슬길에서도 줄곧 승진에 승진을 거듭했다.

당나라 때 재주꾼들의 과거 이야기 가운데 사람들이 가장 부러워하며 탐내는 것은 어쩌면 왕유가 장원 급제한 이야기일지도 모른다. 잘 알려졌듯이 왕유는 당나라 때의 유명한 자연파 전원시인으로 소동파蘇東坡도 그의 시를 평하여 '시 속에 그림 있고, 그림 속에 시가 있다.'[27]라고 했다. 왕유는 그야말로 다방면에 걸친 천재였다. 그는 시화詩畵에 능할 뿐만 아니라 음률에도 정통했으며, 게다가 사詞와 곡曲은 물론 갖가지 악기에도 뛰어난 재능을 가지고 있었다. 그러나 설령 이렇게 재주가 넘칠지라도 신분이 고귀한 이들에게 빌붙어야만 벼슬길로 나아갈 수 있었다. 다행히 왕유는 재능도 있었을 뿐만 아니라 벼슬길의 생리도 속속들이 꿰뚫고 있었다. 왕유는 서울에 올라오자 감투를 쓰기 위해 곧 자기의 재주를 발휘해 서울에서 신분이 고귀한 이에게 접근했다. 왕유가 처음으로 접근한 이는 정말로 대단한 인물이었으니, 바로 당대 황제

27 詩中有畵, 畵中有詩. 소동파의 『동파제발東坡題跋』 하권에 당나라 때 왕유의 작품을 평하는 가운데 '味摩詰之詩, 詩中有畵,; 觀摩詰之畵, 畵中有詩'라는 구절이 있다. '마힐摩詰'은 왕유의 자이다.

의 동생인 기왕岐王 이범李范이었다.

당시, 왕유는 장안에 명성이 널리 알려졌다고는 하지만 벼슬길로 들어서기 위해서는 반드시 시험을 통과해야만 했다. 시험을 준비하던 때, 왕유는 도저히 이해할 수 없을 만큼 신기하고 위엄 넘치는 과거 시험에 대한 불안과 초조함으로 앞날을 헤아릴 수 없었다.

바로 이때, 왕유는 과거에 일등으로 급제할 인물이 이미 내정되었다는 것을 알았다. 이 인물은 바로 '바다 위에 밝은 달 떠오르니, / 아득히 먼 곳에도 밝은 달 함께하네.'[28]라는 시를 읊은 장구령張九齡의 아우 장구고張九皐였다. 장구고도 이름이 꽤 알려진 인물이었다. 게다가 그는 벌써 당시 권세가 대단한 태평공주太平公主와 연줄을 맺어 공주로부터 장원 급제를 약속받은 상태였다.

이것은 왕유에게는 악재였다. 그러나 왕유는 당장 기왕 이범을 찾아갔다. 그는 이범이라면 그를 도울 수도 있고 도울 방법도 있다고 믿었다. 과연 이범은 왕유의 이야기를 들은 뒤에 이렇게 말했다.

"태평공주의 권력이나 기세는 정말 대단하네. 우리가 만약 뻣뻣하게 다투려한다면 좋은 결과가 나올 리 없지. 그러니 바로 결정을 내리지 말고 다시 한 번 잘 생각하여 방법을 찾아보세."

이범은 방안을 이리저리 한참이나 천천히 오가더니 돌연 신나게 말했다.

"그렇지! 공주는 음악을 참 좋아하지. 자네 비파로 연주할 수 있는 곡을 몇 수 멋지게 연습해 두게. 내 자네를 데리고 공주를 뵈러 갈 터이니."

28 장구령의 『망월회원望月懷遠(달을 보며 먼 곳 친구를 생각하다)』에 '海上生明月, 天涯共此時'라는 시구가 있다.

이틀 뒤, 이범은 조심스럽게 함께 세운 계획에 따라 왕유를 음악 연주자로 분장시켜 그들의 대열에 끼운 뒤 공주를 뵈러 갔다. 공주의 저택에서는 잔치가 한창 무르익어 오가는 사람들로 북적거리며 흥성흥성했다. 왕유는 가무단과 함께 나풀나풀 멋있게 춤을 추었다. 당시 왕유는 그야말로 생기 넘치는 젊은이로 수려한 용모와 돋보이는 기품, 그리고 세속에 물들지 않은 비범함으로 여러 공연자들 가운데 두드러진 위치를 차지했기에 매우 빨리 태평공주의 눈길을 끌었다. 이에 공주는 이범에게 이렇게 물었다.

"저 사람이 누구인가?"

이범이 대답했다.

"음악에 정통한 젊은이입니다."

공주는 그 자리에서 왕유에게 곡을 하나 연주해보라고 명했다. 왕유는 자기가 창작한 신곡 『욱륜포郁輪袍』를 연주했다. 연주가 끝나자 잔치에 참여한 모든 이들은 하나같이 깜짝 놀라며 그의 연주에 찬탄을 아끼지 않았다. 이와 동시에 새로운 경지에 이른 이 곡을 모두 좋아했다. 더욱이 공주는 '서로 마음이 통하는 벗'을 만난 듯 기뻐했다.

이범은 일이 순조롭게 펼쳐지자 즉시 기회를 잡아 공주에게 진언했다.

"왕유는 음악에만 정통한 게 아니라 시문에도 남달리 뛰어납니다."

이때, 왕유는 자기가 미리 준비한 십여 수의 시를 공주에게 올리며 읽도록 했다. 공주는 시를 읽으며 칭찬을 아끼지 않았다.

"이 시는 나도 예전에 본 적이 있지. 그런데 이 시가 고대의 현인이 지은 아름다운 작품인 줄 알았는데, 이제 보니 젊은이가 직접 쓴 작품이군. 왕유, 자네는 참으로 얻기 힘든 훌륭한 인재로구나!"

이범은 이 틈을 놓치지 않고 다시 진언했다.

“왕유는 포부가 자못 높아서 이번 과거 시험 합격자 명단에 맨 앞자리를 차지하려고 맹세했습니다.”

공주는 물론 이 말속에 숨은 뜻을 잘 알고 곁에 선 왕유에게 웃으며 말했다.

“마음 놓고 돌아가게! 자네 같은 인재라면 합격자 명단 맨 앞자리를 차지하지 않을 리가 없네.”

이해 가을, 합격자 발표에 왕유는 아닌 게 아니라 장원으로 이름을 올리게 되었다. 그날 잔치에서 품위 넘치는 모습으로 때맞춰 자기의 시작품을 선보였기 때문이다. 다른 이를 뛰어넘는 재능에다 귀인의 뒷심까지 더해지자 왕유는 ‘개원 9년 장원 급제’라는 인생의 이상을 정말로 순조롭게 실현했다. 왕유에게 뛰어난 재능이 있었기에 벼슬길의 큰 문을 열 수 있었다고 말하는 이도 있다. 그러나 왕유와 같은 시대를 살았던 이백, 두보, 맹호연 같은 수많은 재주꾼들이 왕유처럼 순조롭게 급제하지 못했음을 기억해야 한다.

또 어떤 이는 이 이야기의 진실성에 의문을 제기한다. 수많은 학자들은 후세 사람들이 꾸며낸 이야기라고 본다. 하지만 분명한 사실은 왕유가 기왕 이범이라는 중요하고도 총명한 인물과의 관계가 확실했다는 사실이다. 이는 『신당서』와 『구당서』에 모두 기록으로 남아 있다.

벼슬길에 오른 뒤, 왕유는 황제가 독점권을 가지고 연출한 ‘황무사자黃舞獅子’를 보았다는 이유로 산동 지방의 어느 창고를 관리하는 하찮은 벼슬아치로 폄적되었다. 당연히 왕유는 자기 자신을 드러내려고 했다. 그리하여 그는 자기 친구들에게 자신을 다시 발탁하도록 글을 올려 달라고 부탁했다. 그러나 그 당시 그와 오가며 가까이 지내던 황제의 친척들은 황제의 의심을 받으며 이제는 자신의 처지도 보전하기 힘들었기에 도움을 기대하기 어려웠다. 이리하여 왕유는 방향을 바꾸어 당시 황제의 총애를 받던 장구령에게 접근했다. 두 번째로 왕유는 권세 있는 이에게 힘을 다해 빌붙었다. 왕유는 온갖 머리를 다 짜내며 장구령에게 도움을 청하는 글을 올렸다.

장구령은 물론 어리석은 이가 아니었다. 그는 왕유가 인재라는 것을 잘 알고 있었기에 왕유를 우습유右拾遺로 발탁했다. 우습유는 겨우 8품밖에 되지 않는 하찮은 벼슬이지만 측천무후가 권력을 쥐고 있을 때 새로 만든 자리였다. 두보, 백거이白居易, 진자앙陳子昻 등 당나라 때의 수많은 시인들이 모두 이 자리를 맡았었다. 이 직책은 황제에게 넌지시 간언을 올리고, 황제를 수행하며 명령을 내리는 자리였다. 우습유는 황제에게 접근할 수 있었을 뿐만 아니라 조정의 크고 작은 일을 논평할 수 있는 자리였다. 그러기에 능력만 잘 발휘한다면 높은 자리로 오를 수 있는 기회가 참으로 많았다. 새로운 벼슬자리를 얻은 뒤, 왕유는 『헌시흥공獻始興公』을 지어 장구령의 비위를 맞추었다. 이 시를 통하여 왕유는 도당을 만들어 사리를 꾀하고 함부로 작위와 상을 내리는 행위를 반대하는 정치적 주장을 펼치고 있는 장구령을 칭송했다. 이제 이 시를 함께 보자.

차라리 산림에 묻혀 살망정,
차라리 산골짝 흐르는 물을 마실망정,
좋은 음식 먹을 일 아니로다,
어려움 헤치며 높은 벼슬아치 뵐 일 아니로다.
필부의 절개를 어찌 얕보랴,
포의로 흰 머리 되리라.
지개를 지키는 지혜는 바로 단점이지만,
맡은 바 임무에 하나같으니 이 뛰어난 점이라.

큰 군자라는 말 들리는데,
어찌 남과 더불어 도당을 만들었으리요.
국가의 관작을 파는 일 없이,
언제나 백성들을 위한 생각뿐일세.
천한 이 몸 무릎 꿇고 드리는 말씀,
그대 아래 쓰일 수는 없는지요?
공평하게 쓰시면 감격할 것이요,
사심으로 하신다면 바라는 바 아니오.

寧棲野樹林, 寧飮澗水流.
不用坐粱肉, 崎嶇見王侯.
鄙哉匹夫節, 布褐將白頭.
任智誠則短, 守任固其優.
側聞大君子, 安問黨與讎.
所不賣公器, 動爲蒼生謀.
賤子跪自陳, 可爲帳下不.
感激有公議, 曲私非所求.

이 시는 장구령을 '국가의 관직을 파는 일 없이/ 언제나 백성들을 위한 생각뿐인' '큰 군자'로 일컫고 있다. 왕유가 이번에 받은 벼슬은 장구령에게 접근한 결과이기에 그에게 바친 시에 쓰인 이런 구절은 당연히 '사심'을 베푼 데 대한 감격이요 아부의 말임을 쉽게 알 수 있다.

장구령의 힘에 빌붙은 결과, 왕유는 빠른 속도로 감찰어사, 전중시어사를 거쳐 마지막엔 부재상에 상당하는 급사중給事中이라는 벼슬에 이르렀으니, 이는 재상 자리와는 반 발자국밖에 떨어지지 않은 자리였다. 그러나 이때 천하는 벌써 혼란의 소용돌이에 휩싸이고 있었다. '안사의 난'이 발발한 것이다. 현종은 양귀비 자매와 네댓 명의 근신을 거느리고 황급히 서울을 빠져나와 파촉巴蜀으로 몸을 피했다. 왕유는 미처 뒤따르지 못하고 있다가 안록산의 군대에 포로로 잡혀 동도 낙양으로 압송된 뒤 투옥되었다.

안록산도 왕유의 명성을 이미 알고 있었다. 그리고 인재를 참으로 아꼈던 안록산은 왕유를 감옥에서 풀어주며 자기 밑에서 벼슬을 하라고 권유했다. 왕유는 안록산의 권유를 따르지 않았다. 그러나 안록산이 어디 왕유의 결정을 따랐겠는가! 안록산은 강제로 급사중의 자리에 왕유를 앉혔다. 이런 강권에 겁을 먹은 왕유는 비합법적인 이 자리를 받아들일 수밖에 없었다.

벼슬살이 몇 년 뒤, 왕유는 안록산 정권이 벌써 몰락하고 있음을 알아차렸다. 이리하여 왕유는 안록산 밑에서 벼슬을 하고 있으면서도 대담하게 이씨의 당왕조를 그리워하는 마음을 담은 시 『응벽지凝碧池』를 읊음으로써 자기 속마음을 드러냈다.

> 온 백성 상심하여 외진 곳마다 안개 피어오르니,
> 모든 벼슬아치들은 어느 날 다시 천자를 배알할까.
> 가을이라 홰나무 낙엽은 깊은 궁전에 쌓이는데,
> 응벽지 머리에서는 음악을 연주하네.

> 萬戶傷心生野烟, 百官何日再朝天.
> 秋槐落葉深宮裏, 凝碧池頭奏管絃.

이 시는 마침내 막 영무靈武에서 황제의 자리에 오른 이형李亨에게도 전해졌다. 그는 '왕유야말로 충신이로다!'라고 칭송했다.

1년 뒤, 당군唐軍은 장안과 낙양 두 서울을 되찾았다. 이제 이형은 '안사의 난' 중에 변절한 자들을 찾아 숙청하기 시작했다. 비합법적인 자리에 앉아 벼슬을 했던 인물들은 잇달아 체포되었지만 왕유는 이 시 덕분에 벌을 받지 않았을 뿐만 아니라 오히려 조정의 요직을 맡았다. 그리고 나중에는 생각지도 않게 정4품 아래의 큰 벼슬인 상서우승尙書右丞으로 승진했다.

벼슬길에 오른 선비는 '충忠' 자를 가장 소중하게 여긴다. 이른바 '주욕신사主辱臣死'란 신하된 자가 위기에 처한 나라를 구하지 못한다면 임금을 먼저 위기에서 구하고 자신은 '순절殉節'하는 태도이다. 이런 충신은 당시에도 있었다. 위대한 서예가 안진경安眞卿의 사촌형 안고경安杲卿은 '안사의 난'이 일어났을 때 역적들에게 무릎을 꿇지 않다가 오히려 잔인하게 살해되었다. 그러나 왕유는 양쪽에서 모두 벼슬살이를 하며 감투를 벗지 않았다. 물론 왕유가 당왕조를 그리워하며 읊은 시가 결정적인 작용을 했다. 그런데 결정권이 있는 인물이 이 시를 만났다는 것이 바로 행운이었다.

당나라 때는 재능 있는 인물이 쏟아진 시대였다. 하지만 당나라 때는 그렇게 되기도 쉽지 않았지만 재능 있는 인물이 벼슬을 하는 것도 쉬운 일이 아니었다. 재능 있는 인물들은 반드시 권세와 지위가 높은 이들의 천거를 받아야만 했지만 그들도 결정권이 있는 인물을 선택해야만 했다. 지금도 박사과정을 밟기 위하여 유학을 떠날 때 필요한 지도교수의 추천장처럼 이름난 스승의 추천장일수록 더욱 큰 효과를 발휘하는 것과 같았다. 권세와 지위가 높은 이들의 천거와 발탁 없이는 재능이 있는 인물이 오를 수 있는 높은 지위가 없었다. 당나라 때 재능이 뛰어난 인물들은 결코 공부만 알고 세상 물정에는 어두운 책벌레만은 아니었다. 이들은 가장 훌륭한 추천을 받기 위하여 벌써부터 각종 기능을 몸에 익혀온 팔방미인이었다.

병가兵家에서는 도둑을 잡으려면 먼저 도둑의 우두머리를 사로잡아야 한다고 이른다.[29] 벼슬길에서, 하찮은 인물은 가장 중요한 인물에게 바짝 붙어야 한다. 오직 높은 지위의 인물만이 자기를 돌볼 수 있으며, 나아가 벼슬길에서 자기의 승진을 보장할 수 있다. 벼슬길에 들어선 이가 벼슬살이를 하려면 도덕과 학문과 능력을 모두 갖춰야 했지만 나아가 뒤를 봐주는 세력이 꼭 있어야만 했다. 왕유는 이런 점에서 분명 조건을 갖춘 인물이었다. 그러기에 자고로 '조정에 사람 있으면 벼슬길이 트인다.'[30]는 말이 있다. 무릇 벼슬을 하려는 자는 자기를 돌봐줄 강력한 배경을 찾는 것이 벼슬길에서 살아남을 수 있는 요긴한 일 가운데 으뜸이었다. 무릇 벼슬길에 오른 인물이라면 그런 배경이 있어야 승진도 할 수 있을 뿐만 아니라 마음 크게 먹고 용감하게 벼슬살이도 할 수 있다는 사실을 마음속에 깊이 새겨야 한다.

큰 벼슬아치는 큰 파벌이 있고 중간 벼슬아치는 중간 크기의 파벌이 있고 작은 벼슬아치는 자기들만의 작은 파벌이 있다. 무엇을 파벌이라고 하는가? 벼슬아치들이 어떤 벼슬아치를 중심으로 결성한 관료들의 이익 집단을 말한다. 윗사람이 아랫사람을 임명할 때 가장 먼저 고려하는 사항은 자기 사람을 중요한 위치에 배정하는 일이다. 이로써 더 큰 권력을 자기 손안에 움켜쥘 수 있기 때문이다. 누가 자기 사람인가?

29 擒賊先擒王. 두보의 시 『전출새前出塞』 여섯 번째 수에 이 구절이 있다. 가장 유명한 이 부분의 원문은 이러하다. 挽弓當挽强, 用箭當用長. 射人先射馬, 擒賊先擒王. 殺人亦有限, 列國自有疆. 苟能制侵陵, 豈在多殺傷!

30 朝內有人好做官. 비슷한 말로 '沒有靠山的不要去做官'이 있다. 배경이 없으면 벼슬할 생각 말라는 뜻이다.

윗사람 마음속에는 이미 정해진 기준이 있다. 누가 자기의 마음을 가장 잘 헤아리고 이해하며 실천할 수 있는가? 누가 자기 목숨도 내던지며 죽을 각오로 충성을 다 바칠 것인가? 아랫사람은 더 큰 감투를 쓰기 위하여, 그리고 더 많은 기득권을 차지하기 위하여 비굴하게 빌붙으며 남의 앞잡이가 되어 그의 비위를 맞추기에 온 힘을 다하고 때로는 자기의 박학함을 슬쩍 드러내며 우쭐대기도 한다. 자기가 하는 일이 사람으로서의 도덕에 흠이 되느냐 아니냐는 전혀 중요하지 않다. 중요한 것은 윗사람의 호감과 환심 그리고 신임을 얻느냐 얻지 못하느냐이다.

6. 막부幕府에 들어가기

중국의 고대 막부는 일종의 개인적인 조직이었다. 그러나 하찮은 인물이 벼슬길에 올라 출세할 수 있는 길이기도 했다. 더군다나 과거에 낙방하여 실의에 빠진 선비라면 십 년 고생에 몇 번이나 응시해도 합격하지 못하고 먹을 것 입을 것도 제대로 추스르지 못하는 상황에서 어쩔 수 없이 선비로서의 체면도 버리고 굽실거리며 고관 귀족 집에 빌붙어야 했다. 동시에 이들의 권세에 의탁하여 감투를 쓸 기회를 얻었다.

일반적인 상황에서 높은 벼슬아치 집안의 막료가 벼슬길에 오를 기회는 그다지 많지 않았다. 또 높은 지위로 오르는 길도 그렇게 빠르지 않았다. 하지만 특수한 사례가 있었다. 다음에 이야기할 마주馬周가 바로 상하常何의 문객으로 막료 노릇을 하다가 큰 벼슬자리에 오른 예이다. 당나라 때 조린趙璘의 『인화록因話錄』에는 이런 이야기가 실려 있다.

"원래는 우승선虞承宣의 문생이었던 이석李石이란 자가 그의 막부에서 몇 년도 지나지 않아 조정에 올린 글이 황제의 눈에 들었다. 조정에서는 당장 그에게 높은 벼슬아치가 조정을 드나들 때 입는 예복인 자복紫服을 하사하고 고속 승진시켰다. 그가 자주색 의복을 입었을 때, 우승선은 아직 붉은 빛의 예복인 비복緋服을 입고 있었다. 당나라 때는 관직의 높고 낮음을 주로 의복의 색깔로 판별하곤 했다. 문생은 이미 높은 감투를 썼지만 그의 스승은 아직 막부에 머물러 있었다. 높은 자리에 오른 이석도 이제 자신의 막부를 만들었다. 이때, 그의 막부에서 막료로 일하던 최현崔鉉이라는 자는 오랫동안 기다리지도 않고 한림에 발탁되더니 이듬해엔 재상의 자리로 올랐다."

이런 이야기로 볼 때, 막부에 들어가 막료의 역할을 하다가 빠른 속도로 벼슬길에 오른 이가 그리 많지는 않았지만, 실제로 이런 일이 발생했기에, 선비들에게는 두루두루 큰 흡인력을 지니게 되었다. 또 고대에 많은 선비들이 막부에 들어가려고 이렇게 열중한 까닭도 이제 어렵지 않게 알 수 있다. 막부 다음으로 조정에 들어가면 벼슬을 할 수 있는 조건이 만들어졌고, 이는 선비들에게 과거에 못잖게 앞날이 빛나게 펼쳐지는 통로나 다름이 없었다.

이 밖에도 선비들이 막부에 들어가려고 간절히 원한 것은 매우 현실적인 면도 있었으니, 그것은 자신을 위해 기거할 곳을 마련함은 물론 경제적 문제까지 해결할 수 있었기 때문이다. 진사에 오르기 위하여 응시하는 수험생은 해마다 1-2천 명에 이를 정도로 대단히 많았다. 하지만 합격자는 아주 적었다. 따라서 대부분은 낙방이었다. 그럼 낙방한 선비들은 어떻게 해야 할까? 소소리바람에 질척이는 비까지 온몸으로 맞서며 총총히 오간 선비들로 말하자면, 그들의 생활은 분명 어려움이 많았을 것이다. 그러나 이들 앞에 놓인 길은 오로지 두 가지뿐, 고향으로 돌아가 다시 고생스럽게 공부하며 다음 시험을 대비하는 것이 그 하나요, 몸도 의탁하고 일도 충실히 하며 경제 문제까지 해결함과 동시에 실제적인 업무를 통하여 재능을 연마하고 높이어 훗날 벼슬길에 오르기를 도모하는 것이 다른 하나였다. 후자가 훨씬 더 현실적임은 물론 눈앞의 다급한 상황을 해결할 수도 있음을 쉽게 알 수 있다. 이리하여 막부로 들어가서 의식 문제를 해결하고, 나아가 이루지 못한 자기의 소망과 이상을 실현하려고 했으니, 이는 당나라 때의 선비들만이 다투어 선택한 길은 아니었다.

당나라 때의 대문장가 한유韓愈는 애초 과거에 세 차례나 떨어진 뒤 막부에 들어감으로써 벼슬길에 오를 수 있었다. 정원貞元 8년 2월, 한유는 진사를 뽑는 시험에 다시 응시하여 마침내 13등이라는 성적으로 과거에 급제했다. 그해 합격자 명단에 오르며 급제한 이는 모두 32명으로, 함께 오른 이들을 모두 '용호방龍虎榜'이라고 일렀다. 이때 한유의 나이 스물다섯, 그야말로 의기가 왕성하고 정치에 참여하려는 욕구가 넘치는 때였다. 이해 10월, 그는 이부에서 주관하는 '박학홍사과博學弘詞科'라는 시험에 응시했다. 일차 시험에서 그는 이관李觀, 배도裴度와 함께 세 사람 안에 뽑혔다. 그러나 예상치도 못하게 중서성中書省으로 재심을 요청하는 보고를 올릴 때에는 그의 이름이 빠지고 다른 사람이 그를 대신하여 올라갔다. 이런 상황을 알게 되자 한유는 화가 머리끝까지 치밀었으나 벼슬길로 오르기 위하여 끓어오르는 화를 꾹 참고 다음 해를 위한 준비에 들어갔다. 이듬해인 정원 9년, 그는 한 번 더 '박학홍사과'에 응시했지만 결과는 여전히 실망스러웠다. 정원 10년 10월, 한유는 세 번째로 이부에서 주관하는 '박학홍사과'에 응시했다. 이 시험에만 벌써 세 차례나 응시했지만 결과는 역시 불합격이었다.

십 년 동안이나 벼슬길에 나아가려고 예부에서 주관하는 시험에 네 차례, 이부에서 주관하는 시험에 세 차례 응시하며 겨우 진사라는 허울 좋은 이름은 얻었지만 대수롭지 않은 말단의 감투 하나 얻지 못했다. 이런 상황에서 한유는 결코 실망하며 의기소침하지 않았다. 정월에서 3월까지 당시의 재상에게 연달아 세 통이나 글을 올리며 자기를 발탁해 달라고 부탁했다. 재상이 너무 바빴던지, 재상에게 보낸 편지가 어지럽게 휘날리는 눈송이처럼 많았던지, 아니면 당시 한유의 겸손함이 부족했거나 감투를 쓰기 위한 원만한 방법을 잘 몰랐던지, 재상을 감동시킬 수 있는 언어가 부족했던지, 재상을 향해 벼슬길을 찾으려던 한유의 편지는 감감무소식 함흥차사인 듯 답신 한 줄 없었다. 한 번 두 번 잇달아 좌절을 겪은 뒤, 한유는 상처뿐인 마음을 안고 장안을 떠나 고향으로 돌아왔지만, 아침에 밥을 먹어도 배불리 먹지 못하고 겨울에도 입은 옷이 겨우 자기 몸뚱이만 가릴 정도로 힘든 생활을 벗어나지 못했다.[31]

이렇게 춥고 배고픈 절박한 상황에서 선비로서의 자부심과 긍지가 가득했던 한유는 마침내 높은 벼슬아치에게 제 몸을 의탁하기로 했다. 한유 자신이 쓴 글을 보면 이렇다.

– 벼슬이 없는 선비는 빈천한 처지에 놓여 고관대작의 위세에 의지하지 않고서는 제 뜻을 이룰 수가 없다. 고관대작은 세운 공이 뚜렷해도 벼슬이 없는 선비의 명망을 빌리지 않고서는 제 이름을 널리 드러낼 수가 없다. 이런 까닭으로, 벼슬이 없는 선비는 비록 빈천하기 짝이 없지만 아부하지 아니하고, 고관대작은 비록 지위가 아주 높지만 우쭐거리지 아니하니, 이로써 서로 효과를 상승시키며 그 전과 후로 서로 돕게 된다.

학식이 풍부한 선비가, 그것도 드높은 이상을 가진 선비가 문득 어떤 깨달음에 결국 자기 생각을 바꾸어 고관대작에게 의탁하여 그들에

31 朝食不盈腸, 冬衣才掩骼. (唐, 韓愈『縣齋有懷』)

게 빌붙으며 비위를 맞추기로 했으니, 이는 정말로 쉬운 일이 아닐 것이다. 그러나 생각을 바꾸기만 하면 이유가 충분하기 때문에 행동은 당당하고 떳떳하게 변했다. 이리하여 한유는 재빨리 고관대작에게 접근했다. 접근 방식은 위에서 이야기한 대로 막부로 들어가는 것이고, 굳이 말하자면 바로 '식객食客'이 되는 것이었다.

한유의 첫 번째 막부 주인은 변주자사汴州刺史 동진董晋이었다. 정원 12년(796년) 3월, 병부상서 동진은 동도東都 낙양洛陽의 유수留守를 맡게 되었다. 이 직책은 낙양의 백성과 군인, 그리고 돈과 곡식을 관리하고 통제하며 감독하는 자리였으니, 낙양의 군사와 정치를 한 손에 쥐고 있는 셈이었다.

누군가의 추천으로 한유는 이런 동진과 관계를 맺었으니, 이제 한유에게도 행운이 찾아왔다. 동진은 한유의 넘치는 재주를 높이 사며 그를 보살피기로 마음먹었다. 이해 7월, 선무군宣武軍(개봉開封에 주둔함) 절도사 이만영李萬榮이 병사하자 동진은 선무군 절도사로 근무지를 옮겼다. 동진은 부임하면서 한유를 데리고 가서 그를 선무군절도사의 관찰추관觀察推官으로 발탁했다. 이 직책은 형벌과 사법을 책임지는 자리였다. 이해, 한유의 나이 스물아홉, 높은 학식과 정치적 감각을 지닌 그는 이제야 겨우 벼슬을 얻었으니, 그의 가슴은 미래에 대한 희망으로 충만했다.

얼마 지나지 않아 한유의 주인인 동진이 세상을 떠났다. 한유는 영구를 모시고 그의 고향으로 갔다. 이때, 막부에서 군사 반란이 일어났다. 한유의 처자식은 물론 막부에 있었기에 그는 마음이 몹시 초조했다. 며칠 뒤 군사 반란이 점점 잦아들자 그는 몰래 돌아가서 자기 식구들을 이끌고 변주를 떠났다.

막부에서의 첫 번째 임시 관리로서의 벼슬살이 경험을 한 뒤 한유는 재빨리 그의 두 번째 막부 주인을 모색했다. 그는 서주徐州 장건봉張建封의 막부로 들어가 절도추관節度推官이 되었다. 장건봉은 막료에 대한 요구가 지나치게 엄하였기에 한유가 장건봉 막부에서 지낸 세월은 변주에서처럼 그렇게 여유 있고 한가하지 않았다. 그래서 한유는 장건봉과 걸핏하면 지나친 엄격함을 놓고 논쟁을 벌였다. 언젠가 그는 장건봉에게 이런 글을 올렸다.

- 어르신께서 우리들을 이른 아침 날이 밝기 전에 막부로 들게 하고, 저녁에는 해가 진 뒤에야 집으로 돌아갈 수 있게 하시니, 이는 선비를 대하는 도리가 아니오니, 저는 견딜 수 없나이다.

이렇게 몇 차례의 논쟁을 벌인 끝에 한유는 결연히 이곳을 떠났다. 한유는 자신이 지금까지 쌓아올린 능력으로써 이렇게 서울에서 멀리 떨어진 변경에서 문객으로 지내는 생활은 당치도 않다는 생각을 했다. 한유는 서울로 올라와 다시 조정을 향해 벼슬자리를 부탁했다. 이번에 한유가 얻은 직함은 '사문박사四門博士'였다. 하지만 이것은 결코 벼슬이 아니었다. 대학의 부전공 과정 교수에 해당하는 한직일 뿐이었다. 그렇지만 이로써 한유는 중앙 조정의 관리 조직에 끼어들게 되었다. 자기의 큰 뜻을 실현하기 위하여 일정한 권한을 필요로 한 한유는 이제 세 번째로 고관대작과 인연을 맺으며 빌붙어야 했다. 이번에 인연을 맺은 상대는 서울시장에 해당하는 경조윤京兆尹 이실李實이었다.

이번에는 높은 곳에 있는 이와 관계를 맺어야 했기에, 한유는 자연히 적지 않은 노력을 기울였다. 경조윤은 서울을 책임진 최고 행정장관으로서 그 위치가 매우 특수하여 황제의 오른팔이나 마찬가지였다. 덕종德宗은 자신이 총애하고 신임하는 이실이란 자를 경조윤의 자리에 앉혔다. 사람들은 한유에게 이실의 비위를 맞추라고 권했다. 황제에게 한유를 위하여 좋은 말만하며 벼슬을 내리라고 말할 수 있는 이가 이실이기 때문이었다.

한유는 먼저 이실에게 그의 공덕을 찬미하는 『이 상서께 올리는 글 上李尙書書』을 바쳤다. 이 글에서 한유는 이실을 대담하게 치켜세우며 아첨을 떨었다.

"제가 서울에 올라온 지 벌써 15년이나 되었사옵니다. 그동안 수많은 공경대부를 보았지만 어르신처럼 나라 사랑하기를 자기 집 돌보듯이 하는 분은 아직 보지 못했사옵니다. 저는 참으로 어르신을 우러러 공경하니, 제가 설령 천백 년 나중에 태어나더라도 어르신을 깊이 존경하고 사모할 것이옵니다. 이 시대에 어르신을 만난 것이 저에게는 참으로 큰 행운이옵니다. 어느 누구라도 어르신을 따르려 하지 않겠습니까? 이제 저는 어르신을 위하여 오로지 충성을 다 바치려 하옵니다."

이 정도면 아첨의 수준도 과연 대단하다! 참으로 낯이 간지럽다. 이실은 이 글을 읽고 흐뭇한 마음에 당장 황제에게 한유를 천거했다. 서른여섯 살의 한유는 곧 사문박사에서 감찰어사로 승진했다. 감찰어사는 정8품하의 벼슬로 여러 관리를 통제하며 바로잡는 자리였다. 관리로서의 등급은 낮았지만 권력은 막강했다. 한유가 이렇게 온힘을 다해 아첨한 일은 결코 쓸데없는 낭비가 아니었다.

예전부터 관료 사회는 사람이라면 모두 먹고 싶은 대형 케이크나 마찬가지였다. 이곳으로 들어가려는 이는 많았지만 들어가는 길은 정말로 좁았다. 벼슬을 얻기 위하여 예물이나 뇌물 등을 가지고 다니며 유세를 하던 때부터 아래에서 추천하면 위에서 끌어주는 시절까지 이 길은 좁기도 했지만 참으로 엄격했다. 설령 나중에 국가가 공평한 과거 시험을 통하여 벼슬길에 오르려는 사람에게 아주 넓은 길을 열어주려고 했지만, 이 길을 비집고 올라가 벼슬길로 들어서는 이는 역시 적고도 적었다. 국가가 규정한 고시에 합격하고도 일정 기간 임시직을 거쳐야 했고 또 다른 일련의 시험이 계속 잇달았기 때문이다. 이 기간에 얼마만큼의 인위적인 작용이 그 안에 있었으니, 재능이 대단하여 진사에 급제한 이는 여전히 탄식만 했다. 그러기에 하찮은 인물이 벼슬을 하려면 끊임없이 자기의식을 조정해야 했다. 상황 전개와 기회를 잘 파악하여 행동으로 옮기며 고관대작들에게 먼저 접근하고, 더 높은 관리에게도 빌붙어야 했으니, 이것이 바로 확실한 방법이었다.

막료는 벼슬길로 향하는 인맥 가운데 하나의 통로였다. 청나라 때, 지방장관 한 명이 부임할 때, 수행하는 일꾼들, 그러니까 정무 처리를 위한 인원들 중에는 개인적으로 초빙한 여러 부문의 비장들이 있었다. 또 중요한 정무를 집행하고 구체적인 일을 처리하는 인원들로 개인적으로 모집하거나 다른 사람의 추천으로 들어온 각종 고용인이 있었다. 예컨대 관아의 정문을 담당하는 '문방門房', 공문서의 발송과 전달을 담당하는 '첨압簽押', 창고를 관리하는 '창장倉場', 세금을 매기고 징수하는 '세무稅務', 장관을 양옆에서 뒤따르며 수행하는 '근반跟班', 출장을 담당하고 교섭하는 '집첩執帖' 등과 같은 이들을 모두 통틀어 '장수長隨' 또는 '장반長班'이라고 불렀다. 그 지방 현지 관아에 이미 갖추어진 서리書吏나 아역衙役 등의 일꾼들은 더 이상 정상적인 공직을 행할 수 없었으며, 모두 '내아內衙'의 지휘를 반드시 따라야 했다.

청나라 말기 증국번曾國藩의 막부는 많은 사람들이 자아내는 활기찬 분위기로 당시 사람들의 찬탄이 대단했다. 설복성薛福成은 『용암필기庸庵筆記』에서, 증국번의 막부에는 온 나라에서 모인 뛰어난 선비가 83명이나 되는데, 설복성 자신은 이에 끼이지도 못한다며 자탄했다. 후세의 학자가 낸 통계는 설복성의 통계 숫자를 뛰어넘고 있다. 80명이 넘는 선비들 가운데 대부분은 이름이 크게 알려지지 않은 하찮은 인물이지만 뒷날 벼슬이 총독, 순무, 상서, 시랑 등에 이른 이들도 있었다. 그

중에는 이홍장李鴻章, 이한장李翰章, 곽숭도郭嵩燾, 좌종당左宗棠, 유용劉蓉, 당훈방唐訓方, 팽옥린彭玉麟, 전응부錢應溥, 여서창黎庶昌, 하경何璟, 예문위倪文蔚, 이종희李宗羲 등도 있었다.

어쨌든 형형색색, 온갖 종류의 직업에 종사하던 하찮은 인물들이 증국번의 막부를 거쳐 조정의 정식 벼슬아치가 되었다. 예컨대, 하경과 손의언孫衣言은 한림원 편수로, 예문위는 서길사산관분형부庶吉士散館分刑部의 주사로 감투를 썼으며 이한장은 지현知縣의 벼슬을 했다. 더욱 돋보이는 일은, 태평군太平軍과 작전을 할 때 증국번이 새로운 세력으로 출현시키고자 뽑아 쓴 선비로 이루어진 장병들이 치밀한 논리와 사고력으로 무장들보다 더 큰 힘을 발휘했다는 사실이다. 증국번이 끊임없이 승진하며 이들을 발탁함에 따라 막료들도 따라서 권세를 얻었으니, 수많은 인물들이 결국에는 변경을 지키는 총독의 자리에까지 올랐다. 이는 모두 증국번이 힘이 크게 작용했기 때문이다.

제3장

예물이 많아도 탓하기 않기

봉건시대에 '예禮'는 일종의 미덕일 뿐만 아니라 벼슬살이에 필요한 정치적 책략이며 나아가 질서였다. 이러한 질서의 본질은 상급자가 모종의 '복리福利'를 향유하는 데 있었다. 이 '복리'는 예물이나 사례금 따위의 물질적인 '이익'과 존경과 같은 정신적인 '행복'을 포함하고 있었다. 그러나 올리는 예물에는 반드시 예술성과 더불어 과학성이 있어야 했다.

1. 예물은 바로 인품

우리는 척계광戚繼光을 민족의 위대한 영웅으로 알고 있다. 그러나 척계광도 예물을 주고받은 관료 사회의 그렇고 그런 인물이었음은 모르고 있다.

중국사회과학원에서 근대사를 연구하는 장더신張德信은 중국 역사의 민족 영웅 척계광을 이야기하면서, 척계광의 오랜 친구 왕세정王世貞

이 척계광을 가리켜 '걸핏하면 천금이나 주고 미녀를 사서 장거정張居正에게 올렸다.'는 점을 지적했다. 상사인 장거정의 환심을 사기 위하여 척계광은 천금도 마다않고 미녀를 사들여 예물로 올렸다는 말이다. 심덕부沈德符의 『만력야획편萬曆野獲編』에는 척계광이 장거정의 눈에 들기 위하여 고향 봉래蓬萊에서 생산되는 해구신을 몇 상자나 보냈다는 이야기도 있다.

척계광은 비록 대대로 벼슬을 하고 지냈지만 집안은 그리 부유하지 않았다. 1품 무장으로 연봉도 일백 냥 남짓인데 무슨 재력이 있다고 걸핏하면 천금이나 주고 미녀를 살 수 있단 말인가? 어떻게 돈을 구하였는지 역사적인 자료가 없어서 증명할 수는 없지만 그가 윗사람에게 상납했듯이 그의 아랫사람도 그에게 상납하지 않았을 리 없다. 수입에 비추면 그럴 수밖에 없었다.

척계광은 의오義烏로 와서 병사를 모집할 때, 마침 서문에서 살고 있는 의오 지방 척씨 가문 척맹만戚孟滿을 우연히 만났다. 족보를 따져보니, 척계광의 조상은 의오에서 안휘安徽 정원定遠으로 이주한 지 벌써 13대였다. 헤어질 때, 척계광은 척씨네 사당을 지으라고 명하며 척맹만에게 고동古銅 다섯 건 한 벌, 운라雲鑼 하나, 옥배玉杯 한 점, 그리고 금 백 냥을 주었다. 당시 척계광은 아직 참장參將으로서 연봉이 일백 냥에도 미치지 못했지만 척씨네 사당을 지으라고 일백 냥이나 되는 백은을 찬조했다.

척계광이 유대유兪大猷와 함께 주산항舟山港에서 전투를 벌일 때, 엄숭嚴嵩과 조문화趙文華가 유대유를 가리켜 '추격할 힘이 없어 왜구를 버려둔 채 남쪽으로 내빼고 있다.'며 당장 감옥에 가둔 뒤 사형에 처해야 한다고 사실을 날조하여 모함했다. 척계광은 삼천 냥을 마련하여 유대유의 목숨을 살려냈다. 그는 삼천 냥이나 되는 큰돈을 어떻게 마련했을까? 이런 이야기는 수없이 많다. 그 당시에도 돈이 있으면 멋들어지게 일을 처리할 수 있었으며, 돈이 없으면 반 발자국도 앞으로 나아갈 수 없었다.

척계광이 실현하려던, '나는 높은 벼슬을 원하지도 않는다. 단지 왜구를 물리치고 평화가 오기를 바랄 뿐이다.'[32]라는 꿈은 자신의 문재文才와 무략武略만으로는 이루어질 수 없었다. 유대유는 척계광보다 정직했으나 몇 차례나 파면되었으며, 심지어는 투옥까지 당한 일이 있었다. 그는 요직에 있는 상사와 동료 중의 문관과도 좋은 관계를 유지함은 물론 병권을 유지하고 목적한 바를 이루기 위하여 자기 인격까지도 희생하며 장거정을 비롯하여 재물과 미녀를 탐하는 높은 벼슬아치들의 눈에 들도록 비위를 맞추며 아부했다. 만약 자기의 위치가 보장되지 않는다면 어떻게 왜구를 소멸시킬 수 있을까, 그리고 국가의 안녕을 이루어낼 수 있을까? 척계광은 언제나 이런 책략에 늘 신경을 썼던 인물이었다. 척계광이 이런 일들을 깊이 신경 쓰지 않았다면 일을 잘 처리할 수 있었을까? 사태의 흐름과 형세를 관리하고 누구에게나 환심을 살 만큼 일을 처리하기 위해서는 반드시 확실한 책략을 짜내고 당시의 메커니즘에 따라 활동했으니, 바로 이것이 척계광이 남보다 뛰어난 점이었다.

벼슬살이에서는 상사가 좋아하면 아랫사람으로서는 못할 일이 없어야 한다. 예물은 가장 직접적으로 상사와 통할 수 있는 방법이다. 웃는 얼굴에 침 못 뱉는다는 속담이 있다. 설령 상사에 대해 아는 바가 하나도 없을지라도 예물을 먼저 보내면 이루지 못할 일이 없다.

당나라 때, 장고張固가 쓴 『유한고취幽閑鼓吹』 52권에는 이런 이야기가 실려 있다.

32 封侯非我愿, 但愿海波平.

“중당中唐 시기에 서울에서 큰 사건이 발생했다. 적지 않은 벼슬아치들이 연루된 이 사건은 누군가 암암리에 벌인 공작으로 지지부진한 사건을 마무리할 수 없었다. 어느 날, 재상 장연상張延賞은 이 사실을 알고 대단히 분노하여 사법기관의 벼슬아치를 눈앞에 불러놓고 이렇게 명령했다.

‘이렇게 오래된 사건을 아직도 처리하지 못했다니 말도 안 되오. 이제 열흘 안으로 심리를 끝내고 판결하도록 하시오.’

이튿날 오전에 장연상이 자기가 근무하는 방으로 와서 보니 책상 위에 한 장의 메모가 있었다.

‘삼만 관貫[33]이오니 이제 이 사건에 대해 참견하지 마옵소서.’

장연상은 크게 화를 내며 당장 이 종이쪽지를 찢어버렸다. 그리고 이 사건을 빨리 조사하여 처리하도록 아랫사람에게 독촉하고 명령했다. 하루가 더 지나 근무하는 방으로 출근한 그는 책상 위에 놓인 종이쪽지를 또 발견했다.

‘오만 관이오.’

분개한 장연상은 이틀 안으로 이 사건의 심리와 판결을 마무리하라고 명령했다. 그런데 하루가 다시 지났을 때, 책상 위에는 종이쪽지가 또 놓여 있었다.

‘십만 관이오.’

‘십만 관이면 벌써 신통력을 가졌을 터, 만회할 수 없는 일이 없을 것이다. 내 이 일로 화를 입을까 걱정이라, 이제 내 이 사건에서 손을 뗄 수밖에.’

장연상은 고개를 저으며 탄식했다.”

---

33 엽전 1천 개를 꿴 것을 1관貫이라고 했다.

이 이야기가 바로 '돈이면 신과도 통한다.'는 일화이다. 돈이면 신과도 통한다고 했기에 벼슬길에 오른 하찮은 인물들은 갖가지 명목으로 윗사람에게 예물을 올리기에 바빴다.

명나라 만력 연간에 장거정은 친상 소식을 접하고 급히 고향으로 내려가야 했다. 이때, 승상 어른의 고향 길을 편안하게 하려고 지부知府[34] 전보錢普는 장거정 한 사람만을 위하여 호화로운 가마를 제작하도록 일찌감치 명령을 내렸다. 가마 앞쪽에는 몇 겹의 이중문을 설치하였으며 뒤쪽에는 휴식을 취할 수 있는 멋진 침실을 마련했다. 또 가마 양옆에는 자그마한 방이 하나씩 있었으며, 그 방에는 각각 사내아이 하나를 두어 부채질에 분향까지 책임지도록 했다. 이렇게 만든 가마에 서른두 명의 가마꾼이 장거정을 태우고 기세도 당당하게 남쪽으로 길을 떠났다. 장거정이 맛있는 음식을 즐겨 먹는다는 소문에 이르는 곳마다 그곳 벼슬아치들은 맛있는 음식을 상다리가 부러지도록 가득 차려 올리며 비위를 맞추었다. 전보는 무석無錫 출신으로 마침 상해 요리를 잘 만들었다. 장거정은 지부인 전보가 손수 만든 요리를 맛본 뒤 칭찬을 아끼지 않았다.

"내 이곳에 와서야 참으로 맛있는 음식을 먹는구려."

벼슬길에서 예물은 자신의 인품을 결정할 수도 있다. 반조음潘祖蔭은 함풍咸豊 연간에 진사가 된 인물로서 공부, 형부, 이부의 상서尙書를 역임했으며 벼슬이 가장 높았을 때는 군기대신軍機大臣에 이르렀다. 군기대신으로 재임하고 있던 어느 명절에 많은 벼슬아치들이 그의 집에 와서 마작을 즐기고 있었다. 이들은 마작을 즐기면서 한편으로는 허튼소리들을 늘어놓으며 어느 지방 제독에 대한 이야기까지 하게 되었다.

34 명청 시대 부府의 일급 행정 수장.

반조음은 이 사람이 지극히 충성스럽고 정의를 좇아 행동함은 물론 덕과 재능을 겸비한 인물이라며 입에 침이 마르도록 칭찬했다.

이 말을 듣던 이문전李文田이라는 벼슬아치가 호기심을 참지 못하고 반조음에게 물었다.

"그 양반이 무슨 공을 세웠소?"

반조음의 대답은 이러했다.

"잘 모르오."

이문전이 또 물었다.

"이 양반의 생김새는 어떻소?"

반조음은 이렇게 대답했다.

"한 번도 본 적이 없소."

참으로 괴이하다. 무슨 공을 세웠는지, 그리고 생김새가 어떤지도 모르면서 덕과 재능을 겸비한 충성스러운 인물이라고 말했다. 반조음은 어찌하여 이 제독을 이렇게 칭찬했을까? 반조음은 그 까닭을 이렇게 설명했다.

"이 사람이 내게 보낸 코담배가 정말 훌륭했소. 그러니까 괜찮은 양반이라고 알고 있소."

코담배 때문에 반조음은 한 번도 본 적이 없는 제독의 인품을 이렇게 높이 평가했다. 그리고 지방 제독도 서울의 큰 벼슬아치 반조음의 이런 덕담을 들을 수 있었다. 이로 볼 때, 코담배라는 예물이 벼슬살이에 크게 작용했음을 알 수 있다. 코담배를 보낸 지방의 제독은 분명 이 예물의 중요성을 깊이 알고 있었다. 그렇지 않았다면 최고급 예물을 골라 반조음에게 보냈을 리 없다. 예물은 인품을 결정한다. 이것이 바로 예물이 벼슬길에 끼치는 영향 가운데 하나이다.

2. 예물 보내기의 제도화

이제 우스개 아닌 우스개로 이야기를 시작해 본다. 명나라 중후기, 어떤 벼슬아치가 어떤 지방의 현령縣令으로 부임했다. 이튿날, 그는 포고문을 내다 붙였다. 이 포고문은 업무와는 관계가 없는 일종의 통지서였다. 포고문의 내용은 이러했다.

- 내일은 이 몸의 생일이다. 이 몸은 북적북적 붐비는 모습을 참으로 좋아하기에 관아의 높고 낮은 이들은 반드시 와야 한다. 그러나 전제가 있으니, 예물을 가져와서는 안 된다.

포고문이 나붙자 관아의 서리와 허드렛일을 하는 일꾼들이 여기저기 모여서 이 포고문 뒤에 숨은 의미를 미루어 생각하며 헤아리기 시작했다. 벼슬길에 들어선 지 얼마 되지 않은 몇몇 사람들은 이분이야말로 만나기 힘든 청렴한 관리라는 생각에 책상을 치며 쾌재를 부르고 싶은 심정이었다. 그런데 벼슬길에 들어선 지 오래된 구실아치 하나가 소리 없이 빙긋이 웃으며 한 마디 했다.

"예물은 꼭 올려야 합니다. 예물을 허락하지 않으려면 무슨 까닭으로 포고문을 내다붙이며 우리에게 자기 생일을 알렸겠습니까?"

그제야 깨달았다는 듯이 모였던 이들은 고개를 끄덕였다. 이리하여 이들은 각자 추렴하여 금으로 만든 쥐를 현관에게 올렸다. 과연 현관은 크게 기뻐하며 이렇게 말했다.

"내 마누라는 나보다 한 살이 적은 소띠랍니다."

이 말을 들은 이들은 며칠이 지나기 전에 금송아지를 현관에게 보내야 한다는 것을 비로소 깨달았다.

우리는 이 우스개 뒤에 숨은 벼슬길의 규칙을 알아야 한다. 벼슬길에 오른 하찮은 인물이 이 규칙을 모른다면 벼슬길에서 살아남을 수 없다. 이 규칙은 바로 대부분의 상사는 모두 예물 받기를 좋아한다는 사실이다. 사실, 벼슬하는 이들로 이루어진 사회가 생기면서부터 형성된 불문율은 아랫사람이 윗사람이나 상급자에게 봉투나 예물을 올려야 한다는 것이다. 평상시에는 말할 필요도 없고 설날이나 명절, 그리고 상사와 관계된 생일, 결혼, 돌잔치 등에도 예물을 올려야 했다. 예물은 꼭 보내야 했으며, 게다가 적게 보낼 수도 없었다.

중국 군주제 시대에 벼슬길에 오른 하찮은 인물들은 대개 다달이 윗사람에게 예물을 올렸으며, 이 밖에 '돌발적'인 경우에도 예물을 올렸다. 앞에서 나온 현관의 생일 같은 경우가 그러한 경우였다. 설날에도 예물 올리기를 빼놓을 수 없었다. 그러나 이때에 올리는 예물은 일반적으로 일정한 '규정'이 있어서 윗사람의 직위에 따라 그 기준을 확정했다. 『관장현형기』는 이렇게 기록하고 있다.

– 이제까지 주州나 현縣의 관아에서는 대체로 설이나 명절, 그리고 독督, 무撫, 번藩, 얼臬, 도道, 부府 등의 윗사람 경사에는 소속된 하급 벼슬아치들이 돈이나 물건을 올려 공경의 뜻을 드러내는 데 일정한 기준이 있었다. 얼마나 줄이고 늘릴지는 하나하나 내려온 예가 있어서 감히 조금이라도 더하고 늘릴 수 없었다. 이 밖에도, 윗사람의 관아에 근무하는 막료라든가 관인 담당자, 공문 수발 담당자, 그리고 윗사람을 수행하는 문무 벼슬아치들도 설이나 부임 시 마땅히 대접해야 할 경우 일정한 규정이 있었다.

『관장현형기』에서는 규정에 근거하여 선물을 올리는 경우를 생생하게 보여주고 있다.

– 새로 부임한 지주知州 구내암瞿耐庵은 상사에게 올리는 예물이나 동료에게 베푸는 접대에서 어느 한 사람도 빠뜨림이 없었다. 모두가 다 전임자가 건넨 장부에 쓰인 대로 행했다.

아랫사람은 상사의 비위를 맞추며 아첨하기 위하여 봉투나 예물을 올릴 비용을 마련해야 했다. 설령 허리띠를 졸라매고 사방에서 돈을 빌리는 일이 있더라도 때맞춰 규정된 액수대로 올려야 했다.

'벼슬을 하면서 받은 봉급으로는 윗사람에게 올릴 예물 값도 되지 않는다.'는 말이 벼슬하는 이들 사이에 있다. 이로 미루어 볼 때, 상사에게 올리는 예물이 절대로 적은 액수가 아님을 알 수 있다. 청나라 때 섬서 지방 양도糧道의 자리에 있던 어느 벼슬아치는 임기 내에 그가 상사에게 올린 예물의 내용을 상세하게 이르고 있다.

– 장군의 삼절양수三節兩壽[35]에 양도는 그때마다 은 팔백 냥을 올린다. 또 초면인사로 여덟 가지 과일을 포장한 예물을 올리고 문지기에게는 한 차례에 사십 냥이 든 봉투를 준다. 양 도통都統에게는 명절마다 은 이백 냥에 네 가지 과일을 포장한 예물을 올린다. 팔기협령팔원八旗協領八員에게는 명절마다 팔원 각자에게 은 이십 냥과 고급 흰쌀 넉 섬을 올린다. 장군과 도통이 자기 집안사람을 양도에게 임명되도록 추천하여 정식으로 등록되지 않은 임시직에게도 명절에 따라 봉투나 예물을 돌린다. 순무巡撫에게는 철 따라 예물을 보내되 봄, 여름, 가을, 겨울 각각 일천삼백 냥을 올린다. 여기에 명절과 생일에는 과일 예물에 문지기의 잡비까지 포함시킨다. 총독에게는 명절에 예물을 올리며 여덟 가지 과일이 포장된 예물에 문지기의 잡비까지 포함시킨다.

당연히 상사에게도 예물을 보내야 했지만 동년배 사이에 보내는 예물도 결코 적지 않았다. 오늘 이 집에서 생일잔치가 열리고 내일은 저 집에서 상을 당하는 일이 매달 몇 건이나 생겼기에 모두들 함께 돈을

35 단오, 추석, 설과 같은 명절 및 공자 탄신일과 스승의 생신. 여기서 말하는 스승의 생신은 상사의 생일을 가리킨다.

갹출했다. 이때 거두는 돈을 '분담금'이라고 불렀다. 같은 부서에 근무하는 벼슬아치들 사이에 오가는 이런 돈은 없앨 수 없는 규정이라고 모두 생각했다. 『춘조의식春曹儀式』에는 이런 내용을 규정한 청나라 때 예부의 기록이 있다.

– 일 년 내내 함께 일하던 사람들과 관계를 끊지 않고 모임을 만들었으며, 지방 사법 기구는 지난날 함께 일하던 벼슬아치를 높은 이로 모시도록 규정했으며, 이들은 할당된 금액을 모아 이 모임을 운영했다. 동료 및 지난날 함께 일하던 이들은 경조사가 있을 때에 예물이나 봉투를 없앨 수 없었기에 모임을 주관하는 자와 함께 일의 크고 작음을 헤아려서 할당된 금액을 모아서 처리했다.

겉으로만 보면 '분담금 갹출하기'는 인정을 주고받는 행위이지만, 벼슬길에서 이런 인정은 권력의 요소를 가지고 있기에 차차 일종의 규칙이 되었고, 많은 이들이 이것이 인정에도 맞고 도리에도 맞는 당연한 일로 여기게 되었다. '분담금 갹출하기'를 주제로 한 시를 한번 보자.

> 같은 벼슬아치에 같은 고향이라 분담금을 요구하면,
> 이천 냥이나 사천 냥으로 친소에 따라 다르네.
> 상사에도 경사에도 도움을 구해도,
> 오백 냥 밥값 원래는 없었네.
> 실의에 빠져 떠도는 몸이라 그대는 슬퍼 말게,
> 동료요 동향이라 각자의 몫을 갹출하는 것이네.
> 예부터 서울 생활 쉽지 않았지만,
> 다시 서울에 오니 행운이 찾아왔네.
> 이제 또 분담금 당연히 내야지.

同官同鄕請份子,

兩吊四吊分彼此.

爲奠爲祝爲告幫,

五百飯資先去矣.

都門流落君莫哀,

急濟會人鬮資財.

從古長安居不易,

再到長安好運來.

重請份子原應該.

따라서 분담금의 많고 적음은 곧 벼슬길에서 만난 친구 사이의 정의 깊음과 얕음을 반영했음을 알 수 있다.

군주제 사회에서 벼슬살이 중 접대해야 할 일이 이렇게 많은 만큼 갖춰야 할 예의 듬직함은 제쳐두고 접대에 필요한 지출은 얼마나 컸을까?

청나라 때 관리 장집형張集馨이 복건福建의 정장룡汀漳龍에서 도태道台라는 벼슬을 할 때, 민절閩浙[36] 총독 안백도顔伯燾가 파면되어 가솔과 병사, 그리고 수종 등 삼천 여명이나 이끌고 넘치는 기세로 벽제를 하며 고향으로 돌아가는 길에 이 마을 장성漳城을 지나게 되었다. 옛 상전을 접대하기 위하여 그곳에서는 술잔치 준비에 공연을 위한 극단 초청에 노잣돈 마련에 모두 일만 냥이나 되는 공금을 썼다. 이 사람은 이제 벼슬아치가 아니라는 사실을 알아야 한다. 그런데도 이렇게 후한 대접을 받았으니, 현직에 있는 이런 벼슬아치들이 속한 조직의 말단 벼슬아치

36 복건福建과 절강浙江 두 지방.

도 얼마만큼의 돈을 내놓았을 것이라 생각할 수 있다.

가장 전형적인 예는 흠차대신이 서울에서 멀리 떨어진 변경을 순시하는 경우이다. 조정에서 특별히 파견한 흠차대신이 황제에게 올리는 말 한 마디는 지방에서 근무하는 벼슬아치의 진퇴를 결정할 수 있었기에 그 지방에서 그렇게 높은 자리에서 큰 권력을 쥐고 있더라도 모두 하찮은 인물로 변하고 말았다. 흠차대신이 오는 날이 하찮은 인물에게는 출혈이 심한 날이었다. 장집형은 일찍이 이런 기록을 남겼다.

– 흠차대신이 성에 다다르기 전에 수부首府(성 소재지가 있는 곳에 설치된 지부知府)에서는 먼저 차용증서를 작성한 뒤 포정사布政使가 근무하는 관아로 가서 접대비 이만 냥을 빌렸다. 일이 끝난 뒤에는 이제 경비를 각 주와 현에 골고루 분담했는데, 대략 분담된 총액은 삼만 냥 내지 오만 냥에 이르렀다. 흠차대신은 조정을 대표하는 신분으로 출장을 나왔기에 이런 봉투를 받으려 하지 않았다. 지방의 벼슬아치는 사람을 시켜 직접 서울에 있는 흠차대신의 사저로 이 봉투를 보냈으니, 지금까지의 예가 이러했다.

설령 황제가 특별히 보낸 벼슬아치가 아니더라도 오가는 고급 관리에게 지방의 벼슬아치는 적잖은 출혈을 했다. 여기에 대해서도 장집형은 자신이 쓴 글에서 일상적으로 접대하는 비용을 상세하게 기록했다. 당시 그는 섬서 지방에서 독양도督糧道라는 벼슬을 하고 있었다. 재정을 담당하는 이 자리는 뒤로 들어오는 수입이 괜찮았기에 섬서 지방의 접대비는 그가 책임을 졌다. 그가 쓴 글에서 우리는 그가 어떤 행정을 보았는지 찾을 수 없고, 처음부터 끝까지 벼슬아치와 벼슬살이의 규칙에 대한 글만을 볼 수 있다. 도광道光 25년(1845년), 그가 높은 벼슬아치를 접대한 정경을 한번 보자.

– 높은 벼슬아치가 우리가 관할하는 경계에 도달했다는 전갈이 오

면, 독양도는 장군(큰 군구軍區의 수장), 순무(성의 우두머리) 등 웃어른들을 뒤따라 관아로 가서 이들을 영접하고 공관에 모셔 휴식을 취하게 한 뒤, 등롱을 내다건다, 비단띠를 두른다, 극단을 초청한다, 술잔치를 준비한다 하며 소홀함이 없었다. 그때그때 초청하는 극단은 두 곳, 잔칫상은 상석에는 다섯 상, 중석에는 열네 상을 마련했다. 상석에는 제비집 볶음을 반드시 올려야 했다. 중석에도 상어 지느러미 요리와 해삼이 올랐다. 섬서 지방 서안西安은 기후 관계로 산 물고기를 구하기가 힘들었다. 살아있는 큰 물고기 한 마리는 그 값이 사오 천 문이나 되었지만 상석 다섯 상에는 결코 이를 빼놓을 수 없었다. 이 밖에도 뱀장어나 사슴꼬리도 귀해서 구하기 어려웠지만 반드시 구해 요리로 올려야 했다. 그렇게 하지 않으면 방문객은 이곳 독양도가 정말 인색하다고 마음속으로 생각했다. 이런 모임은 정말로 떠들썩하고 흥성거려서 깊은 밤 두세 시가 되어서야 끝났다. 그제야 주인은 취해서 흔들거리는 이들을 가마에 오르는 데까지 따라 나가서 차례차례 허리 숙여 인사했다. 게다가 아랫사람에게 자기 명함을 들려 각 공관으로 보내 수고에 감사하는 인사를 올렸다. 다음날, 이들 방문객이 떠날 때면 성문 밖까지 전송하며 노잣돈이 든 봉투를 올렸다. 노잣돈의 많고 적음은 이 방문객의 벼슬의 높낮이에 따라서 결정되었다. 이런 잔치에 드는 비용은 극단에 지불하는 돈과 상금, 그리고 술잔치 장만에 드는 돈까지 모두 이백 냥 남짓이었다. 물론 여기에는 방문객에게 준 노잣돈은 아예 포함되지 않았다.

장씨 어른이 쓴 글에는 이런 이야기도 있다.

- 한 해 동안, 큰 잔치가 열리지 않는 달은 하나도 없었다. 게다가 자그마한 접대도 빠지는 날 없이 날마다 계속되었다. 한 해 동안 경축일에는 성 안의 높고 낮은 문무 벼슬아치들을 초대하여 연극을 보며 술을 마셨다. 그런데 만약 열흘이고 보름이고 오가는 손님이 없으면 반드

시 사람들을 초대했다. 초대된 사람 가운데는 양사兩司(포정사布政使와 안찰사按察使), 그리고 염도鹽道(성의 재정청 부청장에 해당) 등등이 포함되었다. 이렇게 하지 않으면 서로 정을 나눌 수 없었다.

이렇게 계산해 보면, 그의 한 해 지출은(지방의 웃어른과 북경의 벼슬아치에게 보내는 예물을 포함하여) 대체로 오만 냥 안팎이었다. 여기에는 동료나 친구들에게 보내는 경제적인 지원금은 포함되지 않았다.

다양한 명목으로 이루어지는 손님 접대는 중국 고대 벼슬길에 놓인 커다란 악습이었다. 하지만 벼슬길에 오른 숱한 인물들은 이 사실을 인정하면서도 예물을 올려야만 자기가 얻으려는 것을 손에 넣을 수 있다고 생각했다. 게다가 더욱 중요한 사실은 이렇게 예물을 올리는 까닭은 예물 받기를 좋아하는 이가 있었기 때문이라는 것이다.

명나라 때, 언무경鄢懋卿이라는 밉살스러운 벼슬아치는 예물 받기를 남달리 좋아했다. 타고난 성품이 사치를 좋아하여 화장실을 오색 비단으로 꾸미고 변기는 은으로 장식할 정도였다. 이런 생활은 당연히 자기가 받는 기본 급료로는 지탱할 수 없었기에 예물이나 봉투를 필요로 할 수밖에 없었다. 때로는 자신이 주동해서 자기보다 낮은 벼슬아치들에게 공갈을 쳐서 갈취하기도 했다. 만약 어느 벼슬아치가 그에게 봉투를 올리지 않으면 보복을 가하기도 했다. 그는 밖으로 나가 시찰을 할 때, 언제나 부인과 함께 동행을 했다. 열두 명의 여인이 맞메는, 특별히 제작한 꽃가마를 타고 길거리에 나서면 깜짝 놀라지 않는 이가 없었다. 언무경이 이렇게 함부로 권세를 휘두르며 길을 나서면 연도의 벼슬아치들은 하나같이 온힘을 다해 그의 비위를 맞추었다. 산동 지방을 시찰할 때였다. 이 지방 역성歷城 현령 설례근薛禮勤이 함부로 휘두르는 세도에 무릎 꿇으며 따르려하지 않자 언무경은 트집을 잡아 그 자리에서 당장 그의 목을 쳤다.

중국 역사상 언무경처럼 억지로 봉투를 거두어들인 상사는 헤아릴 수 없을 만큼 많았다. 참으로 놀랄 만큼 이상한 것은 몇몇 벼슬아치들은 별나게 이상한 예물도 모두 받았다는 사실이다.

당나라 때 원재元載라는 재상이 있었다. 그는 어렸을 때 매우 가난했던 모양이다. 그는 재상이 된 뒤 기를 쓰며 예물을 받고 봉투를 요구했다. 나중에 그가 교살되고 온 집안이 죽임을 당하는 끔찍한 재앙을 당한 뒤, 조정에서는 그가 살던 집에서 대량의 금붙이, 은붙이, 금강석, 마노瑪瑙와 수많은 골동품을 찾아내고 곳곳에 있는 건물들을 모두 압수했다. 그러나 사람들을 탄식하게 한 것은 8백 석이나 되는 후추였다. 요즘 사람들이 보기에 후추는 조미료일 뿐이지만 당나라 때는 고급 소비품으로 자국에서는 생산되지 않고 오로지 수입에만 의존하는 물품이었다. 누군가의 계산에 의하면, 당나라 때의 한 석은 오늘날의 79,320그램, 그러니까 8백 석은 지금의 64톤에 해당했다. 이 후추는 분명 하루아침에 모은 것이 아니었다. 그럼 도대체 누가 끊임없이 원재에게 이렇게 많은 고급 후추를 올렸을까? 당연히 벼슬살이를 하는 하찮은 인물이었다.

송나라 때의 권신 채경蔡京은 절인 식품을 매우 좋아했다. 나중에 조정에서 그의 가산을 몰수할 때, 그의 집안 세 간 방에는 이런 식품이 가득 쌓여 있었다. 이런 식품은 후추보다 보관하기가 훨씬 힘들었을 것이다. 그런데도 세 간 방에 하나 가득 이런 식품이었다. 분명 이것은 그 자신이 주머니를 털어 산 것이 아니었다. 또 그가 사서 이렇게 오래 보관했을 리도 없었다.

명나라 때의 이름난 탐관 엄숭嚴嵩과 그의 아들 엄세번嚴世蕃은 유별나게 여색을 밝히고 금붙이를 좋아했다. 집안의 살림살이에 쓰는 그릇은 금과 은으로 만든 것만 사용했다. 정말 변태적인 것은 황금으로 만든 알몸의 여인이었으며, 게다가 은으로 만든 여자들 생식기 모양의 변기였다. 황금으로 이런 물건들을 만들 수 있었으니, 이는 이 집에 황금이 보통 많은 것이 아니라는 이야기였다. 그런데 이렇게 많은 황금은 분명 예물로 받았다. 왜냐하면 황상께서 엄숭 부자에게 내린 월급으로는 금으로 사람을 만들 수는 없었기 때문이다.

'중국 역사상 제일가는 탐관'으로 불리는 청나라 때 벼슬아치 화곤和坤은 매우 가난한 집안 출신으로서 가장 높은 벼슬에까지 오른 인물이었다. 가장 완전무결하고 슬기롭고 영명하다는 건륭황제의 비호 아래, 넉넉한 재산과 큰 세력을 이루며 천하제일이 되었다. 가경제嘉慶帝가 황제의 자리에 오른 뒤, 그의 집은 몰수되었다. 그의 재산은 은으로 환산하면 약 8억 냥으로 당시 조정의 11년 치 재정 수입과 맞먹었다. 그래서 '화곤이 쓰러지자 가경이 배불리 먹었다.'[37]는 우스개가 생겼다. 8억 냥이라니, 도대체 벼슬길에 오른 이 가운데 얼마나 많은 벼슬아치가 화곤에게 봉투를 올렸기에 한 나라에 견줄 만한 재산을 모을 수 있었을까?

중국 고대 사회에는 왜 이렇게 탐관이 많았을까? 많은 사람들이 참으로 이상하게 생각한다. 다른 시각에서 보면, 만약 예물이나 봉투를 올리지 않았다면 그래도 탐관의 숫자가 그렇게 많았을까? 사실, 예물을 보내는 일은 벼슬길에서 오랫동안 대대로 물려받은 하나의 제도로 굳어졌다.

그러기에 하찮은 벼슬아치만이 아니라 옛날에는 모든 벼슬아치들이 예물 보내기에 바빴으니, 벼슬길에서 가장 큰 권력을 가진 황제도 예외가 아니었다.

37 和坤跌倒, 嘉慶吃飽.

당나라를 연 이연李淵이 천하를 공략하여 창업에 성공할 수 있었던 것은 십중팔구 '예물 보내기'에 그 공을 돌려야 한다. 만약 어떤 이가 그에게 몸을 의탁해 오면 하나의 주州를 내려 담당하도록 했다. 죽 한 사발로 열 놈이 먹기는 힘든 법, 오는 이는 많지만 주와 현은 너무 적었기에 이연은 하나의 주를 다시 여러 개의 주로 나눈 뒤 이들에게 하나씩 내렸다. 이렇게 이연이 내리는 '예물'이 많을수록 그의 수하로 모이는 사람도 많았다.

예물 보내기가 벼슬살이에서 하나의 제도로 굳어지자 벼슬길에 들어선 모든 이들은 예물을 보내야 했다.

공자는 '예의 작용은 어떤 일이 생겼을 때 조화롭게 처리하는 것을 귀하게 여겼다.'[38]고 했다. 또 '예절에는 오는 것이 있으면 가는 것도 있어야 한다.'[39]고 했다. 따라서 그대가 누군가에게 예물을 보내면 그 사람도 그대에게 예물을 반드시 보내야 했다. 벼슬길에 오른 하찮은 인물은 용감하게, 그리고 미련 없이 예물을 올려야 한다. 오가는 예물의 보답은 자기가 오르고자 하는 벼슬자리일 수 있기 때문이다.

3. 예물로 출세하기

옛 벼슬길에는 '뇌물을 주지 않으면 일을 이룰 수 없다.'[40]는 말이

38 禮之用, 和爲貴.

39 禮尙往來. 『예기禮記』「곡례상曲禮上」에 '禮尙往來, 往而不來, 非禮也. 來而不往, 亦非禮也.'라는 구절이 있다.

40 政以賄成. 이 말은 『좌전左傳』「양공십년襄公十年」에 나오는 구절로 정치사회와 관계의 부패로 뇌물을 주지 않고는 일을 처리할 수 없음을 의미한다.

있다. 여기서 말하는 '뇌물'이 바로 '예물'이라고 할 수 있으니, 이 말은 '예물을 주지 않으면 일을 이룰 수 없다.'로 바꿀 수 있다. 누구라도 '예물 보내기'를 알았다면 출세하여 돈까지 버는 '비결'을 터득했다고 볼 수 있다. 그러니까 '예물 보내기'는 벼슬길로 나아가는 지름길이었다.

남조南朝의 송나라 효무제孝武帝 유준劉駿은 저포樗蒲를 매우 좋아했다. 저포는 옛날에 행해지던 일종의 도박이었다. 주사위를 던져서 승부를 결정하는데, 이 놀이를 '척채擲采'라고도 했다. 끗수는 열 가지가 있는데, 노盧, 치雉, 독犢, 백白을 좋은 끗발로 보고 나머지는 끗수가 낮은 별 볼 일 없는 패였다.

효무제는 도박을 할 때마다 큰돈 걸기를 좋아했다. 어떻든 이 사람은 바로 황제가 아닌가! 도박을 할 때면 황제가 몇 푼이라도 따도록 해야 했지만, 그래도 다른 이들은 감히 모험적으로 큰돈을 걸지 못했다. 당시 조정에 안사백顔師伯이라는 인물이 있었다. 그는 효무제의 이런 취미를 잘 알고 당장 저포에 대하여 파고들었다. 그는 효무제와 저포를 할 때 언제나 큰돈을 건 뒤 일부러 효무제에게 잃어주었다. 효무제도 안사백과 하는 저포놀이를 가장 좋아했다.

어느 날, 효무제 유준은 안사백과 저포를 했다. 유준이 먼저 주사위를 던졌다. '치雉'였다. 승리를 확신한 유준은 기뻐서 어쩔 줄 몰랐다. '치'는 높은 등급으로 얻기 힘든 끗수였기 때문이다. 이제 안사백이 조용히 주사위를 던졌다. '치'보다 한 등급 높은데다 가장 큰 끗수인 '노盧'였다.

이를 본 효무제는 깜짝 놀라 얼굴빛이 하얗게 질렸다. 이번에 건 판돈은 1백만 냥에 이르는데 지는 것이 분명했기 때문이다. 그런데, 진즉부터 은밀하게 계획을 세워 추진하고 있던 안사백은 오히려 차분하고 침착한 태도로 자기도 잘 모르겠다는 듯이 재빨리 주사위를 움켜쥐며 낮은 목소리로 말했다.

"하마터면 제가 '노'를 던질 뻔했습니다."

이 한 판으로 안사백은 당장 1백만 냥을 효무제에게 잃었다. 눈치 빠른 효무제는 안사백의 '속임수'를 알아차리고도 기뻐서 어쩔 줄 모르며 판돈을 거두어 들였다. 얼마 뒤, 효무제는 안사백을 재상으로 발탁했다. 높은 벼슬을 차지하자 안사백은 거리낌 없이 백성들이 피와 땀으로 모은 돈을 강제로 긁어모으기 시작했다. 재물이 막 굴러들어오기 시작하자 그가 효무제 유준에게 잃은 돈의 열 배 백 배의 재물이 쌓였다. 사람들은 안사백이 돈으로 벼슬을 얻은 뒤 큰돈을 벌었다며 남모르게 뒤에서 수군거렸다.

노름판에서 돈을 잃어주는 명목으로 뇌물의 열매를 얻는 농간은 오늘날까지도 많은 사람들 앞에서 행해졌다. 결코 현명하지도 않은 이런 수단은 다른 '보내기'와 마찬가지로 그 목적은 모두 '받아들이기'에 있었다. 그러했기에 안사백도 이렇게 거침없이 '보내기'를 했다. 그것도 한 판에 1백만 냥이나 되는 돈을 황제에게 그냥 '보내기'를 했다. 하지만 그는 절대로 밑지는 장사를 한 게 아니었다. 그가 크고 특별하게 '보내기'를 한 것은 황상의 총애와 환심을 사기 위해서였다. 이리하여 그는 큰 벼슬을 얻을 수 있었고, 마침내 훨씬 더 많은 돈이 쏟아질 재원도 얻을 수 있었다.

안사백처럼 대담하게 예물을 '보낸' 인물은 벼슬길에 수없이 많다. 그러나 대부분의 경우, 이 예물을 결정적인 영향을 미치는 인물의 손에 직접 쥐어줄 수는 없었다. 더구나 벼슬길에 오른 하찮은 인물이라면 '브로커'를 이용해야만 했다.

청나라 말엽의 벼슬아치 유곤일劉坤一은 강남 지방의 총독으로 가고 싶었지만 자희태후慈禧太后의 윤허를 받지 못할까 걱정되어 군기처

대신 영록榮祿에게 연줄을 댈 작정을 했다. 그러나 영록에게도 접근하기가 쉽지 않자, 그는 필사적으로 영록의 심복으로 군기경장軍機京章 자리에 있던 연문충連文冲에게 다가갔다. 하지만 연문충과도 교분을 맺기가 쉽지 않았다. 유곤일은 집까지 두 번이나 방문했지만 사람을 만나볼 수 없었기에 어쩔 수 없이 여러 손을 거치며 연문충의 개인 참모 하나를 만나 관계를 맺도록 주선해 달라고 부탁했다. 결과적으로 이 참모는 연문충의 이름으로 유곤일에게 4만 냥을 편취했다. 유곤일은 속이 뻔히 들여다보이는데도 아무렇지도 않다는 듯이 이 '브로커'에게 돈을 내놓았다.

청나라 말엽, 서울 전문前門 안쪽에 암자가 하나 있었다. 주인은 '경공鏡空'이라는 법명을 가진 비구니였다. 그녀는 적잖은 고관대작과 친교를 맺고 있었다. 게다가 그녀를 스승으로 모시는 공주도 있었기에 걸핏하면 궁중을 드나들었다. 그녀에게 약간의 권력도 있었기에 황실에 영향을 끼치는 의견도 그녀를 통해 전달할 수 있었다. 더 나아가 벼슬길로 향한 관리들의 운명에도 영향을 끼쳤다. 그녀는 서울의 권력 범위 안에서 '그녀의 말이면 되지 않는 일이 없는 인물'이었다. 이런 인물인 경공도 권세 있고 지위 높은 이들과의 관계에 의지하여 권문세가를 재빨리 좇으며 다른 사람 대신 뒷거래를 해주는 '브로커'가 되었다. 서울로 올라와 한 자리 벼슬을 바라는 이들이나 자기를 두둔하여 좋게 말해줄 사람을 찾는 이들은 그녀의 내력을 잘 알고 있었기에 경공에게 연줄을 놓으려고 먼저 그녀의 손에 봉투를 쥐어 주었다.

4. 예물로 자리 지키기

예물로 출세할 수 있었으니 당연히 예물로 자리도 지킬 수 있었다. 여기서는 청나라 말엽 좌종당左宗棠과 그의 인척 호림익胡林翼이 어떻게 예물과 봉투로 자기들의 자리를 함께 지켰는지 보자. 좌종당은 애초에 순무 낙병장駱秉章의 막부에서 비장으로 일했다. 이 자리는 국가 조직에 편성된 자리가 아니었다. 자부심이 넘치던 좌종당은 자기의 재능만 믿다가 호남 지방의 포정사 관문官文의 미움을 샀다. 관문은 좌종당을 탄핵하는 글을 도찰원都察院에 올렸다. 낙병장은 좌종당을 대단히 좋아했기에 당연히 그가 죽는 꼴을 보고 가만히 있을 수 없었다. 함풍 9년 8월 25일, 낙병장은 조정에 올라가 좌종당을 변호했다. 황제는 잘못을 감싸고 두둔한 혐의를 벗을 수 없다고 보았기에 이렇게 지시를 내렸다.

"열등한 막료가 농단한다."

낙병장에 대하여 더욱 엄하게 훈계하라는 지시였다.

발등에 불이 떨어지자 자신의 재능만 믿고 남을 깔보던 좌종당은 그제야 당황하여 안절부절 어쩔 줄 몰랐다. 순무의 관아도 보아하니 머물 만한 곳이 못 되었기에 좌종당은 이곳을 떠나기로 마음을 정했다. 물론 여기에는 낙병장을 자기와 연루되지 않게 하려는 마음도 있었다. 그의 계획은 이러했다. 서울로 올라가서 다음해인 함풍 10년에 치러지는 과거에 진사로 급제하여 정식으로 벼슬길에 오르는 것이 그 하나요, 이왕 다른 사람이 서울에 고발한 이상 형부와 대질한 후 폭사라도 하기를 원하는 것이 두 번째 계획이었다.

좌종당은 친구이자 인척으로 당시 호북 지방 순무의 자리에 있던 호림익에게 편지를 보냈지만 호림익은 당장 어떤 말도 할 수 없었다. 주도면밀한데다 노련한 호림익은 벼슬살이에서 음양이 서로 보완하는 방법을 속속들이 꿰뚫고 있었다. 그가 이 지방 순무의 자리에 앉자 조정에서는 그가 막강한 군대를 손에 쥔 것을 두려워하며 관문을 특별히 파견하여 남몰래 감시하도록 했다. 식견이 높은 선비들이 호림익을 걱정했지만 그는 이들의 걱정과는 달리 참으로 총명했다. 온힘을 다하여 관문의 비위를 맞추었던 것이다. 그는 다달이 총독 관저로 두툼한 봉투를 올렸을 뿐만 아니라, 그의 어머니에게는 관문이 총애하는 첩실을 수양딸로 삼게 했다. 이로부터 호림익은 관문과 대단히 만족할 만한 친분을 쌓았다. 자기와 인척 관계에 있는 좌종당이 어려움에 처해 있었지만, 호림익은 오랫동안 계속된 벼슬살이 경험으로 확실하고도 나무랄 데 없는 해결 방법을 훤히 알고 있었다.

그는 좌종당에게 편지를 보내 서울로 가지 못하도록 온갖 방법으로 막았다.

–'형부와 대질'하려는 생각은 비록 정정당당하기는 하지만 일을 성공시키기보다는 망칠 염려가 있다.

더구나 관문은 좌종당이 서울로 들어가려는 의도를 이미 비밀리에 알아내었다. 관문은 좌종당이 가만히 서울로 올라와서 자기 죄를 벗어나려고 꾀를 부리고 있다고 생각했다. 그는 황상께 상주문을 올려 보군통령步軍統領(수도 경찰청장에 해당)에게 좌종당을 체포하여 호북 지방으로 압송시켜야 한다고 강력히 주장했다. 그러니 좌종당이 서울로 올라가는 행위는 제 발로 그물에 뛰어드는 격이었다.

호림익은 개인적인 인맥을 움직이기 시작했다. 호림익은 관문과의 관계도 괜찮았기에 얼른 관문에게 편지를 썼다. 그리고 관문에게 도움을 받기 위하여 두툼한 봉투도 하나 장만했다.

"재상보다 더 큰 도량을 가지신 총독님, 저는 중당 어르신(관문을 가리킴)의 높은 덕망에 깊이 탄복하고 있습니다. 경관京官이나 외관外官이나 모든 문무백관 중에 가장 훌륭하십니다."

이렇게 쓴 뒤, 호림익은 본론으로 들어가서 좌종당에게 은혜를 베풀어 주기를 간절히 바랐다.

"이 사건 가운데 번섭樊燮과 황문침黃文琛 등은 명성이 좋지 않은 듯하지만 저는 감히 그 내막을 알려고 하지 않습니다. 하지만 이 사건과 무관한 좌종당은 사실 저의 친족으로서 어려서부터 가까이 지내고 있습니다. 이 인간이 근년에 성깔을 좀 부려서 저도 어떻게 할 방법이 없습니다. 게다가 낙병장 어른과 저도 이미 이태 동안 서신 왕래가 없다가 지난 섣달에야 개인적인 편지가 한 번 오갔을 뿐입니다. 혹여나 이 사건에 좌종당이 연루되는 점이 조금이라도 있다면 중당 어르신께서 좌종당의 이름이 끼지 않도록 특별히 관심을 가지시기를 앙망하옵니다. 저 한 사람의 사적인 친분으로 이야기 올리는 것은 도리가 아니오나 오로지 꿇어 엎드려 간절히 비오니, 어르신께서는 굽어 살피소서."

동시에 서울로 올라온 호림익도 가만히 있지 않고 곧 큰돈을 마련하여 조정의 권세 있는 자와 친교를 하며 좌종당을 위해 관계를 텄다. 앞에 나서서 이 일을 처리한 이는 좌종당의 또 다른 친구이자 친척으로 한림원편수翰林院編修(중앙정부의 고문단 교수에 해당)인 곽숭도郭嵩燾였다.

곽숭도는 그와 동향 사람으로 동료인 한림원검토翰林院檢討(중앙정부의 고문단 부교수에 해당) 왕개운王闓運으로부터 황제께서 좌종당을 엄중히 조사하여 처리하라는 밀지를 내렸다는 정보를 얻었다. 이제 사건이 이만저만 보통 일이 아님을 알자 즉시 어전대신인 숙순肅順에게 구명을 요청하기로 했다. 숙순은 조야를 흔들 만큼 대단한 권세를 가진 인물로서 증국번曾國藩, 호림익, 좌종당 등 한족 출신의 신하들을 대단히 높이 평가하며 아꼈기에 그가 나서면 자연스레 좌종당을 걱정 없이 보호할 수 있었다.

이리하여 곽숭도는 동향 사람인 왕개운에게 자기를 대신하여 소통하도록 부탁했다. 왕개운은 숙순과 특별히 긴밀한 관계는 아니었다. 그래서 왕개운은 그의 동료이자 숙순의 심복인 고심기高心夔에게 간곡히 부탁했다. 결국 고심기가 '좌종당 지키기'의 신호를 숙순에게 전하게 되었다.

숙순은 좌종당을 위기에서 구하는데 동의했다. 하지만 그는 또 황제가 의심할 만큼 큰 흔적을 남기고 싶지 않았기에 곽숭도에게 이렇게 암시했다.

"안팎의 신하들이 모두 조목조목 진술하여 이 사람을 책임진다고 하면, 내 그때에 입을 열리다."

그럼 누구에게 좌종당을 보증한다는 상주문을 올리게 한단 말인가? 지방에 있는 신하들이라면 호림익, 증국번 등이 좌종당을 추천할 것이니 쉽게 찾을 수 있을 것 같았다. 증국번과 좌종당은 같은 고향에다 인척 관계로 당시 서로 사이가 매우 좋았다. 그러나 황제를 가까이 모시는 신하 가운데는 오히려 찾기가 힘들었다. 그래도 곽숭도는 적합한 인물을 한 사람 선택했다. 바로 그와 함께 남서방南書房[41]에서 당직 근무를 하던 반조음潘祖蔭이었다. 그를 적합한 인물로 선택한 것은 자신이 반조음과 개인적인 교분이 있다는 점이 첫 번째 이유였으며, 반조음이 황제와 가까워서 이야기를 올릴 수 있는 위치에 있다는 것이 두 번째 이유였다. 하지만 문제가 하나 있었다. 반조음은 좌종당과 전혀 모르는 사이인데 뭘 보고 그를 책임지고 추천한단 말인가? 곽숭도는 거듭 생각한 끝에 반조음을 매수하기로 결정하고 우선 봉투부터 내밀었다.

41 고궁 건청궁 서남에 위치. 강희제가 독서하던 곳.

반조음은 이제까지 줄곧 곽숭도를 신임했다. 그런데 한 뭉치의 돈을 보자 당장 빨려들었다. 그는 거절을 하지 못하고 이 봉투를 자기 품에 넣으며 이렇게 말했다.

"우리 술이나 한 잔 하면서 다시 의논해 보세."

술 몇 잔이 뱃속으로 들어가고 둘 다 얼굴이 불콰해지자 곽숭도는 쇠뿔도 단 김에 빼랬다고 반조음에게 서둘러 상주문을 올리라고 다그쳤다. 상주문 접수처로 가면서 반조음은 자기가 지키고 보호해야 할 인물이 어떤 사람이냐고 물었지만 곽숭도는 반조음의 생각이 바뀔까 염려하여 여전히 입을 열지 않았다. 상주문 접수처 앞에서 반조음이 입을 열었다.

"일이 이미 여기까지 이르렀으니 후회해도 소용이 없네. 다만 지키고 보호해야 할 인물이 어떤 사람이며 상주문에는 어떤 사건에 대하여 말씀을 올리고 있는지 내가 먼저 꼭 알아야 할 것이네. 그렇지 않으면 황상께서 물으신다 해도 내 어떻게 대답할 수 있겠는가?"

곽숭도는 그제야 상주문을 보였다. 반조음은 이제 군소리 한 마디 없이 자기 이름을 서명하더니 상주문 창구로 접수시켰다.

좌종당 개인의 안위와 제국의 운명이 함께 엮인 이 상주문은 함풍황제의 심사를 크게 자극하여 황제에게 좌종당을 '앞으로 계속 중용해야 할까?'라는 문제를 고려하게 만들었다. 뒷날 좌종당은 반조음이 자기를 책임지고 추천한 은혜에 보답하기 위하여 해마다 겨울이면 관례에 따른 난방비 명목으로 올리는 봉투가 1천 냥이었다고 한다. (이 돈은 인민폐로 약 15만 위안에 해당한다.) 또한 그는 반씨네 집으로 정말로 귀중한 예물을 보냈다. 그 예물은 도광황제 초년에 출토된 서주시대의 유물인 대우정大盂鼎이었다.

벼슬아치는 자기 자리를 지키기 위해서 계략을 써야 한다. 하지만 이보다 더 중요한 것은 봉투 올리기이다. 벼슬길에 오른 몇몇 인물들은 큰돈 쓰기를 자못 아까워한다. 그래도 자기를 지키고 보전하는 일은 분명 승진과는 달라서 마음 모질게 먹고 큰돈을 써야 한다. 일단 큰돈 쓰기를 아까워하면 자리도 지키지 못할 뿐만 아니라 자칫하면 목숨까지도 지키지 못할 수 있다.

명나라 때 대태감 유근劉瑾은 사람을 잘 알아보고 벼슬아치를 평가했다. 그는 자기에게 예물을 보낸 인물을 다 기억하지는 않았지만 예물을 보내지 않은 인물에 대해서는 하나하나 똑똑히 기억했다. 그에게는 예물 보내기의 기준이 있었다. 위로는 아무리 많아도 좋았지만 아래로는 더 내려갈 수 없는 선을 그었다. 그 최저 기준은 이러했다.

– 지방의 벼슬아치가 서울로 올라와 황제를 배알하려면 2만 냥을 올려야 허가한다. 또 서울의 벼슬아치가 지방으로 내려가 순시하거나 여행을 하거나 현지 간부들을 조사하려면 상사에게 예물을 딸려 보내야 한다. 예물을 올리지 않는 자는 자기 자리를 조심해야 한다.

정덕正德 연간에 급사중 소천화邵天和가 소금에 얽힌 사건을 자세히 조사하기 위하여 해동海東 지방으로 내려갔다. 이 사람은 체면을 중시하는 인물로서 감히 다른 이에게 봉투를 요구하지 못하고 빈손으로 서울로 돌아와야 했다. 다음 날, 출근할 때 그는 유근과 부딪쳤다. 유근은 그에게 이렇게 한 마디 던졌다.

"젊은 양반, 해동 지방엔 무슨 특산물이 있던가?"

깜짝 놀란 그는 바지에 오줌을 싸며 재빨리 18,300냥을 빌렸다. 그래도 사람 사이의 관계가 괜찮았던지 그는 돈을 빌릴 수 있었다. 병과급사중兵科給事中 주약周鑰은 회남淮南 지방 시찰 중 한 푼도 돈을 뜯어내지 못했으며 돌아올 때는 돈을 빌리지도 못했기 때문에 어쩔 수 없이 불운을 당해야 했다. 그해 유근이 봉투를 요구했으나 응하지 않음으로써 쫓겨난 벼슬아치는 이 밖에도 학사學士 오엄吳儼, 부도어사副都御史 소보邵寶, 남경도어사南京都御史 장태張泰 등이 있었다.

명나라 말기 장수 웅정필熊廷弼은 요동 지방의 국경을 수비하고 있었다. 그는 '요동 지방에 전쟁이 일어나자 다시 경략經略이라는 벼슬을 맡으며 돈 한 푼 손에 넣지 않았던' 인물이었으나, 요동 지방에 불행한 사고가 일어나자 그만 감옥에 갇히게 되었다. 이때, 어떤 지인이 웅정필에게 이렇게 귀띔했다.

"위충현魏忠賢에게 큰 선물만 올리면 큰일도 작은 일이 되네. 그저 4만 냥이면 족하지."

하지만 웅정필은 이 돈이 아까워서 위충현에게 봉투를 올리지 않았다. 위충현은 웅정필의 인품이 똑바르지 않았다고 말했다. 그러면서 웅정필이 동림당의 양연楊漣, 좌광두左光斗 등에게 각각 2만 냥의 뇌물을 받았다고 역으로 공격했다. 동림당은 위충현의 숙적으로서 이들은 위충현에게 예물도 올리지 않을 뿐만 아니라 예물로써 사람의 인품을 논하는 위충현에 대하여 탄핵을 진행하고 있었다. 이 때문에 위충현은 이들에 대한 미움으로 잇몸이 떨릴 정도였다. 웅정필 사건이 터지자 위충현은 두 개의 사건을 하나로 합쳐서 처리했다. 양연과 좌광두 등 6군자는 사형에 처하고 웅정필의 목은 변경의 요새로 보내 여러 사람들이 보도록 했다.

제4장
완급의 책략

봉건 시대 벼슬길에서 말하는 '서둘러야 할 책략'은 바로 당당한 자세이다. 그것은 아랫사람에게는 위엄을 세우고 윗사람에게는 믿음을 준다.

이른바 '느슨함'이란 백성들의 눈에 띄는 몇 가지 일들을 처리한 뒤에는 느슨해져야 한다는 뜻이다. 너그러움과 엄격함, 이 두 가지 책략을 어떤 기준으로 수행하느냐, 나아가 상황에 따라 어떻게 기민하게 처리하느냐, 그리고 정세를 자신에게 어떻게 유리하게 이끄느냐 하는 문제는 참으로 수준 높은 지식을 요구한다.

1. 큰일은 서두르고 작은 일은 느슨하게 처리하기

새 벼슬아치가 자리에 앉은 뒤 해야 할 첫 번째 일은, 백성들의 눈에 띄는 몇 가지 일들을 서둘러 처리하는 것이 아니라, 자기 앞에 놓인 큰일은 무엇이며 작은 일은 무엇인지 우선 가려내는 것이다. 새로 부임한 벼슬아치가 가장 먼저 피해야 할 사항은 자기를 둘러싼 관아의 환경을 잘 파악하지 못함으로써 일어나는 엉망진창으로 뒤엉킬 혼란이다. 이러한 혼란을 파악하지 못하면 윗사람의 신임도 얻지 못할 뿐만 아니라 아랫사람의 마음도 사지 못하여 결국 여러 사람의 신망을 잃게 된다.

삼국 시대에 장완蔣琬은 광도현廣都縣의 한낱 현령縣令에 지나지 않았다. 그는 이런 하찮은 벼슬로는 자기의 재능을 펼칠 길이 없음을 생각하며 우울한 마음으로 날마다 술을 마시며 세월을 보냈다. 어느 날, 유비劉備는 광도현을 시찰하다가 장완이 '아무 일도 처리하지 않고 술에 잔뜩 취한 모습'을 보곤 화가 잔뜩 나서 당장 그를 사형에 처하려고 했다. 이때, 유비를 수행하던 참모 제갈량諸葛亮이 장완의 뛰어난 재능을 알고 유비를 설득했다.

"장완은 이 나라의 기둥이 될 만한 인물이요 사직을 지킬 큰 그릇이 될 인재로서 보통의 현령과는 다릅니다. 정치를 베풂에 백성들의 안녕을 바탕으로 삼아 하찮은 일에는 얽매이지 않는 인물입니다."

장완은 곧바로 위기에서 벗어났다. 벼슬길에 만난 이 한 차례의 어려움은 장완에게 벼슬아치로서의 기교를 알게 했다.

제갈량이 병으로 세상을 떠난 뒤, 유비의 뒤를 이어 황제의 자리에 오른 유선劉禪은 제갈량의 유지를 좇아 장완을 상서령尙書令에 임명하여 나랏일을 책임지도록 했다. 하지만 후주 유선이 장완에게 나랏일을 책임지고 총괄할 능력이 있다고 믿은 것은 결코 아니었다. 장완이 이 자리에 올랐을 때는 바로 제갈량의 죽음으로 촉蜀은 온 나라의 민심이 온통 두려움에 떨며 절망에 빠진 시기였다.

바로 이때, 국경 지대에서 위급함을 알리는 전갈이 날아왔다.

"오吳 나라의 장수 전종全琮이 수만 명의 군사를 이끌고 파구巴丘[42]

근처에 주둔하고 있습니다. 무슨 까닭인지 알 수 없습니다."

오의 침공은 촉으로 말하자면 그야말로 설상가상이었다. 깜짝 놀란 유선은 장완에게 이렇게 물었다.

"승상께서 돌아가신 지 얼마 되지도 않았는데, 오나라는 약속도 지키지 않고 이렇게 정당한 이유도 없이 우리를 치려고 하니 어쩌면 좋겠소?"

이렇게 위급한 때였지만 장완은 냉정하게 형세를 헤아려 보았다. 오나라가 촉을 침범해야 할 정확한 의도도 잘 모르는 상황에서 장완은 상반되는 두 가지 준비를 하자고 제안했다.

"신은 왕평王平과 장의張嶷에게 병사 수만 명을 주어 영안永安에 주둔하며 우선 예측할 수 없는 일에 방비하도록 조치하겠습니다. 그러니 폐하께서는 사람을 보내 부고를 전하며 그곳 동정을 정탐하도록 명하십시오."

결과적으로 오나라 군신의 분에 넘치는 야심을 재빨리 제거할 수 있었다. 그리고 손권孫權은 창을 거두어들이며 이렇게 맹세했다.

"짐이 전날 맺은 약속을 저버린다면 자손이 절멸하리다!"

장완은 돌발적인 대사건을 만났으나 조금도 놀라지 않고 침착하게 일을 처리함으로써 벼슬아치로서 새 자리에 오른 뒤 첫 번째 맞은 사건을 멋지게 넘겼다. 이로써 장완은 후주 유선으로부터 자기 능력에 대한 신임을 얻을 수 있었음은 물론 자리까지 지킬 수 있었다.

장완은 자기 수하 벼슬아치들의 의심 따위는 마음에 두지도 않았고 심하게 통제하지도 않았다. 장완 아래 있는 벼슬아치 가운데 양희楊戲란 이가 있었다. 이 사람은 성격이 괴팍하고 입이 무거웠다. 어느 날,

42 지금의 후난성 웨양岳陽시 악양루岳陽樓 일대.

장완이 그가 근무하는 곳을 찾았다. 아랫사람들이 모두 일어나 경건한 자세를 취했으나 양희만은 평소와 다름없이 책상에 엎드려 자료를 정리하고 있었다. 그가 이렇게 열심히 일하는 것을 본 장완이 다다가 말을 걸었으나 그는 애매한 태도로 몇 마디만 대답하고 말았다.

몇몇 동료들이 양희의 이런 불경스런 태도를 보며 눈꼴사나워했지만 장완은 오히려 아무렇지도 않다는 듯이 이렇게 말했다.

"사람마다 모두 자기만의 개성이 있습니다. 양희가 내가 묻는 말에 대답하지 않은 것이 본심에 어긋나는 말을 하는 것보다 낫습니다. 양희가 내게 대답을 하지 않은 것은 그를 괴롭히는 구석이 있기 때문입니다. 만약 내 말에 겉으로 찬동한다 해도 그의 마음은 외려 동의하지 않을 것입니다. 또 공개적으로 찬동하지 않는다면 나의 지위 때문이 아니겠습니까? 그러니 입을 꾹 다물고 있을 수밖에 없겠지요. 이 점이 바로 그의 시원시원한 점입니다. 나는 그를 나무랄 수 없습니다."

양희의 이런 오만함에 대하여 장완은 제멋대로 하도록 내버려 두고 다시는 거론하지 않았다. 하지만 얼마 지나지 않아 어떤 벼슬아치가 장완의 능력에 의문을 제기했다.

독농관督農官 양민楊敏은 뒤에서 수군거리기를 좋아하는 인물이었다. 어느 날, 동료들과 장완을 두고 의논이 벌어졌는데, 다른 이들은 모두 한결같이 장완이 훌륭하다고 입을 모았다. 심지어는 장완을 제갈량과 동등하게 보는 이도 있었다. 하지만 양민은 이를 인정하지 않고 이렇게 말했다.

"그가 덕이 있고 재능도 있다지만 어떻게 전임자와 견줄 수 있겠소? 내가 보기에 그는 일 처리에 약간 흐리멍덩합니다. 사실 돌아가신 제갈량에는 못 미치지요."

어떤 이가 이 말을 장완에게 일러바치며 양민의 죄를 다스릴 것을 건의했다. 그러자 장완은 이렇게 말했다.

"내가 분명 제갈량만 못하다는 양민의 말이 틀린 데 하나 없습니다."

이 말 한 마디를 던진 뒤, 장완은 예전에 그랬던 것처럼 관여하지 않았다.

뒷날, 독농관 양민은 다른 일로 체포되어 감옥에 갇혔다. 그러자 사람들은 모두 수군거렸다.

"그전에 양민이 승상께 죄를 지은 데다 이제 또 다른 죄를 지었으니 살아나오기 힘들 거요."

하지만 장완은 양민 사건을 처리하면서 조금도 사사로운 감정으로 처리하지 않고 공평하게 판결하여 사형을 면하게 했다.

제갈량이 세상을 뜬 뒤, 승상 관아에서 참군參軍으로 일하던 양의楊儀는 자기 재능이 특출함은 물론 위연魏延을 평정한 공로도 단연 으뜸으로 제갈량의 자리를 마땅히 자신이 이어야 한다고 생각했다. 하지만 제갈량이 미리 뽑아 정한 후계자가 장완이라고는 예상도 못했다. 이리하여 양의는 장완을 마음속 깊이 미워하게 되었다.

양의는 자신이 장완보다 벼슬길에 먼저 나왔지만 자리는 그 아래 있고, 공은 더 높이 세웠지만 푸짐한 상은 받지 못했다고 생각하며 원망을 늘어놓았다. 그리하여 그는 비의費禕에게 이렇게 말했다.

"예전에 승상께서 세상을 떴을 때, 내가 만약 군사를 이끌고 위魏에 투항했다면 어찌 이처럼 적막했겠소!"

비의는 이 사실을 후주 유선에게 고했다.

후주 유선은 이 일을 알게 되자 크게 화를 내며 양의를 감옥에 가두어 조사한 뒤 목을 베라고 명령했다.

장완은 양의를 미워하지도 않았으며 그의 어려움을 틈타 목을 조이려고 하지도 않았다. 오히려 장완은 양의를 위해 이렇게 간곡히 호소했다.

"양의에게 죄가 있다고는 하지만 승상을 수행하며 큰 공을 세운 바 있으니 목을 베어서는 아니 되옵니다. 그저 서인庶人으로 폐하기만 하옵소서."

장완은 윗사람과 아랫사람을 대하는 관계 속에서 한 번은 조이고 한 번은 푸는 방식을 썼으니, 이는 벼슬길에 오른 인물이 처음 자리에 올라 벼슬살이를 하는 기술이다.

2. 한 번의 물러섬으로 한평생 권력 잡기

나아감과 물러섬을 분명히 하는 것은 벼슬하는 자의 기백이다. 도량이 좁은 자는 군자가 아니니, 예로부터 지금까지 성공한 자는 한결같이 나아감과 물러섬을 잘 아는 이였다. 옛말에 '대장부는 나아갈 줄도 알고 물러설 줄도 안다.'[43]고 했으니, 일시적인 득실은 사람의 한평생을 결코 대표할 수 없고 치욕을 참으며 중임을 맡을 수 있어야 대장부로서의 참모습을 갖춘 것으로 생각했음을 알 수 있다. 속담에 이르기를 '영웅에게는 그 출신을 물어서는 안 된다.'[44]고 했다. 최후에 웃는 자가 바로 승리한 자이다. 또 '온갖 고초를 다 겪은 이라야 비로소 장래성 있는 인물이 될 수 있다.'[45]는 말이 있다. 어떤 일을 하든지 좌절을 겪어야만

43 大丈夫能屈能伸.

44 英雄不問出處.

45 吃得苦中苦, 方爲人上人.

한다. 벼슬길에 오른 인물이 자신을 이길 수 없다면 그는 영원히 어떤 성과도 얻을 수 없다. 게다가 '잠깐을 참으면 바람 솔솔 구름 둥실, 한 발을 물러서면 얽매임 아무것도 없어라.'[46]는 말도 있다. 벼슬길에 오른 이가 이와 같을 수 있다면 아무리 견고한 어려움도 다 부술 수 있으며 이루지 못할 일이 하나도 없다.

한나라 때 명장 한신韓信은 어린 시절 가난한 집안 형편에도 겸손하고 온순했다. 그러나 그의 손에서 칼이 떠날 때가 없었으며 가슴에 품은 원대한 뜻을 언제나 깊이 간직했다.

어느 날, 한신이 거리를 지날 때였다. 갑자기 그 앞에 서너 명이나 되는 그 지방 깡패가 막아섰다. 한신은 자기와 상관이 없는 일이라 생각하며 비껴갈 작정이었다. 하지만 이들은 아예 갈 수 없게 길을 막았다. 한신은 놀랐지만 얼른 두 손을 모아 가슴에 모으며 말했다.

"저 한신에게 어떤 가르침을 주시려고 그러십니까?"

그들 가운데 하나가 음흉하게 말했다.

"네놈이 한신이든 장신이든 오늘 이 형님께서 기분이 좀 안 좋아서 화풀이할 놈을 찾고 있었다."

한신은 이들이 일부러 말썽을 부리려는 것을 알고 여전히 차분하게 말했다.

"할 말 있으면 조용히 하면 될 것입니다. 오가다 서로 만날 수도 있을 터인데 구태여 마음 상할 필요 있겠습니까?"

한신은 그가 길거리의 백정으로 자신의 용감함에 기대어 위세를 부리며 그 지방에서 포악하게 날뛰어도 누구도 감히 어쩌지 못하는 인물임을 알았다. 단지 자기가 어찌하여 그의 심기를 건드렸는지는 잘 알

46 忍一時風輕雲淡, 退一步海闊天空.

지 못했다.

그들은 낄낄거리며 웃더니 이렇게 말했다.

"이 자식아, 형님이 널 무서워하겠어? 오늘은 네 놈이 재수 없는 날이야."

말을 마치자 이들은 한 발 한 발 다가오더니 한신을 중간에 두고 에워쌌다. 이때, 한신은 아직 이름도 알려지지 않았으며, 단지 길가의 비렁뱅이보다 좀 나았을 뿐이었다. 그러니까 누구에게도 존경을 받지 못하던 때였다.

한신은 그들을 상대할 수 없다는 것을 잘 알았지만 배짱 좋게 말했다.

"이제까지 형씨들에게 죄지은 것 없으니 살 길 열어주시오."

백정은 세 차례나 괴상하게 웃더니 이렇게 입을 열었다.

"좋아. 네 놈의 배짱이 두둑하다는 말은 들었다. 오늘은 네 놈 배짱이 도대체 얼마나 두둑한지 우리들이 한번 보고 싶다."

이제 그는 한신의 보검을 가리키며 덧붙였다.

"네 놈이 배짱이 있다면 지금 그 칼로 나를 죽여라. 그렇지 않으면 내 사타구니 밑으로 기어서 지나가거라."

만약 이 깡패를 죽인다면 한신도 죽음을 벗어나기 어려웠다. 어쩌면 칼을 뽑기도 전에 이들이 먼저 한신을 죽였을지도 모른다. 이런 형세에 처하자 한신은 몰래 이를 악물고 천천히 허리를 굽히며 이 녀석의 사타구니 아래로 기어나갔다. 깜짝 놀라지 않는 이가 없었다. 이 깡패들도 얼빠진 듯 멍하니 넋을 놓을 지경이었다. 한신은 일어나 먼지를 툭툭 털더니 돌아보지도 않고 성큼성큼 걸어갔다.

한신이 만약 그 당시 일시적인 감정으로 그들과 맞붙었다면 어떠했을까? 설령 양산梁山의 사나이들처럼 산골짜기에 박혀 왕 노릇을 하더라도 결국 역사에서는 한낱 건달로 취급될 뿐 그 뒤의 당당한 풍모는 있을 리 없다.

나아감과 물러섬의 기백이 없이 벼슬을 하는 자는 역경에 처했을 때 다른 이에게 쉽게 무너진다. 벼슬길에 오른 자가 역경에 처했을 때 좌절로 침울하면 숱한 사람들의 차가운 조소와 신랄한 공격을 받을 수밖에 없다. 심지어는 그 능욕이 집안에까지 이를 수도 있다. 정의감에서 우러나오는 기개로 일을 처리하다가는 다른 이에게 몰살될 수도 있다.

춘추시대에 오吳나라 왕 합려闔閭는 병사들을 이끌고 월越나라로 진공하여 전투를 벌이다 월나라 대장이 쏜 화살에 오른쪽 다리를 맞으며 큰 부상을 입었다. 합려는 이때 입은 상처가 너무 깊었기에 고치지 못하고 목숨을 잃었다. 그의 아들 부차夫差가 왕위를 계승했다. 3년 뒤, 부차는 아버지의 원수를 갚기 위하여 군사를 이끌고 월나라를 공격했다. 일거에 월나라의 도성 회계會稽를 공략하여 월왕 구천勾踐의 항복을 받아냈다. 부차는 구천 부부를 오나라로 압송하여 합려의 묘 옆 돌집에 가두고 그의 부친 묘를 돌보며 말을 기르도록 했다.

구천은 온갖 고통과 굴욕을 견디며 참았다. 그제야 오나라 왕 부차는 그를 풀어주며 자기 나라로 돌려보냈다. 그는 오로지 복수로써 원한을 풀기 위하여 누구보다 앞장서서 밤낮으로 괴로움을 참고 일하며 온갖 힘을 새로이 쌓았다. 그는 자기 자신을 다잡기 위하여 갖가지 방법으로 자신을 단련시켰다. 첫째 '와신臥薪'이었다. 밤이 되어 잠자리에 들 때, 그는 이부자리를 깔지 않고 장작더미 위에 누워 자신을 채찍질하며 나라가 당한 부끄러움을 갚지 않고는 결코 편안함을 도모하지 않겠다고 다짐했다. 둘째 '상담嘗膽'이었다. 기거하는 곳에 쓸개를 매달아놓고 드나들거나 잠자리에 들기 전에 입으로 맛을 보며 회계에서 포로로 잡혔던 고통과 치욕을 결코 잊지 않으려고 자신을 다그쳤다.

구천은 '와신상담臥薪嘗膽' 뿐만 아니라 언제나 괭이를 메고 쟁기질까지 하며 밭에서 직접 일했다. 그의 아내도 손수 베를 짰으며 먹고 입는 것도 모두 소박하게 마련했다. 이렇게 백성과 함께 동고동락했다. 오랜 기간 모두가 한 마음으로 고통을 겪으며 분투한 결과 월나라는 때맞춰 병사를 이끌고 나아가 오나라를 멸하고 마침내 압박에서 벗어나 해방되었다.

물러섬과 나아감은 벼슬하는 자의 기백을 높일 뿐만 아니라 벼슬하는 자의 심성까지도 갈고 닦을 수 있다.

잠깐을 참으면 세상에 걱정이 없다. 역경에 처했을 때, 참고 또 참을 수 있다면 이루지 못할 일이 없다. 참는다는 말은 일종의 인내이기도 하지만 때를 기다림을 뜻한다. 더 나아가 견인불발의 기백이다. 증국번은 '정경挺經'[47]의 오묘함을 깊이 새기며 널리 씀으로써 몇 번이나 위기에서 벗어나 재기할 수 있었다.

태평천국太平天國의 급속한 확장을 막기 위하여 청나라의 통치자는 동한東漢 말엽 황금군黃金軍을 진압한 방법을 본받아 각지에 지주들을 무장시킨, 약칭 '단련團練'을 조직했다. 증국번은 고향에서 자기 어머니 무덤을 지키며 효를 다하고 있을 때 이런 소식을 들었다.

사실, 태평천국 운동은 벌써 2년 전 일이었다. 홍수전洪秀全의 영도 아래 태평군은 이미 남쪽 군사의 요충지인 강녕江寧을 손아귀에 넣고 그 이름을 천경天京으로 바꾼 뒤 태평천국太平天國을 세웠다. 태평천국

47 증국번이 이홍장에게 건넨 것으로 알려진 글. 여기서 '정挺'은 참는다는 뜻이다. 증국번이 벼슬을 하는 가운데 얻은 18가지의 심법心法을 상세하게 기록했다. 자신이 벼슬살이를 하면서 겪은 성패와 득실로써 결론지은 관리로서의 기본 원칙과 이론을 독창적으로 정리했다.

이 짧은 시간에 이와 같이 큰 규모로 발전하자 청나라 정부는 미처 손쓸 새도 없이 당황하며 사람과 말을 모아 효과적인 저항을 하지 못했다.

증국번은 호남 지방 순무 장양기張亮基와 함께 단련을 조직하라는 함풍황제의 명을 받았다. 하지만 증국번은 태평천국의 기세가 갈수록 커지는 것을 보고 자기의 큰 뜻을 이루지 못할까 걱정하며 탈상을 아직 못했다는 구실을 내세우며 나아가지 않았다. 그리고 자기가 돌아가신 어머니를 위해 효를 바칠 기간을 달라고 간절히 요구했다. 그 뒤, 같은 고향 사람인 곽숭도郭嵩燾의 권유로 산에서 내려와 지주들을 중심으로 한 무장 군대를 조직하기로 결심했다. 증국번의 걱정에 일리가 전혀 없지는 않았다. 태평천국 운동이 농민들의 호응을 깊이 얻으며 그 세력이 마치 대를 쪼개는 것 같아서 이들과 맞서기가 참으로 어려웠다.

그러나 증국번은 이것이 바로 기회임을 정확히 꿰뚫었다. 그리하여 그는 명나라 때 척계광이 쓴 연병 방법을 본받으며 얼마 뒤 몇 천 명으로 이루어진 상용湘勇을 조직했다. 그 뒤 동쪽으로 출병할 때 이 상용은 상군湘軍으로 이름을 바꾸었다. 증국번은 군대는 전술 훈련은 말할 것도 없고 사상 교육에 이르기까지 적절한 방법으로 가르치고 익히게 해야 완전을 기할 수 있다고 생각했다. 그는 몇 천 명으로 이루어진 군대를 보면서 마음속으로 만족감을 느꼈다. 적을 가볍게 여겨서는 안 된다며 자신을 거듭 타이르긴 했지만 우쭐거리는 마음을 누를 길 없었다.

때가 무르익자 증국번은 태평군과 한 바탕 전투를 벌이기로 결정했다. 첫 번째 전투는 악주岳州에서 맞붙었다. 그런데 어느 누구도 생각하지 못했던 것은 새로 조직된 군대가 한 번도 실전을 치른 일이 없다는 사실이었다. 증국번의 군대는 맥없이 쓰러지고 있었다. 증국번이 직접 나서서 감독하고 격려했지만 군대는 마치 산이 무너지는 것 같았다. 싸움에 진 군대는 밀려나가는 바닷물 같아서 아예 어떻게 해 볼 방법이 없었다. 수군은 거의 전멸했으며 육군도 사상자가 속출했다.

증국번은 만감이 교차했다. 조물주가 이렇게 인간을 농락할 수 있다고 생각한 증국번은 목숨을 끊으려고 강으로 뛰어들었다. 끊어져서는 안 될 목숨이었던가, 마침 곁에 있던 수행원이 그를 구출했다. 살아있는 자에게는 그래도 기회가 있게 마련이다. 그는 어쩔 수 없이 어금니를 악물며 견디기로 했다. 곤경 가운데 생기는 인내는 사람을 더욱 단련시키는 법이다.

석 달 뒤, 증국번은 상용을 모집하고 전함을 보수하며 다시 한 번 맞붙을 준비를 했다. 그는 이번에는 일거에 악주를 손에 넣은 뒤, 사기가 잔뜩 오른 사병들을 이끌고 다시 무한武漢을 공격하여 점령했다. 이리하여 증국번은 자기 군대의 위력을 크게 떨쳤다. 조정에서는 상용을 격려하며 상을 내리고 증국번에게는 병부시랑兵部侍郎의 직함을 내렸다. 만약 첫 번째 실패 뒤의 강인한 인내가 없었더라면 아마 증국번도 벌써 황천으로 갔을 것이다.

함풍 5년인 1855년 정월, 태평군이 구강九江으로 바짝 접근했다. 이렇게 되자 증국번은 기세를 올리며 공공연히 태도를 밝혔다.

"강 위에 너희들을 다 쓸어버리고 황릉까지 바로 공격할 것이다."

형세가 위급해지자 태평군은 군사를 다시 배치하고 조정했다. 이것은 증국번에게는 하나의 도전이었다.

이번에 증국번의 상대는 태평군의 중견 익왕翼王 석달개石達開였다. 진정한 대결은 지금부터였다. 이는 군사지휘가로 말하자면 대단히 가혹한 시련이었다. 석달개는 적을 깊숙이 유인하는 책략을 썼다. 그는 호수 입구로 번번이 자그마한 전선을 보내 적의 배를 꾀어냈다. 그리고 한바탕 싸움을 벌인 뒤에는 얼른 싸움에 패한 체하며 물러섬으로써 적군을 마비시켰다. 증국번의 군대는 과연 계략에 말려들었다. 병사들을 교만하게 만들어 적을 깔보게 하는 전략에 빠졌던 것이다. 두 달 뒤, 상군은 아무런 방비도 없는 상황에서 파양호鄱陽湖로 진입했다.

석달개는 적을 유인하는 데 성공했음을 알았다. 그는 곧이어 과감하게 출격을 명령하며 호수 입구를 막고 화공을 펼쳤다. 상군의 모든 전함은 불에 타버리고 전군은 궤멸하다시피 했다. 증국번이 타고 있던 배도 끌려가게 되었다. 이번에 입은 타격은 지난번보다 훨씬 커서 바로 만회할 힘도 없는 절망적인 상황이었다. 증국번은 이번에도 스스로 목숨을 끊으려고 강물로 뛰어들었다. 하지만 운명은 다시 그를 붙들고 말렸다. 정신을 차렸을 때 그의 눈에는 여기저기 흩어진 병사들의 주검과 불에 타버린 전함이 강에 가득했다. 한 순간에 이렇게 무너지고 보니 눈물이 마구 쏟아졌다. 그러나 이렇게 슬퍼할 겨를도 없었다. 태평군이 코앞으로 다가오고 있었던 것이다. 그는 패잔병을 따라 무한으로 물러나 수세를 취해야만 했다. 그러나 얼마 뒤 태평군은 파죽지세로 남창南昌을 향해 밀려왔다. 이제 증국번이 남창에서 물러설 곳은 없었다. 사방을 태평군이 포위하고 있었던 것이다. 민심은 흉흉한데다 성안에 식량도 부족한 상태였다. 안팎으로 한꺼번에 곤경에 처했다. 이런 위기의 순간에 증국번이 선택할 수 있는 것은 하나도 없었다. 오직 끝까지 버티는 방법뿐이었다. 그는 유서까지 써 놓고 태평군과 한바탕 결사전을 벌이기로 했다.

그런데 누구도 예상 못했던 일이 벌어졌다. 태평군 안에서 내란이 일어났던 것이다. 이것은 증국번에게 현재의 상황을 뒤집을 수 있는 절호의 기회가 되었다. 태평군 지휘자 가운데에서 발생한 내홍은 권력과 이익을 더 차지하기 위하여 서로 잔인하게 죽이는 사태로 번지고 있었다. 양수청楊秀淸은 살해되고 위창휘韋昌輝와 진일강秦日綱은 사형을 당했으며 2만여 명의 핵심 요원이 질펀한 피바다 속에 쓰러졌으니, 역사에서는 이를 천경사변天京事變이라 이른다. 석달개는 급히 천경으로 돌아와 대국을 장악해야 했다. 남창을 돌볼 짬은 이제 없었다. 이것이 증국번에게는 잠깐 숨을 돌이킬 수 있는 기회가 되었다. 뒷날 석달개도 홍수전의 의심을 받고 쫓겨나는 몸이 되었다. 이때, 석달개는 휘하의 십여만 병사를 이끌고 떠났으니, 이로써 태평군의 원기는 크게 손상되었다. 이제 증국번에게 반격의 기회가 왔다.

결정적인 순간마다 궁지에 몰리며 나아갈 길이 없었기에 증국번은 몇 번이나 포기하려고 마음먹었다. 그러나 결국 운명은 그를 현실 속으로 끌어들이며 끝까지 버티도록 했다. 끝까지 버텼기에 그는 성공할 수 있는 기회를 얻었다. 이 때문에 그는 깊이 깨달으며 위급한 상황에서 참고 또 참으며 다시 희망을 가질 수 있었다.

상군은 태평군과 12년 동안 벌어진 전투에서 결국은 승리의 계기를 마련했다. 그리고 상황은 상군에게 더욱 유리해졌다. 증국번이 애초에 계획한 대로 먼저 무한 삼진을 손에 넣고 위쪽을 수비했다. 이리하여 그는 후방 걱정을 던 뒤에 강서 지방으로 들어가서 구강을 취하며 안경安慶을 공격하고 천경을 포위하여 승부를 내기로 했다. 이 전략은 승리의 기선이 되어 전세는 줄곧 그의 전략에 따라 펼쳐졌다. 그는 동요하지 않았다. 제2차 아편전쟁의 발발로 영불연합군이 북경으로 진공하자 함풍황제는 상군에게 북쪽으로 올라와 서울 방어에 힘을 보태라고 명령했으나 그는 말을 듣지 않고 먼저 태평군을 철저히 토벌하고 외국침략자에 대해서는 타협의 방법을 취해야 한다는 생각을 굳게 지켰다

증국번은 병사를 이끌고 전투를 벌이다 사경 속에서 겨우 살아났고 몇 번이나 자진하려고 강으로 뛰어들었다. 하지만 그때마다 구출되어 죽음을 면했다. 게다가 위기를 겪으며 유서까지 남기기도 했다. 남창

에서 포위되었을 때나 기문祁門에서 이수성李秀成과 맞닥뜨렸을 때가 바로 그런 경우였지만, 결국 위험한 고비를 넘겼을 뿐만 아니라 다시 일어나서 전쟁을 승리로 이끌었다.

몇 년에 걸친 증국번의 전쟁 경력에 따라 그의 '정경挺經'도 더욱 성숙하여 싸움터에서 큰 공헌을 했을 뿐만 아니라 그 뒤 벼슬길에 오른 이들에게도 큰 작용을 했다.

위기를 맞았을 때, 인내는 끝이 없을 만큼 많은 장점을 발휘한다. 벼슬길에 오른 이가 굳게 참고 견디며 마음까지 흔들리지 않으려면 담력과 식견도 필요하지만 남다른 기백도 요구된다.

벼슬길에 오른 왕망王莽은 권력의 금자탑 최고점에 이르기까지 줄곧 조심조심 겸손하고 신중하게 처신했다.

벼슬길에 오르기 전, 왕망에게는 한漢나라 원제元帝의 황후 왕정군王政君의 조카라는 남다른 배경이 있었지만, 처음부터 이 멋진 배경이 그에게 좋은 기회를 준 것은 결코 아니었다. 게다가 왕망이 어렸을 때 아버지 왕만王曼마저 세상을 뜨고 이어서 큰형도 세상을 버리자 왕망은 어머니와 함께 큰아버지에게 기대어 나날을 보내야 했다. 이런 생활의 역경이 있었기에 왕망은 어린 나이에도 일찍 철이 들었고, 특별히 다른 이의 마음을 감동시키며 자기 일을 훌륭하게 처리했다.

왕망의 큰아버지는 당시 조정을 홀로 관장했던 왕봉王鳳이었다. 이런 왕봉이 병으로 집에서 요양할 때 왕망이 곁에서 섬기며 보살폈다. 왕망은 한시도 곁을 떠나지 않고 달인 약을 제 입으로 직접 맛보며 큰아버지가 데지 않도록 했다. 몇 달 동안이나 계속된 병시중으로 옷을 벗고 편히 쉴 짬이 없었다. 이런 꼼꼼하고도 빈틈없는 효도는 친아들보다 훨씬 나았기에 큰아버지 왕봉을 크게 감동시켰다. 왕봉은 죽음을 앞두고 황태후와 성제成帝에게 왕망에게 자그마한 벼슬이라도 하나 주십사

간청했고 태후와 성제도 승낙했다. 왕망은 황문랑黃門郎의 자리에 올랐다. 그 동안의 수고가 헛되지 않았다. 황문랑이라는 벼슬은 참으로 낮았지만 황제를 곁에서 모시는 자리이기에 승진의 기회가 정말 많았고 빨랐다. 얼마 지나지 않아 성제는 왕망을 사성교위射聲校尉로 올렸다. 이 자리는 2천 석을 받는 관리로서 지방의 군수에 상당하는 위치였다. 큰 감투를 쓸 수 있는 벼슬길이 왕망을 향해 손짓을 했다. 이때 왕망의 나이 겨우 스물넷, 앞길이 양양했지만 왕망은 어디에서 무슨 일에 종사하든 조심하며 말과 행동을 신중하게 했다.

기원전 16년, 왕망의 작은아버지 성도후成都侯 왕상王商이 자기의 호읍戶邑[48]을 왕망에게 나누어 줄 것을 성제에게 부탁했다. 때맞춰 수많은 선비들이 연명으로 글을 올리며 왕망의 인품과 재능을 찬양했다. 성제는 일을 진행할 기회가 되었다는 듯이 왕망을 식읍 1,500호의 신도후新都侯에 봉하고 기도위광록대부시중騎都尉光祿大夫侍中으로 승진시켰다. 기도위란 무관임을 드러내는 표시였다. 게다가 광록대부는 조정의 대사에 참여할 수 있었다. 또 시중으로써 그의 권력에 힘을 보탰다. 이리하여 이제 서른 살 된 왕망은 조정의 대권을 장악한 중신이 되었다. 그러나 왕망은 오만한 행색을 조금도 보이지 않고 오히려 더욱 겸손했다. 그리고 이름난 선비들과 널리 사귀면서 여러 대신들과도 사이좋게 오갔을 뿐만 아니라 언제나 자기 재산을 나누어 가난한 빈객들을 도왔다.

게다가 왕망이 당시 감히 제멋대로 방자하게 굴지 못했던 것은 그에게 강력한 적수가 있었기 때문이다. 바로 순우장淳于長이 그의 적수였다. 이 사람도 왕씨네 외척 가운데 하나였다. 게다가 직위나 명성도 왕

48 호구戶口와 현읍縣邑. 한나라 때 비롯된 호구와 현읍은 봉건의 단위가 되었다.

망보다는 높았다. 애초에 순우장은 앞으로 높은 벼슬을 하기 위하여 온 힘을 다해 태후를 설복하여 성제가 총애하던 조비연趙飛燕을 황후로 세우도록 했다. 이 일로 성제는 순우장에게 이루 헤아릴 수 없을 만큼 감격하여 그에게 관내후關內侯의 칭호를 내리고 곧이어 다시 정릉후定陵侯에 봉했다.

순우장은 앞을 길게 내다보는 큰 지략이 없었다. 목표가 실현되자 그만 그는 자만에 빠져 모든 것을 잊어버리고 말았다. 그러나 매미를 잡으려는 사마귀 뒤에 참새가 기다리고 있듯이 왕망이 바로 그의 잘못을 찾으려고 눈이 뚫어지게 지키고 있었다. 대권을 손아귀에 넣은 순우장은 지나치게 교만했다. 폐위된 허황후의 과부살이 하는 언니 허마許嬤와 몰래 정을 통하고 뒤에는 그녀를 첩으로 맞기까지 했다. 순우장은 폐위된 허후의 환심을 사기 위하여 성제에게 허후를 첩여婕妤로 올려달라고 통사정을 했다. 그러나 간덩이가 부은 순우장은 감히 허후에게도 경박하게 집적거렸다. 왕망이 이 일을 보고 가만있을 리 없었다. 보고를 받은 성제는 순우장의 모든 관직을 박탈하고 자기 봉지로 돌려보냈다. 결국 성제는 순우장을 대역죄로 처분했다. 순우장은 옥중에서 세상을 떠나야 했다.

얼마 뒤, 사마대장군司馬大將軍의 자리에 있던 숙부 왕근王根이 자기를 대신하여 섭정할 인물로 왕망을 추천했다. 기원전 8년, 성제는 왕망을 대사마로 승진시켰다. 이때, 왕망은 아직 마흔이 채 못 되는 나이였다. 대권을 손에 쥐자 왕망은 황제의 자리에 오르고 싶은 마음이 생겼지만 그는 여전히 다른 사람들에게 겸손하고 예의 발랐으며 말과 행동에 조금의 빈틈도 보이지 않았다.

평제平帝가 황제의 자리를 이었지만 어린 나이에 아직 황후를 세우지 않았다. 왕망은 자기 딸을 평제에게 보내어 권력을 공고히 할 계획을 세웠다. 어떻게 자기 딸을 순조롭게 황후가 되게 할 것인가? 왕망은 이번에도 짐짓 겸손의 계략을 쓰기로 했다.

어느 날, 왕망은 태후에게 이렇게 건의했다.

"황제께서 자리에 오르신 지 벌써 3년이 지났지만 아직 황후를 세우지 않았습니다. 이제 이 큰일을 처리해야 할 때가 되었습니다."

태후도 고개를 끄덕였다. 지위가 높고 명성과 위세가 대단한 벼슬아치들이 서로 다투어 자기 딸을 조정에 알리며 등장시켰다. 물론 왕망도 예외는 아니었다.

그런데 왕망의 예상과는 달리 조정에 등록된 수많은 다른 이의 딸들이 자기 딸보다 더 나았다. 무슨 수를 쓰지 않는다면 자기 딸이 꼭 뽑힌다는 보장이 없었다. 이리하여 왕망은 태후를 뵙고 애써 겸손한 자세로 이렇게 말했다.

"저는 아무런 공덕도 없습니다. 그리고 제 딸도 재색이 평범합니다. 감히 다른 아이들과 함께 겨룰 수가 없사오니 제 딸이 뽑히지 않도록 명령을 내려 주십시오."

태후는 왕망의 거칠고 사나운 야심을 보지 못하고 그의 성실함만 믿고 그 자리에게 이렇게 명령을 내렸다.

"안한공安漢公(왕망의 작위 이름)의 딸은 내 친정 쪽 여식으로 이번에 뽑을 필요가 없다."

왕망이 진심으로 양보할 작정이었다면 자기 딸의 명단을 거두어들이면 될 일이었다. 그러나 그는 태후에게 이런 명령을 내리도록 부추김으로써 오히려 자기 딸을 돋보이게 만들었다. 게다가 조정 안팎의 동정을 불러일으켰다. 날마다 몇 천 명이나 되는 사람들이 왕망의 딸을 황후로 앉힐 것을 요구했다. 조정 대신도 입을 모아 간곡히 아뢰었다.

"안한공께서는 덕망이 높은 분입니다. 이제 황후를 뽑으면서 무슨 까닭으로 안한공의 따님만 제외시킵니까? 설마 황제의 뜻이 그런 것은 아니겠지요? 저희들은 안한공의 따님이 황후로 간택되기를 바랍니다."

왕망은 사람을 보내어 그만두도록 말렸지만 말리면 말릴수록 간곡히 호소하는 이는 더욱 많아졌다. 태후도 어쩔 수 없이 왕망의 딸을 황후로 뽑는데 동의했다.

왕망은 이 기회를 놓치지 않고 그럴 듯하게 얼굴 표정을 꾸미며 이렇게 말했다.

"명단이 올라온 모든 아가씨들 가운데서 가장 적합한 이를 황후로 뽑아야 합니다."

그러자 조정의 대신들이 온 힘을 다해 막았다.

"안한공의 따님을 황후로 세운 것은 민심을 그대로 따른 것입니다. 바라옵건대 다시는 다른 아가씨를 뽑아 이 큰일을 그르쳐서는 아니 될 것이옵니다."

왕망은 자기 딸이 황후로 뽑힌 것이 이미 확정되었음을 알고 더 이상 사양하지 않았다. 얼마 뒤, 왕망의 딸은 황후의 자리에 올랐다.

자기 딸이 황후에 자리에 오른 지 채 1년도 되지 않아서 왕망은 재상의 자리에 올랐다. 이는 제후왕보다 높은 자리였다. 두 해도 되지 않아 왕망은 때가 무르익었음을 알고 평제平帝를 독살하고 이제 겨우 두 살밖에 되지 않은 영嬰을 황태자로 세우고 자신은 천자의 위치에서 나랏일을 독차지했다.

송宋나라 때, 장해張海가 한 무리의 강도를 이끌고 고우高郵 지방을 약탈했다. 지군知軍[49] 조중약晁仲約은 이 소식을 듣자 자기 힘으로는 막아낼 수 없음을 알고 그 지방 부호들에게 돈이나 가축, 그리고 술 등을 거두어 이들 강도의 무리들을 위로하며 환영했다.

이런 사실이 조정에까지 알려지자 조정은 말할 수 없을 만큼 분노했다. 부필富弼은 조중약의 목을 베자고 제의했다. 그러자 범중엄范仲淹이 입을 열었다.

"군현의 병력은 도전에 응하거나 방어하기에 충분합니다. 그런데 강도의 무리를 만나 저항하지도 않고 오히려 뇌물을 바쳤으니 법으로 보아 지군을 사형에 처함이 마땅합니다. 그러나 당시 실제 상황은 고우에 병력이 부족하여 저항하거나 방어할 방법이 아예 없었습니다. 게다가 백성들의 인지상정이란 돈과 음식을 내더라도 목숨을 빼앗기지 않고 재물을 약탈당하지 않는다면 분명 좋아했을 것입니다. 이런 정황으로 보아 지군의 목을 치는 것은 법의 취지가 아닙니다."

이 말을 들은 인종仁宗은 범중엄의 의견을 받아들여 지군을 더 이상 추궁하지 않기로 했다. 그러자 부필이 화를 내며 나섰다.

"우리들이 법과 명령을 드높이며 발전시켜야 하거늘, 오히려 그렇게 막으신다면 어떻게 백성을 다스릴 수 있겠습니까?"

범중엄은 아무도 몰래 부필에게 이렇게 일렀다.

"우리 송나라는 나라를 연 이래 아직까지 함부로 신하를 사형에 처하지 않았네. 이건 일종의 미덕이야. 그런데 어떻게 이런 미덕을 쉽게 버릴 수 있겠는가? 만약 황상께서 멋대로 이 사건을 처리하도록 둔다면 어쩌면 장차 우리 목숨도 지키지 못할 수 있네."

그래도 부필은 그렇게 생각하지 않았다.

그 뒤, 두 사람은 변경의 요새로 순시를 나갔다가 부필은 하북 지방에서 돌아오느라 미처 서울의 성문으로 들어올 수 없었다. 조정의 뜻

49 송나라 때 관직명. '군軍'은 송나라 때 현縣 이상의 행정구역으로 보통 군사적 요충에 두었다. 지군知軍은 그 지방의 군사를 통괄하는 장관이었으며, 일반적으로 중앙 정부에서 파견했다.

을 알 수 없었던 부필은 밤새도록 침대에서 뒤척이며 탄식했다.

"범중엄이야말로 성인이로다!"

다른 이의 처지로써 자기의 처지를 헤아릴 수 있었으니, 이는 비범한 지혜를 갖춰야만 능히 할 수 있는 생각이 아닐 수 없다.

중국 고대 역사에서 유방劉邦이 때맞춰 은인隱忍하며 서촉으로 물러나 때를 기다리지 않았더라면, 역사는 자기 아버지에게 '무뢰한'이라 손가락질 받았던 그를 지도자로 올리지 않았을 것이다. 이 무뢰한이 바로 유방이다. 유방이 정치적으로 쓴 은인의 책략은 벼슬길에 이제 막 오른 벼슬아치가 자리를 유지하는 방법이 될 수 있다.

기원전 206년 8월, 몇 차례의 전투 끝에 유방은 무관武關을 점령하며 함양咸陽을 향해 바짝 접근했다. 진秦의 재상 조고趙高는 2세를 죽이고 사람을 보내 유방에게 강화를 요청했으나 거절당했다. 그해 9월, 진의 왕자 영嬰이 즉위하여 조고의 목을 치고 병사를 보내 요관嶢關에서 유방에게 저항했다. 유방은 군사를 이끌고 요관을 우회하여 진을 향해 진공했다. 유방은 남전藍田 남쪽에서 진군을 물리치고 다시 남전으로 진격하여 진군을 대파했다. 그해 10월, 유방은 함양 동쪽 파상灞上(지금의 산시성 시안西安 동쪽)에 이르렀다. 진의 왕자 영은 어쩔 수 없이 흰 말이 끄는 흰 수레에 올라 목에는 띠를 두른 채 옥새를 받쳐 들고 유방에게 항복했다. 이로써 진나라는 멸망했다.

10월, 유방은 항우보다 먼저 함양성에 들어가 '관중왕'으로 자처했다. 호화스럽고 화려한 궁전을 보면서 유방은 차마 발길을 돌리지 못하고 이곳에 머물며 마음껏 즐기려고 했다. 번쾌樊噲가 나서서 진의 전철을 밟아서는 안 된다고 했지만 유방은 이 말에 귀를 기울이지 않았다. 이에 장량張良이 다시 한 번 간언했다.

"진왕조는 더할 수 없이 잔인하게 통치했기에 폐하께서 관중 땅에 진입할 수 있었습니다. 폐하께서 천하의 잔인무도함을 없앨 작정이라면 먼저 소박함을 바탕으로 삼아야 할 것입니다. 방금 진에 들어온 폐하께서 향락에 빠지신다면 이는 바로 '조걸위학助桀爲虐'[50]이옵니다. 더구나 '충언은 귀에 거슬리나 행함에 이로움이 있고, 양약은 입에 쓰나 병에 이로움이 있다'[51]고 했습니다."

유방은 파상에 들어온 뒤 그곳의 명사들을 불러 그들과 함께 약법삼장約法三章을 만들었다.

> 살인한 자는 죽인다.
>
> 남을 다치게 한 자나 도둑질한 자는 그 죄에 상응하는 벌을 받는다.
>
> 그 밖에 가혹한 진의 법은 모두 없앤다.

이로써 유방은 백성들의 지지를 얻었다.

유방이 먼저 함양을 손에 넣었기 때문에, 당초 항우와의 약정에 따라, 당연히 유방이 관중왕의 자리에 올라야 했다. 그런데 그가 보기에 아직 자기의 힘이 결코 강하거나 크지 않았고 제일 먼저 함양에 입성했다지만 거기에는 요행으로 이루어진 일도 꽤 있었기에 관중왕 자리에 앉아도 근심 하나 없이 마음 편할 수는 없었다. 이런 분석을 내리자 그는 잠시라도 힘을 비축하며 뒷날을 기다리기로 결정했다. 이리하여 그

50 고약한 사람을 부추기어 고약한 일을 더 하도록 함. 걸桀은 하夏나라 말의 폭군이었음.

51 忠言逆耳利于行, 良藥苦口利于病. 오늘날 다른 이의 의견과 비평에 정확하게 귀 기울여야 한다는 뜻으로 쓰이는 이 말은 중국 민간에 전해오는 말들을 모은 『증광현문增廣賢文』에 처음으로 보인다.

는 파상으로 물러나며 함양성에 있는 어떤 물건에도 손끝 하나 건드리지 않고 사람을 보내 아방궁을 보호하며 항우가 오기를 기다렸다. 유방이 옛날 본성을 따랐다면 아마 황금과 미녀와 보물들을 하나도 남김없이 싹쓸이했을 테지만 이번에는 조금도 건드리지 않았다. 항우 휘하의 책사 범증范增의 눈에는 유방이 자기의 본능을 억누를 수 있다는 것은 분명 속셈이 있음을 눈치 채고 그의 날개가 더 자라기 전에 얼른 없애버릴 것을 항우에게 권유했다.

항우는 장한章邯을 물리친 뒤 병사를 이끌고 관중을 향해 달려오고 있었다. 범증은 기회를 틈타 유방이라는 적수를 없애자고 다시 권했다. 이리하여 항우는 홍문鴻門[52]에서 술잔치를 베풀고 유방을 초대했다. 유방은 이 상황이 위태롭고 절망적이라는 것을 분명히 알았다. 하지만 가지 않는다면 제 발 저린 모습을 보이며 상대방에게 빌미를 줄 것이며 동시에 천하의 웃음거리가 될 게 뻔했다. 그는 몇 번이나 고민한 뒤에 일단 모험을 하기로 결심했다. 술잔치에서 그는 몇 차례나 죽을 고비를 넘기며 겨우 살아남았다. 결국 그는 파상으로 몸을 피하며 주도권을 쥐게 되었다. 그리고 한중왕漢中王에 봉해짐으로써 훗날 천하를 통일할 전기를 마련했다. 이것이 바로 그 유명한 '홍문鴻門의 잔치'이다. 속담에 '상황을 잘 파악하고 시대의 흐름을 똑똑히 이해하는 자라야 걸출한 인물이다.'[53]고 일렀다. 역경에 처해서도 천하의 패권을 손에 넣으려 한다면 말처럼 그렇게 쉽게 이루어질까?

홍문의 잔치에서 유방을 죽이지 못한 항우는 당장 병사를 이끌고

52 홍문은 지금의 산시성 시안시 린통臨潼 구역 신펑新豊 홍문 마을.

53 識時務者爲俊杰. 진晋의 진수陳壽가 쓴 『삼국지』「촉서·제갈량전」을 배송지裴松之가 『양양기襄陽記』에 주석하면서 쓴 구절이다.

서쪽 함양으로 치고 들어와 진의 왕자 영을 죽이고 궁궐을 불살랐다. 그리고 갖가지 재물과 여자들을 약탈한 뒤 동쪽으로 돌아갔다. 한왕 원년(BC 206년) 2월, 항우는 최고사령관의 신분으로서 초회왕楚懷王을 의제義帝로 앉히고 여러 장수들을 왕이나 후, 그리고 제후왕으로 세우고 열아홉 개로 분봉했다. 항우 자신은 스스로 서초패왕西楚霸王이 되어 양梁과 초楚 등 아홉 개 봉지를 관할하며 팽성彭城에 도읍을 두었다. 그리고 유방을 한왕漢王으로 세우고 파巴, 촉蜀, 한중漢中 등 마흔한 개 현을 관할토록 하고 남정南鄭(지금의 산시성 난쩡南鄭)에 머물도록 했다.

유방은 남정으로 오긴 했지만 한왕에 봉해진 것을 달가워하지 않았다. 그저 자기 힘이 아직 부족함을 헤아리며 그 자리에서 항우에게 맞서지 못했다. 남정에 온 뒤 상황에 변화가 일어났다. 유방이 이끌고 온 병사들이 그곳의 기후와 풍토에 적응하지 못하고 동쪽으로 돌아가기를 바라는 노래만 불렀기에 유방은 즉시 결정적인 판단을 내려야 했다. 또한 항우의 분봉이 불공평했다면서 제齊나라의 전영田榮이 반기를 들고 군사를 일으켰는데, 이것도 유방에게 동쪽으로 진격해 나아갈 빌미를 주었다. 유방이 관문을 빠져나와 항우와 한바탕 자웅을 겨루기로 결정하자 때마침 승상 소하蕭何가 그에게 군대 통솔에 재능을 가진 한신韓信을 추천했다.

"천하를 도모하려면 한신의 도움 없이는 이룰 수 없습니다."

유방은 그 자리에서 한신을 대장으로 임명했다.

한신은 유방에게 이렇게 건의했다.

"우리 군관과 사병들은 모두 산동山東(함곡관函谷關 동쪽) 출신입니다. 이들은 밤낮으로 고향으로 돌아가기를 간절히 바라고 있습니다. 이런 병사들의 사기를 고려해야 큰 공적을 세울 수 있습니다. 우리는 이제 결정된 책략에 따라 병사들을 이끌고 동쪽으로 진격해야 합니다."

유방은 대단히 기뻐하며 그에게 부대 배치를 포함한 작전 계획에 전권을 주었다. 한왕 원년(BC 206년) 5월, 유방은 승상 소하를 파촉에 남겨 이 지역을 지키게 하고 자신은 한신과 함께 대군을 이끌고 남몰래 진창陳倉(지금의 산시성 바오지寶鷄 동쪽)을 지나 재빨리 관중 지방을 점령했다. 이로써 초한전쟁楚漢戰爭이 정식으로 발발했다.

형세를 헤아리고 사태의 발생과 발전 과정을 분석하여 미리 대책을 세울 수 있는 자는 정말로 현명하다. 4년 뒤, 유방은 항우를 없애고 다른 농민봉기군도 정복한 뒤 한漢 왕조를 세웠다.

3. 느슨함과 팽팽함을 병행하기

벼슬을 하는 자는 느슨함과 팽팽함을 병행해야 한다. 해야 할 일을 마친 뒤에는 어떤 일을 하기 위해 적극적으로 나서지 말아야 한다. 적극적으로 무엇을 하지 않으면서 마음속의 예리한 기세를 갈고 다듬어야 한다. 벼슬길에 오른 자는 고집과 오만에서 벗어나 개인적인 시비의 견해도 없이 사물의 표면적인 인상을 떨쳐버리고 이제는 사물의 발전 규칙을 따르는 길로 들어서야 한다. 그런데 그 사람에게 뿌리깊이 박힌 관점을 버리는 일은 참으로 어렵다. 어쩌면 생활 속의 일반적인 사건과 습관, 그리고 우리들이 늘 보아서 습관이 된 것들이 바로 사물의 뒤에 숨은 규칙을 찾는 데 장애가 되는 걸림돌이다. 어떤 사건을 처리하는 데 가장 무서운 일은 모두가 이렇게 해야 한다고 생각하며 누구도 이의를 제기하지 않는 상황이다. 이러면 발전하기가 힘들다.

이는 노자老子의 학설로 해석할 수 있다. 사람들은 모두 그릇의 속이 비었음을 알고 있다. 또 집안도 비어 있음을 알고 있다. 바로 이미 너무 많이 보아서 아무도 이의를 제기하지 않는다. 누구도 의심하지 않으며, 누구도 왜 그런지 묻지 않는다. 또 진정한 작용을 일으키는 것이 어떤 부분인지에 대해서도 더 이상 생각하지 않는다.

벼슬살이도 같은 이치이다. 남이 말하면 그대로 따라할 수는 없다. 다른 이의 행동과 생각을 추종만 하면 자기 주관이 없어진다. 사태의 표면적인 현상만 보고도 배후에 그 흐름을 지배하는 규칙이 있음을 생각해야만 한다. 그 규칙을 따르면 '일을 일부러 만들지 않고 말없이 행동으로 가르칠 수 있다.'[54]

병길丙吉은 한漢나라 선제宣帝 때의 재상이었다. 그는 미세한 조짐만 보고도 전체의 흐름을 꿰뚫어볼 수 있었으며 현상을 통해 그 배후의 규칙을 잡아내어 조치를 취할 줄 알았다. 그러했기에 그는 나쁜 일의 싹이 채 자라기도 전에 잘라버리며 소정의 목적을 달성했다.

어느 해 봄, 병길은 수레를 타고 길거리를 지나다가 앞쪽에 한 무리의 사람들이 난데없이 엉켜서 치고 싸우는 모습을 보았다. 재상의 신분으로 수행원만 해도 여럿이었기에 그에게는 이 싸움을 말릴 힘이 있었다. 하지만 그는 이 사람들 가운데 머리가 터지며 죽고 상한 자가 나왔지만 거들떠보지도 않았다. 짐짓 못 본 체, 수레가 이들 곁을 지날 때는 고개도 돌리지 않았다.

병길은 수레에 앉아 태연자약한 몸가짐으로 얼굴빛 하나 변하지 않았다. 그러나 주위에서 이를 보던 사람들은 몹시 분노하며 이런 벼슬아치에게 매섭게 욕을 퍼부었다. 이제까지 총명하고 유능했던 어른께서 오늘은 왜 이럴까? 그의 수종들은 참으로 알 수 없었다. 하지만 그의 위세에 모두들 감히 그 까닭을 물을 수 없었다.

54 處無爲之事, 行不言之敎. 노자의 『도덕경』에 나오는 구절이다.

이렇게 한참 길을 가고 있었다. 그때, 갑자기 앞쪽에서 달구지 한 대가 마주 왔다. 늙은 황소 한 마리가 혀를 길게 늘어뜨리고 헐떡헐떡 거친 숨을 몰아쉬며 코와 입가엔 흰 거품이 가득인 채 몹시 지친 모습이었다. 재상 병길은 이를 보자 갑자기 수레를 멈추라고 했다. 수종들은 영문도 모르고 수레를 멈추며 재상의 분부를 기다렸다. 재상 병길은 이 소를 가리키며 이렇게 말했다.

"여봐라, 이 소가 혀를 늘어뜨리고 거칠게 숨을 헐떡거리고 있으니 무슨 까닭이 있을 게다. 너희들이 가서 주인에게 소가 무슨 병에 걸렸는지 알아보아라."

수종 하나가 끝내 참지 못하고 이렇게 물었다.

"대감마님, 방금 길거리를 지나면서 한 무리의 사람들이 머리가 터지고 피가 나오도록 싸우며 죽기까지 했습니다. 그런데도 대감마님께서는 한 마디 묻지도 않으셨습니다. 그런데 달구지를 끄는 한 마리 늙은 황소가 숨을 헐떡거린다며 마음에 두시니, 대감마님께서는 짐승을 중히 여기시고 백성을 가벼이 여기신단 말씀입니까?"

재상 병길은 이런 상황에 이르자 여러 사람들을 둘러보고 빙그레 웃으며 입을 열었다.

"싸움을 통제하고 단속하는 것은 장안령長安令이나 경조윤京兆尹이 할 일이지 내가 조사하고 관여할 일이 아니네. 만약 그런 자질구레한 일까지 관여한다면 어찌 힘들어 죽지 않을 수 있겠는가? 나는 재상의 몸으로서 온 나라의 경제를 맡아 운영해야 하네. 그리고 다른 이가 못 보는 곳도 살펴야 하고 다른 이가 못하는 일도 해야 하네. 이것이 바로 내 일이야. 지금은 바로 이른 봄, 속담에 '한 해 계획은 이른 봄에 세운다.'고 했네. 만물이 소생하는 봄날은 한 해 작황의 시작이네. 이제 백성들은 밭을 갈고 씨를 뿌리지. 농작물의 생장은 모두 제철의 날씨에 달렸는데, 이 소는 오히려 지금 혀를 길게 늘어뜨리고 헐떡헐떡 거친 숨을 계속 몰아쉬고 있으니, 내가 걱정하는 바는 음양이 맞지 않은가 하는 점이네. 그러면 국가 경제와 민심에 영향을 끼치고 백성들의 한 해 생계와도 관계가 되네. 내 어찌 묻지도 않고 그냥 지나치겠는가? 이게 바로 재상이 해야 할 일이네. 그래서 내 자네들에게 소가 헐떡거리는 까닭을 알아보라는 걸세. 이 사람이 백성들을 아끼지 않음이 절대로 아닐세."

이들은 재상의 이런 말을 듣자 그의 재능에 탄복할 수밖에 없었다. 보통 사람들의 눈에는 싸움질로 사람이 상하고 죽은 일이 바로 큰일이었겠지만, 그는 오히려 이것을 하찮은 일로 여겼다. 보통 사람이라면 소가 숨을 헐떡거리는 모습에 주의를 기울이지 않았을 것이다. 설령 보았다고 하더라도 농경을 연상하기 힘들었을 것이다. 그러나 그는 오히려 이것으로 자연계의 변화와 국가 경제를 연결지어 생각했다. 재상 병길은 통찰력은 물론 탁월한 식견까지 두루 갖추었음이 분명하다.

조참曹參은 본디 유방 부하 가운데 첫손 꼽히는 맹장이었다. 그는 일찍이 두 곳의 제후국과 군현 120여 곳을 공격하여 빼앗았다. 이런 공로로 그는 이미 작위가 있었고 식읍만 해도 1만 호나 되는 벼슬아치로서 소하蕭何의 식읍 8천 호보다 많았다. 비록 나중에 유방이 전면적인 공적 평가에 의하여 소하가 세운 공이 으뜸이라고 인정했지만 둘 사이의 차이는 거의 없었다.

훗날 조참은 제왕齊王의 재상으로 임명되었다. 그는 싸움터에서 펼쳤던 용맹스러움과 자유분방한 성격을 내성적으로 차분하게 바꾸어야 했다. 그리고 도가의 길에 정통한 개공蓋公을 참모로 모시고 나라 다스리는 방법에 대하여 항상 가르침을 받았다. 얼마 뒤, 소하가 병으로 세상을 떠나자 유방의 유언에 따라 조참이 상국의 자리를 이었다. 이때, 권력을 손에 쥔 이가 황제 유영劉盈이었다.

그런데, 조참은 상국의 자리에 오른 뒤 소하처럼 부지런히 정사를 돌보지도 않았으며 일의 대소를 막론하고 직접 참견하려고도 하지 않았다. 오히려 온종일 아무 일도 하지 않고 모든 것을 소하가 살아있을 때 만든 법칙에 따라 처리할 뿐이었다. 또한 그는 언제나 공문은 밀쳐두고 크고 작은 모든 일들도 모조리 내버려두고 돌보지도 않았다. 오히려 공문서는 산더미처럼 쌓이고 그 위에 먼지가 가득했지만 밤낮으로 술만 마셨다.

결국 조정의 수많은 대신들도 이제는 차마 눈으로 볼 수 없어 그 가운데 몇몇이 간언을 올리려고 했다. 그런데 이들이 아직 입을 열기도 전에 조참은 벌써 이들을 술상 앞으로 끌어들여 주거니 받거니 술잔을 기울이기 시작했다. 이들이 하고 싶은 이야기를 꺼내기도 전에 그는 이미 곤드레만드레 취하기 일쑤였다.

얼마 뒤, 여후呂后가 권력 쟁취를 위한 투쟁에 바짝 힘을 썼다. 그녀는 자기 사람을 각급 기관에 가득 채우려 했기에 상국이 처리해야 할 일들이 넘쳤다. 하지만 조참은 이런 일은 거들떠보지도 않고 종일토록 술만 마셨다. 이것이 오히려 유익한 일이 되었으니, 여후가 권력을 쟁취하는 과정을 늦추는 효과를 냈다. 이것은 그가 '일부로 무엇을 하지 않는' 일종의 표현으로 대수롭지 않은 듯이 보이지만 그 뒤에 숨은 의미는 참으로 심오하다.

조참은 나랏일을 소홀히 했지만 조급한 성공과 눈앞의 이익에만 급급하여 서둘러 자기를 나타내려는 벼슬아치를 배격하고 억누름으로써 이들을 태만하게 했다. 이리하여 모든 벼슬아치들은 상국이 조정의 일을 거들떠보지도 않는 자라는 사실을 알고 공적을 쌓기에 급급한 관리들은 오히려 긴장을 풀었다. 그리고 관아에서 처리해야 할 일 가운데 만부득이한 일이 아니면 윗사람에게 보고를 올리지도 않았으며, 법규가 있으면 법규에 따라 일을 처리하고 작은 일들은 지나갈 수 있으면 그냥 지나가도록 했다.

조참은 벼슬아치도 이런 원칙에 따라서 품행이 고상하고 인품이 넉넉하며 예의바르고 사려 깊고 인내심이 강한 자를 뽑아 임용했다. 그들은 벼슬아치로서 소박한데다 말주변마저 없었지만 공연히 말썽거리를 만들지 않고 백성들을 너그럽게 대할 줄 알았다. 백성들이 일으킨 분쟁을 가볍게 처벌할 줄 알았으며 이들의 괴로움을 어루만질 줄 알았다. 더구나 이들은 백성들을 착취하려고도 하지 않았다. 이리하여 온 천하는 태평할 수 있었다. 동시에 야심을 품고 음모를 꾸미려는 자는 결단코 임용하지 않음으로써 조정에서 일어날 분쟁을 미리 막았다.

상국이 된 자의 이런 나랏일 처리에 대하여 아무리 생각해도 이해하지 못하는 이들이 많았다. 몇몇 벼슬아치들은 감히 말은 하지 못하고 화를 억눌렀지만 어쩔 수 없이 황상께 상주하는 이도 있었다. 당시 황제 유영도 호화스럽고 사치스런 생활에 빠져 있었다. 그는 여후를 향해 시위를 하고 있었다. 소하가 상국의 자리에 있을 때, 그는 마음 놓고 나랏일을 소하에게 맡겼으며 자연히 국정에 아무런 차질이 없었다. 조참이 막 자리를 이어받았을 때에도 그는 안심할 수 있었다. 그러나 마침내 어느 날, 유영은 조참이 나랏일을 팽개치고 있다는 사실을 알고 걱정하기 시작했다.

이때, 조참의 아들 조줄曹窋도 조정에서 벼슬을 하고 있었다. 황제 유영은 조참을 면전에서 질책할 수 없었기에 조줄에게 집으로 돌아가 부친에게 나랏일에 더 많은 관심을 가질 것을 설득하라고 일렀다.

집으로 돌아온 뒤, 조줄은 짬을 내어 황제께서 아버지의 행동에 불만을 갖고 있다는 말씀을 아버지에게 올렸다. 이 말 한 마디는 예삿일이 아니었다. 조참은 부끄럽고 분한 나머지 화를 마구 내었다. 예전에 장군이었던 시절의 조급한 성미와 기질을 그대로 드러내며 입에 거품을 물고 욕설을 퍼부었다.

"너 같은 애송이가 뭘 안단 말이냐? 그저 네 할 일이나 하면 되지 어디 네놈이 내 단점을 들추고 야단이야. 나는 상국으로서 천하의 일을 다루면 되는데, 네놈이 생각지도 않게 감히 입을 나불거리니, 오늘 네 놈을 잊지 않도록 해 줘야겠다."

이리하여 조참은 가법에 따라 그 자리에서 조줄에게 곤장 2백 대를 치도록 하인에게 명령했다. 이튿날, 다리를 절룩이며 조정에 들어간 조줄은 황제의 추궁을 받고 어쩔 수 없이 사실을 고백했다. 유영은 크게 화를 내었다. 이는 분명 황제에게 보내는 시위였기 때문이다. 유영은 그 자리에서 상국을 불러들이라고 태감에게 명령했다. 직접 맞대면한 자리에서 죄를 물을 작정이었다.

유영은 끓어오르는 화를 참으며 물었다.

"듣자하지 상국께서는 나랏일을 팽개쳤다는데, 어쩐 일이오?"

조참은 진즉 할 말을 준비하고 있었던 터라 서두르지도 늦추지도 않으며 적당한 속도로 대답했다.

"폐하께서는 아직 모르시는 바가 있으니, 여기에는 말 못할 사정이 있습니다."

"좋소, 그럼 어디 한번 들어봅시다. 이치가 그렇지 않다면 법에 따라 죄를 물을 수밖에 없을 테니 말이오."

유영은 그가 어떻게 해명하는지 한번 듣고 싶었다.

조참은 당장 대답하지 않고 황제께 질문을 던졌다.

"폐하께서는 슬기로움과 용맹스러움에 있어서 선황과 견주어 어떻다고 생각하십니까?"

"짐은 당연히 고조 황제와는 견줄 수도 없지요."

"그럼 폐하께서는 앞의 상국 소하와 저 가운데 누가 더 어질고 재능이 있다고 보십니까?"

"솔직히 말해서 소하가 그대보다 좀 낫소."

조참이 이제 바로 말을 이었다.

"바로 그렇습니다. 폐하께서는 우리가 그들만 못하다는 것을 인정하십니다. 그렇다면 이제 우리는 고조 황제와 상국 소하가 만든 법령에 따라야만 합니다. 모든 일을 이 법령에 따라 처리하면 되지 않겠습니까? 게다가 이분들이 제정한 법령도 이미 알기 쉽고 명백합니다."

유영은 문득 깨달으며 다시는 조참이 하는 일을 함부로 의심하지 않았으니 황제와 신하가 모두 즐거워했다. 조참은 그야말로 아무것도 하지 않음으로써 나라를 다스렸다. 당시의 역사적 환경을 분석하면 진나라의 폭정을 거치며 끝없이 계속되는 전쟁으로 백성들은 생활이 피폐해졌고 이제 막 너그러운 정치를 만나 생활이 조금 나아지려던 때였다. 그리고 이때, 조참은 백성을 위한 덕치를 베풂으로써 한왕조의 신속한 경제 회복과 발전에 공헌했다.

사마천은 이렇게 평가했다.

"백성들은 진왕조의 가혹하고 엄혹한 정치를 겪은 뒤였다. 조참은 욕심을 버린 무위無爲로 백성들을 쉬게 함으로써 천하는 한결같이 그 훌륭함을 칭송했다."

벼슬길에 오른 자는 느슨함과 팽팽함을 병행해야 한다. 그러나 가장 중요한 것은 역시 느슨함에 있다. 욕심을 버리고 일부러 일을 만들지 않는 것은 벼슬살이하는 자에게는 중요한 기준이다.

4. 말과 행동을 각별히 조심하기

벼슬살이를 하는 자가 일부러 일을 만들지 않는 경지에 이르려면 진지한 관찰을 통하여 벼슬길 뒤에 숨겨진 보이지 않는 규칙을 알아내는 일이 가장 중요하다. 이러기 위해서는 오랫동안 쌓인 경험과 명약관화한 통찰력을 필요로 한다. 옛말에 '나이가 어리면 하는 일도 미덥지 않다.'고 일렀으니, 이는 바로 이런 상황을 두고 한 말이다. 벼슬길에 오른 자는 왕성한 원기와 넘치는 기개로 거리낌이 없어서 자기 자신이 어떤 일이든 할 수 있다고 여긴다. 그리고 능력을 뽐내며 자신을 과시하려고 한다. 바로 경박하기 때문이다. 이 때문에 흔히 큰 손해를 보기도 한다.

소동파蘇東坡가 시구를 고쳐 쓰고 당한 폄적이 바로 그 증거이다.

송나라 때 소동파는 예부상서禮部尙書의 자리에 있었다. 어느 날, 그는 왕안석王安石을 방문했다. 소동파는 서재에서 왕안석을 기다리며 책상 위에 있던 두 구절의 미완성 시를 보았다.

명월明月은 나뭇가지에서 울고,
황구黃狗는 꽃술에 누워 있네.

明月枝頭叫,
黃狗臥花心.

소동파는 아무리 생각해도 의문이 풀리지 않았다. 명월이 어떻게 나뭇가지에서 울 수 있을까? 또 황구는 어떻게 꽃술 위에 누울 수 있을까? 그래서 소동파는 그만 붓을 들어 이렇게 고쳐 쓰고 말았다.

명월은 하늘에서 세상을 비추고,
황구는 꽃그늘에 누워 있네.

明月當空照,
黃狗臥花蔭.

왕안석은 돌아온 뒤 시가 바뀐 걸 보고 불만이 가득하여 누구의 짓인지 큰 소리로 물었다. 하인들은 사실대로 이야기했다. 이때부터 왕안석은 소동파를 헐뜯으며 비웃었다. 그리고 얼마 뒤 그를 합포合浦로 내치고 말았다. 왕안석은 작심하고 그를 혼내려는 것은 결코 아니었다. 그저 식견이 좁은 그에게 교훈을 주려는 의도였다.

합포에서 소동파는 여유 있고 자유롭게 세월을 보냈다. 어느 날, 밖으로 산보를 나갔던 그는 한 무리의 아이들이 한 떨기 꽃을 둘러싸고 소리를 지르는 것을 보았다.

"황구 나와라, 흑구 나와라, 빨리빨리 나와라, 어서어서 나와라!"

소동파는 호기심이 일었다. 곁으로 다가간 그는 아이들이 무엇을 보고 부르는지 물었다.

"저 벌레에게 빨리 나오라고 소리치는 거예요, 저희들이 잡으려고요."

소동파가 꽃으로 바짝 다가가 보니 깨알만한 크기의 황색과 흑색의 벌레가 꽃술 속에서 꿈틀거리고 있었다.

"이 벌레 이름이 뭐니?"

소동파의 물음에 아이들은 이렇게 대답했다.

"황구충黃狗虫, 흑구충黑狗虫이예요."

소동파는 아이들 곁을 떠나 한 그루 보리수나무 밑으로 왔다. 마침 나무에서는 맑고 듣기 좋은 새소리가 들렸다. 소동파는 곁에 있는 이에게 물었다.

"이 새 이름이 무엇이죠?"

곁에 있던 이는 이렇게 대답했다.

"명월조明月鳥네요."

이 순간 소동파는 문득 모든 것을 깨치며 자기가 왕안석의 시를 잘못 고쳤음을 알았다.

소동파가 합포로 쫓겨난 것은 또 다른 속사정이 있다고 말하는 이들도 있다. 한 편의 시를 고쳤기 때문만은 아니라는 것이다. 이런 역사적인 문제는 더 이상 언급하지 않겠다. 다만 이 일을 통하여 우리는 소동파가 일처리에 차분하지 못하고 덤벙대는 성격이었음을 약간이나마 짐작할 수 있다.

만약 소동파가 세상 물정을 조금이라도 알았더라면 비록 이해는 못해도 침착하게 처리했을 것이다. 또 때를 기다리면서 슬슬 에둘러 그 내막을 이해하여 의문이 완전히 사라진 다음에 '노여움을 살 짓'을 하는 게 맞는 일이 아니겠는가? 벼슬살이하는 이들 가운데 어떤 이는 자기 재능 때문에 화를 불러들인다. 그들은 자기가 자랑하고 뽐내는 밑천이 종종 다른 사람에게 이용되는 약점이라는 사실을 모르고 있다. 일찍이 노자도 이 문제에 대하여 양자거陽子居와 토론한 바 있다.

온정균溫庭筠은 어려서부터 총명하고 이해력이 빨랐다. 업적을 남긴 다른 시인들처럼 그도 어려서부터 공부하는 것을 좋아하여 최선을 다해 항상 연구하고 배웠다. 그가 거문고를 타고 피리를 잘 불며 시사에 더욱 능했다는 이야기가 『구당서』에도 보인다.[55] 그는 당시 이상은李商隱과 함께 이름을 날렸기에 세상에서는 이들을 '온이溫李'라고 일렀다.

『북몽쇄언北夢瑣言』에는 온정균에 대하여 이렇게 기록하고 있다.

"재치 있는 생각에 문장이 화려했으며 특히 소부小賦에 뛰어났다. 시험장에 들어설 때마다 운자韻字를 주고 부賦를 짓게 하면 대체로 두 손을 벌렸다가 팔짱을 한 번 낄 때마다 한 구씩, 여덟 번으로 여덟 구율시를 완성했다."[56]

이 때문에 사람들은 온정균을 '온팔차溫八叉'[57]라고 불렀다. 고대 중국에서 창의력이 뛰어나 몇 발자국 걸음을 옮기는 사이에 시를 완성했다는 이야기는 있지만 온정균처럼 팔짱을 여덟 번 끼고 나면 한 편의 시를 마무리한 이는 두 번 다시 나타나지 않았다.

이렇게 재능이 넘쳤지만 그는 진사를 뽑는 몇 차례의 과거에 급제하지 못했다. 오늘날의 고증에 의하면 온정균은 나이 마흔이 다 된 개성開成 4년(839년)에야 과거에 응시하기 시작했으나 급제하지 못했다. 다만 경조부에서 치르는 시험에 참가할 수 있는 자격을 얻었지만 성에서 치르는 시험에는 참가조차 할 수 없었다. 어쩌면 그 원인은 궁중의 정치 투쟁의 피해를 당했기 때문이었는지도 모른다. 양현비楊賢妃의 참언과 모함으로 장각태자庄恪太子 측근 수십 명이 피살되거나 축출되어 거의 죽거나 사라지고 뒤따라 장각태자도 갑자기 세상을 떠났다. 이런 정치 투쟁에 휘말려들어 횡액을 면한 것도 다행인데 어떻게 온정균이 진사로 급제하기를 기대하겠는가? 그가 과장에 들어가기도 전에 급제할 수 없는 운명은 이미 정해진 일이었다. 개성 4년에 그는 과거에 낙방한 뒤, 우교雩郊에서 2년 동안 지냈다. 그 자신의 말을 그대로 옮기면 '고향에서

55 能逐弦吹之音, 爲側艶之詞.

56 才思艶麗, 工于小賦, 每入試, 押官韻作賦, 凡八叉手而八韻成..

57 '팔차八叉'란 양손을 여덟 번 교차했다는 뜻이다.

관리 추천을 했지만 2년 동안 병으로 갈 수 없었다.' 하지만 당시 온정균이 진짜 병에 걸렸었는지 아니면 화를 입을까 두려워 집안에만 있었는지는 알 길이 없다. 온정균은 마흔한 살 때 회남淮南으로 가서 이신李紳을 만났다. 온정균은 나이 여덟 살 때부터 이미 이신과 서로 알고 지냈으니 어렸을 때부터 친구였던 셈이다. 쉰다섯이 되던 해에 온정균은 다시 과거에 응시했다. 그는 이전에도 몇 차례 응시했으나 모두 낙방이었다. 이번 과거는 대중大中 9년(855년)에 치러졌다. 심순沈詢이 주임시험관으로 치러진 이 회시會試에서 온정균은 과거시험장을 훼방 놓고 어지럽히며 온 장안의 여론을 분분하게 만들었다. 온정균이 '다른 사람의 어려움을 구해주는 이'라는 별명처럼 과거시험장에서 곁에 있는 수험생을 도와주려고 했기 때문에 일어난 사건이었다. 이때, 심순은 온정균을 특별히 자기 앞에서 시험을 치르도록 조치했다. 그러자 온정균은 소란을 피우며 과거시험장을 어지럽게 만들었다. 이에 심순은 엄중하게 감독하며 주의를 줬지만 온정균은 그래도 여덟 명의 수험생에게 몰래 도움을 주었다. 당연히 그는 이번 과거에도 급제할 수 없었다. 그 후, 쉰여섯 살부터 온정균은 이런 걱정거리를 끊어버리며 다시는 관계에 발을 들여놓지 않았다.

온정균은 과거시험장에서 소란을 피운 뒤 수주隨州 수현隨縣의 현위縣尉로 관직이 떨어졌다. 이보다 더 하찮은 벼슬이 없을 만큼 작은 감투였다. 나중에 그는 서상徐商이 관장하던 양양襄陽에서 순관巡官의 자리를 얻는다. 이때, 온정균의 나이 벌써 쉰여섯이었다. 양양에서 온정균은 피성식皮成式, 주요周繇 등과 교유하며 시를 주고받았다. 양양에서 몇 년을 머무르던 온정균은 서상이 황제의 부름으로 궁궐로 들어가자 그의 뒤를 따라 양양을 떠나 강동江東으로 갔다. 이때, 그의 나이 예순한 살이었다. 그러다가 예순둘이 되는 해에 회남으로 돌아왔다. 온정균은 당시 비록 시로 이름을 널리 날렸으나 이미 의욕을 잃었고 행동까지 절제하지 않았으며 귀족의 후손인 배감裴減, 영고고令孤高 등과 두루두루 술잔을 나누며 허물없이 지냈다. 당시 영고도令孤陶는 회남을 떠나 출전했으나 온정균은 그가 자리에 있을 때 자신을 억압했기에 알고 지낸 지 오래 되었지만 그가 떠나는 자리에 얼굴을 내밀지 않았다. 그 뒤, 온정균은 극심한 가난으로 양자원揚子院에 구걸을 하다가 술에 취해 야간 통행금지를 위반하게 되었다. 이때, 순라를 도는 병사에게 뺨을 맞으며 치아도 내려앉았다. 온정균은 이 사실을 영고도에게 호소했으나 영고도는 무례한 병사에게 아무런 처벌도 내리지 않았다. 오히려 이 병사는 온정균이 홍등가에서 못된 짓을 벌였고 품행도 엉망이라며 극언을 퍼부었다. 이리하여 온정균의 품행이 엉망이라는 소문이 서울에까지 전해졌다. 예순세 살의 늙은이가 치아도 부러진 데다 소문도 나빠지자 서울로 올라온 온정균은 고관들에게 편지를 보내며 자기의 억울함을 씻기 위하여 자초지종을 설명한 뒤 서울에 머물렀다.

함통咸通 6년, 온정균은 국자조교國子助敎의 자리에 앉았다. 그리고 이듬해 치러진 국자감시國子監試에서 온정균은 주시험관을 맡았다. 일찍이 몇 차례나 과장에서 핍박을 받았던 온정균이었으나 자기가 주관한 시험에서는 전혀 달랐다. 그는 엄격하게 글을 판단한 뒤에 이렇게 말했다.

"방에 붙은 이의 시문 서른 편을 여러분 앞에 공개합니다."

그리고 이렇게 게시문을 붙였다.

"여기 진사들이 내놓은 시편들은 조예가 깊어 우리의 정신을 교화할 만하고, 또 시문의 음률은 솔직하고 격하며, 그 가락은 풍요의 모습을 갖추었고, 이 시기에 쓰기 힘들었겠지만, 등불 아래 당당한 구절이 뛰어나기에 진실로 뭇사람 앞에 명단을 게시하여, 감히 아름다운 글을 홀로 전단하지 않고, 경모와 함께 이 글들을 내보여, 이로써 사심이 없음을 밝힙니다."[58]

여러 사람 앞에 시문을 공포한 것은 함께 감독하고 채점했다는 의미였다. 그리고 뒤에서 버티고 도와주는 힘 때문에 선비를 뽑아야 하는 옳지 못한 풍조를 철저히 막았기에 당시에는 이 일이 미담으로 전해졌다. 하지만 이 사건은 온정균에게 불행을 가져왔다. 그는 전적으로 시문을 기준으로 판단하여 합격시켰고 그 시문을 여러 사람들에게 공개했기에 권세 있는 자들의 불만을 샀다. 그리고 방에 붙은 시문 가운데는 당시의 정치 상황을 질책하고 부패한 자를 까발리는 내용도 있었다. 온정균은 이런 시문을 '어조가 격렬하고 솔직하며 민요조의 가락을 갖추었다.'고 칭찬했지만 권세 있는 자들은 이 때문에 그를 더욱 미워했다. 재상 양수楊收는 더욱 분노하여 온정균을 방성위方城尉로 떨어뜨렸다.

이렇게 입은 타격에다 거듭된 폄적으로 이미 나이도 많은 온정균은 이해 겨울 분하고 답답한 마음을 안고 세상을 떠났다. 『당재자전唐才子傳』에는 "끝내 실의에 빠져 타향을 떠돌다가 삶을 마쳤다."[59]고 기록했다. 방성에 온 뒤 얼마 되지 않아 죽었는지 아니면 방성에 오지도 못하고 죽었는지 알 수 없다. 한 시대의 천재가 가난과 실의 속에 세상을 떠났으니 천 년도 더 지난 지금도 사람들은 안타까워하고 있다.

여본중呂本中이 '벼슬살이하는 이가 지켜야 할 도리'로 제시한 세 가지 원칙 가운데 하나는 '삼가고 조심하기'이다.[60] 말도 삼가고 조심해

---

58 右, 前件進士所納詩篇等, 識略精進, 堪裨敎化, 聲調激切, 曲備風謠, 標題命篇, 時所難著, 燈燭之下, 雄詞卓然. 誠宜榜示衆人, 不敢獨斷華藻, 並仰榜出, 以明無私.

59 竟流落而死.

60 남송의 시인 여본중이 '당관지법當官之法'으로 내세운 세 가지는 청렴하기[淸],

야지만 행동도 삼가고 조심해야 함을 뜻한다. 측천무후가 직접 쓴 『신궤臣軌』에는 이 문제에 대해 별도의 글로 논술하고 있다. 예컨대, '신하된 자가 세심하게 삼가고 조심하지 않으면 모두가 평생 후회한다. 또 말을 함부로 내뱉으면 화를 불러온다.'[61]는 말, '하지 말아야 할 말을 하지 않으면 재앙을 면할 수 있다.'[62]는 구절, '평생토록 착하게 살다가도 말 한 마디로 그르치니 어찌 삼가고 조심하지 않으리!'[63]와 같은 경구가 그러하다. 다른 예를 들면, 『설문청공종정록薛文清公從政錄』에는 '다른 이에게 한 글자라도 함부로 말하지 말 것이며, 한 마디라도 함부로 응낙하지 말라.'[64]라고 했다. 또 청나라 때 정단鄭端의 『정학록政學錄』은 '말이란 길흉과 영욕을 만들어내는 핵심이다. 벼슬길에 오른 자는 언제나 침묵하는 것이 가장 훌륭하다.'[65]라고 기록했다.

벼슬길에 오른 이들에게 주는 잠언을 쓴 작가들은 유교 경전에서 근거를 찾거나 개인적인 정치 경험의 결산을 통하여, 입으로 나오는 무서운 화에 대하여 깊이 깨닫고 벼슬길에 오른 이들에게 말이 많으면 반드시 손실이 있다고 진지하게 타이른다. 어떤 잠언은 어떻게 조심조심 삼가며 말을 할 것이며 어떻게 말을 적게 할 것인지, 그 구체적인 규정까지도 내놓았다.

청나라 때 이공李塨이 쓴 『부평증언富平贈言』에는 '무릇 말을 함에

삼가고 조심하기[愼], 부지런하기[勤]이다.

61 人臣不愼密者, 多有終身之悔. 故言易泄者, 召禍之媒也.

62 非所言勿言, 以避其患.

63 終身爲善, 一言敗之, 可不愼乎!

64 一字不可輕與人, 一言不可輕許人, 一笑不可輕假人. 마지막 구절은 웃음 띤 얼굴을 다른 이에게 함부로 보이지 말라는 뜻이다.

65 言者, 吉凶榮辱之樞機也. 爲官常默最妙.

는 반드시 그 까닭이 있어야 한다. 불쑥 튀어나와서도 안 되고, 전혀 갈피를 잡을 수 없어도 안 되고, 질서나 조리가 없고 불명확해서도 안 되고, 앞은 있으나 마무리가 없어도 안 된다. 의례적인 말은 너무 고상하게 하지 말라. 상대방이 못 알아들을 수도 있다. 또 천하고 속되게 말하지 말라. 사람으로서 위엄이 없을까 걱정이다.'[66]라고 했다.

왕식王植은 『응대應對』에서 '윗사람이 물으면 반드시 자세하고 확실하며 간단하고 적절하게 대답해야 한다. 또 누구를 지적하지 않고 두루 물었을 때, 나를 가리키는 게 아니라면 역시 말을 많이 하지 말라.'[67]고 했다.

이런 인식은 모두가 실제적인 경험 없이는 결코 나오기 어렵다.

벼슬길에 오른 이가 행실을 조심하고 삼갈 잠언은 청나라 세조 복림福臨의 『어정자정요람御定資政要覽』에서도 찾을 수 있다. 이 글에서 복림은 '도덕적 자질을 높이고 공훈과 업적을 세우며 선행으로 수신하면서 다른 이와 교제하려는 자에게는 오로지 행동만이 있을 뿐이다. 자칫 한 번 생각을 방자하게 하여 세상 돌아가는 일과 어긋나면 한 순간의 소홀함으로 평생을 후회한다. 참으로 그러하니, 조심하고 삼가지 않을 수가 없다.'[68]고 일렀다.

벼슬길에 오른 이에게 주는 잠언 중에 어떤 구절은 그 규정이 구체적이다. 여본중의 『관잠官箴』에는 '벼슬하는 자는 스스로 청렴결백해야 하며 도량이 좁고 간사한 자에게 기밀이 누설되지 않도록 힘써야 한다.

66 凡出言必有所爲, 不得突出其來, 不得茫無頭緒, 不得雜亂不淸, 不得有首無尾. 應酬之言, 勿過文, 恐人不省也. 勿俗俚, 恐人不威也.

67 上官有問, 答之必詳明, 又須簡當. 如泛然有問, 意不在我, 亦勿多言.

68 進德修業,淑身以接物者,其唯行歟?一念肆而庶事乖,一刻忽而終身悔. 甚哉不可以不愼也

문자 따위를 끌어다 쓴 것처럼 모두가 명백해야 근거 없는 말로 입을 상처를 방지할 수 있으니, 참으로 조심하고 삼가지 않을 수 없다.'[69] 고 했다. 또 '벼슬하는 자는 무릇 별나거나 예사롭지 않은 이와는 서로 접촉하지 말아야 한다. 점쟁이나 무당 그리고 비구니 등은 응당 멀리하고 거리를 두어야 한다. 깨끗한 마음으로써 번잡한 일을 더는 것을 근본으로 삼아야 한다.'[70]라고 했다. 이것은 벼슬을 하는 이가 공문을 처리하고 남의 의견을 들으며 오가는 가운데 조심하고 삼가며 일을 처리해야 할 것을 요구하고 있다. 여기서 『설문청공종정록』의 한 구절을 다시 보면, '일을 처리함에 있어서 깊이 생각하여 느긋하게 처리하는 것이 제일이다. 깊이 생각하면 일의 본질을 잘 알 수 있고, 느긋하게 처리하면 타당함에 이를 수 있다.'[71]라고 했다.

원수정袁守定의 『거관통의居官通義』에도, '정사에 임함에 반드시 잘 생각하고 깊이 헤아려야 득이 있고 실은 없다.'[72]라고 일렀다. 벼슬을 하는 자는 일을 처리함에 있어서 깊이 생각한 뒤에 행해야 실책을 막을 수 있다는 말이다. 벼슬길에 오른 이에게 주는 잠언 가운데 조심하고 삼가야 할 행위에 관한 인식이 폭넓게 망라되어 있다. 벼슬하는 자의 수신, 행정 업무, 교제, 판단, 금품 수수, 사치욕, 말과 행동에 대해 언급하면서 온힘을 다해 사소한 일에도 조심하고 삼가며, 발소리도 들리지 않을 만큼 조심조심 행동하고, 겸손하면서도 자신에게는 엄격한 군자가 되라고 이른다.

69 当官既自廉洁,又須關防小人,如文字歷引之類,皆須明白,以防中傷,不可不至愼,
70 當官者, 凡異色人皆不宜與之相接, 巫祝尼媼之類, 尤宜疏絶. 要以淸心省事爲本.
71 處事最當熟思緩處, 熟思則得其情, 緩處則得其當.
72 臨政須善思熟思, 則有得無失.

벼슬살이하는 자는 언행을 조심하고 삼가야 한다는 말은 일을 처리하면서 말이나 행동이 극단적이지 않고 신중해야 한다는 뜻이다. 『송패류초宋稗類鈔』에 실린 이야기를 보자.

"송나라 때 상주常州 출신의 소액蘇掖이란 이가 있었다. 이 사람은 벼슬이 지방의 감찰관監察官에 이르렀다. 집안에 돈도 꽤 있었지만 지나치게 인색하여 전답이나 건물을 사들일 때는 언제나 상대방이 받을 만한 금액을 쳐주지 않았다. 언젠가는 한 푼이라도 더 적게 치르려고 상대방과 얼굴이 귀밑까지 빨갛게 되도록 다투기도 했다. 그는 다른 사람이 궁색하고 위급한 상황에 빠졌을 때 급하게 내놓은 건물이나 전답이나 기타 물품 가격을 낮추어 깎음으로써 폭리를 취하곤 했다.

한번은 그가 부도로 쓰러진 어떤 이가 내놓은 별장을 사려고 마음먹었다. 그는 온갖 수단을 동원해 가격을 낮추어 깎으려고 상대방과 팽팽히 맞서며 물러서지 않았다. 그의 아들이 곁에서 차마 더 이상 보지 못하겠다는 듯 참지 못하고 입을 열었다.

'아버님, 그냥 돈 좀 얹어주시죠. 언젠가 저희 아들 손자들이 어쩔 수 없이 이 별장을 팔아야 할 때 돈 좀 낫게 받을 수 있도록 말입니다.'

소액은 아들이 하는 말을 듣자 놀랍기도 하고 부끄럽기도 했다. 이 때부터 그는 각성하기 시작했다."

제각기 단점도 있고 장점도 있어서 어느 쪽이 이롭고 어느 쪽이 해로운지에 대한 비교는 남다른 분별력을 필요로 하지만 하나의 예술이기도 하다. 눈앞의 득실만이 아니라 이후의 생존과 발전까지 계산해야만 가장 지혜로운 선택을 할 수 있기 때문이다.

송나라 때 서하西夏 지방의 수령 조원호趙元昊가 모반을 했다. 황제는 변경의 수비 상황을 물었지만 황제를 보좌하는 대신들은 대답할 수 없었다. 이튿날, 추밀원에 근무하는 네 사람이 파면을 당하고 왕종王鬷

은 괵주虢州로 좌천되었다. 한림학사 소공의蘇公儀는 왕종과 교분이 두터웠기에 그를 떠나보내려고 성 밖에까지 나왔다.

이 자리에서 왕종은 소공의에게 이렇게 말했다.

"오늘 나의 폄적을 벌써 십 년 전에 어떤 이가 예언했다네."

그러자 소공의가 이렇게 받았다.

"떠돌이 점쟁이의 헛소리였겠지?"

왕종이 말을 이었다.

"아닐세. 예전에 내가 삼사염철부사三司鹽鐵副使로 근무할 때 하북河北 지방으로 가서 죄수를 판결한 적이 있었네. 당시 조위曹瑋가 섬서陝西 지방에서 좌천되어 하북 지방의 정주 사령관을 담당하고 있었네. 내가 이 일을 다 끝내고 돌아가려고 하자 조위가 내게 공무를 다 끝냈으니 돌아가야겠지만 할 이야기가 있으니 하루만 더 묵었다 가라고 말했네."

그러면서 왕종은 자기의 경험을 들려주기 시작했다.

그 이튿날, 왕종은 간단하게 식사를 끝낸 뒤 곁의 사람들을 물리쳤다. 그러자 조위가 입을 열었다.

"당신은 권세와 지위가 높게 될 얼굴입니다. 장차 추밀사가 아니라 국경을 지키는 부대의 총사령관이 될 것입니다. 어떤 이는 당신이 재상이 될 상이라고 말하지만 제가 보기에는 불가능합니다. 하지만 십 년이 되기 전에 분명 이곳에서 군사를 한 손에 장악할 것입니다. 그때, 서쪽에서 엿보는 적이 있을 것인즉, 변경 수비를 위하여 널리 인재를 모으면서 준비를 단단히 해야 할 것입니다. 그렇지 않고 발등에 불이 떨어지면 대처할 방법이 없습니다."

왕종이 말했다.

"변경의 일이라면 당신이 가장 잘 알 터이니 지금 가르침을 주시지요."

조위가 대답했다.

"제가 섬서 지방에 있을 때, 서하의 수령 조덕명趙德明이 일찍이 사자에게 말 몇 필을 딸려 보내며 중국과 교역을 하려고 했습니다. 그때, 사자가 얻을 수 있는 이윤이 박하다고 하자 조덕명은 화를 내며 그를 죽이려고 했지만 아무도 나서서 말리는 이가 없었습니다. 덕명에게는 이제 겨우 열 살이 넘은 아들이 하나 있었는데, 이 아들이 힘을 다하여 말리고 나섰습니다. 말 몇 필로 이웃나라에 경제적 도움을 구하려는 것은 벌써 실책이라는 것입니다. 더구나 지금 돈 몇 푼 때문에 변경을 수비하는 이를 죽인다면 나중에 누가 우리를 위해 애를 쓰겠느냐는 것입니다. 저는 그의 말을 듣고 마음속으로 이 아이가 분명 심지가 예사롭지 않다고 생각했습니다. 또 그가 자주 저자에 나온다는 말을 듣고 그를 알고 싶었습니다. 그래서 사람을 보내 그를 부르려고 했지만 뜻을 이룰 수 없었습니다. 저는 그림 잘 그리는 이를 시켜 그의 얼굴을 그려오게 했습니다. 화상을 자세히 살피니 그는 참으로 영준하고 빼어난 모습이었습니다. 이 아이가 이제 우리의 국경을 가만 두지 않고 화를 일으킬게 분명합니다. 가만히 계산해 보니 이제 당신이 정무를 손에 쥐게 될 터인즉, 많은 관심을 기울여야 할 것입니다."

소공의에게 말을 다 한 뒤 왕종은 감탄한 듯 이렇게 말했다.

"나는 당시 잘 몰랐는데 이제 생각해 보니 그가 그린 인물이 바로 조원호였네."

남의 어려움을 세심하게 헤아릴 수 있다면 사람의 마음도 얻을 수 있으며 사람의 마음을 얻는 자는 천하를 손에 넣을 수 있다. 이것도 모두 벼슬길에 오른 이의 신중하고 조심스런 행동에 달려 있다. 바로 이런 행동은 자기를 위하여 퇴로를 만드는 일이기도 하다. 언제나 남에게 얼마만큼의 퇴로를 열어주어야 한다. 남에게 여유를 주는 것이 곧 자기에게 여유를 주는 것이기 때문이다.

제5장
머리 조아리기, 꼬리 내리기, 꼬리 흔들기

'머리 조아리기, 꼬리 내리기, 꼬리 흔들기'는 봉건시대 벼슬길에 오른 하찮은 인물이 철저하게 그리고 깊이 깨달아야 할 '꼬리 감추기' 형태의 벼슬살이 방법이다. 머리 조아리기는 부드러운 모습을 통해 다른 사람의 공격을 덜 받을 수 있다. 또 개가 꼬리를 내리는 것은 사실은 공격을 위한 행동이니, '물러섬으로써 지킬 수 있고 나아감으로써 칠 수 있다.'[73]는 말도 바로 감추며 드러내지 말라는 뜻이다. 또한 꼬리 흔들기는 윗사람에게 잘 보이기 위하여 아첨을 떠는 것을 말한다.

1. 머리를 조아리며 어리석은 체하기

윗사람 앞에서 어리석은 체하기와 애송이 노릇하기는 벼슬길에 오른 이가 지켜야 할 '보이지 않는 규칙'이요 하찮은 인물이 관료 사회에

73 退可守進可攻.

서 꼭 실천해야 하는 소중한 지혜이다. 승진이나 좋은 자리를 지키는 데는 누구에게 덕망과 재능이 있느냐가 아니라 누가 '어리석은 체'나 '애송이 노릇'을 잘하느냐를 본다.

그냥저냥 벼슬살이를 하려면 반드시 멋진 '꾸미기'가 필요하다. 진지하게 꾸미기를 해야 할 때는 진지하게 꾸며야 하고 애송이처럼 행세해야 할 때는 애송이처럼 꾸며야 하며 바보처럼 꾸며야 할 때는 바보처럼 꾸며야 한다. 예컨대, 윗사람이 당신을 불러 이야기할 때, 그가 하는 말이 분명히 마음을 슬쩍 떠보는 말이라면 당신도 기꺼이 진심으로 승복하며 깨달은 모습을 지어야 한다. 그렇게 꾸미지 않고 그렇지 않다는 태도를 보인다면 당신은 좋은 결과를 얻을 수 없다.

조조曹操는 간웅으로 조롱을 당했지만 어진 선비를 간절하게 찾았던 인물이었다. 이 점은 그가 쓴 시를 통해서도 알 수 있다.

> 푸르른 그대의 옷차림,
> 조급한 나의 깊은 마음.
> 그대들이 있기에,
> 나는 지금까지 깊이 생각해 왔소.[74]

> 青青子衿,
> 悠悠我心.
> 但爲君故,

74 조조曹操의 『단가행短歌行』 가운데 일부. 『단가행』은 한악부의 곡조 이름으로 잔치에서 쓰인 노랫말이었다. 조조는 정치가요 군사전략가요 시인으로서 인재를 매우 중시했다. 조조의 이 시는 어진 인재를 모시기를 갈망하며 대업을 이루려는 원대한 희망을 노래하고 있다.

沈吟至今.

굴원屈原은 물론이고 옛사람들은 걸핏하면 자신을 향초미인香草美人에 비유하면서 현명한 군주에 대한 애타는 흠모의 정을 쏟아냈다. 그런데 조조는 오히려 어진 선비를 그리워했으니, 그의 마음씀씀이가 얼마나 깊은지 알 수 있다. 그런데도 불구하고 조조는 재능이 출중했던 선비 공융孔融을 받아들이지 못했다. 조조가 원씨袁氏 형제를 깬 뒤, 조비曹丕는 원희袁熙의 처 견씨甄氏를 강제로 차지했다. 그러자 공융은 이렇게 일렀다.

"당초에 무왕武王이 주紂를 베자 주공周公에게 달기妲己를 상으로 내렸을 것입니다."

덫에 걸린 조조는 이렇게 물었다.

"어느 글에 나오는 말이오?"

공융은 느긋하게 대답했다.

"지금 일어나는 일로 옛일을 생각하니 그렇다는 말입니다!"

조조는 그의 신랄한 조소와 풍자에 분노하며 증오했다.

그 뒤, 조조는 나라를 망치는 근원으로 술을 지목하며 금주령을 내렸다. 이에 공융은 이치를 내세우며 힘껏 반대하지 않고 이번에도 신랄한 조소와 풍자로 맞섰다.

"포사褒姒나 달기妲己처럼 아름다운 여자가 나라를 망친다고 했으니, 그럼 혼인도 금해야겠습니다."

당시 천하는 아직 안정을 찾지 못하여 음주로 그르치는 일들은 조조의 머리를 아프게 했다. 공융은 거듭되는 조소와 풍자로 오로지 통쾌함만을 꾀했으니, 결국 그가 당한 죽음도 이상할 게 하나도 없다.

이처럼 박해당한 이들은 여기에 그치지 않는다. 예컨대, 양수楊修,

조식曹植 같은 이들은 스스로도 인품이 고결하다고 여겼지만 지혜가 남달랐다. 하지만 그들은 벼슬살이의 이치를 제대로 몰랐기에 제 목숨도 스스로 보존하지 못했는데 어떻게 뛰어난 재능과 원대한 계략을 논한단 말인가? 그저 역사의 웃음거리에 지나지 않을 뿐이다.

이에 우리는 서서徐庶에 대해 감복하지 않을 수 없다. 서서는 조조의 군영으로 와서 한 마디 말도 하지 않았지만 조조에게 귀빈으로 대접받았다. 적벽대전赤壁大戰[75]이 일어났을 때, 방통龐統이 연환계連環計를 쓰며 배에서 내려 몸을 피하려고 할 때, 서서가 이를 폭로했다. 깜짝 놀란 방통은 강동 지방 백성들의 안녕이 모두 이 계략에 달렸다고 설명했다. 서서는 이 계략을 까발릴 생각이 없었다. 그러나 적벽대전에서 오로지 제 한 몸 물러날 계략을 찾았다. 이리하여 방통은 여차여차해서 서서를 적벽에서 멀리, 싸움터에서 멀리 떨어지도록 했다.

'어리석음'을 이야기하려면 반드시 알아야 할 것이 있다. 바로 '맑은 정신'이다. 맑은 정신이 없이는 당연히 어리석음도 없다. 지나치게 맑은 정신이 있으면 '어리석기도 어렵다.'[76]라고 개탄할 수 있기에 '어리석음'에 대한 깊은 연구는 필요하다. 따라서 '어리석음'은 '맑은 정신'에서 시작해야 한다. 『한서漢書』에 '지나치게 맑은 물에는 노는 물고기가 없으며, 지나치게 따지는 사람에게는 따르는 무리가 없다.'[77]라고 일렀다. 이 말은 '맑은 정신'과 '어리석음'에 대한 설명으로 볼 수도 있다.

물이 지나치게 맑으면 물고기가 살기 힘들다. 벼슬길에 오른 사람이

---

75 208년 7월, 양자강의 적벽(지금의 후베이 적벽 서북)에서 손권과 유비의 연합군이 조조의 군사와 맞붙은 전쟁이다. 조조의 20만 대군이 거의 전멸한 이 전쟁은 적은 병사로 대군을 무찌른 전투로 유명하다.

76 難得糊塗. 청나라 때의 서화가요 문학가인 정판교鄭板橋가 쓴 글.

77 水至淸則無魚, 人至察則無徒.

지나치게 영리하고 과분하게 따지고 살피면 같은 일에 종사하는 사람들을 포용할 수 없다. 벼슬을 하는 자가 벼슬길에 놓인 모든 문제에 대하여 지나치게 분명하면 일체의 어두운 면에서 벗어날 수 없다. 이는 지나칠 정도로 끔찍한 정신적인 고통이다. 정의감은 하나하나 조금씩 닳아 없어지고 남는 것이라고는 이전에는 언급하기 싫어했던 것들이다. 따르는 무리가 없다는 말은 환경에 적응하지 못한다는 뜻으로 의미가 확대되어야 한다. 벼슬길에 오른 이가 자기가 처한 벼슬살이에 적응할 수 있느냐 없느냐, 곧 함께 일하는 이와 같이 어둠에 물드느냐 물들지 않느냐는 벼슬살이를 할 수 있느냐 없느냐를 결정하는 힘이 된다.

벼슬길에 오른 이는 막 부임했을 때, 항상 넘치는 기개와 진실한 마음으로 임하지만 벼슬길에 놓인 수많은 어두운 면이 얼마나 잔혹한지 헤아리지 못하는 경우가 많다. 그리하여 서서히 조심조심 삼갈 줄도 알고, 차츰차츰 같은 직장에 근무하는 이와 함께 나쁜 짓도 하면서, 결국에는 자신도 갖가지 이야기를 만들어내는 벼슬아치가 된다.

지나치게 따지는 것이 나쁜 일은 결코 아니다. 사람이 지나치게 따지고 살피지도 못한다면 바보나 천치와 다를 바가 있겠는가? 그러기에 지나치게 따지는 것은 결코 잘못이 아니라 인간의 본성이다. 사람은 저마다 지각력과 통찰력과 주변 세계에 대한 인식이 있게 마련이다. 그것이 일방적이고 단편적일 수는 있지만 세계에 대한 인식을 결코 방해하지는 않는다. 지식수준과 환경의 제한을 받기 때문에 사람마다 만들어진 견해는 같지 않다. 벼슬을 하는 자는 자기가 처한 벼슬살이에 대해 인식한다. 그것이 긍정적이든 부정적이든 얼마간의 어두운 내막을 알게 된다. 이것은 벼슬길에 오른 이들은 누구나 부닥치는 일이다.

벼슬길에 오른 이 가운데 몇몇 정직한 이들은 어두운 현실을 받아들이지 못하고 가슴에 진실하고 충성된 마음을 품고 일하지만 곁에 있는 이들의 모함을 면하기가 힘들다.

삼려대부三閭大夫 굴원은 충만한 정기와 나라를 위한 마음뿐이었지만 오히려 권신들에게는 눈엣가시가 되었다. 그는 오래지 않아 남후南后의 모함으로 유배를 당했다.

이렇게 되자 그는 비로소 자기 행동을 후회하기 시작했다. 그리고 자신이 일의 큰 흐름을 돌보지 않고, 자신을 멋지게 규제할 수도 없었기에 남후 회옥懷玉을 멋지게 대할 수 없었음도 인정했다. 굴원은 자신을 원망하며 나무랐다.

"한 번 좌절하면 한 가지 지혜가 생긴다는데, 나는 무슨 까닭으로 내 태도를 바꾸지 못한단 말인가? 사다리를 없앤 뒤 하늘로 오를 생각을 하다니, 나는 꿈꾸듯 헛된 생각을 한 멍청이다. 내 불타는 충성심이 이렇게 화를 부를 줄이야 아예 생각지도 못했으니. 세속을 뛰어넘다가 자빠지고 엎어졌으니, 내 스스로 사람들의 비웃음을 불러들였다."

성성한 백발에 초췌한 모습의 굴원은 멱라수汨羅水 강변을 방황하고 있었다. 이런 그의 행동은 강에서 고기잡이하던 이의 주의를 끌었다. 굴원은 이 고기잡이가 깜짝 놀라며 하는 말을 들어야 했다.

"어, 어르신은 삼려대부가 아니십니까?"

굴원은 천천히 고개를 끄덕이며 대답했다.

"바로 그렇소이다!"

고기잡이는 더욱 깜짝 놀랐다. 지금 온 나라의 높은 벼슬아치들이 조정에서 먹고 마시며 즐기는데 이 어르신의 엉망진창인 모습과 의기소침함이라니!

"여기서 무엇을 하십니까?"

굴원은 하늘을 우러르며 길게 탄식했다.

"아! 세상 사람들은 모두 취했는데 나만 홀로 깨어 있고, 세상 사람들은 모두 더러운데 나만 홀로 맑았으니!"

고기잡이는 잠깐 생각하더니 문득 깨달은 듯 이렇게 말했다.

"그럼 어르신은 남다른 사람이 아니란 말입니까? 왜 함께 춤추고 노래하며 즐기지 않습니까?"

굴원은 잔뜩 화가 났다.

"그대는 깨끗하게 씻은 몸에 다시 더러운 옷을 입는 이를 어디서 보았소? 나 참! 어떻게 깨끗한 몸으로 더러운 것을 뒤집어쓸 수 있겠소?"

말을 마치자, 굴원은 '풍덩', 멱라수에 뛰어들어 천고에 명예를 남겼다.

돌이켜 보면, 맑은 정신을 가졌던 이는 결코 그 하나만이 아니었으며, 지나치게 따지며 살폈던 이도 응당 숱하게 많았다. 그렇다고 나머지 벼슬아치들이 모두 아무짝에도 쓸모없는 산송장 같은 사람은 결코 아니었다. 이는 명약관화한 일이다. 굴원은 관계의 어두운 면을 분명하게 알고 이를 원수 대하듯이 미워했으니, 바로 자기 스스로를 막다른 길로 몰아넣은 것과 다름없었다. 물론 이는 자신의 개인적인 이익을 도모하기 위한 것이 결코 아니었다. 오히려 국가와 민족을 위해서였다. 이 때문에 그의 죽음은 국가의 손실이었다.

벼슬길에 놓인 상황을 보고 이에 적응할 수 없다면 참으로 비참한 일이다. 모든 사물에는 어두운 면이 있다. 하지만 일률적으로 논할 수는 없다. 비록 관료 사회에서 나쁜 무리와 어울려 함께 나쁜 물이 드는 것은 수치스러운 일이긴 하지만 얼마만큼의 어두운 면도 필요함을 용인할 수 있어야 한다. 벼슬길에 들어선 이도 다른 사람과 마찬가지로 대국적인 면에 주의를 기울이며 고정된 잣대로 일을 처리하는 데서 벗어나야 한다. 만약 벼슬길에 오른 이가 남의 충고를 듣지 않고 고집대로 하면서 자신의 의향에 어긋날 때 천지자연의 이치로써 받아들이기 힘들다고 여긴다면 그 결과를 예측하기는 힘들지만 이 때문에 밉보인 이는 수도 없이 많았다.

해진解縉도 그런 인물 가운데 하나였다.

영락永樂 3년, 명나라 성조成祖 주체朱棣는 해진을 조정으로 불러 태자 옹립에 대해 상의했다. 성조는 둘째아들 주고후朱高煦에게 민심이 모아졌다고 믿으며 태자로 세울 작정이었다. 그런데 해진은 이렇게 아뢰었다.

"장유유서입니다. 둘째 아드님을 태자로 세운다면 분명 분쟁의 실마리가 될 것입니다."

이 말에 주체는 얼굴에 불쾌한 빛을 드러내었지만 생각을 정하지는 못했다. 해진은 성조가 맏손자를 좋아한다는 것을 생각해내곤 앞으로 나서며 이렇게 말했다.

"폐하께서는 맏손자를 매우 좋아하지 않으십니까?"

이에 주체는 맏아들 주고치朱高熾를 태자로 세우고 둘째 아들 주고후는 한왕으로 봉하기로 했다. 그리고 이를 조서로 만들어 천하에 알리도록 해진에게 명령했다. 이때부터 주고후는 해진에 대한 원한이 뼈에 사무쳐서 밤낮으로 해진을 모함할 기회를 찾았다.

영락 4년, 성조는 황회黃淮 등 몇 명에게 2품 사라의紗羅衣를 내렸지만 유독 해진에게는 내리지 않았다. 뒷날, 구복邱福이라는 대신이 조정의 기밀을 누설한 일이 있었는데, 주고후는 오히려 해진에게 죄를 덮어씌웠다.

영락 5년, 해진은 답안지 채점을 불공정하게 처리했다는 죄를 뒤집어썼다. 성조는 크게 화를 내며 해진을 광서廣西 지방으로 내쳤다. 그전부터 해진과 사이가 좋지 않았던 예부낭중 이지강李至剛은 이 틈을 타서 황제에게 상주문을 올리며 해진을 교지交趾(지금의 베트남)로 다시 내치고 3년 뒤에 서울로 올라와서 황제께 사정을 진술할 수 있도록 규정해야 한다고 아뢰었다.

3년 뒤, 해진은 규정에 따라 서울로 올라와 조정을 향해 그 동안의 상황을 보고했다. 마침 성조 주체는 북쪽 지방 정벌에 나섰다가 아직 돌아오지 않았던 터라 어쩔 수 없이 자기 생각대로 태자를 뵌 뒤 떠나야 했다. 성조가 돌아오자 둘째 아들 주고후는 즉시 해진을 헐뜯으며 나섰다.

"해진은 자기 멋대로 태자와 만난 뒤 재빨리 떠났습니다. 아바마마께는 관심도 보이지 않았으니, 이는 참으로 무례하기 짝이 없는 행동입니다!"

성조는 매우 기분이 언짢았다. 이때, 해진은 광동廣東으로 돌아가는 길에 감강贛江 양안의 가뭄 상황이 심각함을 보자 즉각 조정에 상소문을 올리며 감강을 굴착하여 논밭으로 물을 끌어들여야 한다고 주장했다. 성조는 이 상소문을 읽은 뒤, 그가 쓸데없는 일에 참견하는 인물이라 생각하여 더욱 화를 내며 당장 체포할 것을 명령했다. 옥중에 갇힌 해진은 육체적인 고통에 정신적인 괴로움까지 겹쳤다. 그 뒤, 금의위수錦衣衛帥 기강紀綱은 해진을 눈 속에 생매장해서 죽였다. 당시 해진의 나이 고작 마흔일곱 살이었다. 해진이 이렇게 화를 당한 뒤 그의 가산은 몰수되고 집안 식구들은 유배되었다.

해진은 오래 묵은 규범을 따르며 '장유유서'만 말했지 재능은 말하지 않았다. 그는 눈앞의 형세도 잘 파악할 줄 모르고 단지 자기의 의지와 도덕을 앞세움으로써 윗사람의 뜻과 벼슬길에 놓인 요구에 순응하지 못했으니, 필연적으로 묵사발이 될 수밖에 없었다.

벼슬길에 올랐지만 아직 권력과 세력을 얻지 못한 이는 자기에 대한 윗사람의 의심과 염려를 없애기 위하여 자신의 청백한 명성도 스스로 허물 줄 알아야 한다. 심지어는 기꺼이 부패의 길로 들어설 수도 있어야 한다. 이렇게 해야만 비로소 자기 몸을 온전히 지키려는 목표에 이를 수 있다.

전국 시기에 진시황秦始皇은 왕전王翦에게 60만 대군을 이끌고 초楚나라를 치도록 명령했다. 출정하는 날, 시황은 친히 파상灞上까지 나와 송별연을 베풀었다. 떠나기에 앞서, 왕전은 진시황에게 대량의 전답을 상으로 내려줄 것을 요구했다. 그러자 진시황은 이렇게 말했다.

"장군은 대군을 이끌고 출정하는 마당에 어찌 가난한 생활을 걱정한단 말이오?"

왕전이 대답했다.

"이 몸은 대왕의 장군이옵니다. 싸움터에서 공을 세웠으나 제후가 될 길이 없었습니다. 이제 대왕께서 제게 중임을 맡기시었으니 전답을 상으로 내려주기길 바랍니다. 이로써 제 자손들이 이후 생활의 의지가 되도록 말입니다."

진시황은 이 말에 자기도 모르게 소리 내어 껄껄 웃었다. 왕전은 군사를 이끌고 중요한 길목에 이르면 사자를 보내 시황에게 봉지를 모두 다섯 차례나 요구했다. 그러자 누군가 왕전에게 이렇게 일렀다.

"장군께서 봉지를 요구하는 행동이 너무 과한 것 같소이다."

이 말에 왕전은 이렇게 받았다.

"그렇지 않소. 대왕께서는 남을 의심하는 증세가 심하여 사람을 쓸 때 다 맡기지 않았소. 하지만 지금 진나라의 모든 병사를 내게 건넸소. 만약 지금 내가 자손의 생활을 핑계로 이런 요구를 몇 차례나 했으니, 이제는 설마 궁중에 앉아서 나를 의심할 리야 있겠소?"

일부러 미친 체하고 짐짓 바보인 체 하는 행위는 특수한 상황에서

제 몸을 지키는 방법이다. 일반적으로 제왕은 저 위에 앉아 아랫사람을 죽이고 살릴 수 있는 대권을 손아귀에 쥐고 있다. 신하된 자는 제왕에게 일단 의심을 받으면 목이 달아날 위험을 안게 된다. 이때, 일부러 미친 체하고 짐짓 바보인 체 하는 행위는 제왕에게 시기하고 의심하는 마음을 없앰으로써 목숨을 부지할 수 있게 한다.

곽덕성郭德成은 곽자흥郭子興의 막내아우이다. 이 사람은 매우 총명했으나 술을 좋아했다. 그의 두 형은 공로를 인정받아 제후에 봉해졌지만 곽덕성만은 효기사인驍騎舍人이라는 하찮은 벼슬에 머물렀다.

곽덕성의 누이는 영비寧妃였다. 이런 연고로 주원장은 그를 발탁하려고 했지만 곽덕성은 사양하며 받지 않았다. 황제는 기분이 좋지 않았다. 그러자 덕성은 머리를 조아리며 감사의 뜻을 올렸다.

"소신은 천성으로 술을 좋아해 걸핏하면 술에 취하여 일을 끝맺을 수 없을 때가 많습니다. 지위가 높고 봉록이 많아서 중한 일을 맡으면 제 일을 다 처리해야 합니다. 일을 잘 처리하지 못하면 폐하께서는 제 목을 분명 칠 것입니다. 저는 인생을 자기 뜻에 따라 사는 것을 귀하게 여깁니다. 저는 그저 돈 있으면 좋은 술 마시면 될 뿐 다른 소원은 없습니다."

명태조는 연신 고개를 끄덕이면서 그에게 항아리 백 개가 넘는 좋은 술을 내리고 돈도 한 보따리 건네며 후하게 대우했다. 어느 날, 곽덕성은 태조를 모시고 후원에서 술을 마시고 있었다. 술이 잔뜩 취한 덕성은 모자를 벗은 채 땅바닥을 기어가며 머리를 조아려 태조가 내린 은혜에 감사했다. 태조는 덕성의 머리카락이 몇 올 남지 않은 것을 보자 웃으며 한 마디 했다.

"이 주정쟁이 같으니, 머리카락이 겨우 몇 올밖에 남지 않았는데, 너무 마시는 것 아닌가?"

덕성은 고개를 들고 대답했다.

"저는 몇 올 남지 않은 머리카락도 성가십니다. 다 빠져버려야 시원하겠습니다!"

태조는 입을 다물고 아무 말도 하지 않았다.

술에서 깬 덕성은 두려움에 떨며 짐짓 미친 체 머리를 깎아버리고 승복을 입은 채 입으로는 염불을 그치지 않았다.

명태조는 영비에게 이렇게 말했다.

"처음엔 내가 그대 오라비를 장난으로 여겼는데, 이제는 정말로 제정신이 아닙디다."

뒷날 당쟁으로 불거진 재난에 연루되어 목숨을 버린 자가 1만을 헤아렸다. 여기에 공신들은 거의 빠짐없이 피살되었지만 덕성은 오히려 화를 모면했다.

곽덕성은 주원장의 '효기지휘驍騎指揮'로서 궁중에 자유로이 출입할 수 있었다. 게다가 그의 누이도 궁중에서 주원장을 모시고 있었다. 어느 날, 곽덕성이 황궁으로 들어오자 주원장은 황금 두 덩어리를 주며 소문을 퍼뜨리지 말고 조용히 가지고 돌아가라고 일렀다.

곽덕성은 궐문에 이르렀을 때, 신발을 신는 체하며 소매 속에 있는 금덩어리를 일부러 땅바닥에 떨어뜨렸다. 태감이 이를 보고 즉시 태조에게 보고하자 태조는 이렇게 말했다.

"내가 준 걸세."

사람들이 그 뜻을 알아차리지 못하자 덕성은 이렇게 말했다.

"궐문 문지기가 이렇게 빈틈없이 지키는데 금덩이를 숨긴 채 나온다는 것은 절도가 아닌가? 더구나 내 누이가 궁중에서 황제를 모시고 있어서 내 궁중 출입이 이렇게 자유로운데 황제께서 나를 떠보지 않는다고 보장할 수 있겠는가?"

원개元凱의 자는 경문景文으로 송강松江 화정華亭 출신이다. 원나라 말엽 벼슬길에 올랐는데 뛰어난 학식에 넘치는 재치에 말재주까지 대단했다. 홍무洪武 3년(1370년), 원개는 어사御史로 천거되었다. 당시 조야의 무장들은 자기가 세운 공을 앞세워 오만하고 방자한데다 전혀 거리낌 없이 날이 갈수록 더욱 큰 범죄를 저질렀다. 원개는 이 모습이 눈꼴사나워 황제께 글을 올려 건의했다.

"여러 장군들이 군사에는 능숙하지만 군신의 예의는 잘 알지 못하는 듯합니다. 황상께서는 경서에 정통하고 예의에 투철한 학자를 초청하여 무장들이 강의를 들을 수 있도록 각 도독부에 명령하시기 바랍니다. 이렇게 하면 이제 무장들도 자신도 온전케 하고 가족도 보호하는 도리를 깨치게 될 것입니다."

명태조는 즉시 상서성의 여러 신하들에게 명령을 내려 명사를 초빙하여 대궐로 보내 무장들에게 예의에 대해 강의토록 했다.

그 후, 명태조는 수감된 죄수를 사형에 처하려고 했다. 태조는 원개에게 사건을 조사한 문서를 황태자에게 건네 다시 검토하게 했다. 황태자는 좀 더 관대하게 처리해야 한다고 주장했다. 원개가 이 사실을 보고하자 태조는 이렇게 물었다.

"짐과 황태자 가운데 누가 바르게 처리했소?"

원개는 머리를 조아리며 대답했다.

"폐하께서는 법전에 따라 처리하셨고 황태자는 자애로써 사면하려고 했습니다."

황제는 크게 화를 내었다. 황제는 원개가 매우 치밀하고도 교활하게 양쪽 모두의 기분을 맞춘다고 생각하며 그를 몹시 미워했다. 원개는 두려움에 빠져 일부러 미친 척하며 머리를 풀어헤치고 정신 나간 소리를 하고 다녔다. 명태조는 그가 진짜로 미쳤다고 생각하며 죽을죄를 지은 그를 그대로 내버려 두었다. 그 뒤, 원개는 늘그막에 집으로 돌아가 천수를 다하고 세상을 떠났다.

이 세 가지 이야기는 주원장이 의심하기를 좋아했다는 사실과 명 왕조 초기의 벼슬길이 매우 위태했음을 알려 준다. 또 원개와 곽덕성이 세상 형편에 따라 임기응변의 조치를 적절하게 취했음도 알 수 있다.

지난날의 전우가 이제는 군신君臣이 되고, 지난날 격의 없이 친밀했던 사이가 이제는 서로 살피며 경계하는 사이가 되는 것, 이것이 바로 벼슬살이가 만드는 못된 장난이다.

벼슬이 비록 좋긴 하지만 생명이 더 소중하다. 생명을 위해서라면 설령 미친 척하더라도 화는 면해야 된다. 참으로 '이럴 줄 알았다면 내가 왜 그랬을까!'라는 말을 들려주고 싶다.

이제 특별한 예를 말하지 않을 수 없다. 일부 방관자는 난세에 생명을 온전하게 지킬 수 있는 방법은 바로 가장 어리석은 경지에 이르는 것이라고 여긴다. 그러나 이건 사실이 아닐 수도 있다. 그렇다면 그는 진짜로 어리석은 자이다. 이런 사람이 누구인가? 바로 촉蜀의 후주後主 유선劉禪이다.

223년, 촉한을 세운 유비가 병으로 세상을 떠났다. 유비의 열여섯 살 된 아들 유선이 자리에 올랐으니, 후주라고 이른다. 유선은 어리석고 무능한 사람이었다. 나라 다스리는 일에 자기주장이라고는 전혀 없이 일마다 승상 제갈량을 따랐다. 그런데 제갈량이 오장원五丈原에서 세상을 뜨자 그를 보좌하던 유능한 신하들도 떠나가고 나라는 위기에 처했다.

263년, 위魏의 대장 등애鄧艾가 금죽錦竹을 공격하여 손에 넣더니 대군을 이끌고 곧바로 성도成都로 돌진했다. 유선은 항복하여 포로가 되었고 촉한은 멸망을 고했다. 위魏의 황제 조환曹奐은 유선을 위의 도

성 낙양洛陽으로 이주시켜 거주하게 하고 안락공安樂公으로 봉한 뒤 많은 상금을 내렸다. 유선은 이에 아주 만족하며 이국에서의 타향살이를 즐겁게 보냈다.

어느 날, 진왕晋王 사마소司馬昭가 유선을 술잔치에 초대했다. 잔치 중간에 특별히 유선을 위하여 촉의 가무를 공연했다. 유선은 분위기가 흥미진진해지자 잔칫상에 엎드려 크게 웃지 않을 수 없었다. 그 모습을 본 촉한의 옛 신하들은 흐르는 눈물을 주체할 수 없었다. 나라 잃은 감회에다 어리석고 무능한 나라님에 대한 슬픔 때문이었다. 사마소는 이런 모습을 보며 곁에 있던 대신에게 가만히 말했다.

"이렇게 어리석을 줄이야 정말 몰랐소. 이로 볼 때, 설령 제갈량이 살아 있어도 자기 나라를 보전할 수 없었을 거요."

또 어느 날, 사마소는 유선에게 일부러 이렇게 물었다.

"촉 땅이 그립지 않소?"

유선은 이렇게 대답했다.

"이곳이 이리 즐거운데 촉 땅이 왜 그립겠소?"

잠시 뒤, 후주는 화장실에 가려고 몸을 일으켰다. 이때, 촉한에서 벼슬을 했던 극정郤正이 복도로 따라나서며 유선에게 가만히 일렀다.

"앞으로 대장군께서 고향이 그립냐고 다시 물으면 울면서 이렇게 대답하셔야 합니다. '그립지 않은 날이 하루도 없소.'라고 대답해야 촉 땅으로 돌아갈 희망이 생깁니다."

얼마 뒤, 사마소는 과연 똑같은 물음을 유선에게 또 던졌다. 유선은 극정이 이른 대로 대답했다. 게다가 몇 방울의 눈물까지 억지로 흘렸다. 그러자 사마소는 이렇게 말했다.

"어쩌면 극정이 말한 것과 그렇게 똑같소?"

유선은 깜짝 놀라며 물었다.

"아이고, 어떻게 알았소?"

사마소는 껄껄 웃으며 이때부터 유선에 대하여 어떤 의심도 하지 않았다.

'이곳이 즐거우니 촉蜀이 그립지 않다.'[78]는 말은 큰 웃음거리가 되었다. 하지만 진晋이 중국을 통일한 뒤 포로로 잡힌 군주들은 한결같이 피살되었지만 오로지 유선만은 화를 면했다. 이런 어리석음은 천성이지 공부한다고 아는 것은 결코 아니지만 어리석기도 이 정도라면 참으로 비참한 일이다.

어리석은 체하기는 벼슬길에 오른 이에게는 일종의 작은 지혜이다. 그리고 여기에 더하여 인내와 소극적인 은둔을 생각해야 한다. 벼슬길에 오른 자는 자기의 입지를 확고히 하고 여유 있게 행동하려면 어리석을 수 있어야 한다. 어리석을 때와 그러지 말아야 할 때를 알아서 자신을 강하게 하고 자기 세력을 형성하는 것이 벼슬살이의 기본이다.

어리석은 체하기는 목적을 이루기 위한 일종의 도구가 되어 나를 위해 쓰인다. 이런 어리석음이라야 비로소 적극적인 의의를 가진다. 그리고 이것이 바로 지혜로운 어리석음이다.

증국번은 가족 사이에 왕래한 편지에서 형제들에게 이렇게 타일렀다.

"대저 세상이 어지러워 시비가 헷갈리고 흑백이 분명치 않으니, 형제들은 먼저 공부를 하여 평화로움에 이르고, 공부를 하여 어리석음에 이를 것이다."

증국번은 가족 사이에 오간 또 다른 편지에서 한 번 더 강조했다.

78 此間樂, 不思蜀. 현재의 향락에 빠져 자기 본분을 망각한다는 뜻으로 쓰이기도 한다.

"적안迪安의 훌륭함은 세태를 전혀 몰라서 언제나 입을 다물고 멍청한 체 끝까지 자기 뜻을 드러내지 않은 데 있다. 내 동생들이 걸핏하면 제 뜻을 내놓고 있으니, 끝내 복된 길을 얻지 못하리라. 내 말을 마음에 새겨서 언제나 멍청한 체 자기 뜻을 끝까지 내놓지 말라."

적안은 관료 사회에서 그다지 높지 않은 자리에 있던 벼슬아치였다. 증국번은 한결같이 이 사람이 멍청한 체 자기 뜻을 드러내지 않은 것은 그가 어리석음의 오묘함을 알기 때문이라고 생각했다. 이는 앞의 편지에서 말한 공부하여 어리석음에 이르라는 말과 같다. 공부하여 어리석음에 이르라는 말은 행동을 강조하고 있다. 벼슬살이를 하려면 때로는 어리석음을 배워야 하고, 또 언제 어리석음을 행동으로 드러내야 하는지 알아야 함은 물론 어리석음을 무기로 공격도 하고 방어도 할 줄 알아야 한다. 그러나 처음부터 끝까지 어리석은 체하며 끝내 입을 열지 않아야 된다는 말은 벼슬아치의 상태를 강조하고 있다. 어리석음을 호신을 위한 부적으로 삼으며 화를 멀리하고 제 몸을 보호하는 데 그 목적이 있다.

유비와 조조가 술잔을 기울이며 나눈 영웅 이야기를 통하여 우리는 유비야말로 어리석음을 응용할 줄 아는 고수임을 엿볼 수 있다.[79]

영웅도 곤경에 처할 때가 있는 법이니, 당시 유비는 조조에게 의탁

---

79 어느 날, 유비는 채소밭에 물을 주고 있었다. 이때, 조조는 사람을 보내 유비에게 뒤뜰에서 한 잔 술을 기울이자고 제안했다. 조조는 유비와 마주 앉은 자리에서 당대의 영웅에 대하여 이야기를 나누었다. 조조는 이렇게 입을 열었다. "지금 천하에 영웅은 그대와 나, 둘뿐이외다." 유비는 이 말에 깜짝 놀라 손에 들고 있던 젓가락을 자기도 모르게 바닥으로 떨어뜨렸다. 이때 마침 천둥소리가 요란하게 울렸다. 유비는 얼른 기지를 발휘했다. "천둥소리에 깜짝 놀라 젓가락을 떨어뜨렸습니다." 이로써 유비는 자기는 천하에 큰 뜻을 두지 않은 인물임을 조조에게 알리게 되었다. 조조는 더 이상 유비를 의심하지 않았다.

하며 후원에서 채소에 물을 주고 있었다. 재능을 감추고 때를 기다리고 있었던 것이다. 관우關羽와 장비張飛는 이를 눈치 채지 못하고 이렇게 물었다.

"형님께서는 천하에 마음을 두지 않으시고 소인배들이나 할 일을 하고 있으니 어인 일이십니까?"

유비는 이렇게 말했다.

"이는 두 동생이 잘 모르고 하는 말일세."

두 사람은 더 이상 입을 열지 않았다고 한다.

어리석음을 알아야 할 벼슬아치에게 딱 맞는 원칙이다. 게다가 영웅도 숨기고 참으며 때를 기다릴 줄 알아야 한다.

2. 재능을 드러내지 말고 꼬리 내리기

중국 속담에 '모난 돌이 정 맞는다.'라는 말이 있다. 하찮은 인물이 벼슬길에서 '주제넘게 나서기'는 정말 위험한 일이다. 그대가 일단 '나서기'를 하면 몇몇 사람의 이익을 해칠 수 있기 때문이다. 그들은 큰 권력을 손아귀에 쥔 사람일 수도 있다. 또한 큰 권력을 쥐고 있기에 주저하거나 꺼릴 리 없다. 그러기에 어떤 벼슬길에서나 주제넘게 나서는 이는 필연적으로 숱한 위험에 직면하게 마련이다. 설령 일시적으로는 성공할지라도 나중에 다른 이들의 공격을 면할 수 없다.

진나라 때 상앙商鞅의 강대한 나라를 위한 변법變法은 왕성한 힘으로 두각을 나타냈지만 결국 권력자의 이익을 건드렸다. 이 때문에 상앙은 결국 거열형車裂刑[81]으로 목숨을 잃었다.

또 송나라 때 대장 악비岳飛는 전공이 뛰어났지만 진회秦檜의 박해로 죽음에 이르렀다. 그 까닭을 자세히 캐보면 '금金의 거점을 친 뒤 두 황제를 다시 모셔오겠다.'[82]는 그의 주장에 남송의 황제가 앙심을 품고 남모르게 그를 모해했기 때문이다.

근대의 임칙서林則徐도 '후먼虎門의 아편을 소각시킨 사건'으로 결국 유배되었다.

벼슬길에 오른 이들은 모두 선인이 남긴 교훈을 본받아 '머리 조아리는 비법'을 강구해야 한다. 이는 벼슬길에 오른 하찮은 인물이 지켜야 할 법칙이다. 그리고 이 법칙은 벼슬길에서 '교묘하게 피하기'와 '약삭빠르기'로 드러난다.

청나라 말엽 옹동화翁同龢라는 인물이 있었다. 그는 온갖 시련을 겪으며 단련된 벼슬아치로서 '교묘하게 피하는' 방법을 참으로 잘 알았다. 청나라 말엽 정치판은 소용돌이치고 있었다. 이때, 옹동화는 황제를 위하여 권력을 되찾아 오려고 했으나 한편으로는 자기가 권력을 마음대로 휘두른다고 죄를 뒤집어쓸까 걱정이 되어 먼저 캉유웨이康有爲를 보증하며 추천했다. 하지만 캉유웨이의 생각이 그와 같지 않다는 것을 나중에 알고 그는 후회했다. 그가 마음에 두고 한시도 잊지 못하는 것은 오로지 개인의 이해와 득실이었다. 그러나 그는 조그마한 책임이라도 자기에게 돌아올까 걱정이었다. 량치차오梁啓超는 일찍이 그에 대

80 고대에 시행하던 잔혹한 사형 방법. 다섯 마리의 말과 사람을 줄로 연결하여 찢어 죽이던 형벌이었다.

81 直搗黃龍, 迎回二帝. 북송 말에 금나라 군사가 중원을 침범하여 회하 이북 지역을 손아귀에 넣자 조구趙構는 양자강을 건너 남쪽으로 내려와 임안臨安(지금의 항저우杭州)에 남송을 세웠다. 금나라에 맞서 싸우기를 주장한 악비는 여러 차례 전투에 승리하며 금나라의 심장부인 황룡부를 깨뜨리고 금나라에 포로로 잡혀간 두 황제 휘종과 흠종을 다시 모셔야 한다고 주장했다. 이 주장은 남송의 황제 고종 조구의 앙심을 살 수밖에 없었을 것이다.

해 이렇게 평가했다.

"옹동화는 배짱이 너무 없다. 벼슬살이를 하면서 교묘하게 피하려고만 했다. 태평성세에 훌륭한 재상으로서는 적합하지만 어두운 사회를 구원할 이름난 재상감은 절대 아니다."

또 6군자 가운데 하나인 담사동譚嗣同은 그를 이렇게 분석했다.

"그의 생각은, 첫째, 대왕의 뜻에 영합하고, 둘째, 장인환張蔭桓에게 책임을 떠넘기면서 자기는 책임을 지지 않고, 셋째, 자기는 구속되지 않으려는 데 있다."

옹동화가 얼마나 교활하고 약삭빨랐는지 알 수 있다.

실제로 이런 약삭빠르기는 벼슬길에 오른 이의 꼬리 내리기에 불과할 뿐이다. 꼬리 내리기의 장점은 참으로 많다.

첫째, 질투나 비방을 훨씬 덜 받으며 우쭐우쭐 잘난 체하지 않으니 다른 이의 미움을 받을 리도 없다.

둘째, 꼬리를 내리며 수세를 취하기에, 물러서면 지킬 수 있고 나아가면 공격할 수 있다는 말처럼, 재능을 숨기고 드러내지 않음은 벼슬길에 오른 이에게 가장 중요한 비결이다.

셋째, 윗사람은 말 잘 듣는 부하를 좋아한다. 하지만 사사건건 상사와 역방향으로 움직이면 언젠가 그의 손에 넘어질 수 있다.

그러나 꼬리 내리기는 자그마한 노력으로는 절대로 성공할 수 없다. 송나라 때 형서邢恕란 이는 이런 점에 대하여 일찍이 멋진 해석을 내렸다. 형서는 정주鄭州 양무陽武(지금의 허난성 위안양原陽) 사람으로 일찍이 송나라의 명재상 여공저呂公著의 막료였다. 그는 어려서부터 두루두루 많은 책을 섭렵하여 여러 전적에 정통하였으며 고금의 성공과 실패에 관한 이야기를 모르는 게 없었다. 그리하여 한없이 거창한 이야기를 청산유수처럼 능숙한 언변으로 막힘없이 늘어놓았으며, 전국시대 일곱

나라를 두루 유세하던 이들처럼 기개가 자못 대단했다. 그 뒤, 그는 당시 저명한 철학자 정호程顥를 스승으로 모시고 훌륭한 문장을 썼으며 여러 선비들과도 교유했다. 그는 걸핏하면 당시 조정의 중신 사마광司馬光과 여공저 등의 문하를 드나들며 젊은이로서의 뜻을 키웠다. 그는 자연히 자신감에 차서 득의양양했으며 천하를 평정할 마음까지 품게 되었다.

송나라 신종神宗 희녕熙寧 연간(1069년~1077년)에 형서는 진사로 급제하여 영안주부永安主簿에 올랐다. 자기의 뛰어난 문학적 재능이 그 당시 상사였던 여공저에게 높이 평가받았기에 형서는 여공저의 추천으로 숭문원崇文院의 교서校書로 임명되었다. 이 자리는 비록 낮은 벼슬이기는 했지만 그래도 중앙 관아의 한 자리였기에 형서의 꼬리는 하늘로 치켜 올랐으며 자신과 비교할 이 없다며 안하무인으로 행동했다.

송나라 때는 벼슬아치라면 모두가 재주꾼이었다. 물론 형서도 더할 나위 없었다. 그는 시문으로써 수많은 친구들을 사귀었다. 대시인 왕안석王安石의 아들 왕방王雱도 그 가운데 하나였다. 두 사람은 자주 만나 술잔을 기울이며 시를 읊었으며 서로 자기의 이상을 거침없이 털어놓곤 했다. 당연히 당시 명사들에 대한 비판도 빼놓지 않았다. 친구의 우정에 형서가 깜박 부주의했던지 아니면 형서라는 사람이 본래 꼬리를 치켜드는 무리였던지, 한번은 생각지도 않게 왕방 앞에서 왕안석이 추진하는 신법新法이 글러먹었다며 한바탕 늘어놓았다.

친구는 어쨌든 친구이고 부자는 누가 뭐래도 부자이다. 왕방은 화가 잔뜩 났다. 설령 아버님께서 추진하는 변법이 모든 이들의 뜻에 맞지 않더라도 여기서 친구가 이러쿵저러쿵 마구 지껄였으니! 왕방은 형서와 한바탕 논쟁을 벌였지만 그의 입은 상대가 따를 수가 없을 만큼 대단했기에 일단은 져야 했다. 하지만 집으로 돌아온 왕방은 일의 경과를 아버지인 왕안석에게 고해바쳤다. 당시 왕안석에 반대하는 사람은 부지기수였지만 이런 말단 벼슬아치가 감히 헛소리를 할 줄은 생각지도 못했던 왕안석은 크게 화를 내며 당장 신종에게 신법의 시행을 방해하는 죄로 형서를 처벌할 것을 건의했다. 다행스럽게도 어떤 이가 형서는 이제 막 새로 진사로 급제한 인물로서 아무런 당파에도 가입하지 않았으며 자기 세력도 형성하지 않았으니 황상의 자애로움으로 가벼이 처벌해 줄 것을 간곡히 호소했다. 이리하여 신종은 다른 벼슬살이를 거치지 않고 전적을 정리하고 교정하는 벼슬로 뛰어올랐다는 것을 죄로 물어 형서를 조정에서 멀리 떨어진 연릉현延陵縣의 현장縣長으로 임명했다. 하지만 그는 운수가 좋지 않았던지 임지에 부임한 지 1년이 지났을 때, 연릉현이 없어지고 말았다. 형서는 다른 곳으로 자리를 옮기지 않았기에 그만 '떠돌이'가 되어야 했다.

형서는 '떠돌이'로 지내는 동안 이 생각 저 생각 지난날의 모습을 곰곰 되짚어 보았다. 그는 자신의 재능을 기반으로 높은 이들과 관계를 맺으며 빠른 속도로 벼슬이 오르고 출세한 것은 참으로 괜찮았다고 생각했다. 그런데 무슨 까닭으로 나중에는 제 자리를 지키지 못했을까? 그는 자기 수준이 퇴보하지는 않았다고 여겼다. 오히려 그의 감각이 매우 진보적이라고 생각했다. 만약 그가 그 당시 벼슬아치로서 지켜야 할 바를 잘 이해했다면 먼저 꼬리를 내리고 감출 줄 알아야 했다. 꼬리 내리기로써 벼슬살이하는 데에는 아래와 같은 몇 가지 비결이 있다.

첫째, 머리를 조아리며 부드러운 모습 만들기이다. 그러면 다른 이의 공격을 적게 받을 수 있다.

둘째, 개가 꼬리를 내리는 것은 사실 공격하기 위한 행위이다. 물러섬으로써 지킬 수 있고 나아감으로써 칠 수 있다고 한 것도 바로 재능을 숨기며 밖으로 드러내지 않음을 뜻한다. 자기의 날카로운 칼끝을 숨기며 한 발 물러섬은 앞으로 나아가기 위함이다. 이제 형서는 그렇게 행동했다. 그는 7년 동안의 '떠돌이' 생활 끝에 조정에 자리를 잡을 수 있도록 사방에 부탁했다. 이제 그는 매우 성실하게 교서의 직책을 수행했으며 분명 재능이 있었기에 바로 윗사람인 오충吳充의 인정을 재빨리 받아서 관각교감館閣校勘으로 승진했다. 게다가 오래지 않아 다시 역사관검교歷史館檢校로서 저작좌랑著作佐郎으로 자리를 옮겼다. 1082년, 조정의 또 다른 중요 인물이었던 채확蔡確과 형서의 상사 오충 사이에 갈등이 발생했다. 채확은 온힘을 다해 오충을 억눌렀다. 더구나 공적인 일로 사적인 원한을 풀었으며, 관직을 이용하여 오충이 임용한 인물들을 빠짐없이 자리에서 내쫓았다. 이때, 형서는 말 한 마디 하지 않고 집안에 칩거하며 감히 문밖으로 드나들지 않았다. 채확의 눈에 뜨일까 두려웠던 것이다.

당시 채확은 형서 따위는 아예 눈에 들어오지도 않았다. 그래서 형서는 한동안 행운을 누릴 수 있었다. 몇 달 뒤, 신종황제는 형서가 쓴 『문언박에게 드리는 시送文彦博詩』를 읽고 채확 앞에서 이 시가 청아하고 수려한 문장에 힘과 솜씨가 자못 돋보인다며 칭찬을 아끼지 않았다. 형세에 따라 태도를 잘 바꾸는 채확은 황제의 비위를 맞추느라 당장 형서를 원외랑員外郎으로 승진시켰다. 또한 채확은 황제가 사마광과 여공저를 다시 쓸 뜻이 있음을 알아차렸다. 그는 형서가 아직 급제도 하지 못했던 시절에 이 두 사람의 문하에 자주 드나들었음을 회상하며 방향을 돌려 형서의 비위를 맞추기 시작했다.

형서도 당연히 채확이 그에게 접근하는 까닭을 잘 알았다. 형서는 자기에게 다가서는 이 '적'에게 매우 겸손하게 손을 내밀었다. 그리고 온갖 방법으로 채확의 기분을 맞추었다. 채확을 위하여 계략을 꾸몄으며 이름난 선비들을 불러 모아 나라를 위한 '개혁안'을 내기도 했다. 두 사람은 갈수록 의기투합하여 그야말로 이 세상에 가장 멋진 친구가 되었다.

신종 원본元本 5년(1085년), 신종황제의 옥체에 병이 들어 곧 세상을 떠날 것 같았다. 당시 신종의 아들 연안군왕延安郡王 조희趙熙는 이제 겨우 여덟 살이었다. 형서와 채확은 다른 황태자를 세우기로 의견을 나누었다. 두 사람은 하나의 계략을 마련했다. 형서는 선인태후宣仁太后의 조카 고공회高公繪와 고공기高公紀에게 가만히 입을 열었다.

"저희 집 뒤뜰 백도나무에 요 며칠 사이에 꽃이 피었습니다. 도교의 책자에 이르기를 이 꽃은 황제의 병환을 고칠 수 있다고 했으니, 어디 한번 저희 집에 가서 보지 않으시렵니까?"

공회와 공기는 여기에 무슨 사정이 있을 줄은 전혀 몰랐다. 그저 효심의 발로로 즉시 수레를 몰아 달려갔다. 일단 집안으로 들어오자 이들은 화원으로 가서 꽃을 보려고 했다. 하지만 형서는 느닷없이 이들의 손을 잡아당기며 이렇게 말했다.

"제가 두 분을 모신 것은 꽃을 보려는 게 결코 아닙니다. 채확 어르신의 명을 받들어 마음을 서로 통해 믿을 만한 친구를 맺고 싶어 섭니다. 지금 황상께서는 옥체를 오래 보전키 어렵습니다. 연안군왕께서는 아직 나이가 어려서 저희들이 속히 취사를 결정해야 합니다. 옹왕雍王이나 조왕曹王도 덕이 있는 현명한 왕이라고들 합니다. 두 분의 뜻은 어떠한지요?"

공회와 공기는 화를 참으며 그가 하는 말을 다 듣고 나서 크게 화를 내며 이렇게 말했다.

"아니, 어떻게 그런 말씀을 저희에게 할 수 있단 말입니까? 설마 저희 집안이 멸문지화를 당하라고 하시는 말씀은 아니겠지요?"

말을 마치자 아직 풀리지 않은 화를 안은 채 옷자락을 흔들며 떠나갔다. 형서는 이런 불평을 들었지만 여기서 포기할 수 없었다. 선인태후와 상서좌복야尙書左僕射 겸 문하시랑門下侍郎 왕규王珪가 태자 연안군왕을 폐하고 옹왕을 황제로 세우려고 함께 모의하고 있다며 오히려 화살을 그쪽으로 돌렸다. 개봉開封 지부知府 채경蔡京에게는 왕규가 덜렁거리며 무슨 말이라도 내놓으면 즉시 모반을 책동한다는 죄명으로 체포하여 그의 목을 베라고 명령을 내리기로 했다. 그런데 왕규가 오히려 쌀쌀하게 내뱉었다.

"황상께서는 대를 이을 아들이 진즉부터 있었습니다. 더군다나 연안군왕이 벌써 태자로 책봉되었는데 우리가 어떻게 다른 마음을 먹을 수 있겠습니까?"

형서는 이 말에 무척 당황했다. 자기가 생각한 계책을 펼칠 방도가 없어지자 이제는 낯빛을 싹 바꿀 수밖에 없었다. 연안군왕을 옹립하는 계책을 낸 공신이라고 자칭하며 그 세력에 가세했다.

원풍元豊 8년 3월, 신종황제가 세상을 떠나고 철종哲宗이 자리를 이었다. 그리고 그의 할머니 선인태후가 수렴청정을 했다. 형서는 '계책을 세운 공신'으로서 좌사원외랑左司員外郎으로 기거사인起居舍人의 자리에 올랐다. 하지만 이때, 꼬리를 가만 두지 못하는 그의 나쁜 버릇이 다시 도졌다. 수렴청정을 하는 황후 앞에서 뻐기기 시작한 것이다.

언젠가 형서는 경전과 고사를 인용하며 고공회의 이름으로 상주문을 써서 올렸다. 이 상주문에서 철종의 생모 주태비朱太妃를 존숭할 것을 건의했다. 고태후高太后가 죽은 뒤 빠질 구멍을 남겨두려는 의도였다. 선인태후는 상주문을 다 읽은 뒤 자못 놀라며 고공회에게 이렇게 물었다.

"자네는 평소 학식이 이만하지 못한데 어떻게 이런 문장을 만들어 냈는가?"

고공회는 감히 감추고 속일 수 없었기에 사실대로 아뢰었다. 태후는 화를 내면서 형서를 수주隨州 지부知府로 강등시켰다가 나중에 다시 여양汝襄, 하양河陽 지부로 내쳤다. 형서의 벼슬길은 사실상 여기서 끝났다고 볼 수 있다.

형서에 대한 이야기는 참으로 깊이 새겨볼 만한 가치가 있다. 처음에 그는 감히 권신 왕안석의 문제점을 들추어냈다. 그러나 7년 뒤, 그는 뜻밖에도 꼬리를 내리며 채확과 어울렸다. 하지만 그는 스스로 생각하기에 계책을 세운 공이 있다면서 꼬리를 치켜들었다. 그 결과 그의 벼슬길은 끝나고 말았다. 사실 대부분은 영원히 꼬리를 내리고 살 수는 없다. 그러나 벼슬길에 들어섰다면, 더구나 큰 벼슬을 할 생각을 가졌다면 벼슬길에서 꼬리를 내릴 마음과 군센 의지가 있어야 한다.

3. 사소한 일은 참고 큰일 꾀하기

당나라 때, 소주蘇州 한산사寒山寺에 한산寒山과 습득拾得이라는 덕망 높은 두 스님이 살고 있었다. 어느 날, 한산이 이렇게 입을 열었다.

"사람들이 나를 얕보고 비웃고 업신여기고 헐뜯고 비방하며, 나를 싫어하고 역겨워하고 터무니없이 속이려고 하니, 이를 어쩌면 좋겠소?"

이 말에 습득은 이렇게 말했다.

"모두 참으십시오. 그 사람 뜻을 따르고 그 사람에게 양보하고 그 사람을 존중하며 그 사람과 충돌을 피하고 그 사람을 열심히 받아들이십시오. 그리고 귀먹은 척 못 들은 척하며 그를 어렴풋하게 멀리 두고 초연하게 보십시오. 그러면 결말이 어떻겠습니까?"

습득이 한 이 말은 이미 벼슬길에 오른 이에게는 명언이 되었다. 벼슬길에 오른 수많은 인물들이 표구하여 자기 서재에 걸어놓고 날마다 자신을 경계하고 있다.

'결말이 어떤지 두고 보자'라는 말은 '인내'를 강조하고 있지만 오히려 입을 다물고 참으며 기다리라니, 참으로 무궁한 묘책이라 할 수 있다. '결말이 어떤지 두고 보자고?', 그 사람은 모욕을 당할 수 없어 분명 자기의 약점을 드러낼 터이니, 이것이 바로 필승 카드이다. 그대가 태연하게 일을 처리하며 아무런 대처도 하지 않으면 그 사람은 경계를 느슨하게 할 것이다. 지금이 바로 뜻을 이룰 수 있는 좋은 조건을 만나는 때이다. 이때 기세를 몰아 일을 해치우면 안 될 일이 하나도 없다.

당나라 때 누사덕婁師德이라는 인물이 있었다. 그는 정주鄭州 원무原武(지금의 허난성 위안양原陽) 출신으로 진사로 급제한 뒤 시골 현령縣令 벼슬에 있다가 바로 서울의 벼슬자리 감찰어사에 올랐다. 하지만 당나라 때에는 겨우 정8품하에 해당하는 벼슬로는 조정의 정문을 출입할 자격조차 없어서 겨우 곁문을 이용해야 했다. 게다가 황제에게 아뢸 일이 있을 때만 궁전까지 갈 수 있었다. 그러나 누사덕의 벼슬길은 줄곧 순조롭게 진행되었다. 재상이 되어서야 그의 동생도 산서山西 지방 대현代縣의 자사刺史 벼슬을 얻었다. 임지로 가기 위하여 서울을 떠날 때, 누사덕은 동생에게 이렇게 일렀다.

"나는 재상의 몸이고 너는 한 주의 장관 벼슬을 얻었다. 이제 우리 형제에게 내린 황제의 은총이 이렇게 대단하니 분명 다른 사람의 시샘을 받을 것이다. 어떻게 하면 이 시샘을 없앨 수 있겠는가?"

동생은 무릎을 꿇고 대답했다.

"지금부터 다른 이가 내 얼굴에 침을 뱉으면 제 스스로 닦을 것이며 결코 그 사람과 겨루지 않을 테니 형님께서는 안심하세요."

동생의 이 말에 누사덕은 근심어린 표정으로 말했다.

"그것이 내가 정말로 안심 못할 점이야. 다른 사람이 너에게 화를 내느라 침을 네 얼굴에 뱉었는데 네가 닦으면 다른 사람을 더욱 화나게 할 뿐, 그 사람의 뜻을 배반하는 셈이야. 침을 뱉으면 닦지 않아도 마를 거야. 웃음으로 받아들이는 게 제일이야."

여기에서 모욕을 당해도 끝까지 참으면서 반항하지 않는다는 뜻을 지닌 '타면자건唾面自乾'이라는 말이 생겼다.

누사덕은 벼슬이 재상에 이르렀으나 이렇게 부드럽고 겸손하여 오히려 나약하고 무능하게 보인다. 그러나 앞날을 예측할 수 없을 만큼 변화무쌍한 벼슬길에서는 큰 벼슬아치든 하찮은 벼슬아치든 머리를 숙이고 웃음 띤 얼굴로 꼬리를 내리는 겸손함만이 필요하다. 특히 처음 벼슬길에 오른 신참에게는 이런 점이 더욱 필요하다.

위의 사례는 누사덕이 동생에게 훈계한 벼슬살이의 방법이었다. 사실 남에게 이렇게 참고 양보하며 부드럽게 벼슬살이를 하라고 이르기는 참 쉽지만 자신은 바로 그렇게 하지 못한다. 하지만 누사덕은 벼슬길에 오른 뒤 줄곧 이렇게 울분을 꾹 눌러 참으며 부드러운 태도로 말을 아끼며 벼슬살이를 했다.

누사덕은 측천무후가 국가 원로라며 높여 일컫는 명사 적인걸狄仁杰을 천거했지만 처음부터 끝까지 입을 무겁게 닫고 자랑하거나 뽐내지 않았다. 적인걸은 누사덕이 힘을 다해 추천한 덕으로 재상의 자리에 올랐지만 이에 대해 아무것도 몰랐다. 그는 누사덕이 단지 평범한 무장일 뿐이라고 여기며 얕보았다. 게다가 변방의 싸움터로 밀어내기도 했다.

측천무후가 이 일을 알고 적인걸에게 물었다.

"그대는 누사덕이 재덕을 겸비한 인물이라고 보오?"

이 물음에 적인걸은 이렇게 대답했다.

"누사덕이란 장군은 변경을 수비하는 데는 매우 조심스럽고 신중하여 아주 제격입니다. 재덕을 겸비한 인물인지 어떤지는 저도 잘 모릅니다."

측천무후는 또 물었다.

"누사덕은 인재를 발굴하는 데 능하지 않소?"

적인걸의 대답은 이러했다.

"예전에 그와 함께 일을 해 보았습니다만 그가 인재를 잘 발굴한다는 말은 들어보지 못했습니다."

측천무후는 웃으며 입을 열었다.

"내가 그대를 재상으로 쓴 것도 바로 누사덕의 천거 때문이었소. 내가 보기에 그는 분명 인재를 잘 고르는 사람이외다!"

그러면서 누사덕이 진즉 적인걸을 천거한 상소문을 꺼내 들었다. 적인걸은 갑자기 밀려오는 감동에 부끄러움을 참지 못하고 탄식해 마지않았다.

"누공께서 바다처럼 넓으신 덕으로 지금까지 저를 감싸주셨는데 저는 조금도 깨닫지 못했습니다. 저는 그분을 따르려면 아직 멀었습니다!"

작은 일을 참으며 큰일을 꾀함은 벼슬길에 오른 이에게 필요한 큰 지혜이다. 직무에 충실하면서 말소리와 얼굴빛을 드러내지 않고 자기의 참 의도를 숨기면 상대방을 마비시킬 수 있다.

수나라 때, 수양제隋煬帝는 참으로 잔인하고 포악했다. 각지에서 일어난 농민들의 봉기가 급속하게 기세를 올리자 수많은 벼슬아치들이 잇달아 조정에 등을 돌리며 농민군을 도왔다. 그러자 수양제의 의심이 더욱 커졌다. 특히 조정의 대신, 나아가 제후국의 중신에 대한 의심을 쉽게 버리지 못했다.

타고난 성품이 호쾌하여 영웅이나 호걸들과 사귀기를 좋아했던 당국공唐國公 이연李淵도 자연히 수양제가 의심하는 대상이었다. 이렇게 되자 갖가지 소문을 듣고 그에게 몸을 의지한 이들은 걱정에 빠질 수밖에 없었다. 속담에 '나무가 너무 크면 바람도 세게 맞는다.'고 했다. 이연에게 높은 명성과 덕망은 오히려 좋은 일이 아니었다. 바로 이때, 수양제가 이연을 행궁으로 불러들였다. 이연은 병으로 부름에 응할 수 없었기에 수양제의 의심을 샀다. 당시, 이연의 조카딸 왕씨王氏는 수양제의 후궁이었다. 수양제는 그녀에게 이연이 자기의 부름에 응하지 않는 까닭을 물었다. 왕씨는 병 때문이라고 대답했다. 그러자 수양제는 이렇게 물었다.

"죽을 것 같소?"

이연은 왕씨에게 이런 말을 듣고 굉장히 놀랍고 두려웠다. 그는 자기가 조만간 수양제에게 배척을 당할 것이라 생각했다. 하지만 지금은 군사를 일으킬 때가 아니니 그저 참아야 한다고 생각했다. 이 때문에 그는 하는 일마다 신중하게 처리하며 일부러 자기의 명성을 더럽힐 작정을 했다. 온종일 퇴폐적인 생활에 빠지며 공연히 말썽을 일으켰다. 그리고 이 일을 널리 퍼트렸다. 수양제는 이 소문을 듣고 그에 대한 경계를 풀었다. 이렇게 하여 그는 비로소 훗날 태원太原에서 병사를 일으켜 대당제국을 세울 수 있었다.

벼슬을 하는 자는 때에 따라서 자기의 명성을 스스로 손상시킬 필요도 있다. 왜냐하면 어떤 자리를 차지하고 있으면 그의 일거수일투족은 중대한 영향을 끼칠 수 있어서 아주 쉽게 다른 사람의 의심을 불러일으키고 까닭도 없이 의심을 받기 때문이다. 이연이 그랬듯이 일부러 자기의 명성을 손상시키며 멋대로 행동한다고 소문을 퍼뜨리는 것은 괜찮은 계획이다. 자기의 결점을 다른 사람 앞에 드러내면 음모를 감출 수 있다. 다른 사람들은 겉모습에만 주의를 기울이지 그 이면은 소홀히 하게 마련이다.

이는 마음속에 감추어 참고 견디는 일종의 수단이다. 역사상 수많은 인물들이 이런 수단을 일찍이 사용했다. 예컨대, 손빈孫臏은 목숨을 잃지 않으려고 일부러 미친 척하며 돼지와 함께 밥을 먹으며 자기 이름을 더렵혔지만 결국 원수를 갚고 공을 세웠다.

중국 문화는 인간의 자유분방함을 추구하는 도교와 고통을 참으며 수행을 권하는 불교, 그리고 인의와 도덕을 강조하는 유교에 이르기까지 모두 '인내'를 가장 중요한 삶의 핵심으로 삼았다. 태극권太極拳에서도 자연적인 천성에 따라 마음과 힘을 하나로 합침으로써 수비가 곧 공격이 됨을 알리면서 무예 연습과 대결에서 이런 점을 쉽게 드러내지 않을 것을 요구하고 있다.

『당국사보唐國史補』에는 당나라 때 재상 육상선陸象先에 대한 일화가 실려 있다. 육상선은 일찍이 섬서 대려大荔 일대에서 지방장관인 자사라는 벼슬아치로 일한 적이 있었다. 한번은 집안의 하인이 길거리에서 그의 부하 참군參軍(일종의 지방 군사를 담당하는 벼슬아치)과 부딪쳤으나 말에서 내리지 않았다. 이는 당시 예의에 벗어난 사건이기는 했지만 그리 크게 심각한 일은 아니었다. 참군은 단지 자사의 부하로서 군사를 책임진 벼슬아치일 뿐이고 자사의 하인이 그를 꼭 알아보아야 할 필요도 없었다. 그러나 참군은 사태를 확대하기 위하여 노발대발하며 사람을 시켜 하인에게 피가 홍건하도록 매를 때렸다.

그런 뒤, 참군은 육상선의 관아로 찾아와 이렇게 보고했다.

"제가 어르신의 비위를 거슬렀사오니 제 벼슬을 박탈해주소서."

이 일을 진즉 알고 있었던 육상선은 조용하게 대답했다.

"하인이란 자가 벼슬아치를 보고도 말에서 내리지 않았으니, 매를 쳐도 되고 치지 않아도 되네. 벼슬아치가 하인을 때렸으니, 파면을 해도 되고 하지 않아도 되네."

참군은 육자사의 태도를 정확하게 헤아릴 수 없어 그냥 조용히 물러났다.

비록 간단한 이야기이지만 사실 이 이야기에는 처세법의 핵심이 되는 중국 문화가 함축되어 있다. 그것은 바로 관용과 인내이다. 속담에 '개를 때리는 데도 주인의 얼굴을 봐야 한다.'고 일렀다. 참군은 별 가치도 없는 하찮은 일 때문에 상사의 하인을 모질게 때렸으니, 이는 분명 생트집을 잡아 문제를 일으킨 것이다. 육자사는 그의 속셈을 꿰뚫었기에 명확한 태도를 보이지 않았다. 이렇게 참군의 오만한 기세도 누그러뜨리고 그를 이러지도 못하고 저러지도 못하는 처지에 빠뜨림으로써 모르는 사이에 상대방이 공연히 트집을 잡아 일을 일으키려는 목적도 없애고 말았다. 겨우 몇 마디 말로써 예삿일처럼 만들며 상대방에게 공격할 틈을 전혀 없앴으니, 이로써 육자사의 인물됨과 처세, 그리고 기쁨과 노여움을 얼굴에 드러내지 않는 노련함을 엿볼 수 있다. 역사 기록에 의하면, 육상선은 일찍이 당예종唐睿宗 때 재상으로서 벼슬살이하는 자는 너그러워서 가혹한 요구를 해서는 안 된다고 주장했으며, 자신도 다른 사람을 대할 때 언제나 관용을 베풀었다. 또 일을 처리함에 있어 정직하고 성실하게 임했다. 뒷날 육상선은 연국공兗國公에 봉해졌으니, 이는 대체로 그가 젊은 시절 깨끗이 물러나며 참고 견디던 태도에 큰 영향을 받은 결과였다.

당나라 예종 때는 사회가 뒤숭숭하고 인심은 각박했다. 마음을 편안하게 가라앉히고 태도를 침착하게 하며 모든 일을 너그럽게 처리하면서 꼭 참고 견딜 수 없다면 큰 어려움을 당하며 궁지에 쉽게 몰릴 수 있는 시대였다. 육상선은 이처럼 모든 일을 참으며 너그럽게 처세하면서 사람을 대했으니, 전형적인 중국 스타일의 인물이라 할 만하다.

잠시 참으며 공격을 위한 수비를 하고 마음에 품은 생각을 드러내지 않는 방법의 효과는 보복이나 매서운 꾸짖음보다 훨씬 더 크다. 속담에 '한 발 물러서면 아무것도 얽매이지 않고 잠깐을 참으면 바람 자고 물결 잔다.'고 일렀다. 육상선은 인내하고 기다리며 정치적인 이상에 따라 천하를 다스리는 재상에 올랐을 뿐만 아니라 바람 자고 물결 고요한 생활을 했다.

역사에는 이와 같은 인물이 숱하게 많았다. 예컨대, 나중에 『봉신연의封神演義』에 신격화된 강상姜尙 강자아姜子牙, 곧 서주西周의 강태공姜太公이 그러하다. 게다가 삼국시대 '와룡선생臥龍先生' 제갈량도 『삼국연의三國演義』나 민간 전설 속에서 신격화된 제갈공명으로 나타난 것도 그 하나의 예가 된다. 또 한漢나라의 개국 공신 장량張良 등 이런 인물은 참으로 많다. 이들은 모두 잘 참으며 기다릴 줄 아는 유명한 선비였다. 이들은 원대한 이상을 품고 눈앞에 벌어진 잠깐의 불쾌함을 참을 줄 알았다. 또한 자신의 장점을 분명하고 뚜렷하게 인식하며 일상의 어려움과 고통을 오히려 하찮게 여겼다. 옛사람의 훌륭한 말을 한번 들어보자.

"순금이나 아름다운 옥 같은 인품은 뜨거운 불 속을 거쳐 만들어져야 하고 천지가 발칵 뒤집힐 만한 공적은 반드시 살얼음을 밟으며 이루어져야 한다."

사람의 정력과 생명은 유한하게 마련이어서 대체로 결심을 굳게 견지하며 큰일을 벌이기 위해서는 일단 별로 관계없거나 큰 뜻을 허무는 자질구레한 일들은 버려야 한다. 이와 달리 눈앞의 이해득실을 따지기만 한다면 결국 잃고 만다.

장가윤張佳胤이 도적을 잡은 일화에서도 우리는 참고 견디면서 일을 이룬 예를 볼 수 있다.

장가윤은 활주滑州의 말단 벼슬아치였다. 어느 날, 대도 임경任敬과 고장高章이 금의사錦衣使로 위장한 채 그를 찾아왔다. 두 사람은 거드름을 피우며 곧바로 관아로 들어서더니 북쪽을 향했다. 장가윤은 잠시 이상하게 여기기는 했지만 여전히 평소와 같이 사건을 처리하고 있었다. 이때, 임경이 갑자기 큰소리로 꾸짖었다.

"여봐라, 내가 보이지 않는가?"

장가윤은 얼른 두 사람을 맞았다. 임경이 장가윤에게 말했다.

"성지聖旨를 몸에 지녔기에 무릎을 꿇을 수 없소."

장가윤이 말을 받았다.

"황상께서 이 몸을 묶으라고 명령하셨소?"

이렇게 말하면서 탁자를 내놓고 성지를 받아들일 준비를 갖추라고 명령했다. 그러자 임경은 장가윤에게 귀엣말로 이렇게 속삭였다.

"당신을 묶으려는 게 아니라 경주사耿主事네 가산을 수색하여 몰수하려는 거요."

관아에는 경수조耿隨朝라는 이곳 출신의 말단 벼슬아치가 있었지만 지금은 건초를 쌓아둔 곳간에서 발생한 화재에 연루되어 수감 중이었다.

하지만 장가윤은 의심을 떨칠 수 없었다. 이리하여 그는 우선 이 두 사람을 별당에서 휴식을 취하도록 이끌었다. 임경은 별당으로 들어가자 얼른 장가윤의 왼손을 잡았고 고장은 장가윤의 어깨를 결었다. 그리고는 세 사람은 안방으로 들어가 자리에 함께 앉았다. 임경은 손으로 수염을 쓰다듬으면서 웃음 띤 얼굴로 이렇게 말했다.

"그대는 진정 내가 어떤 사람인지 모르오? 나는 산채山寨에서 내려왔소이다. 듣자하니, 이곳 관아의 곳간에 적잖은 돈이 쌓였다기에 잠시 좀 빌려 쓸까 하오."

이 말을 마치자 두 사람은 비수를 꺼내 장가윤의 목에 들이대었다. 하지만 장가윤은 침착하게 말했다.

"그대들이 원수를 찾으러 온 게 아닌 이상 내가 아무리 어리석어도 돈 몇 푼 아끼려다 목숨을 내놓을 리는 없지 않겠소? 그대들이 비수를 꺼내지 않아도 나는 내 목숨 아끼며 죽음을 두려워하오. 더구나 나는 힘도 그대만 못하고 무술 솜씨도 그대보다 한참 아래인데 내가 그대들을 어떻게 할 수 있겠소? 그대들이 벌써 조정에서 보낸 벼슬아치라고 했거늘 이제 스스로 행적을 드러내어 다른 이가 보기라도 한다면 그대들에게 불리하지 않겠소?"

두 사람이 이 말을 듣고 보니 과연 일리가 있는지라 비수를 얼른 소매 속에 감추었다. 이에 장가윤이 다시 입을 열었다.

"이곳 활주는 작은 고을이오. 돈이 있어봐야 얼마나 있겠소?"

하지만 생각지도 않게 임경은 벌써부터 준비했다는 듯이 장부 한 권을 꺼내들었다. 장부 위쪽에는 여러 마을에서 내놓은 돈의 액수가 적혀 있었다. 장가윤은 이제 어쩔 방법이 없었다. 그저 뒷날 자기의 승진에 지장이 없도록 너무 많은 돈을 요구하지 않기를 기대할 수밖에 없었다. 두 사람은 한참 상의하더니 이렇게 말했다.

"우리 형제가 모두 다섯이니 오천 냥만 내놓으시오."

장가윤은 이렇게 받았다.

"좋소. 그리고 고맙소, 정말 고맙소. 그런데 그대들 배낭에 그렇게 많은 돈을 넣을 수 있겠소? 그리고 그렇게 많은 돈을 메고 어떻게 우리 관아의 큰문을 빠져나갈 작정이오?"

두 사람이 대답했다.

"당신 말이 옳소. 그대가 우리를 위해 수레 한 대를 마련해 주시면 그 위에 돈을 싣겠소."

그러더니 비수를 꺼내 장가윤을 다시 위협했다. 다른 이가 뒤를 따르면 장가윤의 목을 칠 작정이었다.

"우리가 말을 타고 떠난 뒤에 그대를 풀어줄 것이오."

"그대들이 만약 한낮에 나를 압송하여 떠난다면 분명 백성들의 공격을 받을 것이오. 설령 나를 죽여도 그대들도 몸을 온전히 건사할 수 없을 거요. 그러니 밤에 떠나는 게 좋을 거요."

두 사람은 그게 더 좋겠다며 입을 모았다.

"관청의 돈은 판별하기 쉬워서 편리하게 쓰기 힘드오. 우리 고을에 돈을 가진 이가 몇 있으니 내 그들에게 돈을 빌려드리겠소. 관청에 남아있는 돈이 적으면 내 벼슬길에도 지장이 있을 테니 말이오. 그리고 그대들도 관아의 추적을 두려워하지 않아도 될 것이오."

두 사람은 장가윤의 주도면밀한 생각에 더욱 칭찬을 아끼지 않았다.

장가윤은 고장의 허락을 받아 자기 밑에서 일하는 말단 벼슬아치 유상劉相을 불렀다. 유상이란 이는 언제나 계략이 넘치는 인물이었다. 장가윤은 유상에게 짐짓 이렇게 일렀다.

"내가 운수가 좋지 않아서 어떤 일에 그만 연루되었네. 만약 이 때문에 체포된다면 목이 달아나게 생겼네. 지금 조정에서 보낸 이 어른들이 내 죄를 덜어줄 수 있다하니 참으로 감격스럽네. 그래서 내 조금이나마 성의를 표하기 위하여 오천 냥을 드릴 작정이네."

이 말을 듣자 유상은 혀를 내두르며 말했다.

"그 많은 돈을 갑자기 어디 가서 구합니까?"

장가윤은 가만히 유상의 발을 건드리며 대답했다.

"우리 고을에 돈 있는 이들이 적극적으로 남을 돕는 걸 항상 보아왔네. 자네가 나 대신 이들에게 가서 내가 돈 좀 빌려 쓰겠다고 말 좀 전해주게."

이리하여 지필을 꺼내들고 누구 얼마, 또 누구 얼마, 모두 아홉 사람을 쓰니 합해서 딱 오천 냥이 되었다. 이 아홉 사람은 사실 이 고을에서 도둑을 잡는 데 뛰어난 능력을 가진 이들로 돈 많은 부자가 아니었다. 장가윤은 유상에게 이렇게 덧붙였다.

"조정에서 보낸 어른들이 계시니 깨끗한 차림으로 오라고 이르시게. 나도 그들에게 돈을 빌린다고 궁색을 떨면 안 되겠고."

사실은 그 사람들에게 무기를 준비하라는 암시였다.

이때 유상은 장가윤이 한 말의 숨은 뜻을 분명히 알아차리고 자리를 떠났다. 장가윤은 술상을 차리라고 명령했다. 그리고 술과 안주를 미리 맛보면서 독이 없음을 보이며 그들을 안심시켰다. 장가윤은 두 사람에게 몇 번이나 너무 술을 많이 마시면 일을 그르칠 수 있다고 하면서 이들의 신임을 더욱 두텁게 얻었다.

한참 먹고 마시는 중에 아홉 사람이 각자 번쩍번쩍 부자처럼 차려입고 두 손에는 종이로 싼 무기를 들고 문 앞에 다다랐다. 이들은 간절히 애원하는 표정으로 이렇게 일렀다.

"어른께서 빌려달라는 돈은 여기 가져왔습니다만 사실 저희 집에는 그렇게 많은 돈이 없습니다."

두 도둑은 돈도 가져왔다는 말도 들었겠다, 또 이들의 차림새도 부자였기에 더 이상 의심을 품지 않았다.

장가윤은 저울을 가져오라고 명령했다. 그리고 탁자가 너무 좁을까봐 곳간에 있는 기다란 탁자를 별당에 가로로 길게 놓도록 했다. 이어서 하인 둘이 따라 들어왔다. 장가윤은 임경과 기다란 탁자를 사이에 두었지만 고장은 오히려 장가윤 곁에 바짝 접근했다. 장가윤은 저울추를 들고 고장에게 이렇게 말했다.

"한번 돈을 달아보지 않겠소?"

고장이 기다란 탁자로 슬쩍 다가오자 아홉 사람은 손에 무기를 들고 앞으로 달려들었다. 장가윤은 이때를 놓치지 않고 몸을 얼른 피하며 도둑 잡아라 하며 큰 소리로 외쳤다. 임경이 장가윤을 치려고 했지만 미치지 못하자 대세가 기울었음을 알고 스스로 목숨을 끊고야 말았다. 여러 사람이 고장을 묶은 뒤 심문한 끝에 왕보王保 등 세 사람이 같은 무리임을 알아냈다. 이리하여 즉시 체포령을 내렸다. 이들은 서울까지 도망을 갔지만 끝내 체포되어 사형을 당했다.

4. 겸손으로 출세하기

벼슬길에는 '겸손하게 처신하라'는 말이 있다. 그러한 벼슬살이 방법은 다음과 같다.

첫째, 머리를 조아리며 부드러운 모습을 하면 다른 이의 공격을 적게 받을 수 있다.

둘째, 개가 꼬리를 내리는 것은 사실 공격하기 위한 행위이다. 물러섬으로써 지킬 수 있고 나아감으로써 칠 수 있다고 한 것도 바로 재능을 숨기며 밖으로 드러내지 않음을 뜻한다.

셋째, 꼬리 흔들기는 상사에게 잘 보이기 위한 알랑거림이다.

벼슬을 위한 이런 법칙들을 사람들은 잘 알고 있지만 벼슬길에 오른 이들이 모두 이런 방법에 통달한 것은 아니다. 때로는 벼슬을 얻은 다음 윗사람의 칭찬에 그만 득의양양하다가 결국은 자기도 지키지 못하고 목숨도 잃는 경우가 있다. 그런데 벼슬길에 올라서 이런 법칙을 잘 이용하여 순조롭게 벼슬살이를 한 인물도 있다. 바로 당나라 때 벼슬을 한 마주馬周가 이런 인물이었다.

당나라 초, 마주는 원래 중랑장中郎將의 식객에 지나지 않았다. 그런데 어느 벼슬아치 집에 빌붙어 그럭저럭 밥이나 먹는 식객에 불과하던 마주가 당태종의 눈에 들어 발탁되었다. 그는 감찰어사, 시어사, 급사중, 중서사인, 간의대부, 중서시랑 등의 관직을 거쳐 황제의 유능한 보좌관으로 중서령中書令에 이르렀다. 불과 15년만의 일이었다. 겨우 40년밖에 되지 않은 그의 일생 가운데 20년을 태종 곁에 있으면서 단 한 번의 지방 관리를 거치지도 않았으며 한 번도 처벌받지 않았으니 그야말로 순풍에 돛 단 듯 순조롭게 벼슬살이를 한 셈이다. 이렇게 빨리 발탁되어 평탄한 길을 걸으며 혁혁한 명성을 날린 이는 당나라 초기 관료사회에서는 보기 힘들었다. 그 가장 큰 원인은 마주가 죽을 때까지 "꼬리 내리기' 방법을 깊이 깨닫고 써먹었기 때문이다.

마주는 601년 산동 지방 청하淸河에서 태어났다. 어릴 때 벌써 양친을 여의고 의지할 데 없이 외롭고 쓸쓸하게 살았다. 그러나 그는 학문을 좋아해 수많은 역사서를 두루 공부했다. 끊임없는 노력에 천부적인 총명함으로 스무 살이 채 되기도 전에 벌써 높은 학식과 경륜을 지니게 되었다. 그런데 그는 타고난 성품이 호방했으나 별난 점도 있어서 다른 사람들이 그를 깔보고 업신여겼다. 당나라 고조 무덕武德 초년, 마주는 드디어 벼슬길에 올랐다. 가까운 군郡의 하급 문관이었다. 그러나 그는 큰 인재를 작은 일에 쓴다며 불쾌하게 생각했다. 그는 하루 종일 술로 벗을 삼으며 맡겨진 일을 등한시했다. 이 점은 삼국 시기의 명사 방통龐統과 비슷하다. 그러나 방통은 제갈량의 천거를 받았지만 마주는 그렇지 않았다. 구애 받지 않고 하고 싶은 대로 하려는 마주의 행동은 오히려 당시 박주자사 달해서達奚恕의 질책을 받았다. 그가 벼슬아치가 될 만한 재목이 아니라고 보았던 것이다. 마주는 화를 내며 벼슬을 그만 두고 산동 지방을 주유한 뒤 장안으로 올라왔다. 그는 당태종이 뛰어난 재능과 원대한 계략을 가진 뛰어난 황제임을 알고 있었다. 만약 자신이 황제의 특별한 사랑만 받는다면 세상이 깜짝 놀랄 만한 큰일을 해낼 수 있다고 생각했다.

마주가 장안을 떠나 신풍新豊에서 머물 때, 몸에 지닌 돈이 많지 않았기에 싸구려 여관에서 지내면서도 여관비를 제때 지불하지 못 하고 질질 끌기가 일쑤였다. 여관 주인은 이런 마주를 경멸하며 불손한 말투로 대했다. 하지만 마주는 신경 쓰지 않았다. 어느 날, 마주는 거의 두 말이나 되는 술을 여관 주인에게 가져오게 해서 혼자 통쾌하게 다 마셨다. 안주를 요구하거나 술을 권하지도 않고 한 번에 이렇게 많은 술을 마시자 여관 안에 있는 이들은 모두 깜짝 놀라 어리둥절했다. 여관 주인도 그가 보통 인물이 아니라는 것을 알고 다시는 그를 괴롭히지 않았다. 얼마 뒤, 그는 다시 장안으로 올라왔다. 아무도 돌보지 않는 타향에서 가장 먼저 해결해야 할 일은 생존 문제였다. 그는 당시 벼슬도 그리 높지 않은 중랑장 상하常何의 문객이 되었다. 다행히도 상하는 사람됨이 비교적 정직하여 마주를 잘 돌보아 주었다. 마주는 이렇게 장안에서 몸을 의탁했다.

정관 5년(632년), 태종 이세민은 관직에 있는 벼슬아치들에게 한 사람도 빠짐없이 당시 정치의 성공과 실패에 관한 글을 써서 올릴 것을 요구했다. 무장 출신으로 글재주라고는 없는 상하에게 황제가 글을 요구했으니 마음을 졸일 수밖에 없었다. 이 소식을 알게 된 마주는 상하의 은혜에 보답할 생각으로 한 편의 문장을 써서 내놓기로 했다. 상하는 대단히 기뻤다. 며칠 뒤, 상하는 마주가 대신 쓴 글을 태종에게 올렸다. 이세민은 깜짝 놀랐다. 태종은 상하의 글재주가 형편없음을 알고 있었다. 아무리 생각해도 상하가 이런 글을 쓸 수 없었던 것이다. 상하가 이런 글을 쓸 수 없다고 믿었던 태종은 도대체 이런 글을 쓴 이가 누구냐고 따져 물었다. 상하는 사람됨이 성실하여 남의 공로를 가로챌 마음이 없었기에 황제에게 바른대로 말했다.

"저는 이런 글을 쓸 재주가 없습니다. 이 글은 저의 문객 마주라는 자가 저를 대신하여 쓴 것입니다."

이세민은 상하의 문하에 이런 뛰어난 재주꾼이 있다는 말을 듣자 너무 기쁜 나머지 당장 이 인재를 만나고 싶었다. 이세민은 한다면 하는 사람이었다. 그는 상하의 집에 있는 마주를 그 자리에서 불러들였다. 하지만 마주의 대단한 자존심을 미처 생각지도 못했다. 마주에게 보냈던 시종만 혼자 돌아왔다. 당태종은 그래도 전혀 화를 내지 않았고 다시 시종을 보내 마주를 청했다. 네 차례나 청한 다음에야 자존심이 대단한 마주는 황궁으로 들어왔다. 마주는 일이 제법 잘 되어간다고 생각하며 기쁜 마음으로 왔다. 당태종은 보통 의복을 입었지만 예사롭지 않은 바탕을 지닌 젊은이를 보자 기쁜 얼굴로 당시 정치 상황과 정치적 도리에 대하여 이야기를 나누었다. 마주는 지금까지의 정치 상황과 정치적 도리에 대하여 대단히 자세하게 분석하며 당당하고도 차분하게 말했다. 이세민은 경탄하며 이렇게 늦게 마주를 만난 것을 한탄했다. 이세민은 그 자리에서 마주에게 국가 기밀을 관장하는 문하성에 배치했다. 비록 직위는 보잘것없었지만 마주의 진정한 재능과 깊은 학식에 대한 이세민의 높은 평가가 있었기에 그의 승진은 시간 문제였다. 1년도 지나지 않아, 마주는 대단한 권력을 가진 감찰어사에 올랐다. 당태종은 그를 정말로 아꼈다. 게다가 당태종은 마주를 발견한 공적을 칭찬하며 상하에게 3백 필의 비단을 내렸다.

수나라 말기의 전란을 겪은 뒤, 당나라 초기에는 사대부들이 벼슬길에 오르기를 즐거워하지 않았다. 당시 정부는 벼슬아치 부족 사태를 겪어야 했다. 『자치통감資治通鑑』에 의하면, 정관 원년(627년)에 전국의 벼슬아치는 겨우 643명이었다. 당나라 정권이 들어선 지 얼마 되지 않아서 새롭게 시행되어야 할 일들은 줄을 이었다. 국가가 대량의 인재를 필요로 했던 것이다. 바로 이런 상황은 마주에게 정계에 들어설 수 있는 멋진 기회를 제공했다. 정관 3년(629년), 마주는 처음으로 당태종을 만났다. 당시 황제는 전국적으로 유능한 인재를 찾아야 한다고 큰소리로 외치고 있던 상황이었다. 이런 상황에서 마주는 그야말로 기다리고 있던 기회에 때마침 나타난 셈이었다.

멋진 기회를 만난 데다 인재를 알아보는 혜안과 식견을 가진 태종 이세민까지 만나며 마주는 벼슬길에 진입했다. 자기의 재능으로 태종의 인정을 받았지만 마주는 결코 자만하지 않았다. 궁중으로 들어간 뒤 마주는 '머리 조아리기, 꼬리 내리기, 꼬리 흔들기' 등의 겸손으로 벼슬살이 방법을 실행하기 시작했다. 이 점은 그와 마찬가지로 당태종의 인정을 받았던 말만 번지르르한 위징魏徵의 행동과는 전혀 달랐다.

마주는 참으로 총명한 사람이었다. 그는 간언을 올릴 때에도 자못 아름다움을 중시하여 위징처럼 노골적으로 드러내놓고 직언하지 않았다. 예컨대, 정관 6년에 올린 첫 상소에서 이세민의 구성궁九成宮 피서에 반대하면서도 더위를 피하기 위하여 황태자에게 정사를 맡기고 자기 할 일을 밀치는 것은 말도 안 된다는 식의 직접적인 간언을 피하고, '효孝'의 이름으로 이세민을 말렸다.

"태상황께서 춘추 이렇게 높으시어 폐하께서 조석으로 돌보시고 계십니다. 이러한 때에 폐하께서 이곳 서울에서 3백여 리나 떨어진 구성궁으로 가셨다가 혹시 태상황께서 폐하를 찾으신다면 어떻게 오시렵니까?"

그런 다음 자기 요구를 내놓았다. 즉 황궁으로 돌아올 때를 즉시 알려서 '여러 의혹을 풀어야 한다.'는 것이었다. 그는 이세민에게 정성을 다해 효를 바칠 것을 요구했다. 이세민은 이 때문에 그를 처벌할 수 없었다. 그리고 한 마디 짜증도 없이 이 요구를 받아들였다.

마주의 총명함은 그가 이세민의 마음을 잘 헤아린 것을 보면 알 수 있다. 『신당서新唐書』에는 마주가 올린 상소문 몇 편이 실려 있다. 그 가운데 한 편에는 태종께 태상황을 잘 섬기고 공경할 것을 요청한 내용이 있다. 당태종 이세민은 '현무문玄武門의 변變'을 통해 형 이건성李建成을 죽이고 거의 황제의 자리를 빼앗는 방법으로 아버지를 밀어내며 자리에 올랐다. 그러나 이세민은 어떻게 해야 세상 사람들의 질책을 모면할 수 있을지, 그 방법을 고민할 수밖에 없었다. 마주는 어떻게 보면 별것 아닌 일을 지나치지 않으며 황제의 근심을 풀어주었다. 이로부터 마주는 이세민의 총애를 받을 수 있었다. 여기에서 우리는 마주의 정치적인 통찰력을 익히 알 수 있다. 꼬리 흔들기는 꼭 그렇게 높이 흔들 필요 없이 적당해야 한다. 그렇다면 윗사람 앞에서 얼마만큼 흔들어야 할까? 바로 상사의 마음을 헤아리며 흔들어야 한다. 또 다른 예로 마주의 꼬리 흔들기 방법을 한 번 보자. 이세민은 요동遙東을 정벌할 때가 되자 마주를 비롯한 몇 사람에게 태자 이치李治를 보좌하라고 이르고 정주定州에 머물며 나랏일을 감독하고 살폈다. 이세민이 요동 정벌에서 돌아올 때, 이치는 정주에서 평소 부황의 은총을 받았던 후궁들을 이세민이 지나는 곳에서 영접하도록 안배했다. 이세민은 대단히 기뻐하며 어떻게 이런 생각을 했느냐고 이치에게 물었다. 이치는 이렇게 대답했다.

"마주가 제게 가르쳐준 대로 했을 뿐입니다."

이세민은 이 말을 듣고 이렇게 중얼거렸다.

"그 친구가 내 속마음을 꿰뚫어 본단 말이야."

나라를 다스리는 마주의 책략이 큰 지혜에 속한다면 이런 것들은 그저 잔꾀일 뿐이지만, 이 잔꾀로 그는 이세민과의 관계를 윤택하고 매끄럽게 만들 수 있었고 이세민은 그를 처음부터 끝까지 좋아했다.

정관 12년(639년), 마주는 중서사인中書舍人으로 자리를 옮겼다. 이제부터는 중서성으로 가서 일을 보아야 했다. 이세민은 가까운 신하들에게 이렇게 말했다.

"마주를 잠시 못 만났는데도 정말 보고 싶소."

이세민의 마주에 대한 평가는 이 정도로 높았다. 정관 18년, 이세민은 조정의 중신들을 품평하면서 마주를 이렇게 평가했다.

"마주는 사태를 민첩하게 파악할 뿐만 아니라 성격이 아주 곧고 굳소. 게다가 전혀 사심이 없어서 다른 어느 누구보다도 내 마음에 들었소."

나랏일에 전념하는 마주를 표창하기 위하여 이세민은 비백飛白의 서체書體로 열여섯 글자를 써서 내렸다.

난새와 봉황이 하늘 높이 오르는 것은
분명 두 날개에 힘입었기 때문일세.
가장 신임하고 의탁함은
그야말로 충신이기 때문일세.

鸞鳳沖霄,
必資羽翼.
股肱之寄,
誠在忠良.

이 글을 마주에게 내린 것을 보면, 이세민이 그를 얼마나 깊이 믿고 신뢰했는지 알 수 있다.

정관 치세에는 인재가 넘쳤다. 그런데도 마주의 벼슬이 빨리 오른 데는 당시 황제의 두터운 신임을 얻었기에 가능했다. 물론 마주에게는 남다른 재능이 있었지만 벼슬살이에서 다른 사람을 뛰어넘는 처세술을 빼놓을 수 없다. 다른 사람을 뛰어넘는 처세술이란 바로 '겸손한 처신'이었다. 마주는 병으로 세상을 떠나는 날까지도 이런 처세술을 잊지 않았다.

마주가 걸린 병은 소갈병消渴病, 즉 당뇨병이었다. 의학이 이렇게 발달한 오늘날에도 여전히 고치기 힘든 병이 당뇨병이다. 그가 살았던 시대에는 당연히 이를 고칠 약이 없었다. 아마도 마주는 벌써 오래전 정관 12년 전후에 이 병에 걸린 듯하다. 잠문본岑文本은 일찍이 마주에 대하여 이렇게 말했다.

"마주는 시비와 득실을 논함에 문학적 재능이 넘쳐흘렀다. 또 사리에 흐트러짐 없이 딱 어울려서 한 글자라도 빼거나 더할 게 없었다. 게다가 그 거침없는 기세는 곁에 있는 사람에게 피로를 잊게 할 정도였다. 소진蘇秦과 장의張儀, 그리고 종군終軍과 가의賈誼 등과 견줄 만했다. 그러나 그는 두 어깨가 위로 치켜 올랐고 얼굴에는 짙붉은 빛깔이 어른거려서 벼슬길에서는 승진이 빨랐지만 단지 오래 살지 못할까 걱정이었다."

필자는 의학을 알지 못하기에 그의 어깨와 얼굴색으로 당뇨병인지 아니면 그 합병증인지 알 수 없다. 정관 22년(648년) 정월, 중서령中書令 겸 우서자右庶子 마주가 병들자 황상께서는 친히 약을 지어 태자에게 문안하도록 했다. 그러나 끝내 병세는 좋아지지 않았다. 며칠 뒤에 마주는 세상을 떠났다.

마주는 병이 깊어지기 전에 집안사람에게 자신이 십여 년에 걸쳐 황제께 올린 상주문을 가져오게 했다. 그리고 이것들을 친히 불사르며 이렇게 말했다.

"관중管仲과 안자晏子는 나라님의 잘못을 밖으로 드러냈기에 죽은 뒤 명성을 얻었는데, 나는 그렇게 하지 못하겠소."

그는 이세민을 위하여 이렇게 배려했기에 이세민도 그에 대한 정이 남달랐다. 마주가 죽은 뒤, 이세민은 몹시 슬퍼했다. 이세민은 그를 몹시 그리워하며 도술의 힘을 빌려서라도 한 번만이라도 그를 만나고 싶어 했다. 이세민은 늘그막에 여러 가지 일이 순조롭지 않았다. 아들과 동생은 모반을 일으키고 고양공주는 말을 듣지 않았다. 또 요동 정벌은 실패로 끝났고 몸도 말을 듣지 않았다. 마음속의 고민을 미루어 알 수 있듯이 자기 마음을 잘 헤아릴 수 있는 지혜 넘치는 이와 이야기를 나누고 싶었을 것이다. 마주야말로 가장 적임자였다.

마주와는 달리 그보다 5년 전에 세상을 떠난 위징은 몇 년 동안 황제에게 올린 간언을 초록하여 기거랑起居郎 저수량褚遂良에게 주었다. 이를 안 이세민은 매우 불쾌하게 생각했다. 이런 점 때문에 적지 않은 사람들은 마주가 위징보다 훨씬 뛰어나다고 생각한다.

5. 꼬리를 흔들어 출세하기

춘추전국시대에 이미 농신弄臣들이 여러 제후국에 나타났다. 농신이란 임금의 비위를 맞추며 임금을 유쾌하게 만드는 관료 사회의 소인배를 가리킨다. 이런 소인배는 입만 열었다하면 임금을 즐겁게 할 수 있는 재주가 있었기에 대신의 자리에 올라 부귀와 영화를 누릴 수 있었다. 하지만 이들은 여러 벼슬아치들을 우습게 여기는 경우가 많았다.

한무제 때에는 '문학에 능한 농신'이 집단으로 나타나서 황제의 주위를 에워쌌다. 매승枚乘, 주매신朱買臣, 오구수왕吾丘壽王, 동중서董仲舒, 사마상여司馬相如……, 이 인물들은 많든 적든 모두 농신의 모습을 하고 있었다. 이들은 동한의 사부辭賦 작가, 예컨대 매고枚皐, 반고班固, 양웅揚雄 등에게 직접적인 영향을 주었다. 이들이 황제의 업적을 윤색하며 거짓으로 꾸민 태평성세는 선배들의 업적을 뛰어넘었다. 한나라 중엽, 부패한 정치 상황 속에 지어진 황제의 공적과 은덕을 찬양하는 작품은 사람들을 견디기 힘들게 만들었다. 이상하게도 정치가 부패하면 부패할수록 황제의 공덕을 기리는 문인들의 작품은 더욱 필요했다. 문인은 광대나 악사와는 다르다. 문인은 학문적인 바탕은 물론 깊이 생각할 수 있는 힘이 있었다. 이런 문인에게 눈 감고 허풍 떨게 했으니 참으로 견디기 힘들었을 것이다. 양웅도 뒷날에 이르러 자기가 쓴 사부 작품이 단지 잔재주에 불과했다고 말했다. 또 매고도 자신이 죽도 밥도 아닌 작품을 쓰며 속된 노래로써 광대처럼 황제를 구슬렀다고 생각했다.

제자백가의 영향을 받았기에 지식인들은 상대적으로 독립된 인격을 갖추고 있었다. 그 가운데 능력이 출중한 이들은 능히 황제와 맞설 수 있었지만 능력이 부족한 이들은 황제에게 달라붙었다. 이것은 정치적, 문학적, 심리적인 면에서도 부합되는 물리적 현상이었다. 능력이 부족하면 차분할 수 없었다.

무제 때의 사관史官도 사실은 농신의 대열에 있었다. 이들은 본래 황제에 의해 희롱당하는 인물이었다. 하지만 사마천은 역량이 매우 강하고 컸기에 황제도 그를 충분히 끌어들일 수 없었다. 그는 출근해서는 대강대강 해치우고 퇴근해서는 손발을 걷어붙이고 남몰래 일을 추진했다. 이러한 현상은 참으로 의미심장하다고 할 수 있다. 그러나 문인도 보통 사람과 다를 바 없어서 먹어야 했고 돈도 벌어야 했다. 이리하여

'아침이면 부잣집 문 앞에서 머리 조아리고/ 저녁이면 살진 말이 일으키는 먼지를 좇으며'[82] 굴욕적인 생활을 했다. 우리가 말하고자 하는 이런 문인으로 바로 사마상여司馬相如가 있었다.

문인과 재자는 예부터 청렴하고 고결하여 권력에 빌붙어 아부하지 아니하고 언제나 자기만의 독립된 인격을 가지고 있었다. 문학적 재능이 특별히 뛰어난 대가가 권세 높은 권력자에게 빌붙으며 아부할 까닭이 없었다. 그러나 한나라 때 부賦의 대가 사마상여는 이런 청렴하고 고결한 문인의 대열에 끼지 못했다. 부의 대가 사마상여가 마음으로 깊이 갈망하는 바는 벼슬길이었기 때문이다.

토지가 비옥하고 자원이 풍부한 파촉巴蜀[83]에서는 아름다운 산수를 바탕으로 뛰어난 인물이 쏟아져 나왔다. 수천 년 동안 이곳에는 독자적인 특색을 갖춘 파촉 문학을 형성했으며 전국적으로 이름을 날린 문학의 대가가 끊임없이 배출되었다. 그 가운데 가장 이른 시기의 대표적인 작가가 바로 한부漢賦의 대가 사마상여이다.

사마상여는 촉군蜀郡 성도成都 사람이다. 그는 소년 시절부터 책을 좋아했다. 특히 인상여藺相如의 사람됨을 앙모하여 자기 이름을 상여相如로 바꿀 정도였다. 그는 집안의 많은 재산을 기반으로 낭관郎官이라는 벼슬을 받았다. 그 뒤 한경제漢景帝를 모시며 무기상시武騎常侍가 되었지만 이는 그의 마음에 드는 자리가 아니었다. 게다가 한경제도 사辭나 부賦 따위를 좋아하지 않았다. 바로 이때, 효왕孝王이 서울로 황제를 알현하러 오는 길에 유세에 능한 이들도 함께 따라 왔다. 이들은 제군齊

82 朝叩富兒門, 暮隨肥馬塵. 두보의 시 「위좌승께 올리는 글奉贈韋左丞丈二十二韻」에 나오는 구절임.

83 지금의 쓰촨四川 지방.

郡의 추양鄒陽, 회음淮陰의 매승枚乘, 오현吳縣 장기庄忌 등이었다. 사마상여는 이들을 보자 금방 호감을 가지게 되었다. 그래서 병을 핑계로 관직에서 물러나 양梁에 체류했다. 양의 효왕은 상여를 이런 지식인들과 함께 지내도록 했다. 사마상여가 이런 지식인들과 몇 년 동안 함께 지낼 때 쓴 글이 바로 『자허부子虛賦』이다.

사마상여는 온전한 지식인이었다. 성도 사람의 아름답고 부드러운 정과 이 지방의 호방하고 힘찬 모습이 그의 문장 속에 녹아 있다. 한나라 부의 대표적인 인물인 사마상여의 벼슬길은 그의 문학 영역에서 이룬 성공에 결코 도달하지 못했다. 사실 그에게 관료로서의 잠재적인 자질이 없는 것은 아니었다. 그러나 그는 무예를 중히 여기며 받들 뿐 사와 부는 멀리하는 황제를 만났으니 이 얼마나 슬픈 일인가? 재능은 있었지만 그 재능을 펼칠 기회를 만나지 못하고 오히려 '무기상시'가 되었다. 그러나 이것은 그의 바람이 결코 아니었기에 사마상여는 먼 곳 타향으로 가서 양효왕의 문객이 되었다. 그의 성격은 우유부단했다. 그러했기에 자기의 불만을 직접적으로 세상에 펼칠 수 없었다. 역사에서 한나라 부를 대표하는 작품 『자허부』는 이런 배경을 가지고 세상에 태어났다.

『자허부』는 사마상여의 벼슬길에 큰 문을 활짝 열어놓았으니 이는 한나라 부가 겉만 번지르르하고 실속은 없는 빛 좋은 개살구라는 논조를 철저히 부정하게 만들었다. 사마상여는 한나라 시대에 가장 빛나는 인물로 영원히 남아 있다.

뒷날, 양효왕이 세상을 떠나자 의지할 데가 없어진 사마상여는 어쩔 수 없이 실의에 빠져 고향으로 돌아왔다. 그와 탁문군卓文君의 스캔들도 바로 이렇게 실의에 빠졌을 때 일어났다. 옛날과 달리 이제 그의 집은 생각보다 훨씬 가난했다. 게다가 그는 생계를 위한 직업도, 자기

한 몸 기댈 곳도 없었다. 이때, 그의 오랜 친구로서 임공臨邛 현령으로 있던 왕길王吉이 그에게 이렇게 말했다.

"자네는 벼슬길에 뜻을 이루지 못했으니 내가 있는 곳으로 오게!"

사마상여는 어쩔 수 없이 그에게 기대야만 했다. 바로 이곳에서 사마상여는 한바탕 '봉구황鳳求凰'의 러브스토리를 연출했다. 그는 탁문군이라는 비길 데 없이 아름답고 다정한 미인을 손에 넣는 데 그치지 않았다. 장인으로부터 재산까지 손안으로 굴러들어왔던 것이다. 이리하여 둘은 기분 좋게 성도로 돌아와 전답을 사들이고 사치스러운 생활을 시작했다. 이 이야기는 모든 사람이 알고 있지는 않지만 천년 이상 문인들 사이에서는 흥미진진한 화제로 오르내렸다. 그들의 이야기를 소재로 『당로기當壚記』, 『봉구황鳳求凰』 등과 같은 작품들이 끊임없이 무대에 오르며 아직도 그 인기가 사그라질 줄 모른다.

'낭중지추囊中之錐'라는 말이 있다. 수머니 속에 넣어둔 송곳은 반드시 옷을 뚫고 나와서 날카로운 제 모습을 드러내게 마련이라는 뜻이다. 요즘 젊은이들이 흔히 쓰는 '금덩어리는 마침내 번쩍거린다.'는 말과 같다. 만약 사마상여가 그렇고 그런 보통 사람이었다면 그의 한평생은 기껏해야 지방의 부자에 그쳤을 것이다. 하지만 그는 재능이 뛰어난 사람이었다. 그의 절묘한 재주는 바로 탁월한 사부 창작에 있었다. 사부는 한나라 때 새로 생긴 문학의 한 갈래였다. 그 형식은 웅장하고도 거대했으며 그 문체는 화려하고 풍부하여 당시 사회에 크게 유행했다. 한무제는 이런 글들을 매우 좋아했다. 어느 날, 한무제는 사마상여가 쓴 『자허부』를 읽고 특히 높이 평가하며 이렇게 말했다.

"내 어찌 이런 사람과 같은 시대에 살 수 없었단 말인가!"

한무제는 그가 궁중에서 사냥개를 관장하는 벼슬아치 양득의楊得意와 같은 고향 사람이라는 것을 알자 아직도 천 리 먼 곳 성도에 머물고 있는 사마상여를 서울로 불러들였다. 이것이 바로 우리가 말하는 '징벽徵辟'[84]이다. 사마상여와 마주하자 한무제는 『자허부』를 쓴 사람이 맞느냐고 물었다. 사마상여는 기회가 왔음을 분명히 알았다.

"제가 쓴 것입니다. 하지만 제후의 이야기를 쓴 것이라 별 가치가 없습니다. 이제 천자의 사냥 이야기를 써서 바치고자 하오니 허락하여 주소서."

한무제는 이를 승낙하며 그에게 필묵과 죽간을 내렸다.

이리하여 사마상여는 뛰어난 필치와 과장된 솜씨로 한무제의 황실 전용 원림 상림원上林苑의 멋진 풍광과 큰 규모, 아름다운 건축물, 우거진 초목, 기이한 짐승들, 그리고 수렵에 나선 천자의 세찬 모습과 풍성한 수확, 승리의 기쁨, 가무의 즐거움 등을 묘사했다. 그런데 황제는 이 때문에 우쭐거리고 뽐내지 않았으며 여기에 도취하지도 않았다. 오히려 어쩔 줄 몰라 하며 깊은 생각에 잠겼다. 결국 황제는 이는 창업을 이어받아 후세에 전할 군주가 해야 할 일이 아니라고 불현듯 깨달았다. 이에 숙취에서 깨어난 황제는 사냥을 그만 두고 이곳의 담장을 허물고 웅덩이를 메운 뒤 농지로 만들어서 백성들이 씨도 뿌리고 생업의 터로 삼도록 했다. 이렇게 하자 백성들은 하나같이 그를 받들며 우리 황제가 삼황三皇보다 덕망이 높고 오제五帝보다 공이 크다며 힘껏 찬양했다.

우리는 사마상여를 우러르지 않을 수 없다. 그는 그야말로 문장에서 크게 뛰어난 인물로 손색이 없다. 그가 노래한 이 작품은 견줄 데 없을 정도로 뛰어난 상림원의 위엄과 기백을 보여주었을 뿐만 아니라 황제의 높고 두터운 은덕까지 찬양했다. 비록 황제의 비위를 맞추며 아부하는 문장이긴 하지만 이만한 수준의 글을 쓸 수 있는 이가 예부터 지

---

84 황제가 초야에 있는 사람을 예를 갖추어 불러서 벼슬을 시킴.

금까지 얼마나 될까?

과연, 사마상여는 한무제에게 높은 평가를 받았다. 한무제는 그에게 '낭郞'이라는 벼슬을 내렸다. '낭'은 비록 정부 기구에 편성된 직책은 아니지만 황제와 가까이할 수 있는 중요한 자리였다. 이때부터 사마상여는 문인의 신분에서 황제를 가까이에서 모시는 신하로 뛰어올랐다.

'징벽'에 의하여 벼슬길에 오를 수 있으려면 권력을 잡은 자의 필요나 입맛에 맞아야 한다. 여기에 맞추려면 남보다 뛰어나야 한다. 그렇지 않으면 평생 우울하게 살 수밖에 없다. 예컨대, 사마상여보다 나중에 태어난 인물로 양웅揚雄이 있었지만 그는 사마상여 같은 행운을 얻지 못했다. 사부로 말하자면, 양웅은 사마상여와 어깨를 나란히 하며 이름을 날렸다. 역사에서는 '마양馬揚'으로 이들을 일컬을 정도였다. 하지만 양웅은 사마상여보다 훨씬 학문 수준이 높았다. 양웅은 작품의 창작에서도 그 수준이 사마상여가 쓴 유명한 부에 결코 뒤지지 않았다. 그리고 경학, 사학, 문자학 등 여러 영역에서 자기만의 독특한 기여를 했다. 이 점은 사마상여가 결코 따라잡을 수 없다. 그러나 양웅은 정치적인 면에서 사마상여보다 훨씬 비참했다. 그는 마흔 살이 되어서야 서울로 올라와 당시 권신이었던 왕음王音의 눈에 들어 '낭'이라는 직위를 얻었다. 그는 일찍이 왕망王莽, 유흠劉歆, 동현董賢 같은 인물들과 직위가 같았던 적이 있었다. 그러나 그 뒤 이들은 모두 삼공三公에 이르렀다. 특히 왕망은 황제의 자리에 오르기까지 했다. 하지만 양웅은 그 동안 벼슬이 오르지 않았다. 양웅은 어떤 사건에 말려들자 놀란 나머지 누각에서 뛰어내려 스스로 목숨을 끊었다. 술을 매우 좋아했던 양웅은 늘그막에 술을 살 돈조차 없을 만큼 가난했다. 가끔 학생들이 가르침을 청하러 올 때면 그에게 술과 안주를 올리곤 했다.

보통 사람의 마음속에 사마상여는 준수하고 우아한데다 운치 있고 호방함이 넘치는 재주꾼이었다. 분명 사마상여는 당당한 모습에 멋스러운 매너를 지녔으며 사람들의 눈길을 끄는 다재다능한 인물이었다. 또 탁문군이라는 미녀의 마음을 사로잡은 이야기는 천고의 미담으로 전해 온다. 그러나 그를 '멋이 넘치는 재주꾼'으로만 보는 것은 피상적인 견해일 뿐이다. 사실 비범한 태도와 가슴 가득한 시서詩書 외에도 사마상여는 정치적 통찰력을 지닌 벼슬아치였다. 사마상여가 과부로 지내고 있는 탁문군과 거리낌 없이 결합한 것을 보면 그가 지식인의 고리타분한 사고에서 벗어나 있음을 알 수 있다. 결혼 뒤, 생활이 군색해지자 부부 두 사람은 술집을 열었다. 그는 탁문군에게 술청에서 술을 팔도록 하고 자신은 술집 종업원 의복을 착용하고 그릇까지 씻으며 아무 거리낌 없이 행동했다. 이는 보통 선비라면 할 수 없는 일이었다. 더구나 사마상여는 한나라 부의 대가로서 자기의 특기인 사부의 특색을 살려 한무제의 비위를 맞추며 아부했다. 이는 실로 문인으로서 부끄러운 일이었지만 벼슬길에 오른 이가 윗사람에게 비위를 맞추며 아부하기는 필수 과목이었다. 사실 역대 벼슬길에 오른 이로서 알랑거리며 비위를 맞춘 이가 어찌 사마상여 한 사람뿐이겠는가?

제6장
신중, 냉정, 침착, 결연, 단호함

신중하기란 뜻밖에 생긴 사태에도 입을 다물거나 비켜가며 조급하게 입장을 밝히지 않고 차분하게 사태의 추이를 살피는 태도를 말한다.

냉정하고 침착하기란 시끄럽게 굴지 않고 외로울 때는 기꺼이 외로움을 즐기고 신나게 흥청거릴 때는 외로울 때를 생각하는 태도를 말한다.

결연하고 단호하기란 재능을 발휘해야 할 때에는 반드시 앞으로 나서서 재능을 발휘하는 태도를 말한다.

1. 내공 수련

전설에 나오는 진정한 무림의 고수는 내공이 튼튼하여 그들이 어느 곳에 있든 사람들은 아주 큰 기를 느끼며 정신적인 부담도 함께 받는다. 하지만 수준이 낮은 고수는 여기저기에서 날뛰기만 할 뿐, 겉으로 보기에는 솜씨가 대단한 것 같지만 사실은 공격 한 번 하지 못한다.

관료 사회에서 소인은 이런 기를 가지려고 해도 결코 쉽게 얻을 수 없다. 그러나 내공 수련을 통하여 여기에 이를 수 있으니 그것은 바로 '신중하기'이다. 관료 사회에서 말하는 '신중하기'란 뜻밖에 생긴 사태에도 입을 다물거나 비켜가며 조급하게 입장을 밝히지 않고 사태의 추이를 살피는 태도를 말한다. 당연히 이러한 태도는 충분한 내공으로 드러나게 마련이다. 동시에 이런 태도는 벼슬살이에서 자리는 물론 목숨까지도 보존할 수 있는 지혜가 된다.

청나라 관료 사회에 밝은 이는 왕문소王文韶라는 인물을 잘 안다. 왕문소는 함풍제, 동치제, 그리고 광서제를 겪으며 높은 벼슬을 지낸 인물이다. 지방에서는 안찰사, 포정사, 순무, 총독 등을 거쳤으며, 조정에서는 상서, 대학사, 군기대신을 지냈으니, 관운이 괜찮았던 인물이라고 할 수 있다. 그가 이렇게 벼슬살이를 할 수 있었던 비결은 오직 '원활모릉圓滑模棱, 명우추피明千趨避'[85]라는 여덟 글자에 있었다. 이것이 바로 벼슬길에 오른 소인이 내공 수련으로 얻은 가장 효과적인 방법이다. 왕문소의 '내공'은 중요한 문제에 자기의 견해를 표명해야 할 경우 이리저리 핑계를 대며 몸을 피하고 귀머거리인 척 벙어리인 척 알면서도 모르는 척하기로 나타났다.

이백원李伯元의 『남정필기南亭筆記』에는 왕문소의 특징이 잘 드러난 이야기 한 편이 실려 있다.

왕문소는 군기대신의 자리에 오른 뒤 듣고도 못 들은 척하는 일이 더욱 잦아졌다. 어느 날, 두 대신이 하나의 사건을 두고 다투는데 서로 버티며 조금의 양보도 없었다. 서태후西太后는 왕문소의 생각을 물었다.

85 원활한 인간관계를 가지면서도 태도나 견해 등을 애매하게 표현하며 교묘하게 잘 피한다는 의미임.

왕문소는 머리를 흔들면서 자기 귀를 가리켰다.

"무슨 말씀인지 듣지 못했습니다."

그러면서 소리 없이 빙긋이 웃었다.

서태후가 몇 번이나 거듭 캐물었지만 왕문소는 웃기만 할 뿐이었다. 이에 서태후는 이렇게 말했다.

"그대는 저 사람에게 미움을 받을까 겁내는구려. 참말로 약삭빠르오!"

왕문소는 정말로 못 들었다는 듯 여전히 웃기만 했다. 왕문소가 진짜로 못 들었는지, 아니면 듣고도 못 들은 척 했는지는 아무도 모른다. 그러나 그가 취한 행동은 분명 수많은 골칫거리에서 그를 비켜서게 했다. 왕문소는 말과 행동에서도 '어두운 귀'로 행세했다. 그는 다른 이와 다툼을 거의 벌이지 않았다. 가끔 다른 사람에게 반박이라도 당하면 그는 의외로 놀라며 온몸을 후들거릴 정도로 대단히 부끄러워했다. 이런 '내공'을 많은 이들이 비웃으며 업신여기기까지 했다. 어떤 이들은 그를 약삭빠른 인물로 치부하며 비웃기도 했고, 다른 이들은 그가 죽은 뒤 만장에 쓰였던 구절 가운데 그를 풍자하는 글귀를 모아 편찬하기도 했다. 그 가운데 그야말로 약삭빠른 인물로서 벼슬은 재상의 반열까지 올랐지만 일은 하지 않고 자리만 차지하고 봉록을 축냈을 뿐이라고 폭로하며 비웃는 내용도 있었다. 이는 그가 죽은 후에 내린 올바른 평가일 수 있다.

그러나 왕문소는 자기의 내공에 자못 만족했다. 그는 처음부터 끝까지 자기 자신을 벼슬길에 오른 소인으로 보았다. 그리고 소인은 '신중하게 처신'해야 한다고 생각했다. 그래서 그는 다른 이와 다투지도 않고 등지지도 않으며 자리를 온전히 보존할 수 있었다. 군기대신의 자리에 있을 때, 그는 이른 아침 입궁하며 자기가 탄 가마 앞에 '왕王' 자가 크게 쓰인 등롱을 앞세웠다. 다른 이들이 한번 보면 그라는 것을 알게 했다. 혁명당원들이 청나라 요인을 격파할 모의를 하고 있을지도 모르니 등롱에 쓰인 글자를 없애라고 누군가 권했으나 그는 오히려 차분하게 말했다.

"나는 이제껏 다른 이들과 평화를 함께 누리며 살았기에 원수진 이가 없소. 그들이 잘못하여 내게 상해를 입힐까 걱정일 뿐이오. 이제 등롱에 쓰인 글자를 더 크게 해야겠소, 좀 더 잘 보이게 말이오."

이 말 속에서 우리는 자기의 처세술에 대하여 꽤 만족하고 있는 그의 모습을 엿볼 수 있다. 실제로 왕문소의 내공은 어쩔 수 없는 형편 속에서 수련되었다. 원만함이 하나의 기풍으로 되어버린 청나라 관료 사회에서 강직하고 꼿꼿한 몇몇 벼슬아치들은 부패한 세력과 타락한 풍조에 포위되거나 그 영향으로 태도나 의견을 애매모호하게 하며 벼슬살이를 했다. '강직함'을 '원만함'으로 바꾸며 결국에는 속물스런 벼슬아치로 변했다.

장집형張集馨은 바로 전형적인 예이다. 함풍咸豊 7년, 장집형은 감숙甘肅 지방의 포정사로서 그곳의 민정과 재정을 주관했다. 막 부임했을 때, 그는 마음을 단단히 먹고 진취적으로 벼슬살이를 하겠다고 굳게 다짐했다. 그러나 일 년이 지난 뒤, 관계의 분위기는 그에게 내공의 부족을 절실하게 느끼도록 했다. 그는 어쩔 수 없이 '능력 숨기기'를 원칙으로 삼으며 모든 사태에 임했다. 관아에는 자기가 지은 다음과 같은 대련을 좌우명으로 내걸기까지 했다.

讀聖賢書, 初心不負; 用黃老術, 唾面自乾.[87]

독성현서, 초심불부; 용황로술, 타면자건

이 글에는 날카로움이나 예리함이 전혀 없다. 한 해의 시간은 마음 단단히 먹고 진취적으로 벼슬살이하려는 벼슬아치를 내공이 깊이 닦여진 겁약한 벼슬아치로 만들었으니, 어느 누가 이렇게 큰 능력을 가질 수 있겠는가? 당연히 관료 사회가 그를 이렇게 개조했다.

그를 이렇게 만든 세력으로 먼저 손꼽을 수 있는 이는 바로 그의 직속상관이었다. 장집형의 직속상관은 감숙 지방의 순무를 겸임하고 있던 섬감총독陝甘總督 낙빈樂斌이었다. 그는 전형적인 팔기八旗의 자제로서 어리석고 무능할 뿐만 아니라 마음씀씀이도 바르지 못했다. 장집형은 그의 관할 아래 공정하게 일을 처리하기도 힘들었으며 자기 능력도 충분히 발휘할 수 없었다. 그의 눈에는 어떻게 일을 해도 바르게 보이지 않았다. 장집형은 제 일을 제대로 처리할 줄도 모르는 인물로 보였다. 또 많은 이들이 그에게 장집형의 잘못을 일러바치기도 했다. 낙빈도 장집형의 잘못을 일러바치는 이들이 탐관오리라는 것을 잘 알고 있었다. 그러했기에 그는 시비를 분명하게 가리지 않고 거짓 고발을 믿으며 장집형을 질책했다. 장집형은 당연히 크게 실망하며 굳세고 꿋꿋한 기세가 꺾이고 말았다. 장집형은 어떤 벼슬아치의 독직사건을 밝혀냈지만 사건은 결국 낙빈과 관계되어 더 이상 깊이 밝히기 어려웠다. 장집형은 어쩔 수 없이 애매한 입장을 취할 수밖에 없었다. 두 번째로 손꼽을 수 있는 세력은 바로 장집형을 둘러싼 인맥이었다. 그를 둘러싼 인맥은 낙빈이 중심이 된 한 무리의 못된 패거리들이 결탁하여 이리저리 짠 망이었다. 의형제, 인척이나 동향, 같은 스승을 모셨거나 같은 상관 밑에서 함께 일했던 인연으로 맺어진 관계, 심복과 일꾼, 게다가 참으로 복잡한

86 성현의 글을 읽어 처음 세운 마음에 부담을 지지 말고, 도가의 가르침에 따라 모욕을 당해도 맞서지 말라.

봉건적 관계 등이 장집형의 인맥 속에 복잡하게 얽혀 있었다. 장집형은 공무를 처리하면서도 이런 커다란 인맥이 머리를 감싸고 있는 느낌에 젖어 숨도 쉴 수 없었다. 그가 쓴 일기에는, '나는 이 사이에 홀로 서서 언제나 두려움을 느꼈다.'거나 '관직에서 물러나서 그 날카로운 칼날을 피하고 싶다.'는 문장이 있다. 바로 이런 심경으로 그는 '자기 능력 숨기기'를 원칙으로 삼으며 '用黃老術, 唾面自乾용황로술, 타면지건'이라는 대련을 썼다.

왕문소가 '내공' 수련을 인생의 가치로 삼았다면 장집형은 어쩔 도리 없이 내공 수련을 했다고 볼 수 있다. 그런데 당나라 때 이적李勣은 내공을 자유자재로 운용한 인물이었다.

고종高宗 이치李治는 애초에 무미낭武媚孃을 황후로 세우려고 했다. 그러나 장손무기長孫無忌와 저수량褚遂良 등 여러 고명대신들의 반대에 부딪쳤다. 어느 날, 이치는 이 일을 놓고 의논하기 위하여 이들을 다시 조정으로 불렀다. 이때, 저수량은 이렇게 말했다.

"오늘 저희를 부른 것은 분명 황후 폐립 문제 때문일 것인즉, 폐하께서 이미 결심을 하며 결정한 일을 만약 반대한다면 죽을죄를 짓게 됩니다. 하오나 저는 선제의 간곡한 부탁으로 폐하를 보좌해야 하는데 죽기를 작정하고 맞서지 않는다면 무슨 면목으로 지하에서 선제를 뵈옵겠습니까!"

이적도 장손무기나 저수량과 마찬가지로 고명대신이었다. 그러나 그는 이번에 궁궐로 드는 일에 길함보다는 흉함이 많다고 생각하며 병을 핑계로 나아가지 않았다. 하지만 저수량은 황제의 잘못을 면전에서 직언함으로써 당장 무미낭의 원한을 살 수밖에 없었다.

그런데 이적은 줄곧 숨어 있지 않고 이틀 뒤 궁궐로 들어가 단독으로 황제를 알현했다. 황제는 그에게 이렇게 말했다.

"무소의武昭儀를 황후로 세우려고 했더니 저수량이 한사코 안 된다고 하오. 고명대신인 그 양반이 그렇게 반대한다면 이 일은 이제 그만둘 수밖에 없지 않겠소?"

이적은 황제께서 오소의吳昭儀를 황후로 세울 결심이 이미 섰음을 알았다. 그런데 만약 이것을 공개적으로 찬성하면 대신들이 자기를 뻔뻔스럽다고 욕할 것이고, 공개적으로 반대하면 무미낭도 만만한 상대가 아니었기에, 그는 결국 이렇게 한 마디 던지고 말았다.

"이는 폐하의 집안일인데 외인에게 물을 필요가 있겠습니까!"

이 말은 그야말로 교묘하기 짝이 없다. 황제의 뜻에 순종하면서도 다른 대신들에게도 자기를 공격할 빌미를 주지 않았다. 이치는 이 말을 듣고 무미낭을 황후로 세울 결심을 굳혔다. 무미낭은 황후가 되자 반대파인 장손무기와 저수량을 박해했다. 그러나 오직 이적만은 상처를 주지 않았음은 물론 높은 벼슬까지 내렸다.

내공 수련은 하루아침에 되는 일이 아니지만 지름길은 있다. 바로 얽히고설킨 일을 만나면 자기 의견을 밝히지 말아야 한다는 점이다. 설령 밝힌다 해도 빙빙 에둘러 말해야지 자기의 견해를 명백하게 밝혀서는 안 된다.

2. 화해로 자리 지키기

'화해'는 관료 사회에서 안정을 추구하는 방법 가운데 하나이다. 이것은 언제나 자리나 권력이 서로 엇비슷한 벼슬아치들 사이에 갈등을 해결하는 방법이다. 어느 쪽이 머리를 숙이며 화해를 청하든, 그것은 모두 자기 자리를 확실히 지키기 위해서이다.

춘추전국시대에 조趙나라의 혜문왕惠文王은 민지澠池에서 돌아온 뒤 인상여藺相如를 국가 최고 집정관에 상당하는 상경上卿의 자리에 앉혔다. 자기를 도와 화씨벽和氏璧을 진秦나라에서 조나라로 온전하게 되돌리는 데 큰 공을 세웠다는 이유에서였다. 인상여가 차지한 벼슬은 염파廉頗보다 높은 자리였다. 염파 자신은 동정서벌에 큰 공을 세웠지만 단지 말 한 마디 잘한 것으로 인상여가 자기보다 높은 벼슬을 받자 가만히 두지 않기로 했다.

"인상여를 만나기만 하면 반드시 모욕을 주고 말겠다."

이 말을 전해들은 인상여는 염파와 마주치지 않으려고 날마다 병을 핑계로 조정에 들지 않았다. 인상여는 어느 날 외출했을 때 저 멀리 염파가 보이자 길을 멀리 돌아가면서 그를 피했다. 문객들도 인상여에게 작별을 고하고 떠나려고 했다. 그러나 인상여는 거듭 만류하며 이렇게 말했다.

"그대들은 염파와 진왕秦王을 비교하여 누가 더 지독할 것 같소?"

문객들은 이렇게 대답했다.

"그야 진왕이 더 지독하지요."

반면에 인상여는 이렇게 대답했다.

"진왕이 그렇게 지독하니까 내가 감히 얼굴을 맞대고 그를 질책하고 그의 신하를 욕 보였던 거요. 내가 진왕도 두려워하지 않는데 어찌 염 장군을 두려워하겠소? 생각건대, 강대한 진나라가 감히 우리 조나라를 치려고 군사를 일으키지 못하는 것은 바로 우리 두 사람이 있기 때문이오. 이제 우리 두 사람이 서로 으르렁대며 싸운다면 두 사람 다 살아남을 수 없을 것이오. 그러기에 이 사람은 염 장군에게 일마다 양보하는 것이오. 바로 이것은 나라의 위급을 먼저 생각하며 개인적인 원한을 버리는 것이오!"

이 이야기를 들은 염파는 웃통을 벗은 채 싸리나무 회초리를 짊어지고 인상여의 집으로 찾아와서 잘못을 빌었다. 이때부터 두 사람은 생사고락을 함께할 만큼 절친한 친구가 되었다.

관료 사회에서 화해를 모색하는 한 쪽은 종종 자발적으로 다른 한 쪽의 예리한 칼날을 피하기도 한다. 그러다가 상대방이 싸울 의욕을 누그러뜨리면 다시 상대방과 함께 사이좋게 지낸다. 이렇게 하면 서로 상처를 입지 않을 뿐만 아니라 윗사람에게 더 인정을 받으며 승진의 기회도 얻을 수 있다.

후한 시대에 가복賈復을 보좌하던 장수 하나가 영천潁川에서 사람을 죽였다. 그러자 태수 구순寇恂이 그를 체포하여 사형에 처했다. 가복은 이 사건이 자기의 체면을 구겼다고 생각했다. 가복은 영천을 지나는 길에 곁에 있던 부장들에게 이렇게 말했다.

"구순을 만나면 내 손으로 그를 죽이고야 말리라."

구순은 가복이 꾸미는 모의를 눈치 채고 몸을 숨기며 처음에는 그와 만나지 않으려고 했다. 구순의 생질 곡숭谷崇이 만일의 경우에 대비하여 곁에서 칼을 차고 보살피겠다며 나섰다. 그러자 구순은 이렇게 말했다.

"아니다. 예전에 인상여는 진왕을 두려워하지 않으면서도 기꺼이 염파에게 무릎을 꿇었다. 모두가 나라를 위하는 마음에서였다."

이리하여 그는 한 사람 당 두 사람 분의 술과 안주가 돌아가도록 준비하여 성 밖으로 가복의 군대를 영접하러 나아갔다. 그런 다음 그 자신은 병을 핑계로 성 안으로 먼저 돌아왔다. 가복은 부하에게 구순을 추적하여 붙잡을 것을 명령했지만 그들은 모두 술에 취했기에 구순은 안전하게 몸을 피할 수 있었다. 구순은 사람을 보내 이런 상황을 조정에 보고했다. 황제는 구순을 불러서 관직에 임명하고 가복과는 다시 좋은 관계를 맺으라고 명령했다.

명철보신明哲保身은 숙손통叔孫通이 일찍이 써먹었던 수단이다. 분서갱유가 지나고 오래지 않아 진이세秦二世가 자리를 이었다. 바깥세상에서 모반이 일어나고 있다는 이야기를 들은 그는 대신들에게 정말로 모반이 일어났느냐고 물었다. 수많은 벼슬아치들이 바깥세상에서 정말로 시끄럽고 어수선한 난리가 일어났으니 진이세는 잘못을 뉘우쳐야 한다고 권했다. 하지만 오직 숙손통만은 이렇게 아뢰었다.

"바깥세상에서 모반이 일어난 게 아니라 좀도둑이 좀 설칠 따름입니다. 그것이 모반으로 잘못 전달되었습니다."

진이세는 숙손통의 말을 듣자 옳다고 여기며 대단히 기뻐했다. 하지만 숙손통은 이 말을 아뢰고 나서 슬그머니 자취를 감추었다. 그는 진나라 정권은 이제 희망이 없다는 것을 알았던 것이다.

결국 숙손통은 자리를 잡으며 역사에 숱한 정치적 업적을 남겼다. 예컨대, 그가 한漢 고조에게 건의하여 세운 '조반朝班' 제도는 이후 몇몇 왕조를 거치며 그대로 계속 유지되며 천년 넘게 실행되었다. 이때부터 각 왕조는 그가 만든 체제를 참고했다. 사마천은 숙손통에 대한 대수롭지 않은 비평에 동의하지 않고 그야말로 중요한 점에 눈길을 돌린 사람이라고 그를 평가했다. 사마천은 숙손통을 '양주이진量主而進'[87]이라는 네 글자로 말했으니, 참으로 멋진 평가이다. 이 말은 후세에 말한 '훌륭한 새는 나무를 가려서 둥지를 틀고, 훌륭한 신하는 임금을 가려서 섬긴다.'[88]는 말과 통한다.

87 임금을 헤아려 나아감.

88 良禽擇木而棲, 良臣擇主而事.

3. 날마다 자신을 살피면서 자리 지키기

옛말에 "대장부는 실의했을 때 잘 참고, 득의했을 때 자신의 포부를 잘 펼쳐야 한다."고 했다. 벼슬살이에 이 말을 대입하면, 벼슬살이를 하려는 사람과 이미 벼슬살이를 하고 있는 사람은 치욕을 참으며 중책을 맡을 수 있어야 한다는 뜻이다. 또 날마다 자신을 반성해야 한다. 그래야 '온갖 신고辛苦를 겪은 뒤에야 다른 이의 존경을 받을 수 있는 인물이 될 수 있다.'는 말을 이해할 수 있다. 어떤 일을 하든지 좌절은 피할 수 없다. 그런데 벼슬길에 오른 자가 자신을 이기지 못한다면 그는 바람직한 성과를 영원히 얻을 수 없다. '잠시 참으면 바람도 멈추고 물결도 잠들 것이며, 한 발 물러서면 호방하여 거칠 것 없으리라.'[89] 벼슬하는 자가 이렇게 될 수 있다면 아무리 장애물이 견고하여도 다 부술 수 있고 어떤 힘든 일도 다 이룰 수 있다.

따라서 날마다 자기 행실을 반성하며 아주 하찮은 일에도 신중해야 한다. 즉 사소한 일부터 시작하고 아주 작은 곳부터 빈틈이 없어야 한다. 벼슬살이하는 자는 신중하지 않을 수 없다. 더욱이 작은 일에도 소홀하지 말고 신중해야 한다.

벼슬살이 하는 사람 가운데 어떤 이는 시비가 붙거나 선악을 가릴 때에는 높은 깨달음을 보이면서도 아주 자질구레한 일은 잘 처리하지 못하거나 자신을 방임하는 것을 종종 볼 수 있다. 이 때문에 '긴 제방도 개미구멍 하나 때문에 무너진다.'는 말처럼 될 때가 있다. 바로 한평생 쌓은 훌륭한 명예도 하루아침에 망가질 수 있다. 이는 작은 일이라도 마음대로 해서는 안 된다는 말이다.

89 忍一時風輕浪靜, 退一步海闊天空.

백거이는 작은 일에도 결코 소홀하지 않았던 대표적인 인물이다. 그는 항주杭州에서 자사刺史로 근무할 때, 어떤 재물도 받은 적이 없었다. 그런데도 그는 임지를 떠날 때 돌연 자기 잘못을 하나 생각해내곤 자책하는 시를 남겼다.

자사 생활 세 해에,
물마시고 또 나물 먹었네.
오직 천축산에서,
수석 두 점 손에 넣었네.
이 수석이 천금에 맞먹으니,
어찌 내 깨끗함을 더럽힌 게 아니랴.

三年爲刺史,
飮水復食蘗.
惟向天竺山,
取得兩片石.
此抵有千金,
無乃傷淸白.

백거이는 수석을 좋아했으니 보통 사람이 보기에는 자못 평범한 일이다. 그런데도 이 때문에 자책하고 있으니 자신에게 지나치게 준엄하다. 그는 이렇게 말한 바 있다.

"하루 한 냥이면 천 일이면 천 냥이고, 노끈 톱이 나무를 자르고 작은 물방울이 바위를 뚫는다."[91]

만약 오늘 수석 두 점을 얻으면 다음 날도 아마 다른 것을 얻으려할 것이다. 그러면 재물 때문에 자기를 더럽히지 않는다는 보장을 할 수 없다. 그러니 나쁜 일이 아직 경미할 때 더 이상 커지지 못하게 방지하는 것이 가장 중요하다. 그는 또 이렇게 말했다.

"한 올 한 톨이 나의 명예와 절조이다. 그리고 한 뼘 한 줌이 백성들의 피와 땀이다."[91]

이 말의 본질은 '수석 두 점'을 손에 넣은 것이 바로 '천금'을 횡령한 것과 다를 바 없다는 뜻이다.

또한 '발가락 하나 곪는 것이 온몸을 망가뜨릴 수 있다.'[92]고 했으니, 아무리 하찮은 일이라도 신중하게 처리하는 것이 벼슬살이를 하는 이에게 얼마나 중요한지 알 수 있다.

자기 자신을 엄격하게 다스리고 말과 행동이 일치함으로써 홀로 있을 때 오히려 언행을 삼가는 행위의 의의로 삼을 수 있다. 그리고 몸과 마음을 바르게 닦아야 할 첫 번째 원칙이다.

『중용中庸』에는 이런 구절이 있다.

"군자는 언제라도 도덕과 떨어질 수 없다. 도덕과 떨어져 있다면 진정한 군자가 아니다. 설령 다른 사람이 보지 않는 곳, 다른 사람이 듣지 못하는 곳에 있을지라도 조심하고 삼가며 신중해야 한다. 그리고 자기 자신에게 엄격해야 한다. 그래야 자기의 언행이 도덕적 규범을 벗어나지 않는다."[93]

강희康熙의 『정훈격언庭訓格言』도 현명한 이의 최우선 항목으로 홀

90 一日一錢, 千日千錢, 繩鋸木斷, 水滴石穿.

91 一絲一粒 我之名節, 一釐一毫 民之脂膏.

92 一趾之疾可喪七尺之軀.

93 道也者, 不可須臾離也, 可離非道也. 是故君子戒愼乎其所不睹, 恐懼乎其所不聞, 莫見乎隱, 莫見乎微, 故君子愼其獨也.

로 있을 때 언행을 삼가라고 제시한다. 게다가 강희제는 벼슬하는 이들에게 '보는 이가 없는 곳에서도 떳떳하지 못한 일을 해서는 안 된다.'[94]고 일렀으며, 이것을 도덕적인 수양의 표준으로 삼았다. '보는 이가 없는 곳에서도 떳떳하지 못한 일을 해서는 안 된다.'는 말을 자세히 생각해 보면 두 가지 의미가 함축되어 있다.

그 하나는, 다른 사람이 있든지 없든지 관계없이 벼슬길에 오른 사람이라면 자신을 엄격하게 다스려 조금도 빈틈이 없어야 한다는 말이다.

또 다른 의미는 벼슬살이하는 사람이라면 말과 행동이 일치해야 한다는 말이다. 겉과 속이 달라서 앞뒤의 행동이 달라서는 안 된다는 뜻이다.

'홀로 있을 때에도 삼가며 도리에 어긋나지 않게 행동한다.'의 의의는 진지하게 몸과 마음을 닦은 벼슬아치는 그를 감독하는 이가 없어도 도덕적으로 허물어질 일을 하지 않고 자신을 경계할 수 있어서 결코 발을 헛디디지 않는다는 데 있다.

남송의 대유학자 주희朱熹는 '홀로 있을 때에도 삼가며 도리에 어긋나지 않게 행동하다.'는 뜻을 지닌 '신독愼獨'이라는 단어에 대해 이렇게 설명을 덧붙였다.

"군자가 홀로 있음에도 삼감은 비단 분명히 드러난 곳에서도 그러해야 할 뿐만 아니라 비록 지극히 미미하고 은밀하여 다른 사람이 알지 못하는 곳에서라도 언제나 삼가며 조심해야 한다. 작은 일에도 그러하고 큰일에도 그러하다. 드러난 곳에서도 그러하고 은밀하여 보잘 것 없는 곳에서도 그러하다. 겉으로나 속으로나 안에서나 밖에서나 삼가야

94 暗室不欺.

하니, 이를 일러, 그 뜻을 참되게 하기에, '성기의誠其意'라고 한다."

벼슬길에 오른 자는 홀로 있을 때에도 삼가며 신중히 행동할 수 있어야 화를 내지 않아도 자연스레 위엄이 있어서 사람들의 존경을 받는다. 동한東漢 시대 안제安帝 연간에 형주荊州 지방의 자사 양진楊震이 바로 이런 인물이었다. 그는 공정하고 청렴하여 사사로운 청탁을 받지 않음으로써 사람들의 칭송을 받았으며, 게다가 '사지四知' 이야기를 후세에 남겼다.

『후한서後漢書』「양진전楊震傳」에는 이런 기록이 있다.

양진이 형주로 부임하는 길에 창읍昌邑을 지나게 되었다. 창읍 현령 왕밀王密은 양진이 단독으로 발탁한 벼슬아치였다. 왕밀은 이에 감사한 마음을 표시하기 위하여 한밤에 황금 열 근을 양진에게 올리려고 했다. 이에 양진은 단호하게 거절하며 이렇게 말했다.

"내가 그대를 천거한 것은 내가 그대를 잘 알기 때문이었네. 그런데 지금 그대가 이러는 것을 보니 그대는 나를 너무 모르는 것 같네."

그러자 왕밀이 말했다.

"깊은 밤이라 아무도 아는 이 없습니다."

양진이 이 말을 받아쳤다.

"하늘이 알고 땅이 알고 내가 알고 그대가 아는데 어찌 아무도 아는 이 없단 말인가?"

양진의 이 말을 들은 왕밀은 부끄러워하며 물러났다.

훗날 사람들은 이 일을 '신독'의 전형으로 삼았으며, 이 이야기는 세상에 널리 퍼지게 되었다.

속담에는 '다른 사람이 모르게 하려면 아예 그 일을 하지 말라.'[96]라고 일렀다. 만약 다른 사람이 모른다고 생각해 도덕에 등을 돌리고 사람으로서 도저히 못할 짓을 저지른다면, 이는 바로 자기도 속이고 남도 속이는 일이 된다. 종이로 불을 쌀 수 없듯이 진상은 숨길 수 없으며 언젠가는 드러나게 마련이다. 그러기에 벼슬살이를 하는 자는 하늘도 모르고 귀신도 눈치 채지 못한다는 생각을 절대로 해서는 안 된다. '아무도 아는 이 없다'는 생각을 깨뜨리는 것이야말로 가장 현명하다. 송나라 때의 학자 육구연陸九淵은 이 점에 대하여 '신독은 바로 자기 자신을 속이지 않는 것'이라고 명백히 말했다. 또 송나라 사람 원채袁采도 '신독이란 세상을 살아가면서 양심에 부끄럽지 않음'이라고 말했다. 이렇게 신독과 성실을 자기도 속이지 않고 남도 속이지 않으며 마음에 부끄러움이 없는 상태로 연결했다면 참으로 상당히 높은 도덕적 경지에 이르렀다고 볼 수 있다. 이는 도덕적 규범의 준수와 법도가 고도의 이성적 자각에 이르렀음을 드러낸다.

하루의 신독은 쉽지만 언제나 신독하기는 쉽지 않다. 하지만 사실 그것은 어렵다면 어렵고 쉽다면 쉽다. '식욕과 성욕은 인간의 가장 큰 욕망'이라고 했다. 사람은 누구나 욕망이 있다. 그러나 이 욕망 앞에서 멈춰 설 수도 있다. 여기에서 가장 중요한 것은 평상심의 유지이다. 역사적으로 보면 사람들의 기억에 남아 존경을 받은 벼슬아치들은 모두 개인적으로 강한 매력을 지녔으며 성격도 사람들의 존경을 받을만했다. 그러나 이들은 모두 평상심을 지니고 있었다. 이 때문에 시종일관 신독했기에 벼슬살이를 하면서도 끊임없이 수양하며 인격을 높일 수 있었다.

'신욕愼欲'은 바로 욕망의 '도度'를 반드시 꿰뚫어 앎을 말한다. 이런 범위 안에서는 일의 본질이 근본적으로 변화하지 않는다. 그 범위를 넘으면 질적인 변화가 일어나서 또 다른 사정이 발생한다. 사람은 누구

95 若要人不知, 除非己莫爲.

나 욕망을 가지고 있다. 욕망은 물질적, 정신적으로 인간에게 있는 힘을 다하여 노력하도록 격려한다. 하지만 욕망은 그 정도가 적당해야 한다. 적당한 정도의 욕망은 법과 도덕의 요구를 준수한다. 정당한 수단으로 정당한 욕망을 실현하는 것은 누구도 탓할 수 없다. 이와 달리 도를 넘어선 욕망은 개인적인 욕망의 팽창을 부를 수 있고 사악함으로 변질될 수 있다. 또 정당하지 못한 수단으로 욕망의 만족을 꾀한다면 가볍게는 잘못을 범하고 심하게는 돌이킬 수 없는 길로 빠질 수밖에 없다.

이른바 '신욕'이란 자기 욕망의 절제이다. 결론적으로 말하자면 이것은 가치관의 문제이다. 남조南朝 시대의 이름난 문필가 범엽范曄은 이렇게 말했다.

"사치라는 욕망은 근원부터 없애야 하고, 청렴하고 공정한 마음은 일으켜야 한다."[96]

욕망의 근원을 막아내면 청렴과 정직은 마음속에서 솟아나게 마련이다. 그러면 온 백성들이 감지덕지할 일들을 해낼 수 있다.

벼슬길에 오른 자는 세 가지 면에서 '신욕'해야 한다. 즉 재물에 대한 욕망, 색에 대한 욕망, 자리에 대한 욕망[97]을 삼가며 억제할 수 있어야 한다.

재물이란 본디 몸 이외의 것으로, 벼슬을 하는 자는 백성을 위한 일에 마음을 두어야지, 백성이 피와 땀으로 모은 재물을 착취하는 데 마음을 두어서는 안 된다. 군자도 재물을 좋아하지만 그것을 취할 때에는 도리를 지켜야 한다. 벼슬길에 오른 자는 부정한 재물을 취할 기회가 수없이 많아서 걸핏하면 자기의 권력으로 재물을 바꾸려고 한다. 그러

96 嗜欲之原滅, 廉正之心生.

97 愼財欲, 愼色欲, 愼官欲.

나 반드시 기억해야 할 것이 있다.

"손을 내밀지 말라. 내밀었다가는 반드시 잡힌다. 그리하여 부정하게 취한 재물을 되돌려줘야 한다."

재물은 색과 떨어져 있지 않고 언제나 함께한다. 등 뜨시고 배부르면 음욕이 동한다는 말은 바로 이런 이치이다.

이 밖에도 벼슬길에 오른 자는 자리에 대한 욕망을 삼갈 수 있어야 한다. 나라와 사회를 위해 공헌함으로써 자기의 지위를 높이는 것을 두고 비난할 수는 없다. 결국 인간이란 더 높은 곳을 향하여 끊임없이 오르기를 바란다. 하지만 오로지 한 마음으로 수단과 방법을 가리지 않고 연줄에 기대며 위로 오르는 데만 열심인 사람은 치료할 방법도 없다. 벼슬이 크나 작으나 모두 백성을 위하여 일하는 것을 원칙으로 삼아야 한다. 어떤 사람이 만약 자리에 대한 욕망이 지나치게 강하다면 종종 수단과 방법을 가리지 않을 수도 있다. 량치차오는 일찍이 이렇게 말했다.

"부귀와 공명으로 이목이 여색의 쾌락에 빠지면 … 어디에서나 지조를 굽힐 수밖에 없다."

그러기에 벼슬살이를 하는 이는 누구나 평상심을 유지하며 힘써 탐욕을 경계해야 한다. 속담에 이렇게 일렀다.

"집에 황금이 천 냥 있어도 하루 세 끼면 되고, 집에 방이 천 개 있어도 밤이면 침대 하나면 된다. 물이 넘쳐도 한 쪽박이면 되고, 빌딩이 천 채여도 밤에 누울 잠자리는 여덟 자면 된다."

이것들은 모두 탐욕을 경계하는 금과옥조이다. 결국 사람의 한평생에 진정 필요한 것은 사실 한정되어 있다.

4. 벼슬길에서 벌이는 생사를 건 싸움 ① – 하찮은 원한도 반드시 갚기

'하찮은 원한도 반드시 갚기'는 지금까지 군자라면 마땅히 경멸했다. 하지만 관료 사회에서는 이것이 가장 멋진 공격과 방어의 무기였다.

관료 사회에서 '하찮은 원한도 반드시 갚기'는 사실 '서로 배척하기'이다. 즉 상대를 끝까지 밀어붙여 영원히 일어서지 못하게 하는 것이다. 이것은 청나라 관료 사회에서 가장 빈번했다. 이해관계에 따라 다른 이의 허물이나 비밀을 폭로하며 공격하고 사실을 날조하고 모함하는 등 온갖 수단이 동원되었으니, 이를 일러 '관료 사회의 융통성 없는 기계 장치'라고 했다.

많은 이들은 관료 사회의 '하찮은 원한도 반드시 갚기'가 화신和珅에게서 비롯되었다고 지적한다. 이를 위해 화신이 쓴 수단도 남보다 특별히 뛰어났다. 어떤 이는 그가 쓴 수단을 뭉뚱그려 이렇게 말했다.

"온갖 수단이 소리도 없고 보이지도 않으며 감쪽같이 쏟아져 나오는데 전혀 예상할 수 없는 것들이었다."

화신이 이부의 벼슬아치 김방설金方雪을 배척한 것은 바로 그가 수단을 부려서 이루어진 일이었다. 김방설이 이부에 근무하고 있을 때, 화신은 그에게 이렇게 말한 적이 있었다.

"그대는 지방으로 내려가서 근무해야겠소."

과연 며칠 뒤 지방으로 나가서 근무하라는 명령이 내려왔다. 김방설은 자기 자리가 원적지에서 5백 리 안이어야 했기에 당연히 회피하려고 했다. 그는 성에 도착한 뒤 순무에게 서면으로만 신고하고 강녕江寧 지방의 염도鹽道와 임무를 맞바꾸었다. 이 사실을 안 화신은 불같이 화를 냈다. 이것은 그의 아이디어였다. 게다가 그는 김방설도 이 점을 명확히 알아야 한다고 생각했기에 그에게 본때를 보여주기로 결정했다. 2년 뒤, 강소江蘇의 고우高郵에 빈민 구제금을 횡령하는 사건이 발생하여 많은 벼슬아치들이 체포되었다. 지금까지 김방설에게 보복할 기회만 노리던 화신은 이 틈을 타서 황제에게 상소문을 올렸다.

"포정사가 감찰을 잘못하여 일어난 일이므로 마땅히 엄히 다스려야 할 것입니다."

결국 강소지방 포정사의 임무를 대리했던 김방설은 해임되어 조사를 받아야 했다.

조진용曹振鏞은 관계에서 아첨꾼으로 알려진 인물로서 큰 일이 닥치면 지금까지 아첨을 하며 자기 몸을 사리지 않은 적이 없을 정도였다. 그러나 이렇게 패기도 없이 나약한 벼슬아치가 다른 사람을 배척하는 데는 아주 능숙했다.

도광道光 초년, 장양평蔣襄平이라는 벼슬아치가 군기처에 재직하고 있었다. 이 사람은 황제의 돈독한 신임을 받고 있었다. 이 때문에 오히려 조진용의 시샘을 받았다. 그는 도광의 손을 빌려 장양평을 외지로 밀어버렸다. 밀어낸 과정은 알 길 없지만 그 뒤 장양평은 조진용의 수단에 자못 감탄했다.

"조진용의 지혜와 기교는 속뜻을 드러내지 않으면서도 윗사람의 뜻이 되어 나를 이렇게 배척하니 참으로 두렵구나!"

운귀雲貴 지방 총독 완원阮元은 부지런히 정사를 돌보는 인물이었다. 그러나 조진용과는 사이가 별로 좋지 않았다. 어느 날, 도광제가 완원이 어떻게 그리도 빨리 승진했느냐고 조진용에게 묻자 그는 이렇게 대답했다.

"그의 학문이 높기 때문입니다."

도광제가 다시 물었다.

"그대가 어떻게 그걸 아오?"

조진용은 아무리해도 생각이 나지 않았다.

"그는 관아에서 날마다 문장을 이야기하며 책을 간행하고 있습니다."

분명히 이 말은 완원이 정사에 소홀하다는 뜻이었다. 얼마 뒤, 완원은 도광황제가 낸 조서 한 장에 서울로 소환되었다.

아마도 오늘날이라면 이런 일을 보고 분노하며 깜짝 놀랄 것이다. 그런데 소설가 오견인吳趼人은 『20년 동안 눈으로 직접 본 괴현상二十年目睹之怪現象』에서 이렇게 차분하게 이야기하고 있다.

"관료 사회의 생태가 이러하고 관습 또한 이러하다."

이 책에서 오견인은 원형으로서의 인물이 등장하는 글 가운데 진우당陳雨堂이란 벼슬아치가 질투 때문에 당하는 배척을 이야기한다.

진우당은 산동 지방에서 벼슬을 한 지 오래되었다.

"동료들의 옛 교분이 참으로 대단하여 서로 호흡이 잘 맞았다. 임시직조차 한 명도 없는 이곳에서는 그를 보자 부러움으로 질투가 생길 수밖에 없었다. 이 질투는 다시 한을 낳고, 한은 이제 배척으로 나타나서 그를 공격할까 염려되었다."

정말로 이러했으니, 청나라 관료 사회에서는 서로 공격하고 배척한 예가 셀 수 없을 만큼 많았다.

청나라 사람이 내린 논평을 보자.

"관료 사회에서 사람을 대할 때 지위나 재산을 따지는 행위는 사실상 아무리 미세한 곳이라도 미쳤다. 인정은 종이처럼 야박했고 관리들의 마음은 종이보다 더 야박했다."

청나라 관료 사회에 나돌던 속담을 보자.

"죽은 정승이 살아 있는 개만 못하다."

청나라 관료 사회에 일반적으로 존재하는 심각한 세상인심과 권세나 재물에 빌붙어 아첨하는 모습을 예리하게 뭉뚱그리고 있다. 이 시대에는 다른 사람을 사지에 몰아넣으며 자신은 즐거워했던 일들이 참 많았다.

청나라 말기, 양대糧臺에서 회판會辦으로 일하던 오영吳永이 양대의 일을 감독하는 잠춘훤岑春煊과 벌인 상호 알력과 잠춘훤이 임기 중 여러 벼슬아치에 대하여 벌인 보복이 바로 그러하다. 언젠가 이들 두 사람은 태원太原의 행궁에서 사소한 일로 서로 욕을 주고받기 시작했다. 이때, 잠춘훤이 냅다 소리를 질렀다.

"내 너를 반드시 탄핵하고 말겠다."

오영도 지지 않고 대들었다.

"그래, 넌 그런 재주가 있으니, 얼마든지 해봐라. 난 가만히 앉아서 공손히 기다릴테니. 하지만 나도 명을 받들어 상소하며 너를 탄핵할 수 있어! 나는 잘못한 일이 없지만 너는 잘못한 일이 많으니, 누가 더 지독한지 어디 한번 보자!"

잠춘훤은 앞으로 뛰어나가 맞잡고 치고받으며 싸우려고 했지만 바로 그 자리가 행궁이라 어쩔 수 없이 물러서야 했다. 게다가 한 자리에 있던 벼슬아치 몇몇이 극구 말렸기에 어쩔 수 없이 두 사람은 그만둘 수밖에 없었다.

하지만 두 사람은 집으로 돌아간 뒤에도 분을 삭이지 못하고 상대방을 죽여 없앨 작정을 했다. 잠춘훤은 오영에게 보복할 수 있는 기회를 계속 찾았다. 결국 그는 군기대신과 공모하여 군대에서 배급할 식량을 독촉하고 해결할 임무를 주어 오영을 양호兩湖[98] 지방으로 파견했다. 오

98 후베이성과 후난성.

영은 아무런 기회도 잡지 못하고 오히려 탄식만 했다.

"잠춘훤은 안팎으로 힘을 합치며 얼마나 꾀를 썼는지 모르겠다. 마침내 그 목적을 달성했으니, 이제 눈에 박힌 가시를 뽑아내고 얼굴 가득 웃음이다!"

그리고 오영은 또 이렇게 말했다.

"잠춘훤은 뼈에 사무치는 한으로 나를 사지로 몰아넣고는 이제 이렇게 즐거워하는구나."

『경자서수총담庚子西狩叢談』에는 잠춘훤이 월粤에서 임기 중에 여러 벼슬아치와 알력을 일으키며 보복한 상황을 기록한 오영의 글이 실려 있다. 잠춘훤은 청나라 말기 관료 사회에서 '관도官屠'로 일컬어진다. 그의 탄핵으로 내쫓긴 크고 작은 벼슬아치가 무려 1,400여 명, 그 가운데 유죄를 선고받은 이도 수백 명에 이르렀다. 1,400여 명에 이르는 벼슬아치 가운데 오영이 한 말이 문제를 가장 잘 설명하고 있다.

"하찮은 원한도 반드시 갚을 뿐만 아니라 평소에 은혜를 받은 자까지도 모두 원한으로써 그것을 갚았으니, 그 잔인함과 악랄한 수단은 결코 돌아볼 여지가 없다."

대부분의 경우 소인은 그렇게 커다란 재능을 가지고 있지 않을 가능성이 크다. 사람마다 공세로 나아가기를 희망하고 있지만 때에 따라서는 이렇게 할 수 있는 능력이 없으니 그저 수비에 힘쓸 뿐이었다. 소인이 수비하는 방법에 대해 증국번은 『정경挺經』에서 그 방법을 전한다. 그는 여기에서 옛날이야기를 들려준다.

어느 집에 귀한 손님이 찾아왔다. 연로한 아버지는 아들을 저자로 보내 점심 준비에 필요한 갖가지 재료를 사오도록 했다. 그런데 열한 시가 되도록 아들은 집으로 돌아오지 않았다. 연로한 아버지는 아들을 찾으려고 동구 밖으로 나아갔다. 아들은 반찬 보따리를 어깨에 멘 채 집에서 그다지 멀리 떨어지지 않은 논두렁에서 황아장수 한 사람과 맞서서 버티고 있었다. 좁은 논두렁이라 짐을 진 한 사람만 겨우 지날 수 있는데다 양쪽엔 모두 물이 가득한 논이었다. 이 때문에 두 사람 모두 논으로 들어가길 원치 않으며 버티고 있었다. 늙은이가 앞으로 다가가서 부드러운 말로 황아장수와 협상했다.

"여보, 집에 손님이 와서 빨리 밥상을 올려야 하오. 우리 아들이 건너오도록 당신이 한 발 논으로 비켜주시는 게 어떻겠소?"

황아장수는 이렇게 되받았다.

"아드님이 비키면 안 될 일이 있습니까?"

늙은이가 다시 말했다.

"아들놈은 몸집도 작은데다 논으로 비켰다가는 보따리도 다 젖을 것이오. 하지만 당신은 키가 이렇게 커서 보따리가 물에 젖을 리도 없을 테니 당신이 한번 양보하시게."

황아장수도 할 말이 있었다.

"아드님 보따리에는 채소뿐이어서 젖어도 쓸 수 있지만, 제 보따리에는 서울에서 나는 비싼 물건들뿐이라 만에 하나라도 물에 젖으면 한 푼의 가치도 없습니다. 죄송하지만 저는 양보할 수 없습니다."

그럴 듯한 이치에 말로는 당해낼 수가 없는지라 늙은이는 한참 동안 방법을 생각했다.

"아아, 이 늙은이가 논에 들어가면 당신이 짐을 내게 주시게. 그럼 내가 머리 위로 들고 있겠소. 당신은 빈 몸으로 우리 아들놈 곁을 휘두르며 살짝 돌아가시오. 그러면 내가 다시 당신 짐을 돌려주겠소. 어떻소?"

늙은이는 대답도 기다리지 않고 곧장 몸을 굽혀 신발을 벗었다. 황아장수는 이를 보자 그만 도덕적인 부담을 느끼며 이렇게 말했다.

"됐습니다. 어르신께서 이렇게 힘을 쓰시는 것보다 제가 논으로 들어가겠습니다. 자, 아드님이 지나가도록 하세요."

그러면서 당장 논으로 발을 들여놓으며 양보했다.

『노자老子』를 읽은 사람은 '빼앗으려면 먼저 주어야 한다.'[99]는 말을 알고 있을 것이다. 사실, 『정경』에서 말하는 이 이야기도 같은 이치이다. 최종 해결방안은 최초로 내놓은 방안과 서로 같다. 단지 그 방안을 실제로 실행할 때에 특별히 뛰어난 결정적인 부분이 있다. 그것은 바로 겉으로 보기에는 네가 양보하거나 내가 양보하는 것 외에 다른 생각을 제공하는 것 같지만 사실은 현금으로 바꿀 수 없는 공수표일 뿐이다. 하지만 이 공수표는 자기를 도덕적인 우위에 서게 한다. 이로 인하여 대치 국면에 빠진 상황을 자기에게 유리한 방향으로 이끌며 마지막으로 화제의 중심을 짐이 물에 젖는 문제에서 윤리상의 어른 존경의 문제로 치환시킴으로써 승리를 획득한다. 관료 사회에서의 '정경'은 바로 이런 이치를 담고 있다.

5. 벼슬길에서 벌이는 생사를 건 싸움 ② - 속셈 잘하기

속셈이 능숙한 이는 남을 해치는 데는 흔적이 없고 자기 몸을 보호하는 데는 현명함이 있다. 당나라 때 위지고魏知古는 하급 벼슬아치 출신으로 요숭姚崇의 천거로 임용되었다. 나중에 비록 두 사람은 지위가

99 將欲奪之, 必固與之.

엇비슷했지만 요숭은 오히려 위지고를 자못 얕보았다.

나중에 위지고는 이부상서로 승진해 동도東都 벼슬아치의 선발과 임직을 책임지게 되었다. 요숭의 두 아들은 모두 낙양에 있었다. 위지고가 낙양으로 온 뒤 이 두 사람은 아버지가 위지고에 베푼 은혜를 믿고 몇 번이나 그에게 이런저런 간섭을 했다. 위지고는 조정으로 돌아와 이 사실을 모두 황제에게 아뢰었다. 황제는 요숭을 가만히 불러 조용하게 물었다.

"그대 아들의 재능은 어떻소? 무슨 관직을 맡고 있소? 그리고 지금 어디에 있소?"

오랫동안 벼슬을 하면서 남의 속셈을 헤아리는 데 익숙했던 요숭은 황제의 속마음을 벌써 짐작했다. 속담에 '무엇을 가질 작정이라면 먼저 그것을 버려라.'[100] 고 일렀다. 그래서 그는 이렇게 대답했다.

"제게는 아들 셋이 있는데 모두 동도 낙양에서 직무를 맡고 있습니다. 욕심은 많지만 다른 이와 오가는 일은 적습니다. 그래서 위지고를 찾아가서 자리를 부탁해야 하지만, 아직 확실한 소식은 듣지 못했습니다."

황제는 '승상의 아들은 중용해야 된다.'는 따위의 말로써 요숭의 마음을 떠보았다. 만약 요숭이 자기 아들을 정에 치우쳐 두둔한다면 온갖 방법을 동원해 자기 아들을 위해 좋은 말로 감추려 들 것이다. 요숭이 올린 말을 듣자 황제는 진실이라고 믿으며 기뻐했다.

"그대는 어떻게 알아맞혔소?

요숭은 이렇게 대답했다.

"위지고는 본래 비천한 출신으로 제가 천거하여 오늘 이렇게 높은

100 欲想取之, 必先毁之.

지위에 올라 영화를 누리고 있습니다. 제 아들놈은 사리에 어둡습니다. 그래서 제가 베푼 은덕을 생각하며 위지고가 마음을 쓰리라 믿었던 것입니다. 제 아들놈은 무리한 부탁도 들어주리라 믿었기에 급히 달려가서 자리를 원했음이 분명합니다."

황제는 요숭이 제 아들의 잘못을 두둔하지 않자 오히려 위지고가 요숭을 저버렸다며 멸시했다. 그리고 위지고를 관직에서 내쫓으려고 했다.

하지만 요숭은 그를 위해 이렇게 요구했다.

"제 아들놈이 못나고 어리석어 폐하의 법령을 어지럽혔습니다. 하오나 폐하께서 특별히 이들을 너그러이 용서하신다면 제게는 이보다 큰 다행이 없을 것입니다. 저 때문에 위지고의 관직을 박탈한다면 전국의 벼슬아치와 백성들은 폐하께서 저를 편든다고 여길 게 분명합니다. 그러면 폐하께서 천하를 덕으로써 다스리는 아름다운 뜻에 흠이 생길 것입니다."

황제도 그의 뜻을 따르기로 했다. 이튿날, 황제는 위지고를 참지정사參知政事라는 재상의 자리에서 물러나게 하고 공부상서工部尙書로 근무지를 옮기라는 조서를 내렸다.

아무런 흔적도 없이 다른 이를 해치는 데 능숙한 이는 그의 지혜보다 더 많은 이익을 얻을 수 있다. 사람의 마음을 읽으며 예측할 수 있다면 자연스레 재앙도 퇴치할 수 있다.

요숭은 장열張說과 같은 시기에 재상이 되었다. 그러나 마음이 서로 맞지 않았다. 그래서 늘 서로 질투하며 미워했다. 요숭은 병이 깊어지자 아들들에게 단단히 경고했다.

"장승상과 나는 사이가 좋지 않다. 그런데 그는 지금까지 사치스럽게 살아왔다. 그는 특별히 옷차림에 신경을 쓰며 진기한 노리개를 애호했다. 이제 내가 죽으면 그가 문상을 올 것인즉, 너희들은 이 아비가 평생 간직해온 보물들을 전부 진열해 놓아라. 만약 그가 보고도 살피지 않는다면 너희들은 모두 목숨을 부지할 수 없을 것이다. 그러나 그가 몇 번이고 마음에 새기며 관심을 가지거든 너희들은 그 보물을 몽땅 그에게 주어라. 그리고 묘비의 비문을 써 달라고 청하여라. 비문을 손에 넣은 뒤엔 얼른 베껴 적어서 황제께 올려라. 황제께서 이 비문을 읽으셨다면 잘 갈아둔 비석에 얼른 글자를 새겨라. 그리고 황제께 그 내용을 다시 올려라. 장승상은 세운 공적이 나보다 낮다고 생각하며 며칠 뒤엔 분명 후회하며 비문을 내놓으라고 할 것이다. 그러면 너희들은 그에게 벌써 비문을 황제께 올렸다고 이르고 그를 데리고 가서 비문이 새겨진 돌비를 보이도록 하여라."

요숭이 세상을 떠나자 과연 장열은 조문을 왔다. 그는 진열된 진귀한 노리개를 보자 그 곁을 왔다 갔다 하며 떠날 줄을 몰랐다. 요숭의 아들들은 아버지가 이른 대로 일을 처리했다. 완성된 비문은 요숭의 평생 공적을 대단히 상세하게 서술했으며 당시 사람들이 훌륭한 작품으로 여길 정도였다.

며칠 뒤, 장열은 과연 사람을 보내 비문을 다시 돌려줄 것을 요청했다. 글의 뜻이 꼼꼼하지 못하여 다시 다듬어야 한다는 이유에서였다. 그러나 요숭의 아들들은 장열이 보낸 이를 데리고 가서 돌비를 보이며 황제께도 이미 보고했음을 알렸다. 장열이 보낸 이는 집으로 돌아가 그대로 보고했다. 장열은 몹시 후회하며 가슴을 쳤다.

"죽은 요숭이 살아있는 나보다 더 셈이 빠르구나. 이제 알겠구나, 그가 나보다 똑똑하다는 것을."

관료 사회의 험악함 속에서는 '정답게 지내기'도 힘들다. 왜냐하면 사람마다 모두 염파나 인상여가 아니기 때문이다. '정답게 지내기'의 대립되는 짝은 '경쟁하며 맞서기'이다. '정답게 지낼' 수 없다면 이제 남은 것은 '경쟁하며 맞설' 뿐이다. 서한 문제文帝 때 제齊의 승상 애영愛盈은 사람됨이 정의롭고 일의 근간을 잘 알아 대국적인 입장에서 문제를 처리했기에 조정에서의 명성도 대단히 높았다. 이때, 환관 조담趙談이란 자가 황제의 총애를 등에 업고 늘 애영을 모해하려고 했다. 애영이 이 점을 매우 걱정하자 그의 형 애자종愛子種이 이렇게 귀띔했다.

"네가 여러 사람 앞에서 그 녀석을 깔보며 욕을 좀 보여라. 그러면 그 녀석이 황제께 몰래 일러바칠 것이다. 그러면 황제께서는 너희들 두 사람 사이에 원한이 있는 줄 알고, 이제는 그 녀석을 믿지 않게 될 것이다."

애영은 형이 시키는 대로 했다.

어느 날, 황제가 동궁으로 갈 때, 조담은 황제와 같은 수레에 올랐다. 이런 기회가 오기를 엿보며 기다리던 애영은 수레 앞에 꿇어앉아 아뢰었다.

"폐하와 함께 수레에 오를 수 있는 자는 영웅호걸이라고 저는 알고 있습니다. 지금 우리 한나라에 아무리 영웅이 없다지만 칼로 거시기를 제거한 이와 함께 수레에 오를 지경에 이르지는 않았습니다."

이 말을 들은 황제는 그 뜻을 분명히 알아듣고 빙그레 웃으며 조담을 당장 수레에서 내쫓았다.

그 뒤부터 황제는 조담이 애영의 험담을 할 때마다 앞의 그 일 때문에 애영에게 보복을 진행하는 줄로 여기며 귀를 기울이지 않았다. 고자질이 아예 먹혀들지 않았던 것이다. '다른 사람이 나를 건드리면 나도 그 사람들을 가만두지 않는다.'는 말은 바로 이럴 때 필요하다.

'경쟁하며 맞서기' 위해서는 실력은 물론 뒷심도 있어야 한다. 다시 말하면, 충분한 능력도 없이 다른 사람과 경쟁하며 맞서면 이는 계란으로 바위치기와 같다. 이런 싸움은 아무런 의미가 없다. 만약 양쪽에게 모두 든든한 뒷심이 있다면, 이 싸움은 승부를 가르기 어려울 것이며, 때로는 생각지도 못할 결과에 이를 수도 있다. 벼슬살이를 하는 사람에게는 이런 싸움이 위험을 무릅쓰고 얻으려는 승리라고 하겠다.

예나 지금이나 청렴하고 공정한 벼슬아치는 대체로 윗사람이 좋아하지 않았다. 이것이 바로 청렴하고 공정한 벼슬아치와 백성의 재물을 탐내는 벼슬아치 사이의 싸움에 얼마간의 박진감을 더했다. 비뚤어진 것이 바른 것을 이길 수 없다. 그러나 수많은 일들은 결과를 예측하기 힘들었다.

장백행張伯行은 하남 지방 의봉儀封 사람으로 순치順治 8년에 태어났다. 일곱 살 되던 해에 아버지는 그에게 이렇게 일렀다.

"송나라 때 주돈이周敦頤, 장재張載, 그리고 정호程顥와 정이程頤 형제는 위로는 공자, 증자, 순자, 맹자의 가르침을 이으며 힘써 공부했다."

강희康熙 20년, 장백행은 현縣에서 가장 우수한 수재로 뽑혀 향시에 참가하여 합격했다. 강희 24년에는 회시에 잇달아 전시에 참가하여 진사로 급제했다. 이때, 그의 나이 서른다섯. 심사를 거쳐 장백행은 내각의 중서中書라는 벼슬을 받았다. 그 뒤, 그는 다시 중서과중서中書課中書로 자리를 옮겼다.

강희 42년, 장백행은 산동 지방 제녕도齊寧道에 임명되었다. 이때, 이부吏部의 문선청리사文選淸吏司에서 일하던 벼슬아치 진처장陳處長이 새로 임명된 관리들의 황제 알현 순서를 안배하는 책임을 지고 있었다. 장백행의 차례가 되자 진처장은 '두툼한 봉투'를 대놓고 요구했다. 이에 장백행은 눈을 부릅뜨고 쏘아보았다. 이런 요구에 그는 응하지 않았던 것이다. 돈이 없었던 게 아니었다. 이런 작태를 보이며 어떻게 서울에 있는 중앙 관청에서 벼슬을 할 수 있을까 하고 생각하며 장백행은 경멸의 눈초리로 쏘아보았던 것이다. 봉투를 내놓지 않았기에 장백행은 예정대로 황제를 알현할 수 없었다. 황제가 수중에 든 명단을 보고 장백행이 빠진 것을 알고서야 관심을 표하며 물었다. 그제야 진처장은 사람을 보내 장백행에게 통지했다. 진처장이 그 까닭을 어느 정도 꾸몄을 가능성이 높다. 하지만 장백행은 서울에서 두 달 동안 묵었지만 그의 성품으로 볼 때 진처장에 대하여 아무런 말도 하지 않았으리라 추측된다. 그런데 함께 가려던 산동 지방 제동도齊東道에 임명된 이는 진처장의 요구대로 두터운 봉투를 건네고 황제를 알현한 뒤 벌써 벽제를 하며 임지로 갔다. 그 뒤, 그는 무슨 일이 생기면 진처장을 찾았고 그러면 진처장도 일을 잘 봐 주었다. 기껏해야 두터운 봉투를 또 올리면 되었다.

관리 된 자가 감히 하려면 할 수 있다. 그럼으로써 황제의 신임과 백성의 존경을 받으며 만족할 수 있다. 장백행은 강소 지방 안찰사로 전근되었다. 관료 사회의 관례에 따르면, 새로 부임하는 벼슬아치는 윗사람에게 좋은 인상을 주어야 했다. 그러기 위해서는 윗사람에게 봉투를 올려야 했다. 그러나 연봉이 130냥밖에 되지 않은 장백행에게는 참으로 난처한 일이었다. 봉투를 올리자면 백성들을 마구 짓밟아야 했다. 그러나 이는 그의 도덕적 기준과 맞지 않았다. 도덕과 영예 앞에서 그는 도덕을 선택했다. 그는 봉투 올리기를 좋아하는 이는 올리면 되지만 자신을 올리지 못 하겠다며 마음을 다잡았다. '나는 벼슬아치로서 백성들 돈은 한 푼도 취하지 않겠다. 어찌 백성의 돈을 손에 넣는단 말이냐!' 그러나 윗사람은 자연스레 그에게 큰 원한을 품고 기회만 되면 그를 손보려고 했다.

강희제가 마지막 한 차례 남쪽 지방을 순시하며 소주蘇州에 들렀을 때, 황제는 여러 신하들을 접견하면서 당시 강소 지방 안찰사였던 장백행을 '강남에서 제일가는 청백리'로 평가하며 이렇게 말했다.

“짐은 장백행이 관직에서 가장 청렴한 벼슬아치라고 들었소. 정말로 만나기 쉽지 않은 인물이오.”

이는 여러 신하들과 함께 아래쪽에서 머리를 조아리고 있던 장백행을 참으로 어색하게 만들었다.

“옛날부터 지금까지 무릇 청렴하고 공정한 관리는 대체로 윗사람이 좋아하는 것을 그대로 하지 않았다.”

이는 수많은 지식인의 공통된 인식이다. 장백행은 무슨 까닭으로 총독 아산阿山에게 밉보여 푸대접을 받게 되었는지 도무지 알지 못했다. 다행히 황제의 든든한 뒷받침이 있었고 그 자신도 어떻게 일을 처리해야 하는지 분명히 알았기에 악의 세력과 맞서면서도 두려워하지 않았다. 강희제는 이부의 관원에게 장백행을 소개하며 내세웠다.

“복건 지방의 순무 자리가 비었는데 빨리 채워야 할 것이오. 장백행이 사람됨이 독실한데다 옳지 않은 일을 가까이하지 않고 멀리한다고 들었는데, 그 지방 순무로 올리면 어떻겠소?”

이렇게 대학사와 총독 그리고 순무의 생각을 물었던 것이다. 황제의 주장에 이의를 제기하는 이는 하나도 없었다. 더구나 장백행이라는 자가 확실히 괜찮은 인물인데 어느 누가 감히 반대하겠는가. 강희 황제는 장백행에게 ‘염혜선유廉惠宣猷’라는 네 글자로 된 편액을 내렸다. 이 편액을 받은 장백행은 곧장 복건福建 지방으로 내려가서 순무의 자리에 앉았다. 강희 48년 세밑, 장백행은 이제 강소 지방으로 임지를 옮겨 순무의 자리에 앉았다.

장백행은 평생 청렴하게 살았음에도 불구하고 몇몇 사람들은 이를 믿지 않았다. 이들은 탐욕스러웠다. 그러했기에 그는 세상 사람들이 모두 탐욕스럽다고 생각했다. 이런 생각으로 가득했기에 스스로 욕을 당한 이도 있었다. 어느 지현知縣이 자기가 그린 산수화를 한 폭 장백행에게 보내며 '가르침'을 바랐다. 장백행은 '자못 무겁게' 보이는 이 산수화를 손어림하다가 둘둘 말린 족자에서 금덩어리 하나를 발견했다.

족자로 된 산수화를 보낸 목적이 더없이 분명해졌다. 장백행은 이것을 받아들이지 않았다. 그는 지현을 불러 이 그림에 대하여 몇 마디 칭찬을 했다.

"그대가 보낸 그림을 잘 받았소. 이런 예물이 서로 오가는 것은 예의로 보아서 대단히 중요하다고 생각하오. 그러기에 나도 그대에게 내가 쓴 글씨 한 폭을 보내려 하오."

지현은 참으로 기뻤다. 자기의 음모가 실현되고 소원도 분명 달성될 것이라고 생각했다.

돌아오는 길에 지현은 궁금했다. 장백행이 준 한 폭의 글씨가 '자못 무겁게' 느껴졌던 것이다. 집으로 돌아온 지현은 손어림을 하다가 족자에서 금덩어리를 하나 찾아냈다. 바로 그 금덩어리가 주인을 찾아온 것이다. 그는 장백행이 준 한 폭의 글씨를 보았다.

"한 올 한 톨이 나의 명예와 절조이다. 그리고 한 뼘 한 줌이 백성들의 피와 땀이다. 한 푼에도 너그러우면 백성들은 한 푼을 더 못 받게 되고, 한 푼이라도 받으면 나는 한 푼어치도 안 되는 인간이 된다. 교제는 사람의 일반적인 인정이지만 예물을 받으면 정말로 부끄러워할 줄 아는 마음을 손상시킨다. 이 금덩어리가 의롭지 못한 물건이 아니라면 어디서 나왔단 말인가?"

금덩어리가 되돌아왔으니 이번 일은 참으로 공교롭게 되었다. 그러나 순무가 자기의 부정과 부패를 의심하게 되었으니 그야말로 재주 부리려다 일을 망치고 만 셈이었다.

순무 장백행은 이렇게 청렴했지만 총독 갈례噶禮는 이와 달리 탐욕스럽고 난폭했다. 이들은 물과 불처럼 서로 다른 의견에 물러서며 협력

할 수 없었음은 물론 걸핏하면 의견이 엇갈리며 대립했다. 강희 50년에 발생한 강남 지방 향시의 부정행위 사건은 마침내 두 사람의 갈등과 충돌을 표면화시켰다. 이 사건을 같은 일에 종사하는 사람들끼리 단결하지 못하는 것으로 간단히 생각할 수는 없었다. 본질적으로 가치관이 다르고 덕망이 다른 두 사람은 조화롭게 지낼 수 없음이 드러났다. 다시 말하면 청렴하고 공정한 관리와 뇌물을 받고 횡령이나 일삼는 관리 사이의 싸움을 반영했다. 황제의 지지를 받으며 부정행위 사건은 마침내 멋지게 해결되었다. 청백리 장백행이 탐관 갈례를 이겼다.

과거에서는 본래 글재주로써 합격의 영광을 얻었다. 그런데 여기에 불법적인 부정행위가 일어날 수도 있었다. 하지만 공공연하고 대담하게 나쁜 짓을 벌일 수는 없었다. 그러나 강희 50년에 소주蘇州 지방에서 치러진 향시에서 책임감독관인 좌부도어사左副都御史 좌필번左必蕃, 부감독관인 편수編修 조진趙珍, 시험위원 지현 왕왈유王曰兪, 방명方名, 이들은 세상 사람들이 깜짝 놀랄 만한 사건을 저질렀다. 방이 나붙은 날, 소금장수로 부자가 된 집 자제가, 그것도 글자 하나 모르는 자가 합격자로 이름이 올랐다. 바로 부감독관, 시험위원 등이 결탁하고 뒷거래하며 돈으로 합격자를 만들었던 것이다. 양강兩江 총독 갈례는 50만 냥이나 되는 백은을 챙겼다는 등의 소문이 널리 퍼졌다. 더 이상 참을 수 없었던 천여 명의 선비들은 오로재신상五路財神像을 만들어 들고 공자를 모신 사당으로 들어갔다. 이번에 치른 향시는 '오직 재물이 합격자를 만들었다'는 뜻을 알리기 위해서였다. 또 어떤 선비들은 공원貢院[101]으로 들어가는 문간에 걸린 편액의 글씨 '공원貢院'을 '매완賣完'[102]으로 고쳐 달

101 과거를 보던 곳.

102 돈으로 다 팔려 버렸다는 뜻.

았다. 사건은 더욱 시끄러워졌다. 장백행은 사태를 파악한 뒤 황제에게 보고를 올렸다. 강녕 지방의 직조織造 조인曹寅(홍루몽을 쓴 소설가 조설근曹雪芹의 조부)과 책임감독관 좌필번도 잇달아 상소문을 올리며 이번 향시에 분명 부정이 있었음을 시인했다. 강남 지방 향시의 부정행위 사건은 이렇게 밝혀졌고 자못 복잡한 처리 과정을 거치며 거의 2년 동안 다섯 차례나 심사하고 비교하면서 마침내 결말을 맺었다.

이 소식을 듣고 강희제는 먼저 진노했다. 그런 뒤 그는 호부상서 장붕핵張鵬翮, 안휘 지방 순무 양세훈梁世勛을 보내 양주揚州에서 갈례, 장백행과 한데 모여 합동으로 심리하도록 했다. 그런데 이번 향시에서 급제한 이들은 뜻밖에도 『삼자경三字經』조차 외우지 못한다는 사실을 알게 되었다. 이는 분명 무의식중에 자기 죄를 폭로하는 것과 마찬가지였다. 부감독관과 수험생들은 하나같이 서로 내통하며 시험장에서 부정행위를 저질렀음을 시인했다. 하지만 애초 생각지도 못했던 일은 갈례가 이 사건에 연루되었음이 드러났다는 사실이다. 사건의 진상을 감추려다가 도리어 드러나게 된 갈례는 온 힘을 다해 안건의 심의를 저지하며 방해했다. 하지만 이제까지 청렴하게 살아온 장백행은 결코 여기에서 이 사건을 종결시키기를 원치 않았고, 반드시 진상을 밝히려고 했다.

이렇게 되자 중심에 선 호부상서 장붕핵이 결정적인 인물이 되었다. 사건이 어떻게 전개될 지는 그가 어느 쪽에 서는지에 달려 있었다. 바로 이때, 그의 아들이 중요한 사건에 부딪쳐 갈례의 도움을 필요로 하는 상황이었다. 그는 자연히 갈례 쪽에 설 수밖에 없었다. 장백행은 좌지우지되기를 원치 않았다. 그리하여 장백행은 강희제에게 상소문을 올렸다.

"총독 갈례는 폐하의 두터운 은총을 저버리고 제멋대로 으르며 벼슬을 팔고 직권을 이용하여 뇌물을 받으며 법을 어기고 있습니다. 게다가 향시에서 합격자를 돈으로 만들었으니 탐욕스럽고 잔인하기가 극악무도합니다. 또 그는 권세마저 대단하여 감히 다른 이들은 그와 맞서며 화를 당하려고 하지 않습니다. 바라옵건대, 그를 해임하시고 다시 한 번 심사하시어 부정행위를 하게 한 이는 어디에 기대어 몸 둘 곳 없게 하시기 바랍니다. 또 심사를 맡은 관리도 앞뒤를 따지지 않고 진실을 밝혀내어 나라의 법을 널리 펼칠 수 있도록 하시기 바랍니다."

이에 갈례도 장백행을 '칠죄七罪'로 덮어씌우며 상소문을 올렸다. 앞뒤로 올라온 상소문을 본 강희제는 장백행과 갈례를 한꺼번에 해임하고 장붕핵에게 조운총독漕運總督 혁수赫壽와 함께 이 사건을 다시 심사할 것을 명령했다.

그런데, 상황은 전혀 달라지지 않았다. 흠차대신 앞에서 이제 막 시랑侍郎에서 조운총독으로 승진한 혁수도 말을 하기가 곤란했다. 더구나 혁수는 방금 이 사건을 알았기에 할 말이 있을 리 없었다. 장붕핵은 이 사건을 다시 심사한 뒤 이렇게 결론을 지어 상소문을 올렸다.

"시험관 조진, 왕왈유, 방명은 오비吳泌, 정광규程光奎와 더불어 결탁하고 내통하며 연줄을 만들어 윗사람에게 아부하며 뇌물을 주고받았으니 법에 따라 죄를 논해야 합니다. 또 장백행의 관직은 마땅히 삭탈해야 합니다."

황제는 장붕핵 등이 감추고 숨기는 것을 크게 나무라고 꾸짖으며 다시 호부상서 목화륜穆和倫과 공부상서 장정추張廷樞를 파견하여 재심을 하도록 했다.

삼심을 통한 결론은 신속히 내려졌다. 여전히 장붕핵이 올린 상소문의 내용과 같았다. 이때, 이 사건은 수많은 대신들까지 영향을 미치며 더 이상 단순한 부정행위에 그치지 않고 복잡하고 미묘하게 꼬인 권력투쟁의 양상을 띠었다. 이렇게 되자 필연적으로 수많은 대신들이 연루되는 위기로 발전했다. 목화륜과 장정추는 사람을 보내 장백행에게 화해를 시키려고 했다. 자칫 잘못하면 집안까지 위태로울 수 있다며 충고했다. 그러나 장백행은 물러서지 않았다.

'사리에 밝으신 황제께서 계시는데, 무엇이 두려우랴!'

그러자 목화륜과 장정추는 저울질 끝에 장백행에게 억울한 누명을 씌우는 쪽을 선택했다.

'충고를 받아들이지 않으니!'

두 흠차대신의 태도를 보고 장백행은 어쩔 수 없이 모든 것을 다 걸고 최후의 승부를 걸어야 했다. 서울로 올라가 황제를 뵈옵고 시시비비를 밝히기로 했다. 이를 안 갈례도 모든 것을 다 걸고 승부수를 던지기로 했다. 갈례는 암살자를 몰래 보내 해코지하기로 했다. 하지만 이는 성공하지 못했다.

구경九卿, 첨사詹事, 과도科道가 네 번째 심사를 하기 전에 강희제는 이들을 불러 이렇게 말했다.

"장백행은 청렴하고 공정하게 벼슬살이를 했소. 하지만 갈례의 자질을 짐은 믿을 수 없소. 장백행이 없었더라면 강남은 분명 거의 반을 잃었을 것이오. 이번 사건은 애초에 관리를 보내 살피도록 했지만 갈례의 제지로 명확히 밝힐 수 없었소. 다시 관리를 파견하여 살피도록 했지만 처음과 다르지 않았소. 그대들은 청렴한 벼슬아치를 지키려는 짐의 뜻을 살펴 올바른 이가 두려워하지 않도록 하시오. 그래야 온 나라가 태평할 것이오."

강희제는 벌써 이 사건의 방향을 암시하고 있었다. 그는 다시 무슨 일이 일어나면 더 위급한 사태가 대신들에게 미칠 것을 걱정했다. 그렇게 되면 사건을 수습할 수 없기 때문이었다. 그런데 사건은 그의 예상을 벗어나며 네 번째 결론을 내놓았다. 설마 구경, 참사, 과도들이 황제의 의도를 헤아리지 못했겠는가? 아니면 일부러 그 뜻을 등졌을까? 강희제도 그렇게 무능한 황제가 아니잖은가? 그럼 갈례의 위협이 정말로 컸을까? 강희제는 어쩔 수 없이 친히 심문하기로 했다. 다섯 번째 심사였다.

장백행의 관직이 원래 자리로 되돌려진 것을 알고서 서울에 살고 있는 강남 사람 수만 명은 향불을 들고 강희제가 머무는 창춘원暢春苑으로 와서 황상의 은혜에 감사를 올렸다.

강희 53년 10월, 장백행은 모흠원牟欽元이 해적 장영도張令濤를 숨기고 있으니 자리에서 내쫓아 죄를 다스려야 한다고 탄핵했다. 강희제는 혁수에게 이 사건을 자세히 조사하도록 했다. 혁수는 장영도를 감싸고돌며 조사에서도 아무런 증거를 찾을 수 없다고 보고했다. 강희제는 이미 이부상서로 자리를 옮긴 장붕핵과 좌부도어사 아석내阿錫鼐에게 다시 조사할 것을 명령했다. 장붕핵은 장영도가 양민이라는 보고와 함께 장백행을 마땅히 면직시켜야 한다고 주장했다. 어쩌면 이때 강희제는 이미 노망이 들었는지도 모른다. 그는 장붕핵이 옛날의 장붕핵이 아니라는 사실을 알지 못했다. 또 그들은 이미 서로 원한이 있는 사람으로서 장붕핵의 입에서 절대로 좋은 말이 나올 수 없다는 것을 짐작하지 못했다.

장백행은 입이 열 개라도 다른 말을 할 수가 없었다. 강희제는 만족하지 못했다. 아마 강희제는 장백행이 자기 욕심을 채우려는 사사로운 마음 때문에 모흠원을 탄핵했다는 의심을 가지고 있었던 듯하다. 강희제는 장백행을 해임했다. 장붕핵은 황제의 이런 태도를 보자 이런 틈을 타서 더욱 해코지를 하려고 마음먹으며 장백행이 죄 없는 착한 백성들을 무함했으니 마땅히 목을 베야 한다는 상소문을 올렸다. 사법기관의 의견도 뜻밖에 이와 비슷했다. 어찌하여 사람들은 모두 큰소리로 떠들며 장백행을 모함하는 지경에 이르렀을까? 탐관이 주는 피해보다 청백리가 주는 피해가 오히려 깊었을까?

강희제는 장백행을 면죄하고 서울로 불러 벼슬을 내렸다. 강희 61년 정월, 장백행은 다행스럽게도 강희제가 연 '천수연千叟宴'에 참석했다. 잔치 중에 강희제는 나이 든 여러 신하들에게 장백행을 추켜세웠다. 장백행은 이제 큰 기쁨과 위안을 얻었다. 얼마 뒤, 강희제가 세상을 떠났다. 황제가 바뀌자 더욱 총애를 받게 된 장백행은 옹정雍正 원년에 예부상서로 승진했다. 옹정 3년 2월, 장백행은 일흔다섯의 고령으로 세상을 떠났다. 그는 세상을 떠나면서도 황제에게 상주문을 올려 '올바른 학문을 숭상하고 올곧은 신하를 격려해야 한다.'고 요청했다. 나라에서는 세상을 떠난 장백행에게 태보太保 벼슬을 내리고 시호로 '청각淸恪'[103]을 주어 칭송했다.

광서光緖 연간에 이르러 장백행을 기리기 위하여 그의 화상이 문묘에 걸렸다. 150여 년이 지나면서 황제가 일곱 번이나 바뀌었지만 장백행은 여전히 잊히지 않았다. 구천에서도 그의 혼이 있다면 크게 기뻐했을 것이다.

장백행은 몇 차례나 사람들에게 모해를 당하며 그 과정에서 가혹하고 모진 시련을 겪었지만 결국 원하던 결과를 얻고 말았으니, 벼슬아치와 벼슬아치의 싸움을 보면, 든든한 실력만이 최고임을 알 수 있다.

103 청렴결백하여 직무를 신중하고 진지하게 이행할 수 있는 인물이라는 의미를 담고 있다.

6. 벼슬길에서 벌이는 생사를 건 싸움 ③ – 손을 독하게 쓰기

중국 관료 사회는 겉으로는 비록 광명정대한 경쟁이 있는듯하지만 보이지 않는 곳에는 굉장한 암투가 숨어 있다. 그러기에 중국의 벼슬아치는 세상을 다스리는 데 무능하다. 가장 중요한 이유 가운데 하나는 많은 정력을 암투와 알력에 쏟으며 권력과 세력을 차지하는 데 쓰기 때문이다. 따라서 벼슬길에서 벌어지는 막후 경쟁에는 게임의 법칙이라고는 전혀 없이 순간적으로 그 모습을 바꾸기 때문에 어쩔 수 없이 정력의 대부분을 쏟으며 진지하게 대응해야 한다. 이런 '경쟁'에는 당연히 모든 수단이 사용된다. 도덕이라고는 전혀 없이 경쟁만이 벌어진다. 서로 결탁하여 사리사욕을 꾀하며 반대파를 배척하고, 뇌물을 받아 챙기며 미녀로 환심을 사고, 고자질에 사실을 날조하며 밀고하고, 아첨하며 비위를 맞추고, 부당한 방법으로 상대방을 모함하여 막으려 해도 막을 수 없게 만들고, 남몰래 배척하며 상대방을 언제라도 곤경에 빠뜨리는 식의 경쟁으로 사실 가장 교활하고 음흉한 자, 가장 음모에 능한 자, 가장 거짓말을 잘하는 자, 가장 대담한 자, 가장 염치없는 자가 결국 승리를 거머쥔다.

벼슬길에서 벌어지는 투쟁은 거의 권력을 차지하기 위한 투쟁이다. 권력 투쟁에서는 혈육 간의 정도 이제 더 이상 정이 아니고 우정도 마찬가지이다.

인생이 만약 첫 만남과 같다면,
어찌 가을바람에 꽃부채를 슬퍼하리오.
기다리지 못하고 변해버린 내 님의 마음,
사랑하는 이의 마음은 쉽게 변해버린다고 말들 합니다.

人生若只如初見,
何事秋風悲畵扇.
等閒變却故人心.
却道故人心易變

이 시는 표면적으로는 쉽게 변하는 님에 대한 탄식이다. 그러나 벼슬길에 만난 친구 사이에도 우정이 쉽게 변하기는 마찬가지이다. 그 우정도 금세 적과 적 사이에 벌어지는 생사를 건 투쟁으로 변해 버리기 때문이다. 송나라 때 장돈章惇이 일찍이 친구 소식蘇軾을 잔혹하게 박해한 사건을 통해 벼슬길에 오른 인물이 얼마나 매섭게 손을 쓰는지 익히 알 수 있다.

장돈은 원래 복건福建 지방 포성현浦成縣 사람이다. 그의 아버지 장유章兪 때에 소주蘇州로 이주하여 정착했다. 북송 인종仁宗 가우嘉祐 2년(1057년), 장돈은 소식, 소철蘇轍 형제와 함께 진사에 급제했다. 이때, 함께 급제한 사람 가운데 장돈의 조카 장형章衡도 있었다. 그런데 장돈은 자신이 조카보다 훨씬 낫다고 생각하며 자기와 조카가 함께 급제한 사실에 대해 매우 부끄러워했다. 그리하여 조정의 임명을 받아들이지 않고 다음 과거 합격자들과 함께 벼슬길에 들어섰다. 1061년경, 장돈은 소식과 더불어 섬서성陝西省에서 지방의 벼슬아치 노릇을 했다. 이 기간에 두 사람은 진심으로 믿으며 의지하는 훌륭한 친구가 되어 언제나 함께 동무하며 시를 읊고 유람했다.

언젠가 장돈은 소식과 함께 남산南山(섬서성 주질현盩厔縣 남쪽)의 선유담仙遊潭에 이르렀다. 물가 아래쪽은 천 길 낭떠러지, 물 위쪽에는 나무 막대기 하나가 외나무다리 되어 맞은편 절벽과 연결되어 있었다. 이 외나무다리는 보기만 해도 사람의 간담을 서늘하게 했다.

장돈은 소식의 서예 솜씨가 괜찮다는 것을 알았기에 맞은편 가파른 암석에 기념으로 글씨를 써달라고 부탁했다. 소식은 너무 무서워하며 감히 외나무다리를 건너가서 붓글씨를 쓸 엄두를 내지 못했다. 장돈은 더할 나위 없이 차분하고 침착한 모습으로 건너가서 밧줄 한 쪽은 나무 위에 걸고 다른 한 쪽은 자기 몸에 감더니 아래쪽으로 미끄러져 내려가서 커다란 붓에 먹물을 듬뿍 묻혀 '소식과 장돈 여기에 오다'라고 크게 썼다. 장돈은 글자를 다 쓴 뒤 가뿐하게 돌아왔다. 얼굴도 붉어지지 않고 가슴도 뛰지 않았으며 숨도 헐떡거리지 않았다. 마치 아무 일도 없었던 듯이.

소식은 그의 등을 치며 탄식했다.

"자네는 언젠가 사람을 죽일 수도 있겠네."

장돈이 물었다.

"무슨 까닭으로 그렇게 말하는가?"

소식이 대답했다.

"자기 목숨을 하찮게 여길 수 있는 사람은 독한 마음을 먹고 다른 사람을 죽일 수도 있다네."

이 말을 들은 장돈은 자기도 모르게 크게 웃었다. 소식은 이 일로 장돈의 인간성을 꿰뚫어보았으니 사람을 살피는 데 고수라고 할 만하다. 그러나 친구의 잔인함이 끝내 자기에게도 미칠 줄은 생각조차 못했다.

신종神宗 원풍元豊 2년경, 소식은 생애 처음으로 재앙을 당했다. 당시 소식이 벼슬길에서 만난 적수 서단舒亶과 이정李定 등은 소식이 쓴 시구를 고의로 왜곡하며 몇몇 부분을 크게 문제 삼았다. 소식의 시가 신법新法을 풍자하며 문자로 나라님을 헐뜯었다는 이유였다. 소식은 체포되어 응분의 처벌을 받으며 황주黃州로 좌천되었다. 이것이 바로 그 유명한 '오대시안烏臺詩案'이다.

이때, 소식과 장돈 두 사람은 모두 불혹을 넘긴 나이였다. 소식은 사마광司馬光 휘하의 구당 진영에 속하며 왕안석의 변법에 반대했지만 장돈은 승진을 위하여 왕안석을 우두머리로 하는 신당에 다가서고 있었다. 이렇게 두 사람은 벼슬길에서 서로 다른 정치적인 견해를 가지고 있었다. 그런데 장돈은 왕안석의 비위를 맞추기 위하여 자기의 친구 소식을 겨냥하여 그가 처한 어려움을 틈타 해코지를 하기 시작했다.

철종哲宗 소성紹聖 원년(1094년), 장돈은 상서좌복야尙書左僕射 겸 문하시랑門下侍郎에 올랐다. 장돈은 신하로 도달할 수 있는 권력의 최고봉인 수석 재상이 되었다. 이때, 장돈은 정치적인 야심에 가득 차서 폐지된 신법을 모두 회복시키기로 결정했다. 그리하여 원우 연간의 구당에 속했던 여러 벼슬아치를 향해 거리낌 없이 보복을 가했다. 아직도 살아 있는 자는 곳곳으로 몸을 피했지만 이미 죽은 자에게는 벼슬을 낮추고 시호도 빼앗았다. 그 수단도 악랄하여 쓰지 않은 방법이 없을 정도였으며 잔인함이 극에 달했다.

이런 살벌한 분위기 속에서 첫 번째 피해자는 소식이었다. 장돈은 신법을 반대하던 소식을 남쪽 바닷가의 혜주惠州(지금의 광둥성廣東省 후이저우惠州)로 내쳤다. 하지만 소식은 혜주에서 고생을 즐거움으로 여기며 적지 않은 시문을 썼다. 그 가운데 어떤 작품에는 이런 구절이 있다.

시인에게 봄날의 잠이 충분함을 알리려고,
스님이 가만히 다섯 점을 치는구나.

爲報詩人春睡足,
道人輕打五更鍾.

이 시가 서울로 전해지자 장돈은 잠을 깊이 들 수 없었다. 소식이 이런 역경 속에서도 이렇게 유유자적할 줄 미처 생각지도 못했던 일이었다. 장돈은 그만 화가 머리끝까지 솟았다. 소성 4년(1097년), 장돈의 지시로 이부에서는 소식을 저 멀리 떨어진 해남海南의 담주儋州로 내치라는 명령을 내렸다. 원래 장돈이 진즉 가졌던 포악함으로는 소식을 죽여야 했으나 송태조가 일찍이 반역과 모반 외에는 신하를 죽이지 않는다는 약속을 했기에 해남으로 유배되는 데 그쳤다. 하지만 이것은 사형 다음의 무거운 처벌이었다. 이로써 장돈이 소식을 얼마나 미워했는지 알 수 있다.

장돈은 소식을 이렇게 처리하는 데 그치지 않고 칼끝을 소식의 동생 소철에게 겨누었다. 장돈은 소철을 뇌주雷州로 내치면서 관사에서 지내는 것조차 허락하지 않았다. 소철은 일반 백성의 집을 빌려야 했다. 장돈은 소철이 민간인의 집을 강탈했다는 이유를 대며 주현에게 소철을 엄격히 처리하라고 요구했다.

벼슬길에 오른 사람의 마음이 이렇게 쉽게 변하는 것은 지조 때문이 아니라 권력이야말로 날카로운 칼이기 때문이다. 위로 오를수록 그 길은 더욱 험하여 자기의 안전을 위해서라면 우정 따위는 신경쓰지 않았다. 장돈은 권력의 최고점에 올라 소식이 관료 사회에서 얻은 명망만 미워한 것이 아니었다. 구당에 반대하며 무턱대고 자신을 가로막았기에 먼저 소식부터 없애야 속이 후련할 정도였으니 친구 사이의 정이란 이미 한 올도 없었다.

역대 관료 사회에서는 장돈과 같이 악랄한 인물이 참으로 많았다. 심지어 관료 사회에서는 이런 악랄함을 벼슬살이를 잘 하는 능력 가운데 첫손으로 꼽기도 했다.

동한 말엽의 여몽呂蒙은 여남汝南 부파富坡(지금의 안후이성 푸난阜南 동남쪽) 사람이었다. 그는 어린 시절 가난한 집안 형편으로 홀로 양자강을 건너 누이 집으로 찾아가 매형 등당鄧當에게 빌붙었다. 등당은 마침 손책孫策 밑에서 무장으로 일하며 몇 차례나 산월山越 정벌에 나섰던 인물이었다. 여몽은 겨우 열여섯이 되었을 때 몰래 등당의 작전에 따라나서기도 했다. 나중에 등당에게 발견되어 호되게 야단을 맞았지만 누구도 여몽의 호전적인 면을 막을 수는 없었다.

당시 등당 밑에서 벼슬살이를 하던 어떤 이가 여몽의 어린 모습을 보고 자못 얕보며 이렇게 말했다.

"저 꼬마가 뭘 할 수 있겠소? 나가서 싸워봤자 고깃덩어리 가지고 호랑이 먹이러 갈 뿐이지요."

그리고 다시 바로 눈앞에서 여몽을 비웃으며 모욕을 주었다. 여몽은 발끈 화를 내며 칼을 뽑아 이 하찮은 벼슬아치의 목을 벤 뒤 고향 사람 정장鄭長의 집으로 내뺐다가 뒤에 교위校尉 원웅袁雄을 통해 자수했다. 원웅은 적당한 때를 보아 손책孫策에게 사정을 아뢰며 여몽을 추천했다. 손책은 여몽이 이렇게 어린 몸으로 감히 사람을 없앴다며 그를 인재로 여기며 곁에서 일하도록 배려했다. 몇 년 뒤, 등당이 세상을 뜨자 여몽이 그의 직무를 이어받으며 별부사마別部司馬의 자리에 올랐다.

국학대사國學大師 리쭝우李宗吾의 후흑학厚黑學[104]에서는 벼슬아치의 '육자진언六字眞言'을 말하면서 '흉凶'을 내놓았다. 그는 '흉凶은 옛날

104 후흑학은 리쭝우李宗吾의 『후흑학厚黑學』이라는 저서에서 비롯된 말이다. 중국 근현대를 살았던 위대한 사상가요 교육자요 혁명가였던 그는 『후흑학』에서 얼굴은 두껍기가 성벽과 같고 심보는 고약하기가 석탄과 같이 검어야 '영웅호걸'이 될 수 있다고 했다. 공자의 권위에 도전한 대담한 인물이기도 했던 리쭝우는 뻔뻔하고 음흉한 고금의 영웅을 열거하며 면후심흑面厚心黑을 말함으로써 큰 영향을 끼쳤다.

관료 사회에서 조금도 지나침이 없이 쓰였다.'라고 이르면서 그 까닭으로 벼슬길에서 벌어지는 투쟁은 상대방이 죽지 않으면 내가 죽어야 하기 때문이라고 덧붙였다. 만약 매섭게 손을 쓰지 않고 조금이라도 머뭇거린다면, 그대를 기다리는 것은 상대방의 치명적인 반격이며, 그대를 사지로 몰아넣고 만다. 역사상 손빈孫臏과 방연龐涓이 바로 이와 같았다.

손빈과 방연은 모두 가난한 집안에서 태어난 별 볼 일 없는 인물이었다. 그러나 두 사람은 장차 벼슬길에 올라 두각을 나타내기 위하여 함께 귀곡자鬼谷子 선생을 스승으로 모시고 공부하며 병법을 익혔다. 같은 학우로서 이들의 우정은 매우 깊었다. 두 사람은 깊은 우정을 바탕으로 의형제를 맺었다. 손빈이 나이가 좀 많았기에 형, 방연이 동생이었다.

그들이 몇 년 동안 함께 공부한 뒤였다. 위魏나라 왕이 천하의 인재를 우대하며 널리 불러들였다. 방연은 깊은 산속의 적막함과 학문의 고통을 참지 못하고 손빈에게 함께 하산해 벼슬길로 나아가자고 제안했다. 손빈은 자기 학업이 아직 부족하다고 생각하며 더욱 정진할 작정으로 하산하지 않았다. 방연은 어쩔 수 없이 혼자 산을 내려가기로 마음먹었다. 떠나기에 앞서 방연은 손빈에게 이렇게 말했다.

"의형제를 맺은 우리의 정은 친형제와 다름이 없소. 이제 내가 먼저 위나라에 중용이 된다면 반드시 손 형을 맞아들일테니 함께 공을 세우고 업적을 이루도록 합시다. 그리하여 헛되지 않게 이 세상을 보내도록 합시다."

위나라로 온 방연은 위왕을 만났다. 위왕은 나라를 안정시킬 방안과 군대를 통솔하며 전장에서 승리할 수 있는 재능과 식견 등을 그에게 물었다. 방연은 알고 있는 모든 지식을 쏟으며 긴 시간을 쉬지 않고 자기의 의견을 내놓았다. 그리고 확신에 찬 말투로 이렇게 아뢰었다.

"만약 저를 대장으로 쓰신다면, 6국을 손안에 넣도록 하겠습니다. 저는 제 뜻대로 병사를 통솔하여 천하를 휩쓸며 싸움에서는 반드시 승리하고 공격하면 반드시 적을 무너뜨릴 것입니다. 이리하여 위나라를 일곱 나라 가운데 우두머리로 만들겠습니다."

위왕은 몹시 기뻐하며 방연을 총사령관에 임명했다. 그리고 위나라의 병권을 장악하도록 했다. 방연은 분명 재능이 있었다. 그는 오래지 않아 위나라 주변의 자그마한 제후국들을 하나하나 점령하기 시작하며 싸움마다 승리를 거두었다. 송宋, 노魯, 위衛, 정鄭의 왕이 잇달아 위나라에 무릎을 꿇으며 머리를 숙였다. 이뿐만 아니라 방연은 당시 참으로 강대한 제齊나라 군대를 무찔렀다. 이 한 판으로 방연의 명성과 위세, 그리고 지위는 한층 더 올라갔다. 위나라의 임금과 신하 그리고 백성들은 모두 그를 존중하며 숭배했다.

방연은 기세도 대단했다. 자신이 당대 최고의 공을 세웠다고 생각하며 온 세상이 제 것인 양 우쭐댔다. 자기가 아니면 이런 큰일을 해낼 자가 없다고 생각했다. 방연의 이런 오만한 기세에 위왕은 크게 걱정했다. 위왕은 방연과 함께 공부한 손빈이 방연보다 더 대단하다는 소문을 듣고 사자에게 푸짐한 선물을 딸려 보내며 손빈을 불렀다.

손빈은 자기와 함께 공부한 방연이 위왕의 이름으로 큰일을 이루자며 부르자 두 사람의 정의가 사라지지 않았다며 몹시 기뻐했다. 스승인 귀곡자 선생도 손빈에게 산을 내려가도 좋다고 일렀다. 손빈은 산을 내려와 위나라로 갔다.

위나라로 온 손빈은 먼저 방연을 찾았다. 그리고 방연의 저택에 머물렀다. 방연은 겉으로는 손빈을 환영했지만 속으로는 자못 불안했다. 그가 독차지하고 있는 자리를 손빈이 앗아갈까 두려웠다. 자신이 산을 내려온 뒤 스승의 지도로 손빈의 학문과 재능이 그 전보다 훨씬 높아진 것을 알았기에 더욱 샘이 났다.

이튿날 두 사람은 함께 조정으로 나아갔다. 위왕은 손빈을 존경하며 입을 열었다.

"손무孫武의 비법을 홀로 얻었다니 참으로 대단하오. 나는 선생께서 오시기를 간절히 바랐소, 정말 애타게 기다렸소. 마침내 오늘 선생께서 이 나라에 오셨으니 정말 기쁘기 그지없소."

위왕은 이어서 방연에게 물었다.

"이제 손빈 선생을 부사령관으로 임명하여 그대와 함께 병권을 쥐도록 할 작정인데, 어떻소?"

'함께 병권을 쥔다.'는 말은 대권을 독차지하는 사람이라면 분명 누구라도 원하지 않을 일이었다. 방연으로서는 가장 걱정하던 일이 마침내 벌어진 것이다. 방연은 마음속으로 이가 갈렸지만 겉으로는 오히려 이렇게 말했다.

"저는 손빈과는 동학입니다. 또 손빈은 제겐 형뻘 됩니다. 그런데 어떻게 제 아래에 자리하겠습니까? 그러니까 먼저 객경客卿으로 모신 뒤에 큰 공적을 세워서 사람들의 존경을 얻으면 아예 군사軍師로 모심이 좋을 것 같습니다. 그때, 저는 제 자리를 손빈에게 드리고 저는 그 밑에서 일하겠습니다."

이것이야말로 시간을 벌기 위한 방연의 계책이었다. 객경이란 반은 빈객이요 반은 신하의 신분으로 위나라의 진정한 신하가 아니었다. 그러했기에 실권도 없었으며 그저 비교적 괜찮은 대우만 받았을 뿐이었다. 위왕은 방연의 의견을 따랐다.

손빈이 위나라에 온 지 며칠 되지 않아 위왕은 손빈의 재능을 시험해 보기로 했다. 연병장에 손빈과 방연 두 사람을 불러 진을 치는 방법을 시범 동작으로 보이도록 했다. 방연이 진을 치자 손빈은 한 눈에 알아보고 어떻게 깨뜨릴 수 있는지 가리켰다. 하지만 손빈이 진을 치자 방연은 어쩔 줄 모르며 허둥댔다. 체면을 잃을까 걱정하며 가만히 손빈에게 가르침을 구했다. 손빈은 처음부터 끝까지 방연에게 가르침을 주었다. 방연은 손빈의 가르침을 듣고 재빨리 위왕에게 달려가 이렇게 아뢰었다.

"저게 바로 팔문진八門陣입니다. 이제 곧 장사진長蛇陣으로 바꿀 것입니다."

손빈이 배치를 마치고 위왕에게 달려와 올린 대답도 방금 방연이 한 말과 같을 수밖에 없었다.

"두 분의 재능이 한결같이 훌륭하오. 우리 위나라에 정말로 다행이오!"

위왕은 정말로 흐뭇했다.

하지만 방연은 이 사건을 겪으며 위기감에 휩싸였다. 이리하여 그는 이런 결심을 했다.

'손빈을 기어코 없애야지! 가만 뒀다가는 내가 그 밑에서 일하게 생겼어!'

그는 마음속으로 한 가지 꾀를 생각하고 있다가 손빈과 함께 가만히 이야기를 나눌 기회가 되자 이렇게 물었다.

"형의 피붙이들은 모두 제齊나라에 계신다고 들었소. 그런데 지금 우리 두 사람은 이렇게 위나라의 벼슬아치가 되었는데, 형은 왜 가솔들을 이곳으로 불러 함께 복을 누리려고 하지 않소?"

이 말을 듣자 손빈은 눈물을 흘리며 말했다.

"천재에다 전란으로 가까운 피붙이들은 모두 남김없이 세상을 버렸네. 그 해, 나는 오직 숙부를 따라 사촌형 손평孫平, 손탁孫卓과 함께 외지로 떠돌았네. 그러다가 어느 날 나는 어느 집에 고용되고 말았으니, 숙부와 사촌형들이 어디로 갔는지 알 수 없네. 그 뒤로 나는 혼자 귀곡 선생을 모시며 여러 해 동안 고향에 발걸음도 않고 친지와 연락도 끊으니 그나마 숙부나 사촌형도 이 세상에 없을 것 같네!"

"그럼, 형은 고향이 그립지도 않소?"

"사람이 초목이 아니거늘 어찌 근본을 잊을 수 있겠나? 하지만 이제 위나라의 신하가 되었으니 다시는 그런 이야길랑 꺼내지 말게."

손빈은 자못 슬픔에 잠기며 말했다. 손빈은 제나라 사람이었다. 그러나 제나라와 위나라는 줄곧 적대 관계에 있었기에 손빈은 어쩔 수 없이 고향을 그리워하는 마음을 꾹 참고 있어야만 했다.

"형이 하는 말도 일리가 있소. 대장부가 어디서나 공을 세우면 되지 꼭 고향을 찾아야 되겠소?"

방연은 이렇게 위로했다.

반년이 지난 뒤 손빈은 벌써 두 사람이 나누었던 대화를 다 잊고 있었다. 어느 날, 산동 지방 말씨를 쓰는 어떤 사내가 홀연 그를 찾아와서 이렇게 말했다.

"저는 제나라 사람 정을丁乙이라고 합니다. 여기 손빈의 사촌형 손평이 보낸 편지를 가지고 왔습니다."

손빈은 얼른 그 편지를 받았다. 편지는 손평의 말투로 형제 간의 정의를 늘어놓은 뒤 숙부의 죽음도 알렸다. 또 사촌형 둘은 벌써 제나라로 돌아왔으니 손빈도 어서 고향으로 돌아와서 거의 몰락한 손씨 집안을 다시 일으켜 세우기를 바랐다. 편지에 쓰인 말투는 사뭇 간절하였으며 감정도 대단했다. 그리고 마지막으로 또 다시 손빈이 하루라도 빨리 돌아오기를 간절히 바랐다.

편지를 다 읽은 손빈은 자기도 모르게 눈물을 주르르 흘렸다. 손빈은 편지를 가지고 온 정을을 따스하게 맞이하며 회답을 써서 다시 그에게 보냈다. 편지에서 손빈은 이렇게 말했다.

"저도 고향이 몹시 그립습니다. 그러나 지금은 위나라의 신하가 되어 빨리 돌아갈 수가 없습니다. 위나라를 위하여 공훈을 세우고 늘그막이 되면 반드시 돌아가서 두 형들과 함께 제나라 고향에서 함께 만년을 즐겁게 보내도록 합시다."

그런데 정을은 제나라 사람이 아니었다. 바로 방연의 심복이었다. 방연은 손빈의 답신을 손에 넣은 뒤 필적을 모방하여 결정적인 부분을 지우고 고쳐 썼다.

"위나라에서 벼슬을 하고 있어 어쩔 수 없습니다. 또 인정이 방해를 하지만 얼마 뒤 반드시 돌아가서 제나라를 위해 온 힘을 바치겠습니다."

그런 뒤 이 편지를 위왕에게 올렸다.

"손빈은 벌써부터 위나라를 배반하고 제나라를 위해 일할 생각입니다. 요 며칠 사이에 손빈은 제나라에서 보낸 사자와 내통했습니다. 대왕께 충성을 다하려면 신하된 자로서 형제 사이의 정도 아프게 참으며 끊어야 합니다. 이제 손빈이 집안으로 보내는 편지 중 일부를 올리니 대왕께서는 한번 살피소서."

"그대는 이 일을 어떻게 처리하면 좋겠소?"

위왕이 물었다.

"손빈의 재능은 저보다 못하지 않습니다. 만약 그를 풀어주어 제나라로 보낸다면 장차 우리 위나라가 천하를 제패하는 데 걸림돌이 될 것입니다. 하오니 ……."

방연은 더 이상 말을 잇지 않았다.

"그를 없앤다?"

위왕이 정곡을 찌르는 말 한 마디를 내놓았다.

"저는 그 사람과 동학이요 의형제입니다. 그러니 제가 다시 한 번 설득하겠습니다. 우리 위나라에 머물 작정이라면 그보다 더 좋은 일이 없을 것입니다. 하오나, 머물 마음이 없어서 제나라로 돌아가서 우리와 등지려 한다면 대왕께서는 그를 제가 머무는 관아로 보내주시기 바랍니다. 제가 가두어 처치하려 하오니, 대왕께서는 허락해 주소서."

방연은 친구를 위하여 마음과 정성을 다하는 표정을 지었다.

위왕은 이런 손빈을 생각하자 화가 치밀었다. 그는 방연의 요청에 고개를 끄덕였다.

방연은 그날 밤 손빈을 만나 이렇게 물었다.

"집에서 온 편지를 받았다면서요?"

손빈은 친구에게 조금도 감추지 않고 말했다.

"응, 고향으로 돌아오래. 하지만 내 어찌 위왕과 자네가 내게 베푼 정을 저버릴 수 있겠나? 받아들이지 않았지."

"그럼 형은 정말 고향이 그립지 않소?"

"고향 떠난 지 오래 되었지만 어찌 그립지 않겠나. 하지만 지금은 돌아갈 수 없어."

손빈은 한숨을 쉬며 말했다.

방연은 깊이 동정하며 말했다.

"그럼 위왕께 한 달만 말미를 달라고 청하면 될 것입니다. 고향에 돌아가서 가까운 이의 산소나 찾아뵙고 돌아오면 되지 않소?"

"위왕께서 내가 갔다가 돌아오지 않을까 의심할 수도 있을 거야. 아마 허락하지 않을 테지."

"형이 내일 시험해 보시지요. 이 동생이 곁에서 형을 위해 몇 마디 더 보태겠습니다. 형의 인품을 봐서 위왕께서도 아마 믿으실 겁니다."

방연의 이 말에 손빈은 참으로 감동했다.

"모두가 아우님 덕택이네! 일단 성묘를 하고 돌아오면 내 온힘을 다하여 위왕께 다시는 다른 마음먹지 않고 충성을 바치겠네!"

방연은 손빈과 헤어진 뒤 그날 밤 당장 위왕을 만났다.

"대왕께서 내린 명을 받들어 그에게 마음을 돌릴 것을 권했으나 마음을 돌리기는커녕 오히려 대왕을 증오했습니다. 그는 내일 휴가를 명목으로 대왕께 제나라로 돌아가게 해 달라고 요구할 것입니다. 저는 참으로 도와주고 싶지만 힘이 미치지 못합니다."

방연은 어찌할 수 없다는 표정을 지었다.

이튿날, 손빈은 조정에 들었다. 그런데, 지난 밤 위왕에게 함께 이야기를 하기로 했었는데, 이상하게도 방연은 보이지 않았다. 일 때문에 지체된다고 여긴 손빈은 휴가를 내고 고향에 다녀오는 문제를 위왕에게 먼저 아뢰었다. 그러나 예상하지 못하게 말이 떨어지기 무섭게 위왕은 벌컥 화를 내며 말할 틈도 주지 않고 무사들에게 명령하여 그를 묶은 뒤 방연의 관아로 끌고 가서 죄를 묻도록 했다.

손빈이 관아로 묶여오자 방연은 짐짓 어리둥절한 체했다.

"일이 좀 있어 이제 조정으로 가려던 참이었는데 이게 무슨 일이오?"

그리고 손빈에게는 이렇게 말했다.

"걱정 마세요. 제가 위왕을 뵙고 용서를 빌겠습니다."

방연은 이 말을 마치자 위왕을 뵈러 갔다. 방연이 위왕에게 손빈의 죽을죄를 용서해 달라고 말한 것이 진짜라고 할지라도 그의 진심은 결코 손빈의 목숨을 구하는 데 있지 않았다.

방연은 위왕을 만나자 이렇게 말했다.

"손빈이 비록 제나라에서 보낸 이와 사통한 죄가 있다지만 죽음에 이를 만한 죄는 아닙니다. 저의 보잘 것 없는 생각으로는 그를 걸을 수 없게 만들고 얼굴에 자자하여 불구자로 만드는 게 나을 듯합니다. 우리 형제의 정분을 보아서도 그렇고 후환을 없애기 위해서도 그러하옵니다. 대왕께서는 어떻게 생각하십니까?"

"그대 뜻대로 하시오."

위왕은 이렇게 말했다.

관아로 돌아온 방연은 눈물을 흘리며 손빈에게 말했다.

"대왕께서 몹시 노하시어 형을 사형에 처하라 하셨소. 하지만 이 동생이 온 힘을 다해 죽음만은 면하게 해 달라고 간절히 애원하였소. 하지만 월형刖刑과 묵형墨刑은 면할 도리가 없었습니다."

손빈은 한숨을 몰아쉬며 말했다.

"그래도 목숨은 부지하게 되었군. 이게 모두 아우님이 이 못난 형을 도와준 덕분일세! 내 언젠가 반드시 보답하겠네."

방연은 손으로 얼굴을 가리고 대청으로 뛰어나갔다. 잠시 후, 회자수劊子手가 나타나 손빈을 묶어 땅바닥에 앉히고 날카로운 칼로 양쪽 종지뼈를 도려냈다. 손빈은 비명을 지르며 의식을 잃었다. 의식이 불명한 상태에서 이마에는 '사통적국私通敵國'이라는 네 글자가 검은 먹물로 새겨졌다.

방연은 눈물을 흘리며 손수 손빈에게 약을 바르고 싸매주며 세심하게 돌보았다. 한 달이 지나자 손빈의 상처는 그런대로 아물었지만 다시는 걸을 수 없게 되었다. 그저 책상다리를 하고 침상에 앉았을 뿐이니 진짜 폐인이 되고 말았다. 이때, 방연은 손빈을 더욱 자상하게 돌보며 하루 세 끼를 푸짐하게 올렸다. 이는 손빈을 더욱 미안하게 만들었다. 그리하여 손빈은 방연을 위해 무엇을 할 수 있을까 늘 생각했다. 방연이 손빈에게 아무것도 못하게 하자 손빈은 다시 뭔가 할 수 있게 해 달라고 요구했다. 그러자 방연은 이렇게 말했다.

"형은 이제 자리에서 귀곡자 선생께서 말씀하신 손자병법 열세 편 및 주석을 풀이해 쓰십시오. 이는 훗날에도 유익할 것입니다. 그리고 형의 이름도 천추에 빛날 것입니다."

손빈은 방연의 요구를 받아들였다. 그리고 그날부터 밤낮으로 쉬지 않고 목간에 글을 쓰기 시작했다. 하루가 지나고 또 하루가 지나고 세월이 흐르면서 침식을 잊고 일에 몰두하자 이제 그는 기진맥진해졌다. 온갖 고생을 견디며 병서를 만들고 있을 때, 손빈은 깜짝 놀랄 만한 소식을 접했다. 손빈을 곁에서 돌보던 병사가 입을 열었다.

"너무 고되게 일하지 마십시오. 방연 장군께서는 선생께서 병서를 완성하는 날 선생을 죽이려고 합니다."

처음엔 손빈도 믿지 않았다. 그러나 이 병사가 손빈이 이렇게 형벌을 받은 것도 모두 방연의 계략 때문이라는 것을 알려주자 이제는 믿지 않을 수 없었다.

손빈은 이런 소식을 접하자 이제는 죽음에서 벗어날 방법을 생각하기 시작했다. 이리하여 그는 일부러 미친 척했다. 어느 날, 그는 병법을 쓰다가 갑자기 큰 소리로 부르짖으며 땅바닥에 쓰러져 마구 구토를 하고 두 눈을 까뒤집으며 온몸을 부들부들 떨었다. 잠시 뒤 깨어나서는 오히려 표정을 흐리멍덩하게 하다가 갑자기 화를 내며 눈을 부릅뜨고 꾸짖었다.

"너희들은 왜 독약을 내려 나를 죽이려고 하는가?"

이렇게 꾸짖으며 책상과 의자를 뒤집어엎고 촛대와 문구를 쓸어버렸다. 그리고 심혈을 기울이며 어렵사리 쓴 손자병법의 일부를 화로 속으로 집어 던졌다. 순식간에 뜨거운 불길이 치솟았다. 손빈은 제 몸도 불길을 향해 내던졌다. 머리카락과 수염에 불이 붙었다.

사람들이 황망히 그를 구했지만 그는 여전히 흐릿한 정신으로 울면서 욕을 퍼부었다. 목간은 벌써 재로 변하여 못 쓰게 된 뒤였다. 방연이 급히 달려와 보니 손빈은 얼굴에 가득 오물을 묻힌 채 땅바닥을 기다가 갑자기 머리를 조아리며 잘못을 빌다가는 다시 돌연 껄껄 웃는 것이 완전히 정신이 나간 몰골이었다. 방연이 들어온 것을 본 손빈은 앞으로 기어가서 그의 옷자락을 잡고 연신 머리를 조아렸다.

"귀곡 선생님, 살려 주세요! 살려 주세요!"

방연은 손빈이 일부러 미친 체하는지 의심을 하며 그를 돼지우리 속에 넣으라고 명령했다. 손빈은 온몸에 오물을 뒤집어쓰고 머리를 풀어헤친 채 돼지우리 속의 똥오줌 위를 뒹굴며 두 눈을 멍하니 뜨고서는 울고 웃기를 반복했다.

방연은 깊은 밤 세상이 다 잠들었을 때 사람을 보내 가만히 손빈에게 먹을 것을 넣어주도록 했다.

"저는 방연 장군의 집에서 온 사람입니다. 저는 선생의 억울함을 잘 알고 있습니다. 그러기에 참으로 선생을 동정합니다. 자, 이 음식은 방연 장군이 모르게 몰래 드십시오!"

손빈은 음식물을 뒤집어엎으며 흉악하게 인상을 썼다. 그리고 조금도 물러섬 없이 욕을 퍼부었다.

"네놈도 나를 독살할 작정이지?"

이 사람은 그만 화가 잔뜩 나서 돼지 똥 덩어리를 그에게 주었다. 손빈은 아무런 감각도 없다는 듯이 이 똥 덩어리를 받더니 입으로 집어넣었다. 이 사람은 손빈이 진짜로 돌았다고 방연에게 보고했다. 그제야 방연은 어느 정도 믿게 되었다. 이때부터 방연은 손빈이 온몸에 똥을 묻히고 어느 곳에서 뒹굴든지 못 본 체 그대로 두었다. 손빈은 이런 상태로 길가에서 잠을 자기도 했으며 마구간이나 돼지우리 속에 누워 있기도 했다. 그래도 방연은 전혀 간섭하지 않았다. 또 한낮이든 한밤이든 고단하면 잠이 들었고 깨었다하면 울다가 웃다가 욕설을 퍼붓다가 노래를 부르기도 했다. 그런데도 방연은 온전히 마음을 놓을 수는 없었다. 그리하여 손빈이 어디에 있든지 그날그날 그에게 꼭 보고를 올리도록 명령을 내렸다.

이때, 손빈이 미친 체하며 재앙을 피하려 한다는 사실을 참으로 알고 있는 사람이 한 사람 있었으니 그는 바로 당시 명성이 자자하던 묵적墨翟이었다. 그는 손빈이 처한 어려움을 제齊나라 대장 전기田忌에게 알리며 동시에 손빈의 뛰어난 재능도 설명했다. 전기는 이런 상황을 제나라 위왕威王에게 보고했다. 제위왕은 어떤 방법을 써서라도 손빈을 구해내어 자기 나라를 위해 온힘을 바칠 수 있도록 하라고 명령했다.

이리하여 전기는 위나라로 사람을 보냈다. 이 사람은 방연이 소홀한 틈을 타서 어느 날 깊은 밤 미친 손빈으로 가장한 어떤 사람을 써서 진짜 손빈과 바꿔치기를 했다. 이 사람은 방연의 감시를 벗어난 뒤 재빨리 손빈을 태우고 말을 달려 위나라를 벗어났다. 방연이 이 사실을 알았을 때는 이미 손을 쓸 수 없었다.

손빈이 제나라로 오자 제왕은 그를 존중하며 최고사령관의 자리에 앉혔다. 얼마 뒤 방연이 병사를 이끌고 제나라로 쳐들어왔다. 손빈은 방연의 일정과 위치를 정확히 알아낸 뒤 마릉도馬陵道에 병사들을 매복시켰다. 마릉도는 두 산 사이에 낀 협곡으로 들어가기는 쉽지만 나오기는 어려웠다. 손빈은 또 길가 커다란 나무 위에 나무껍질을 벗겨내고 붓으로 이렇게 써놓도록 했다.

"방연은 이 나무 아래에서 죽는다."

그런 뒤 근처에 궁수 5천을 배치하고 이렇게 명령했다.

"나무 아래 횃불이 보이기만 하면 일제히 화살을 날려라!"

방연이 마릉도에 서둘러 도착했을 때는 벌써 황혼 무렵이었다. 이때 병사가 방연에게 이렇게 보고했다.

"앞쪽은 산골짜기의 입구입니다. 잘라진 나무와 큰 돌들이 어지러이 길을 막고 있습니다!"

방연은 크게 기뻐하며 말했다.

"적들이 두려워하고 있다는 뜻이니라. 얼른 추격하라!"

말을 마치자 먼저 앞으로 나서며 부대를 이끌고 좁은 골짜기를 향해 내달았다.

빠른 속도로 전진하는데 돌연 커다란 나무가 길을 막아섰다. 그런데 나무 몸통에 글자가 어렴풋이 보였다. 때는 달도 별도 없이 캄캄한 한밤, 찬바람만 쇄쇄 불고 산새는 놀라 울고 있었다. 방연은 곁에 있던 부하에게 횃불을 밝히라고 명령했다. 그리고 나무에 쓰인 글자를 확인하려고 앞으로 나아갔다. 글자를 알아본 순간 그만 대경실색하고 말았다.

"계략에 빠졌구나!"

이 말이 끝나기도 전에 징소리 한 번 울리더니 화살이 소나기처럼 날아들었다. 방연은 온몸이 고슴도치처럼 되어 땅바닥에 쓰러져 그 자리에서 숨을 거두었다.

명나라 가정嘉靖 15년, 가난한 집안 출신으로 하찮은 인물이었던 엄숭嚴嵩이란 자가 윗사람에게 아부를 잘하여 벼슬이 육경六卿의 하나인 예부상서에 이르렀다. 그러나 벼슬에 온통 마음을 졸이던 엄숭은 만족할 줄 모르고 내각수보內閣首輔의 자리로 눈길을 돌렸다. 내각으로 비집고 들어가서 내각수보의 대권을 손아귀에 거머쥐려고 했다. 그 욕심이 끝이 없었다.

이때, 하언夏言에게 엄숭은 승진에 필요한 배경이 아니었다. 오히려 계속 승진에 걸림돌이 되었다. 하지만 하언 본인도 교만하고 독단적인 인물이었다. 그는 일을 꼼꼼하게 처리하며 아랫사람들에게도 엄격함을 요구했다. 엄숭이 올린 문건에 대해서도 만족하지 못하고 걸핏하면 엉망진창으로 수정하곤 했다. 그리고 단도직입적으로 다시 작성하도록 엄숭에게 요구했다. 엄숭은 이런 그를 미워하면서도 두려워했다. 이리하여 엄숭은 남몰래 이를 갈면서 그를 몰아내고 자기 자리를 높이려고 했다. 이때부터 엄숭은 계략과 음모로 하언을 함정에 빠뜨리기로 마음먹었다.

하언은 사람됨이 올곧았다. 그리고 재능도 상당했다. 그러했기에 조정에서의 지위도 굳건했으며 신망도 두터웠다. 가정제嘉靖帝도 그를 사랑하고 신임했으며 대신들도 그를 힘껏 지지했다. 엄숭도 단시간에 하언을 넘어뜨리는 일이 불가능함을 알았다. 그리하여 엄숭은 겉으로는 부드럽지만 속으로는 악랄한 수단을 사용하기로 마음먹고 겉으로 드러나지 않게 하언을 모해하기로 했다. 그는 겉으로는 굽실거렸지만 속으로는 따르지 않는 태도를 견지하며 하언을 대했다. 표면상으로는 예전과 마찬가지로 공손하고 나긋나긋하게 하언을 대하며 자기감정을 드러내지 않았다. 그러나 다른 한편으로는 부드러움으로 강한 적을 이기겠다는 작전으로써 언제나 하언의 약점을 빠뜨리지 않고 살피며 그를 음해할 준비를 갖추어 나갔다. 하언의 타고난 성품이 강직하고 외곬이기에 엄숭은 부드럽고 섬세하면서도 비굴한 태도로 그의 비위를 맞추었다. 또 하언이 아랫사람에게 엄격함을 요구했기에 엄숭은 일을 융통성 있게 처리하며 모든 이들에게 잘 보이려고 했다. 하언이 황제 앞에서 예의에 구애받지 않고 다소 오만한 태도를 보였다면 엄숭은 황제 앞에서 고분고분 순종하는 모습을 보였다. 하언이 고결한 태도로 좀 교만하게 굴며 못된 이와 어울리지 않으려 했다면, 엄숭은 자기 패거리를 만들어 그들과 서로 오가며 열심히 교제했다.

하언을 거꾸러뜨리기 위해서는 당연히 황제에게 모든 것이 달려 있었다. 엄숭은 황제 곁에서 대부분의 시간을 보내며 온힘을 다한 아첨으로 비위를 맞추었다. 황제는 도교에 심취하여 신선이 되기를 갈망했다. 그리고 해마다 음력 큰달에는 신에게 제사를 올리며 소망을 빌었다. 도사를 모시고 이런 일을 하기 위해서는 하늘을 향해 제사를 올리며 불살라 올릴 축문이 필요했다. 이 축문은 일종의 사부체詞賦體의 화려하고 아름다운 문장으로 황제가 신선이 되기를 갈망하여 하늘에 간절히 바라는 내용을 담아야 했다. 조정의 수많은 대신들이 황제에게 환심을 사기 위하여 서로 다투어 이 축문을 지어 올렸다. 적지 않은 벼슬아치들이 이 축문을 훌륭하게 씀으로써 명예와 이익을 한꺼번에 얻기도 했다. 엄숭은 이야말로 황제에게 환심을 살 수 있는 지름길임을 알고 예전에 십 년 동안 은거하며 쌓아올린 풍부한 문학적 바탕을 활용하여 한껏 실력을 드러냈다.

가정嘉靖 18년, 서울 하늘에 온통 꽃구름이 피었다. 도사들은 오색 상서로운 구름을 보며 나라가 태평할 징조라고 입을 모았다. 엄숭은 이 기회를 틈타서 평생 공부한 바를 다 쏟아 부으며 창작한 『경운부慶雲賦』를 황제에게 올렸다. 엄숭이 올린 글은 한 구절 한 구절 모두 우아하고 정교한데다 문체는 화려하고 향기로워서 황제 마음을 움직였다. 그전에 다른 대신들이 올린 축문과 비교하여 훨씬 낫다고 생각한 황제는 칭찬을 아끼지 않았다. 이 소식을 들은 엄숭은 자못 기운이 솟았다. 얼마 뒤, 쇠는 단 김에 두드려야 한다는 듯이 그는 『대례고성송大禮告成頌』을 황제에게 바쳤다. 이 글을 읽은 황제는 구구절절 주옥이요 멋이 넘친다고 생각하며 손에서 이 글을 놓지 못했다. 이때부터 황제는 엄숭을 새삼 높이 평가하며 특별히 총애했다. 그리고 도사를 불러 재를 올리는 데 필요한 축문은 모두 엄숭에게 맡기도록 했다.

명나라 때의 관복 규정에 의하면, 황제는 오사절상건烏紗折上巾, 즉 익선관翼善冠을 써야 했다. 그런데 황제인 가정제는 도교를 신봉한 나머지 도사들이 쓰는 향엽관香葉冠에 반하여 자기가 써야 하는 익선관을 버리고 향엽관으로 바꾸어 썼다. 그뿐만 아니라 자기의 총신들에게도 향엽관을 쓰게 했다. 황제는 침수향엽관沈水香葉冠 다섯 개를 특별히 제작하여 하언과 엄숭 등 몇 사람에게 나누어주며 서원西苑으로 근무하러 올 때에는 이를 쓰도록 했다. 게다가 대신들이 서원으로 들어올 때는 가마를 타지 말고 말을 타고 들어오도록 했다. 이런 일은 모두가 도사들의 습관을 본뜬 것이었다.

엄숭은 온힘을 다하여 황제의 뜻을 따랐다. 서원에서 근무할 때면 향엽관을 썼음은 물론 그 위에 가볍고 얇은 천을 둘러 경건한 마음을 표시했다. 이를 본 황제는 자연히 엄숭을 좋아할 수밖에 없었다. 또 엄숭은 서원에 들 때마다 반드시 말을 탔다. 그는 나이 예순 몇 살의 늙은이였지만 건장한 신체에다 민첩한 다리까지 정력이 넘쳐흘렀다. 이런 점도 온통 장생불사에 마음이 쏠려 있던 황제에게는 좋은 감정을 갖도록 하기에 충분했다.

이와 비교하여 하언은 꿋꿋한 성격을 유지한 채 고분고분 머리를 숙이지 않았다. 향엽관은 정식 조복이 아니며 조정 대신들이 쓰기에도 알맞지 않다고 여기며 머리에 쓰려고 하지 않았다. 서원에 들 때도 말을 타려고 하지 않고 여전히 가마를 타고 들었다. 이런 저항적인 태도에 황제는 불만이 대단했다. 게다가 하언은 한결같이 도사들에게 호감을 갖지 못하고 걸핏하면 그들을 깔보고 멸시하는 태도를 보였다. 이 때문에 황제가 총애하고 신임하는 도사 도중문陶仲文의 미움을 샀다. 엄숭은 이 기회를 틈타서 도중문과 손을 맞잡고 황제 앞에서 하언에 대한 험담을 늘어놓았다. 이리하여 황제의 하언에 대한 은총은 서서히 엄숭에게로 이동했다.

황제 가정제는 신선이 되기 위한 도를 닦는 데 열중한 나머지 정사를 친히 돌볼 틈이 없었다. 또 그는 의심이 많았기에 대신들이 그를 등지고 무슨 일을 하는지 알고 싶어 했다. 그래서 자기 곁에 있는 나이 어린 내시들을 대신들의 사무실로 파견하여 살피도록 했다. 나이 어린 내시들이 하언이 근무하는 곳으로 왔을 때, 하언은 오직 정사에 몰두한 나머지 이들을 거들떠보려고도 하지 않았다. 그 모습이 자못 거만하고 도도했다. 그런데 어린 내시들이 엄숭이 근무하는 곳으로 왔을 때, 엄숭은 얼른 자리에서 일어나 맞이하며 웃음 띤 얼굴로 이들의 손을 잡으며 자리에 앉혔다. 또 온화한 모습으로 알뜰히 보살피며 이것저것 물었다. 또 이들이 떠날 때에는 큰돈을 이들의 주머니에 넣어주었다. 이들 어린 내시들은 비록 직위도 권력도 없지만 황제를 곁에서 모시기에 황제의 귀와 눈이 되어 대변인 역할을 했다. 게다가 이들은 시비를 조장하며 분란을 일으키기도 했다. 이들의 말 한 마디는 이렇게 중대한 작용을 할 수 있었다.

하언에게 푸대접을 받은 어린 내시들은 자연히 하언에 대해 험담을 늘어놓았다. 하지만 엄숭에게 푸짐한 대접을 받은 이들은 자연히 엄숭을 칭찬하는 말만 했다. 이런 식으로 일들이 계속되다 보니, 황제는 하언에 대해 고정관념이 생겼지만 엄숭에 대해서는 인상이 좋았다.

이렇게 되자 황제의 하언에 대한 불만이 날로 높아졌다. 때가 무르익었다고 판단한 엄숭은 공개적으로 하언을 향해 공세를 취하기로 작정했다. 공교롭게도 황제는 어느 날 엄숭을 단독으로 불러 이야기를 나누게 되었다. 이야기가 하언에게 이르자 황제는 그들 사이의 의견 불일치에 대해 물었다. 참으로 만나기 힘든 기회라고 생각한 엄숭은 이 기회를 이용하여 하언을 거꾸러뜨리기로 마음을 굳혔다.

그는 먼저 짐짓 두려운 체하며 입을 열지 않았다. 황제가 재촉하며 다시 묻자 그는 얼른 황제의 발아래 몸을 던지며 온몸을 부르르 떨었다. 그리고 통곡해 마지않았다. 황제는 나이 예순을 넘은 늙은이가 뜻밖에도 이렇게 상심하며 울자 얼마나 큰 고통을 받았을까 생각하며 측은한 마음이 더욱 솟아났다. 그리하여 연신 마음을 달래며 걱정하지 말고 말을 하라고 일렀다. 엄숭은 그제야 훌쩍훌쩍 눈물을 흘리며 간절히 하소연하기 시작했다. 그는 원래 없던 내용까지 덧보태며 과장에 날조까지 하며 하언을 헐뜯었다. 그는 신뢰를 높이기 위하여 눈물을 흘리며 처절하게 애원하듯이 호소했으니, 아무리 철석같은 심장을 가진 이라도 이를 보면 마음에 연민이 생기지 않을 수 없었다. 엄숭의 드라마틱한 연기는 과연 만족할 만한 효과를 거두었다. 황제가 하언에게 끝없는 증오심을 가지기 시작했던 것이다.

이 일이 생긴 지 얼마 되지 않아서, 참으로 공교롭게도 개기 일식이 일어났다. 하늘의 변화와 세상일은, 그것도 당시의 정치 상황과는 필연적인 관계가 있다고 옛날 사람들은 생각했다. 당시 사람들은 태양을 제왕의 상징이라고 믿었다. 그리고 일식은 바로 간신과 아부하는 자들이 나라님을 함부로 대하기 때문에 생긴다고 믿었다. 엄숭은 이 기회를 놓치지 않고 다시 하언을 모함했다. 일식은 하언 때문에 생긴 것이라며 이 경고를 무시하고 하언을 빨리 처치하지 않으면 황상께서도 안녕하지 못할 뿐만 아니라 하늘이 다시 신통한 힘을 보일 것이라고 그는 말했다. 황제는 본래 미신에 빠져 있었던지라 엄숭의 부추김에 이 사실을 의심하지 않고 믿었다. 가정 21년 6월, 가정제는 하언의 직책을 박탈하고 고향으로 돌아가라는 명령을 내렸다.

하지만 애석하게도 아름다운 꽃도 열흘이면 끝이라고 2년여의 세월이 흐르자 황제는 별안간 하언을 그리워하기 시작했다. 황제는 사람을 하언의 고향으로 보내 그를 서울로 다시 불러들였다. 그리고 그를 다시 기용하며 벼슬도 예전대로 내리고 전과 같은 자리에 앉혔다. 게다가 그가 원래 가지고 있던 모든 권력을 그대로 돌려주었다.

다시 일어선 하언이 엄숭에게는 정말로 큰 타격이었다. 하언은 이제 수보首補의 자리에 다시 앉게 되었고 엄숭은 관례에 따라 차보次補로 내려갔다. 손에 넣었던 권력을 순식간에 빼앗긴 엄숭은 원망과 미움이 가슴에 가득 넘쳤다. 그런데 하언은 자기가 겪은 일들을 되돌아보며 엄숭의 소인배 같은 본성을 명확히 알게 되었다. 하언은 엄숭의 사람됨을 이제는 매우 경시하며 얕잡아보았다. 그리고 예전처럼 엄숭을 치켜세우는 일이 없이 일마다 간섭했다.

엄숭이 내린 결정에 대하여 하언은 걸핏하면 부정하며 뒤집어엎곤 했다. 엄숭이 심어놓은 자기편 사람들의 관직을 박탈하는데 하언은 조금도 거리낌이 없었다.

하언은 대권을 다시 잡자 엄숭이 뒤집어 놓은 것들을 바로 잡았다. 엄숭이 조정에 심어놓은 심복들을 하나하나 쫓아내자 이제 엄숭은 깃털이 다 뽑혀버린 새처럼 날아오를 힘조차 없어졌다. 이제 엄숭은 그저 하언의 지배를 받을 수밖에 없었다. 마음속으로는 비명을 지르며 이를 갈았지만 겉으로는 속마음을 드러내지 못하고 웃음 띤 얼굴로 그의 명령을 따라야 했다. 하지만 엄숭은 복수로 원한을 갚고야 말겠다며 남몰래 맹세했다. 엄숭은 이것저것 엿보며 기회를 잡아 하언을 죽음의 길로 빠뜨리며 다시는 이 세상에서 반격할 틈을 주지 않기로 마음을 굳혔다.

엄숭은 한 마리 사냥개처럼 두 눈을 부릅뜨고 날마다 반격할 준비를 갖추었다. 그러던 그에게 오래지 않아 정말로 기회가 왔다.

가정 25년, 몽고 타타르 부족의 수령 알탄俺答이 3만여 기병을 이끌고 연안부延安府로 쳐들어왔다. 게다가 이들은 삼원三原과 경양涇陽 등지까지 깊숙이 들어와 마구 약탈하며 수많은 사람과 가축을 죽였다. 섬서陝西 지방 총독 증선曾銑은 이 소식을 듣자 몹시 분노하여 자신을 주체하지 못할 정도였다. 그는 수하의 장병들을 동원하여 알탄을 멋지게 꾸짖고 기회를 보아 하투河套를 되찾기로 마음을 굳혔다. 하투 지역은 삼면으로 강이 흘러 토지가 비옥하고 농사에 좋은 곳이었다. 게다가 유림榆林과 영하寧夏 등 변경을 지키는 병영과 접근한 곳이어서 국경 수비의 요지이기도 했다.

명나라 초기, 하투는 명나라 판도로 귀속되었다가 뒷날 타타르 부족에게 넘어갔다. 잃어버린 하투는 몇 년 동안 명나라 장병들에게는 줄곧 커다란 치욕이었다. 그런데 이제 증선이 하투를 되찾으며 이 커다란 치욕을 씻으려고 마음먹었다.

증선은 상소를 올리며 자기의 생각을 드러냈다. 더구나 실행 가능한 일곱 가지 방안까지 만들어 건의했다. 이 상소문을 읽은 하언은 하투의 수복이야말로 변경의 우환을 영원이 없앨 수 있다고 생각하며 강력한 지지를 표시했다. 그는 증선과 서신을 주고받으며 의견을 교환하는 한편, 황제에게 증선을 여러 차례 천거했다. 그러자 황제도 하투를 수복하는 데 동의하며 증선에게 상을 내리도록 하언에게 지시했다. 그러나 얼마 뒤, 하언은 심사숙고한 끝에 변경의 분쟁이 자칫 잘못하면 큰 재앙으로 번지며 수습하기 곤란할까 두려워졌다.

엄숭은 이번이야말로 하언을 곤경에 빠뜨릴 수 있는 좋은 기회가 왔다고 생각하며 음모를 행동으로 옮기기 시작했다. 그는 먼저 황제를 가까이서 모시는 신하를 돈으로 매수했다. 그리고 그들에게 황제 곁에서 끊임없이 찬물을 끼얹는 말을 하도록 만들었다.

하투를 수복하자는 건의에 따르면 변경의 분쟁을 가볍게 보며 시작하지만 마침내는 큰 화를 불러일으킬 수 있으니 황상께서 한쪽 말만 듣고 경솔하게 믿다가는 나랏일도 망치고 자신도 그르칠 수 있다고 말하게 했다. 동시에 그는 패거리들을 부추기며 상소를 올리게 했다. 이렇게 엄숭은 황제를 압박했다. 동시에 엄숭은 정말로 비루한 수단을 썼다. 그는 변경을 지키고 있던 장수 구만仇鸞과 내통하며 상소를 올려 하언과 증선을 무고하도록 만들었다. 하언이 증선에게 뇌물을 받고 증선을 천거했다고 거짓으로 꾸미도록 했다.

엄숭의 온힘을 기울인 속임수와 꾐에 황제는 점점 후회하기 시작했다. 하지만 하언에게 증선을 포상하라는 말은 벌써 입 밖에 나왔던지라 당장 고쳐 말할 수는 없었다. 엄숭도 황제의 이런 심경을 너무나 잘 알고 있었다. 그 자신도 이미 경솔함을 후회하며 짊어질 책임에 난감했다. 이리하여 엄숭은 자신을 위하여 퇴로를 찾으며 하언 등이 하투를 수복하자는 건의는 다른 꿍꿍이가 있을 수 있다고 말했다. 황제는 이제 태도를 바꾸며 철저하게 엄숭 편으로 기울었다.

황제의 지지를 받은 엄숭은 당장 공개적으로 하언을 향해 공세를 취했다. 하언도 당연히 물러서지 않고 논쟁을 벌였다. 때로는 아예 조정에서도 큰 소리로 언쟁을 벌이며 황상께 명석한 판단을 요구하기도 했다. 우둔하고 흐리멍덩한 황제가 어떻게 명석한 판단을 내릴 수 있겠는가? 그는 단지 천하에 아무런 일 없이 장생불로할 수 있기를 바랄 뿐이었다. 황제는 뒷일이 두려웠다. 하언이 제출한 하투 지역 수복 건의로 전쟁의 위험에 빠질 수 있다는 생각이 들었다. 황제는 하언의 '터무니없는 억지와 변명'에 대하여 이제는 시비곡직도 묻지 않고 자기 뜻대로 결정했다. 하언이 가지고 있는 모든 감투를 거두어들이고 고향으로 다시 돌아가라는 명령을 내린 것이다.

하언을 몰아낸 것은 엄숭이 꾸민 음모의 첫 단계일 뿐 최종 목표는 아니었다. 그는 황제가 거만하고 우쭐대기 잘하는 인물임을 잘 알고 있었다. 자신의 잘못을 가리고 두둔하며 화를 잘 내고 사람의 목숨을 하찮게 여긴다는 것도 잘 알고 있었다. 그리하여 엄숭은 자기 앞잡이를 궁중에 풀어 헛소문을 퍼뜨리게 했다. 하언이 서울을 떠날 때 화를 내며 황제를 헐뜯었다는 말을 퍼뜨리게 했던 것이다. 또 당초에 황상께서 친히 하언에게 증선을 포상하라고 명령했다가 결국은 이랬다저랬다 말을 바꾸며 자기를 자리에서 내쫓았다며 불평을 늘어놓았다고 말하게 했다. 이런 선동은 크게 효과를 발휘했다. 황제도 부끄럽고 분한 나머지 화를 벌컥 내며 제왕으로서의 위세를 한껏 드러냈다.

바로 이때, 알탄이 군사를 이끌고 선부宣府까지 들어와 소요를 일으켰다. 황제는 하언과 증선이 하투를 수복하자는 건의가 알탄을 격노케 하며 보복하도록 만들었다고 믿었다. 엄숭의 예견이 사실로 증명되었기에 황제는 하언이 꿍꿍이를 부렸다고 더욱 굳게 믿었다. 황제는 이제 하언의 목을 베라고 명령했다. 그 밖에 하언과 증선의 하투 수복을 지지하던 벼슬아치들도 목을 벨 사람은 목을 베고 귀양을 보낼 사람은 귀양을 보내는 등 일일이 처분했다. 이렇게 하여 엄숭은 '하투 수복' 사건을 빌미로 나라의 이익 따위는 돌보지 않고 악랄한 계획을 온힘을 다해 꾸며서 무고한 이를 음해하고 자기와 뜻이 맞지 않는 이를 밀어냈다. 결국 그는 하언을 죽이고 대권을 차지하는 더러운 목적을 달성했다.

7. 벼슬길에서 벌이는 생사를 건 싸움 ④ – 남의 칼을 빌려 정적 없애기

벼슬길에 오른 이들은 서로 치켜세우기를 좋아한다. 벼슬아치들은 서로 만나면 상대방을 치켜세우며 깨알이나 녹두알만큼 사소한 일도 온 세상에 불어제친다. 물론 여기에는 비위를 맞추며 아부하려는 요소가 있지만 이는 역시 남을 홀리는 사탕일 뿐이다. 만약 그들이 하는 말을 참말로 여긴다면 그대 몸뚱이는 비행기에 태워져 나불나불 어느 곳으로 날아갈지 모른다.

중국인은 중용의 도를 신봉하는데 그 중에는 보이지 않은 강한 규칙이 숨어 있다. 청나라 때 증국번曾國藩과 이홍장李鴻章은 바로 중용의 대가였다. 권권교역權權交易, 권전교역權錢交易, 권색교역權色交易이 바로 그 예이다. 권권교역은 매우 은밀하다. 벼슬길에서 함께 벼슬을 하는 이들이 서로 돌보며 보살피는데, 만약 상대방이 나의 작은처남을 천거하고 발탁하면 자신도 상대방의 사위를 천거하고 발탁한다. 이런 묵계가 이루어질 때 이를 '사리사욕을 위한 작당'이라고 한다.

만약 벼슬길에서 부정하게 재물을 손에 넣으면 반드시 윗사람을 생각해야만 한다. 혼자 이 재물을 다 차지할 수는 없다. 거금을 윗사람에게 올리며 감사의 뜻을 전해야 한다. 그러면 윗사람은 예리한 안목으로 그대를 발탁하며, 이것을 '관례를 안다'고 말한다.

큰돈을 손에 넣을 수 있는 프로젝트에는 서로 다른 연줄과 무리가 모이는데, 이때 서로 간섭하지 않는다. 이것을 일러 '재물이 있으면 모두가 챙기고 함께 넉넉해질 수 있는 길로 나아가자.'라고 한다.

벼슬길에는 자연스레 또 다른 보이지 않는 규칙이 있다. 이것은 제3자가 말할 가치가 없다. 깊숙이 들어가야만 그 가운데 존재하는 원인과 결과를 명확히 알 수 있다. 이는 결코 경솔하게 그르칠 수 있는 일이 아니다. 새로 벼슬길에 들어선 이는 이런 규칙을 깨우쳐야 흔들리지 않고 제 자리를 지키며 자신의 인맥을 서서히 구축할 수 있다. 그렇지 않으면 언제나 여지없이 실패하며 심한 타격을 입을 수밖에 없다. 벼슬살이는 그렇게 쉬운 일은 아니다. 자기를 둘러싼 모든 이들과 두루두루 호흡을 맞춰야 한다. 주변 상황을 빨리 파악하지도 못하고 대인관계도 잘못되어 주위의 미움을 사고 환심을 얻지 못하는 데다 얼굴 두껍게 굽실거리지도 못하고 상대방의 치질을 혀로 핥아줄 만한 마음의 바탕도 없다면 벼슬살이를 하며 자리를 지키기가 힘들다.

벼슬길에는 이런 보이지 않는 규칙이 있다. 벼슬하는 이들끼리 서로 돌봐주고 추켜올리고 끌어올리는 것이다. 누군가 자칫 잘못하여 물에 빠지면 나는 온 힘을 다하여 그를 건져낸다. 이것을 일러 '자기 보호'라고 한다. 만약 부주의해서 너무 깊이 물에 빠진다면 '자백을 하면 엄격하게, 버티면 너그럽게' 처리된다는 이치를 분명 알아야 한다. 그러면 누군가가 당신을 죄에서 벗어나게 해 준다. 물론 당신이 벼슬을 다시 할 수는 없지만 당신에게 큰돈을 안기며 부자의 꿈을 이룰 수 있게 만든다. 이것을 일러 '겉과 속이 다른 행동' 또는 '성동격서聲東擊西'라고 한다. 정치적인 업적에 대해 서로 추켜올리고 자기네끼리 부추기며, 흑백을 전도하고 거짓말에 흰소리에 틀에 박힌 말에 죽은 이도 살았다는 등 업적을 그럴 듯하게 포장하는 것을 일러 '공동보조'라고 한다.

당연히 어떤 벼슬아치들은 일부러 지나치게 상대방을 치켜세울 수 있는데, 사실 이는 남의 칼을 빌려 그 사람을 죽이는 일일 수 있다.

진이세秦二世는 조정에서 대신들을 만나지 않고 거의 모든 일을 조고趙高의 건의에 따라 결정하고 처리했다. 조고는 이사李斯가 이런 처리 방법을 비판적으로 생각하고 있음을 알고 마음에 원한을 품고 있었다. 어느 날, 조고가 이사의 집으로 문병을 갔을 때, 조고는 이사에게 이렇게 말했다.

"관동 지방에 도적이 창궐하는데도 황상께서는 백성들을 강제로 동원하여 아방궁 건설에 힘을 쏟고 있소. 제가 간언을 드리려고 해도 제 직위가 하찮은데다 가만 생각하면 이는 그대 승상께서 할 일이잖소? 어쨌든 그대 승상께서는 어찌하여 간언을 올리지 않소?"

이 말에 이사는 이렇게 대답했다.

"나도 벌써부터 간언을 올릴 생각을 하고 있었소. 하지만 황상께서는 지금 조정 벼슬아치들을 만나지 않고 깊은 궁중에 머물러 계시니 내가 말해도 황상께서는 듣지 못할 것이오. 한번 뵙고 싶어도 언제 황상께서 짬이 있는지도 모르겠소."

조고는 이렇게 말을 받았다.

"승상께서 간언을 드릴 마음이 있다면 황상께서 언제 시간이 나는지 내가 한번 알아보고 승상께 알려드리리다."

이리하여 조고는 진이세가 비첩들과 희희낙락 즐거움에 빠져 있을 때, 사람을 보내 이사에게 이렇게 알렸다.

"지금 황상을 뵈올 수 있습니다."

이사는 당장 달려와 뵙기를 청했지만 진이세는 크게 화를 냈다. 조고는 진이세 앞에서 이사를 헐뜯으며 이간질했다.

"승상은 마음에 원한을 품고 모반을 획책하는 것 같습니다."

진이세는 조고의 이간질을 그대로 믿으며 이사를 감옥에 가두고 삼족을 멸했다.

이런 표면적인 친절함은 어쩌면 도움을 주는 것일 수 있지만 사실 숨겨진 것은 무대 뒤에 감추어진 검은 손이다. 곧 다른 사람에게는 말할 수 없는 목적이 존재한다.

당나라 때 이적지李適之는 성격이 바르고 곧았다. 이림보李林甫는 그에게 이렇게 말했다.

"화산華山에 매장된 금을 채굴할 수 있다면 국가 재정을 분명 여유롭게 할 것입니다."

어느 날, 이적지는 현종에게 화산의 금광에 대하여 이야기를 했다. 현종은 이림보에게 물었다. 이림보는 이렇게 대답했다.

"신은 벌써 알고 있었습니다. 그러나 화산은 폐하의 운명과 직결된 곳이며 황제의 정기가 어린 곳이기도 합니다. 따라서 함부로 파낼 수 없기에 감히 폐하께 말씀 올리지 않았습니다."

현종은 이림보야말로 자기에게 진심으로 충성을 바치고 있다고 생각하며 이적지를 멀리하기 시작했다. 그리고 정무를 이림보에게 처리하도록 맡겼다. 이로부터 조정은 날이 갈수록 황폐해졌다.

천보天寶 초년, 현종은 일찍이 이림보에게 이렇게 물었다.

"엄정지嚴挺之는 지금 어디 있소? 그 양반이라면 써 먹을 수 있는 인재요."

당시 엄정지는 강주자사絳州刺史로 근무하고 있었다. 이림보는 조정에서 물러나온 뒤 일부러 엄정지의 동생 엄손지嚴損之를 불러 지난 일을 이야기하며 교분을 쌓으려고 애썼다. 이림보는 진지한 표정을 보이면서 앞으로 엄손지가 반드시 높은 자리로 오를 것이라며 그의 재능까지도 칭찬했다. 그리고 이림보는 이어서 이렇게 말했다.

"폐하께서는 당신 형님에 대한 관심이 참으로 대단하니 무슨 이유를 대서라도 서울로 올라오도록 하시지요. 폐하를 자주 뵈어야 중용될 수 있습니다."

엄정지는 이림보의 의견을 좇아 병에 걸렸다고 거짓으로 핑계를 대며 서울로 올라가서 의원의 치료를 받아야겠다는 뜻을 황제께 올렸다. 이림보는 엄정지가 황제께 올린 문서를 현종에게 바치며 이렇게 말했다.

"엄정지는 나이도 많은데다 몸에 병까지 들었으니 그를 대신하여 한직에 있는 관리를 파견하시고 그에게는 병을 잘 다스리도록 해 주시기 바랍니다."

현종은 이 말을 듣고 낙담하며 길게 한숨을 쉬더니 엄정지를 첨사詹事로 임명하여 서울에서 병을 다스릴 수 있도록 했다. 뒷날, 엄정지는 계속 중용되지 못하여 정말로 몸에 병이 들고 말았다.

『삼십육계三十六計』 가운데 하나의 계책인 '소리장도笑裏藏刀'는 이런 음모의 구체적인 비유라고 할 수 있다.

동한 말엽, 하진何進은 원소袁紹와 더불어 환관을 주살하기로 계획을 세웠지만 하태후何太后가 동의하지 않자 동탁董卓을 서울로 불러들일 수밖에 없었다. 동탁의 병력을 이용하여 태후를 협박할 생각이었다.

이 소식을 들은 조조曹操는 웃으면서 이렇게 말했다.

"환관은 예나 지금이나 어느 왕조 어느 시대에나 있었소. 나라님께서 지나치게 총애하지 말아야 하거늘 너무 많은 힘을 주었기에 오늘 이 지경에 이르도록 발호한 것이오. 만약 그들의 죄를 다스리려면 원흉만 주살하면 될 것이오. 그렇다면 옥리 한 명만 해도 충분한데 어찌 외지에 있는 군장을 불러들인단 말이오? 또 환관들을 몽땅 죽여 없앨 계획이라면 분명 미리 밖으로 새어나갈 것인즉, 그렇다면 성공할 수 없을 것이오. 예견컨대, 이들은 실패할 것이오."

과연, 동탁이 서울에 이르기도 전에 하진은 피살되었다.

관도官渡의 전투[105]가 끝난 뒤, 원희袁熙, 원상袁尙 형제는 요동으로

105 官渡之戰: 동한 말엽에 치른 큰 전투 세 가지 가운데 하나이다. 이 전투는 약한 병력으로 강한 병력을 이긴 예로써 중국 역사에서 유명하다. 동한 헌제獻帝 건안建安 5년(200년), 조조가 이끄는 군사 2만과 원소가 이끄는 군사 11만이 관도(지금의 허난성 중모우中牟 동북쪽)에서 서로 맞섰다. 조조는 기습 작전을 벌여 원소의 후방 식량 창고를 부수고 이들의 주력 부대를 궤멸시켰다. 이로써 조조는 중국 북방 통일의 기초를 다졌다. 이 전투에서 조조의 군사는 8천의 사상자를

몸을 의탁할 곳을 찾았다. 아직 수하에는 수천 명의 기병이 있는 상태였다.

애초에 요동 태수 공손강公孫康은 자기의 근거지가 서울에서 멀리 떨어져 있었기에 조정의 통제를 따르지 않았다. 조조가 오환烏丸을 공략할 때, 누군가 조조에게 이렇게 권했다.

"이참에 원상 형제를 묶어버립시다."

하지만 조조는 이렇게 말했다.

"나는 공손강이 스스로 원상 형제를 죽인 뒤 내게 두 사람의 머리를 바칠 때를 기다리고 있소. 그러니 우리 병력을 애써 고생시킬 필요가 없을 것이오."

9월, 조조가 병사를 이끌고 유성柳城에서 돌아오니 과연 공손강이 원상 형제의 목을 베고 그들의 머리를 보내왔다. 여러 장수들이 조조에게 그 이유를 물었다. 조조는 이렇게 대답했다.

"공손강은 지금까지 원상 형제를 두려워하고 있었소. 하지만 내가 옥죄어 재촉한다면 그들이 함께 손을 맞잡고 내게 맞섰을 것이오. 내가 긴장을 풀어주었으니, 그들은 서로 다툴 수 있었던 거요. 상황이 이렇게 흐를 수밖에 없었던 거요."

조조가 동쪽으로 정벌을 나설 때, 많은 이들이 군대가 몽땅 떠나고 나면 원소가 뒤에서 습격할 수 있다고 걱정했다. 이렇게 되면 전진해도 한바탕 싸움을 그만둘 수 없고 후퇴를 해도 근거지를 잃을 수 있었다. 그러자 조조는 이렇게 말했다.

"원소는 성격이 느린데다 의심이 많기에 분명 재빨리 우리를 쫓아오지 않을 것이오. 그리고 유비는 이제 막 일어나기 시작했기에 민심이

냈지만 원소의 군사는 10만의 사상자를 내며 대패했다.

아직 그에게 가까이 오지 않았소. 바로 이때, 그를 공격해야만 성공합니다. 생사와 존망이 달린 이 기회를 놓칠 수는 없소."

이리하여 동쪽으로 유비를 공격했다.

전풍田豊은 과연 원소에게 이렇게 권했다.

"호랑이가 지금 사슴을 잡으려는데 곰이란 놈은 오히려 호랑이 굴을 차지하고 호랑이 새끼를 먹어치웠으나 호랑이는 사슴도 잡지 못하고 돌아와 보니 제 새끼도 잃고 말았습니다. 이는 바로 지금의 상황과 다르지 않습니다. 조조는 온 군대를 이끌고 유비를 공격하려고 나아갔으니 장군께서는 넉넉한 병력으로 직접 허도許都로 진공하여 그의 거점을 짓부순다면 백만 정병이 갑자기 나타남이 마치 큰 불을 붙여 들풀을 사르듯, 큰 바닷물이 벌겋게 타고 있는 장작불을 삼키듯, 이 어찌 순식간에 멸망시킬 방도가 아니겠습니까. 단지 병사를 부릴 시간이 조금만 늦어도 아니 될 것인즉, 형세의 변화가 북소리보다 더 빨리 전해진다면 조조도 이를 알고 분명 유비를 공격할 계획을 버리고 돌아가 허도를 지킬 것입니다. 하지만, 그때, 만약 우리가 그의 근거지를 먼저 점령하고 유비도 밖에서 협공을 가한다면, 조조의 머리는 장군의 깃대에 높이 걸릴 것입니다. 그러나 만약 이 기회를 놓치고 조조가 제자리로 돌아온 뒤라면 그도 힘을 회복하고 군량을 다시 비축하게 될 것입니다. 이제 한왕조도 날로 쇠락하여 만일 조조가 자리를 찬탈할 음모가 무르익는다면 그때에는 어떤 방법으로 공격해도 만회할 방법이 없을 것입니다."

하지만 원소는 아들의 병을 핑계로 이 말을 물리쳤다.

"이런 천재일우의 기회가 왔는데도 갓난아이를 핑계로 놓치다니 참으로 안타깝소이다!"

치미는 분노를 참지 못하고 들고 있던 지팡이로 바닥을 치며 전풍이 한 말이다.

제7장
값싼 자존심 거두어들이기

봉건 시대 벼슬길에는 이런 말이 있었다.

"염치를 모두 버려야 벼슬을 할 수 있다."

좀 극단적인 말이지만 벼슬길의 규칙을 대입하면 진리이다. 벼슬살이하는 자에게 자존심은 요구되지 않는다. 왜냐하면 윗사람 눈에 아랫사람의 자존심은 정말로 싸구려이기 때문이다. 값싼 자존심을 거두어들이라는 말은 사람으로서의 규범을 철저하게 버리라는 뜻이 아니라 청렴하고 고결함을 거두어 감추고 하찮게 여기라는 뜻이다. 가만히 감추는 것은 언젠가 높은 값으로 팔기 위해서이다.

1. 항상 굽실거리며 아첨하기

꼬리 흔들기는 벼슬길에 오른 하찮은 인물이 반드시 거쳐야 할 길이다. 그러나 꼬리 흔들기로 목표에 도달하고 꼬리 흔들기로 성공하려면 사마상여나 이백 같은 재주꾼이 윗사람에게 보인 번지르르한 말 외에도 자기의 자존심을 거두어들이며 윗사람에게 언제나 굽실거리고 아첨해야만 한다.

채유蔡攸는 원래 송나라 대신 채경蔡京의 아들이었다. 하지만 안타깝게도 아비인 채경은 맏아들인 채유를 좋아하지 않고 오직 다른 아들인 채조蔡條에게 마음을 두었다. 이 때문에 채유는 서울에 있는 재조원裁造院의 감수監守라는 하찮은 벼슬에 머물러야 했다. 하지만 채유는 본인의 앞날을 위해 다리를 놓고 길을 닦을 기회를 스스로 잡아야 한다는 것을 잘 알고 있었다. 당시 채유는 재조원으로 갈 때마다 조정에서 나오는 신하들과 마주칠 수 있었다. 그는 조정에서 나오는 단왕端王과 마주칠 수 있는 기회를 엿보고 있었다. 이리하여 단왕은 조정에서 나올 때마다 자기보다 몇 살 많아 보이는 수려한 용모의 젊은이가 말에서 내려 길 한 쪽에서 공손히 고개 숙여 인사하는 모습을 볼 수 있었다. 단왕은 공손하고 예의 반듯하며 온화한 이 젊은이의 모습을 눈여겨보았다. 단왕은 곁에 있는 하인에게 이 젊은이가 어느 집 자제인지 물었다.

"바로 채승지蔡承旨의 아드님입니다."

단왕은 마음속에 이 젊은이를 새겨 두었다. 바로 단왕은 훗날 송나라 휘종徽宗이 된 인물이다.

윗사람에게 잘 보이는 것은 승진을 위한 뛰어난 처방일 뿐만 아니라 책벌에서 벗어날 수 있는 가장 멋진 술책이다.

성화成化 15년(1479년) 5월, 서창西廠의 업무를 주관하는 환관으로서 비밀 요원의 우두머리인 왕직汪直이 황제의 명령을 받들어 변방 순시에 나섰다. 서울을 떠날 때는 바야흐로 따스한 봄볕 속에 봄꽃은 만발하고 버들가지는 하늘하늘 자태를 자랑하는 시절이라 왕직은 한 무리의 수행원을 이끌고 봄의 경치를 즐기며 변방을 향해 출발했다. 연도에는 어사, 주사 등 벼슬아치들이 모두 길가에 나와 이들을 맞으며 굽실거렸다.

왕직이 변방을 순시한다는 소식이 퍼지자 변방의 벼슬아치들은 곧 전력을 다해 이들의 비위를 맞추며 잘 보일 준비를 했다. 대접에 소홀함이 없도록 갖가지 준비를 다 갖추고 백여 리 밖까지 마중을 나갔다.

왕직이 요동성 밖까지 이르러 보니, 깃발은 하늘 가득 휘날리고 음악 소리 요란한 가운데 울긋불긋 비단으로 깐 길 위에 문무 벼슬아치들이 성장을 하고 수만 병사는 열을 맞추어 환영하는데, 그 화려함과 성대함, 호화로운 겉모습 등 격식을 두루 갖춘 의식이 황제를 영접하는 모습에 뒤지지 않았다. 왕직의 수레가 성 밖에 늘어선 벼슬아치 대열을 막 빠져나왔을 때, 누군가 뛰어나와 그대로 땅바닥으로 몸을 던지더니 발 대신 무릎으로 기어 왕직의 수레 앞으로 다가가서 우러러보며 큰 소리로 이렇게 감사를 올렸다.

"어르신께서 먼 길 바삐 오시느라 얼마나 고생하셨습니까? 나라 위한 노고에 존경해 마지않는 바이나 저희는 재주 변변치 못하여 이렇게 예에서 벗어났으니 어르신께서는 용서해 주십시오!"

왕직이 고개를 숙여 내려다보니 바로 자기의 심복 요동순무 진월陳鉞인지라, 목소리를 다듬으며 이렇게 말했다.

"순무 어른 수고가 많소, 얼른 일어나 함께 성으로 들어갑시다."

성으로 들어오자 진월은 즉시 맛난 요리와 좋은 술을 올리도록 병사들에게 명령했다. 그리고 멀리서 온 왕직을 위하여 성대하게 잔치를 베풀었다. 술자리에서 진월은 연방 술을 올리고 안주를 권하며 자신은 한 잔도 마실 생각도 하지 않았다. 온통 알랑거리는 말로 왕직에게 아첨하며 비위를 맞추기에도 시간이 모자랐다. 그야말로 총력을 기울여 왕직에게 신을 모시듯 조상을 숭배하듯 애타게 모시며 술수를 부렸다.

밤이 깊어서도 진월은 이리저리 뒤척거리면서 잠을 이루지 못했다.

밤이 깊어 인적조차 끊긴 고요함 속에서도 진월은 내일은 어떻게 왕직의 비위를 맞추어야 하는가에 대한 생각뿐이었다. 그는 왕직의 심복이었기에 왕직을 위해 모든 것을 바치는 것은 너무도 당연한 일이었다. 게다가 자신의 공명과 앞날은 말할 것도 없지만 온 가족의 생명까지 모두 왕직의 손에 달려 있었기에 더욱 그의 비위를 맞추어야 했다. 그는 황제가 왕직에게 요동 지방을 순찰케 한 깊은 뜻이 어디 있는지 너무나 잘 알고 있었다.

바로 지난해, 병부우시랑 마문승馬文升이 황제의 명령을 받들어 요동 지방의 군무軍務를 깔끔하게 정리하는 과정에서 순무 진월이 군사를 거느림에 엄정하지 못한 점을 발견했다. 사병들이 제멋대로 백성들에게 폐를 끼치며 그들의 재산을 마구 빼앗고 못된 짓을 저지른 점이 드러난 것이다. 이에 마문승은 황제에게 진월을 타이르는 성지를 내릴 것을 간곡히 요청했다. 마문승은 공정하게 일을 처리했지만 진월은 앙심을 품을 수밖에 없었다. 얼마 동안의 시간이 지나자, 변경에서는 소규모 무역 활동에 종사하는 양쪽의 백성들이 한데 모여 우호적인 거래를 했다. 진월은 이를 보고 거짓 공을 세워서 자기의 지난 잘못을 씻을 좋은 기회라고 생각하며 무역을 하는 백성들을 남김없이 죽이라고 부하에게 명령했다. 그런 뒤, 그는 상주문을 작성하며 전공을 조작하여 보고했다.

- 적군이 국경을 넘자 반란 세력이 내통을 했습니다. 이리하여 군사를 거느리고 나아가 모두 섬멸했습니다. 큰 공을 세우며 임무를 완수했음을 보고합니다.

진월의 뻔뻔스러운 행동은 진짜 국경 지방에 충돌을 일으키게 만들었다. 헌종憲宗은 진월이 올린 승전보를 막 받고나서 변경에서 올라온 위급함을 알리는 전황 보고를 접하자 그 자리에서 마문승에게 이 사건을 조사하여 알맞게 처리하라는 명령을 내렸다. 마문승은 성공적으로 혼란을 가라앉히고 변경의 위급함을 제거함으로써 조정의 높고 낮은 신하들에게 한결같은 칭찬을 받았다. 진월은 재주를 부리려다 오히려 일을 망치고 다시 따가운 질책을 받아야 했다. 이렇게 되자 진월은 마문승을 전보다 열 배나 더 미워하며 원망하게 되었다. 바로 이때, 황제가 변경 순찰을 왕직에게 명령했다. 이는 황제가 왕직에게 진월에 대한 현지 조사의 책임을 내렸을 가능성을 배제할 수 없었다. 진월은 왕직의 다리를 잡고 늘어져야만 무슨 뜻밖의 일을 당하지 않을 것이라는 느낌이 강하게 들었다.

이튿날, 진월은 아침 일찍 일어나 왕직이 묵었던 방문 앞으로 달려가 문안을 드렸다. 이날 하루, 진월은 온 정성을 다하여 왕직에게 지나칠 정도로 온갖 아양을 떨며 그럴 듯하게 행동했다. 진월은 왕직을 수행한 이들을 마음껏 먹고 마시며 즐길 수 있게 했을 뿐만 아니라 이들을 정성껏 대접했다. 그리고 이들 한 사람 한 사람에게 빠지지 않고 푸짐한 예물을 안기기까지 했다. 진월이 백성들에게 긁어모은 피와 땀이 밴 재물을 권세 있는 자에게 쓰며 개인적인 이익을 도모하자 몇몇 정직한 벼슬아치들은 이를 보고 극도로 경멸했다.

그 다음날 왕직은 아직도 요동 지방에서 군무를 처리하고 있는 마문승을 만나 군무에 대한 보고를 들어야 했다.

마문승은 하남 지방 균주鈞州(우현禹縣) 사람으로서 진사 출신이었다. 그는 일찍이 섬서 지방 순무로 근무하며 자못 큰 무공을 세우기도 했다. 그러나 그는 조정에 아무런 배경이 없었고, 인품이 강직했기에 그를 천거해 줄 인맥도 없었다. 이 때문에 그는 아직도 조정의 따스한 눈길을 받지 못하고 있었다.

마문승은 진월이 왕직 앞에서 꼬리를 흔들며 추태를 부렸음을 이미 잘 알고 있었다. 그는 진월이 하는 짓을 극히 경멸하며, 왕직과 얼굴을 마주했을 때, 오로지 공적인 일은 원칙대로 공정하게 처리할 뿐 눈곱만큼도 과장하지 않았다. 그러나 지금껏 다른 이들에게 아첨만 받아왔던 환관 가운데 높은 환관이었던 왕직은 마문승이 자기에게 고개를 숙이지 않는 꼿꼿한 모습을 보이자, 그가 자기를 공경하지 않는다고 여기며 단단히 화가 났다. 그리하여 왕직은 마문승과 헤어진 뒤 진월 앞에서 마문승을 마구 욕했다. 진월은 왕직의 이런 말을 듣자 자못 기분이 좋았다. 동시에 음흉한 생각이 가슴 밑바닥에서 용솟음쳤다.

이 틈을 타서 그는 왕직에게 거짓말을 늘어놓으며 자기의 억울함을 하소연했다. 병사들이 제멋대로 나쁜 짓을 일삼으며 백성들의 재물을 빼앗고 괴롭힌 일, 그리고 무고한 백성을 함부로 죽이며 전공을 거짓 보고하여 변방에 전란을 일으키는 등 이런 죄는 모두 마문승이 자기에게 덮어씌우며 모함한 것이라며 거짓말을 늘어놓았다. 게다가 마문승이 이곳 요동 지방에서 제멋대로 권력을 독차지하며 전횡을 일삼아도 자기는 호소할 곳도 없고 억울해도 말 한 마디 못했으니 이제 왕직 어르신께서 자기를 위해 정의롭게 처리해 달라고 요청했다. 음모를 꾸미는 일이라면 왕직이야말로 베테랑이었다. 왕직은 진월의 '하소연'을 듣자 당장 상대방의 속셈을 헤아렸다는 듯, 부하에게 마문승을 탄핵하는 상소문을 작성하라고 명령했다. 법을 집행해야 할 사람이 법을 어기고 자기 죄를 남에게 덮어씌우며 무고하게 남을 모해했다는 죄명을 열거하며 진월이 저지른 죄를 오히려 마문승에게 뒤집어씌웠다. 왕직과 진월은 이제 서로 얼굴을 쳐다보고 크게 웃었다.

얼마 뒤, 마문승은 체포되어 금의위錦衣衛 감옥에 갇혔다. 그 뒤, 마문승은 관적에서 이름을 삭탈당하며 유배됐다. 왕직은 진월과 함께 온갖 못된 짓을 저지르며 충성스러운 신하를 해치고 모함했다. 그들은 끊으래야 끊을 수 없는 관계로 맺어지며 영예와 손해를 함께했다. 이런 이해관계에 얽매이며 그들은 서로 내통하며 감싸주었다. 왕직은 어린 나이에 궁궐로 들어와서 온전히 다른 사람에게 알랑거리며 비위를 맞춤으로써 윗자리까지 오른 인물이었다. 그는 큰 권력을 손아귀에 넣자 자기의 지위를 더욱 튼튼히 다지기 위하여 전투에서 세운 공로를 차지하고 싶어 안달을 했다. 진월은 그의 이런 마음을 꿰뚫어보고 있었다. 그리하여 그는 왕직의 비위를 맞추는 한편 자기가 받은 은혜에 보답하려고 했다. 바로 성화成化 15년 10월, 왕직이 아직도 변경에 있는 기회에 병사를 일으켜 해서海西 지방의 여진女眞을 토벌하기를 바라는 상소문을 올렸다. 헌종은 무녕후撫寧侯 주영朱永을 총사령관으로, 진월을 제독으로, 그리고 왕직을 감군監軍으로 임명하며 군사를 이끌고 출정하라고 명령했다. 도중에 이들은 명나라로 공물을 바치기 위해 들어가는 여진의 사절 낭수郎秀 등 마흔 명과 우연히 마주쳤다. 왕직과 진월은 낭수 일행을 여진이 명나라의 군사 기밀을 정탐하기 위해 파견한 간첩이라고 우기며 이들을 다짜고짜 남김없이 죽여 버렸다. 그런 뒤, 요동 지방의 무덤을 파헤치고 죽은 이의 머리를 잘라내어 전투에서 크게 이겼다고 전공을 사칭하며 상을 내려 달라고 요청했다. 힘도 전혀 들이지 않고 조작된 전공을 만들어낸 이들 가운데 주영은 보국공保國公으로 봉해졌으며 진월은 호부상서로 승진되었다.

하찮은 인물은 일단 벼슬길에 오르면 몰지각하게도 자기를 비호해 줄 어떤 단체나 모임에 들어가 자기의 안전을 도모한다. 커다란 나무를 등지면 시원한 바람 쐬기가 그만이라는 것을 그들은 이미 알고 있었다. 이런 소속감은 자기가 처한 위치가 약세일 수밖에 없는 하찮은 인물이라면 더욱 두드러진다. 배경을 찾는 일은 벼슬길에 들어선 하찮은 인물의 본능적 선택이다. 그렇다면 어떻게 배경을 찾아야 할까? 이건 방법의 문제이다.

'깊은 못에 이르는 것 같이, 그리고 살얼음을 디디는 것 같이 매우 신중하고 조심스럽게 나라님을 섬겨라.'라는 말은 우리 조상들이 수천 년 동안 피비린내 나는 벼슬길에서 내린 결론이며 경험적 교훈이다. 이는 오늘날에도 여전히 큰 가치가 있다. 그렇다면 조심조심 신중하기만 하면 벼슬길이 평온하고 순조롭게 이루어질 수 있을까?

순욱荀彧은 '깊은 못에 이르는 것 같고 살얼음을 디디는 것 같이 매우 신중하고 조심스럽게' 하는 행동을 벼슬살이의 원칙으로 지킨 인물이었다. 그의 벼슬길은 쉰 살이 되기 전에는 대체로 평온하고 순조로웠다. 순욱은 조조를 위하여 수없이 많은 중요한 전략과 대책을 세우며 깊은 신임을 받았다. 조조는 특별히 순욱을 위하여 동한의 헌제에게 표를 올리며 그가 세운 공로를 인정하며 표창을 내려줄 것을 요청했다. 조조는 '순욱은 국가 기밀을 관장하면서 충성으로 온 힘을 다했으며, 수많은 국가 업무를 추진하면서 살얼음을 디디는 것 같이 매우 신중하고 조심스럽게 처리하였으며, 또 정확하고 적절하게 일을 수행했다.'라고 순욱을 추켜올렸다. 그리고 '이렇게 국가를 안정시키는 데 순욱은 큰 공을 세웠다.'라고 칭찬을 아끼지 않았다. 한의 헌제는 이미 조조의 통제를 받고 있었던 터라, 조조가 올린 글은 그저 형식에 불과할 뿐 결국 조조의 말을 따르지 않을 수 없었다. 이리하여 헌제는 순욱을 '만세정후萬歲亭侯'로 봉했다.

순욱은 황제가 내린 작위를 물리치며 받지 않았다.

"저는 그저 입으로만 일을 하는 사람이었지 지금까지 싸움터에 나아가 무기를 들고 적군과 겨룬 적이 없습니다. 단지 충실하게 제 일을 수행했을 뿐인데 저에게 이렇게 큰 영예를 내리려고 하시니 받을 수 없습니다!"

하지만 순욱은 조조의 설득으로 마지못해 받아들였다.

4년 뒤, 조조는 다시 표를 올리며 순욱에게 식읍食邑을 더 내려줄 것을 요청했다. 어떤 문헌에 따르면, 조조는 순욱을 삼공의 자리에 올릴 작정이었지만 순욱이 열 차례가 넘게 고사하자 생각을 바꾸었다고 한다. 조조는 순욱에게 작위를 주도록 도모했을 뿐만 아니라 자기 딸을 순욱의 맏아들 순운荀惲에게 시집보냈다. 또 조조의 사촌동생 조홍曹洪은 자기 딸을 순욱의 작은아들 순찬荀粲에게 시집보냈다. 이렇게 되자 순욱은 더욱 굳건하게 조조 편에 서게 되었다.

그러나 순욱의 신중한 태도도 그에게 유종의 미를 가져오지 못했다. 순욱이 제후로 봉해진 지 9년이 지난 정초에 동소董昭 등은 조조를 위국공魏國公으로 높이는 전례를 계획하기 시작했지만 순욱은 이러한 일이 사리에 맞지 않다고 생각했다. 순욱의 이러한 생각은 조조를 매우 불쾌하게 만들었다. 이해, 조조는 손권孫權을 치기 위해 출정했다. 이때, 쉰 살이 된 순욱은 병으로 수춘壽春에 머물다가 그만 세상을 떠났다. 어떤 문헌에는 조조가 의도적으로 그에게 독약을 마시고 스스로 목숨을 끊도록 만들었다는 이야기도 있다.

순욱은 왜 조조가 위국공으로 오르는 것을 반대했을까? 『삼국지三國志』와 『자치통감資治通鑑』은 모두 순욱이 한왕실에 충성을 바치며 황제의 자리를 찬탈하는 행위에 반대 의사를 분명히 했다고 기록하고 있다. 게다가 사마광司馬光은 순욱을 평가하여 '목숨을 바쳐서라도 자기 명예를 지키려고 했다.'라고 했다. 그러나 순욱의 지성으로 볼 때 쓰러져가는 한왕실을 부흥시키려는 환상을 품었을 리는 없다. 또 조조의 생각을 몰랐을 리도 없다. 어쩌면 순욱은 이 문제에 대해서도 '깊은 못에 이르는 것 같고 살얼음을 디디는 것 같이 매우 신중하고 조심스럽게' 벼슬살이를 한다는 원칙을 견지했을지도 모른다. 그러면서 때가 아직도 성숙하지 못했다고 생각했을지도 모른다.

자신의 안전을 도모하며 끊임없이 승진하려면 '깊은 못에 이르는 것 같고 살얼음을 디디는 것 같이 매우 신중하고 조심스럽게' 처신해야 할 뿐만 아니라 언제나 윗사람을 즐겁게 해야 했다. 그러면 어떻게 해야 윗사람을 즐겁게 할 수 있을까? 서한 시기 진만년陳萬年에게서 널리 적용되는 방법을 찾을 수 있다.

『한서漢書』「진만년전陳萬年傳」에는 이런 이야기가 있다.

"진만년이 병이 들었다. 그는 자기 아들 진함陳咸을 머리맡에 앉힌 뒤 가르침을 주었다. 가르침이 계속되어 밤이 깊자 진함은 꾸벅꾸벅 졸다가 머리를 병풍에 부딪쳤다. 이 소리에 진만년이 벌컥 화를 내며 아들 진함을 때리려고 하면서 이렇게 말했다.

'아비가 지금 너에게 사람으로서의 도리를 깨치고 있거늘 너는 오히려 말뚝잠을 자며 내 이야기에 귀를 기울이지 않으니 어찌 된 셈이냐?'

진함은 고개 숙여 사죄하며 이렇게 말했다.

'사실 저는 아버님께서 하는 말씀의 요지를 이미 다 알고 있었습니다. 요컨대, 알랑거리며 아부하라는 가르침이 아닙니까?'

진만년은 더 이상 말을 하지 못했다."[106]

역사의 기록으로 볼 때, 진만년은 권세 있는 자에게 빌붙으며 아부

106 萬年嘗病, 召咸敎戒于床下, 語至夜半, 咸睡, 頭觸屛風. 萬年大怒, 欲仗之, 曰:'乃公敎汝, 汝反睡, 不聽吾言, 何也?' 咸叩頭謝曰:'具曉所言, 大要敎咸諂也.' 萬年乃不復言.

하는 것 외에는 내세울 만한 다른 재간이 없었던 것 같다. 진만년은 자기가 쓸 관棺까지도 내다가 뇌물로 먹이며 한 발짝 한 발짝 승진하여 태복太僕의 자리에까지 올랐다. 태복은 어떤 벼슬인가? 당시의 관직에 따르면 태복은 구경九卿에 속하는 벼슬아치로 전국의 관용 마필을 담당했으니 요즘으로 치면 교통부장관에 해당했다. 진만년은 더 높은 벼슬을 차지하기 위하여 밤낮으로 기회를 엿보며 이리저리 궁리하며 온갖 방법을 동원했다. 그러던 어느 날, 멋진 소식이 밖에서 날아들었다. 승상 병길丙吉이 병에 걸렸다는 소식이었다.

진만년은 재빨리 명망 있는 벼슬아치와 함께 병문안을 갔다. 문안이 끝나자 모두 자리를 떴지만 오로지 진만년만 밤이 깊도록 자리를 지키다가 떠남으로써 병길을 크게 감동시켰다. 며칠이 지나면서 병길의 병이 깊어지자 한선제漢宣帝는 그에게 중용할 수 있는 대신을 몇 명 추천해 달라고 요청했다. 병길은 세 사람을 추천했다. 그 가운데 진만년도 있었다. 결국 진만년의 벼슬은 어사대부에 이르렀다. 어사대부는 삼공三公의 하나로 부승상에 상당했다.

진만년은 능구렁이였다. 그러나 그의 아들 진함은 이와 달리 입씨름을 좋아하는 인물이었다. 그래서 걸핏하면 글을 올려 황제의 근신들을 탄핵하곤 했다. 진만년은 이렇게 하다가는 안 되겠다 싶은 마음이 들었다. 아비가 온갖 고생을 하며 뇌물을 뿌림으로써 열어놓은 멋진 상황이 아들 때문에 깨어질 것이 분명했다. 그래서 진만년은 자기가 병든 틈을 타서 아들 진함을 머리맡으로 불러놓고 위에 이야기한 것처럼 한바탕 가르침을 내렸던 것이다. 진만년은 어린 시절 이웃집 달걀을 훔친 것부터 시작하여 끝도 없이 말을 늘어놓다가 밤이 깊어서야 이야기를 끝냈다. 진함은 따분한 표정으로 듣다가 슬며시 잠이 들었다. 진만년의 강의가 막 신바람이 날 즈음 단잠에 빠졌던 진함의 머리가 한 쪽으로 기우뚱하더니 병풍을 들이받으며 불협화음을 냈다. 진만년은 버럭 화를 내며 지팡이를 들고 아들을 때리려고 했다.

"아비는 노파심으로 네게 우리 가문의 빛나는 내력을 이야기하고 있는데, 네놈은 깊은 잠에 빠졌으니 도대체 어떻게 된 일이냐?"

진함은 황급히 머리를 조아리며 이렇게 말한다.

"아버님의 가르침을 다 들었습니다. 요지는 아첨하며 비위를 맞추라는 가르침이었습니다."

아들의 이 말에 진만년은 아연실색했다.

진함은 충성스러운데다 솔직하고 시원시원했지만 그에게도 치명적인 약점이 있었다. 그는 지방의 벼슬아치로 근무하던 시절, 형을 냉혹하게 집행했으며 국가의 이익보다는 자기 잇속을 채우기에 바빴고, 그의 무절제함과 낭비벽은 승진에 장애가 되었다. 자기보다 늦게 벼슬길에 오른 이들이 삼공구경에 올랐는데도 자기는 아직도 군수에 머물고 있었으니 마음이 편할 리 없었다. 이제 어떻게 해야 하나? 진함은 아버지의 가르침을 머릿속에 떠올렸다. 그리하여 그는 진탕陳湯에게 뇌물을 올리기로 했다.

진탕은 바로 '우리 강대한 한나라를 넘보는 자는 아무리 멀리 떨어져 있어도 반드시 목을 베겠다.'고 목소리를 높였던 서한의 명장으로서 당시 실제로 권력을 가지고 있던 거기장군車騎將軍 왕음王音 밑에서 재직하고 있었다. 진탕은 서역에서 황제의 조서를 의도적으로 고치며 출병하여 한과 흉노와의 1백 년에 걸친 전쟁을 마무리함으로써 이름을 떨쳤다. 하지만 그는 품행에 몇 가지 문제가 있었다. 그가 이름을 날린 뒤, 어떤 이가 그의 탐욕스럽고 추잡한 짓을 보고했다. 이 때문에 그는 벼슬길에서 몇 차례 등락을 겪어야 했다. 똥파리는 구린내 나는 곳만 찾는다고 했다. 진함은 자기가 뇌물을 뿌릴 대상으로 진탕을 선택했던 것이다. 그의 선택은 정확했다. 진탕의 활동으로 진함은 서울로 올라와서 구경 가운데 하나인 소부少府의 자리에 올랐다. 소부는 황궁의 사무를 담당하는 관리국장에 해당한다.

진만년의 벼슬살이는 한 마디로 '아첨'의 연속이었다. '아첨'이란 알랑거리며 비위를 맞추고 영합한다는 의미이다. 하지만 처음부터 끝까지 한결같이 윗사람의 비위를 맞추며 알랑거리기란 정말 쉬운 일이 아니다. 우리는 옛 미남자 반악潘岳에게서 난세에 선비가 벼슬길에 올라 처음부터 끝까지 어떻게 권력자에게 빌붙으며 아부했는지 살펴볼 수 있다.

반악은 서진 시기 문단을 이끈 유명한 시인이었다. 종영鍾嶸은 그의 『시품詩品』에서 반악의 작품을 최고하고 하며, '육기陸機의 재능은 바다처럼 드넓고 반악의 재능은 강물처럼 거침이 없다.'[107]고 찬사를 보냈다. 시 창작에 우수한 재능을 가지고 있었던 반악은 벼슬길에서 남을 속이며 위장하는 데도 책략이 대단했다.

반악은 먼저 권신 순의荀顗의 눈에 들어 벼슬길에 올랐다. 이어서 권신 가충賈充에게 사랑을 받으며 태위太尉로 부름을 받았다. 반악은 벼슬길에 놓인 온갖 시련을 견뎌냈다. 그는 가충과 순의 두 사람을 자신의 벼슬길에서 의지해야 할 배경으로 삼으며 권력의 중심으로 다가가려고 했다. 단지 자기 휘하의 낮은 벼슬아치들을 고통 속에 빠뜨려야 했기에 상당한 고민에 잠겨야 했다.

뒷날, 반악은 잘못된 글 때문에 힘깨나 쓰는 대신에게 밉보이며 서울에서 외지로 전출되었다. 가충과 순의 두 사람은 그를 보호해 주지 못했다. 어쩌면 그러지 않았는지도 모른다. 이제 배경이 없어졌기에 반

107 陸才如海, 潘才如江.

악은 이제 두 사람의 세력권에서 서서히 벗어났다.

영희永熙 원년, 태부太傅 양준楊駿은 반악을 자기의 관아로 불러 주부主簿의 벼슬을 내렸다. 이로써 반악은 다시 고위층 상관을 모시는 핵심 인물이 되었다. 그리고 양준은 이제 반악의 새 배경이 되었다. 양준은 자기 딸이 황후로 지명된 뒤 곧 국정을 보좌하며 당파를 결성하여 막강한 권력을 휘둘렀다. 양씨 집단이 우뚝 일어나면서 가씨賈氏 집단은 그만 공황 상태에 빠졌다. 이때, 가충은 이미 세상을 떠난 뒤였다. 당시 가씨 집안의 또 다른 주요 인물인 가밀賈謐은 초왕楚王 위瑋, 대신 맹관孟觀, 이조양李肇讓 등과 손을 맞잡고 모의하여 양준을 주살했다. 양준에게 발탁되었던 반악은 다행히 밖으로 몸을 피하여 화를 면할 수 있었다.

양준이라는 배경이 사라지자 반악은 말할 수 없는 타격을 받았다. 그는 이제 자기의 처지와 앞날을 더욱 냉정하게 헤아렸다. 그러나 공명심을 버리지 못했던 반악은 뒤로 물러서지 않았을 뿐만 아니라 오히려 칼바람 차게 불어오는 정치판의 회오리 속에서 흔들리지 않고 단단히 서기 위해서는 더욱 튼튼하고 안정적인 배경을 선택해야 한다고 생각했다. 이때, 반악은 다시 가씨 집안에 접근하여 한동안 중단되었던 그 집안과 만족할 만한 관계를 복원했다.

가씨 집안의 인물 가운데 한 사람인 가밀은 문학을 애호했다. 그는 자신이 당대의 문학을 선도하는 인물이라고 자처하고 있었다. 그는 집안에 잔치를 베풀며 시인과 묵객들을 초청하여 시를 읊고 문학을 논했다. 그런데 초청받은 시인 묵객 중에는 '금곡이십사우金谷二十四友'도 포함되었다. 가밀은 문학 동아리인 '금곡이십사우'의 발기인이었으며 동아리의 리더였다. 이리하여 반악은 자기의 시적 재능을 밑천으로 재빨리 당시의 대부호 석숭石崇과 함께 가밀에게 빌붙었다. 그들과 가밀의 관계는 빠른 속도로 가까워졌다. 반악과 석숭 두 사람이 가밀 앞에서 온갖 아양을 떨었던 것이다.

역사는 반악과 석숭이 온갖 방법을 다 짜내며 가밀의 환심을 얻었다고 기록하고 있다. 가밀이 바깥나들이를 할 때마다 반악과 석숭은 가밀이 지나갈 길을 지키고 있다가 가밀이 가까이 다가오기도 전에 멀리 가밀의 수레가 일으키는 먼지만 보고도 무릎을 꿇고 엎드려 절을 올렸다고 한다. 이것이 바로 '망진이배望塵而拜'[108]라는 말의 유래이다. 반악의 어머니는 아들이 이렇게 아첨을 떨며 벼슬살이하는 모습을 보고 이렇게 권면했다.

"네가 지금 황문시랑으로 두터운 봉록까지 타고 있으니 만족할 때도 되었는데 너는 어찌하여 아직도 한도 끝도 없이 남의 비위만 맞추고 있느냐? 어찌 선비로서 기개도 없단 말이냐?"

반악은 벼슬길에서 몇 차례나 괴로움을 겪으며 자기 같은 하찮은 인물은 뿌리 깊고 잎 무성한 거목이 어느 날 갑자기 쓰러지기라도 하면 그 나무에 살던 새들처럼 모두 끝장이라는 사실을 잘 알게 되었다. 그래서 자신을 낮추며 무릎 꿇는 일에 부끄러움도 몰랐으며 심지어는 어머니의 질책에도 불구하고 여전히 가밀 앞에 날마다 무릎 꿇고 고개를 숙였다. 가밀의 호감을 얻기 위하여 반악은 수많은 문서를 대필해 주었다. 그는 이렇게 가밀을 위하여 칼잡이가 되었다. 게다가 반악은 조정 내부의 투쟁에도 참여해 가씨 집단을 위하여 온갖 충성을 다 했다. 이 때문에 그는 빠르게 장안령長安令으로 승진할 수 있었다.

아랫사람의 운명이 전적으로 윗사람 손에 좌지우지되던 때에 아랫사람으로서는 오직 윗사람에게 빌붙으며 비위를 맞추고 아부하며 예물

108 귀인이 탄 수레의 먼지만 보고도 절을 하다. 아첨하여 윗사람을 섬기다.

을 올리는 일 이외에는 별다른 방법이 없었다.

남송 때, 한타주韓侂冑는 아버지 덕분에 벼슬을 얻었다. 벼슬을 얻은 지 얼마 후, 그는 황제의 총애와 신임으로 추밀도승지樞密都承旨로 승진하며 개봉부開封府의 의동삼사儀同三司까지 맡았다. 그리고 뒤를 이어 평원군왕平原郡王으로 봉해지며 권세가 천하를 흔들 정도에 이르렀다. 다음 시는 막강한 그의 위세를 보여준다.

> 미련한 나귀 세찬 바람 한타주韓侂冑라 두려워하며,
> 그래도 과거길 선비 따라 장안으로 가네.
> 행인은 친왕 보았다 하지 말지니,
> 조趙 씨도 지금은 한韓 씨만 못하네.

> 蹇衛冲風怯曉寒(韓),
> 也隨擧子到長安,
> 路人莫作親王看,
> 姓趙如今不似韓.

조정 안팎에서 벼슬길에 들어서려는 자는 그에게 뇌물을 주려고 앞을 다투지 않는 이가 없을 지경이었다. 시간이 지나면서, 한타주는 똑같은 모양의 예물과 돈에 흥미를 점점 잃어버리고 새로운 '인재'가 나타나기를 바랐다. 이때, 조사역趙師歝이 '재능을 드러내며' 나타났다. 임안臨安의 부윤府尹이었던 조사역은 벼슬은 그다지 높지 않았지만 비위를 맞추며 알랑거리는 데는 세상에 둘도 없을 만큼 빠르고 똑똑했다.

당시, 한타주는 오산吳山에 남원별장을 지었다. 전원의 고상하고 아름다운 모습을 본 따서 지은 이 별장은 산을 의지하고 물을 가까이 두었으며, 원림 안의 조약돌을 깐 통로는 구불구불 시골의 오솔길 같았으며, 들쭉날쭉 가지런하지 않은 가옥에 드문드문 늘어선 대나무 울타리가 그림 같았다.

남원별장을 지은 뒤, 한타주는 몇몇 조정 대신들을 데리고 이곳을 방문했다. 이 가운데 조사역도 있었다.

한타주는 천천히 걸으면서 하나하나 살폈다. 풀 한 포기 나무 한 그루 기와 한 장마다 정말로 자기 마음에 꼭 들었기에 기쁨을 금할 수 없었다. 그는 대나무 울타리 곁에 서서 오산의 어렴풋한 모습을 바라보았다. 그리고 졸졸 흐르는 개울물이 뛰어오르며 돌에 부딪치는 '찰싹' 하는 듣기 좋은 소리에 갑자기 감흥이 솟아 곁에 있는 이들에게 이렇게 말했다.

"여기 바로 도원의 아름다움이 하나 가득 넘치고 있소. 멋진 산과 맑은 물, 대나무 울타리에 싸인 초가집도 그렇소. 그런데 참으로 안타깝게도 닭 우는 소리 개 짖는 소리를 들을 수 없구려."

이 말에 곁에 있던 이들이 잇달아 맞장구를 쳤다.

"그렇군요. 닭 우는 소리 개 짖는 소리를 길에서 들을 수 있다면 그야말로 전원의 흥취가 넘칠 것입니다."

이들은 이렇게 안타까워하면서 계속 길을 따라 걸어갔다. 그들이 열 발자국 남짓 걸어갔을 때 갑자기 뒤쪽에서 닭 우는 소리에 개 짖는 소리가 한꺼번에 들려왔다. 사람들은 깜짝 놀라며 참으로 이상하게 여겼다. 수종들도 고개를 들어 하늘을 쳐다보았지만 보이는 것은 끝없이 펼쳐진 푸른 하늘, 해만 중천에 떠 있을 뿐이었다. 어떻게 이 시간에 닭이 목청 높여 울 수 있단 말인가? 더군다나 누가 이런 곳에서 개나 닭을 기른단 말인가? 그런데 무엇보다 공교로운 것은 한타주의 닭이니 개니 하는 말이 끝나기가 무섭게 닭 우는 소리에 개 짖는 소리까지 들려

온 것이다.

한타주는 수종들을 이끌고 대나무 울타리 쪽으로 가까이 다가가서 살폈다. 거기에는 조복을 입은 어떤 이가 대나무 울타리를 등지고 꿇어앉아서 닭 우는 소리에 개 짓는 소리를 번갈아가며 흉내 내고 있었다. 이 사람은 목을 길게 빼고 있는 힘을 다하는 모습이었다. 그는 발자국 소리가 등 뒤에서 들리자 소리를 멈추고 고개를 돌렸다. 바로 임안부윤 조사역이었다. 이를 본 사람들은 잇달아 소매로 얼굴을 가리고 키득키득 비웃었다. 하지만 조사역 자신은 오히려 얼굴빛 하나 변하지 않고 가슴 하나 뛰지 않았다. 그리고 한타주는 조사역이 자기를 위해 흔쾌히 동물 소리를 흉내 내는 것을 보고 지금까지 본 체 만 체하던 그를 마음에 담아두었다.

한타주의 마음을 얻으려던 조사역은 항상 한타주의 비위를 맞추는 데 신경을 썼다. 다행히 수없이 많은 아첨꾼들 속에서 그는 한타주의 마음을 감동시킬 수 있었다.

한타주에게는 네 명의 애첩이 있었다. 이들은 모두 군부인郡夫人에 봉해졌다. 이들 애첩 외에도 열 명의 소실이 있었다. 어느 날, 누군가 한타주에게 북주北珠로 장식한 떨잠을 네 개 진상했다. 한타주는 이것을 애첩들에게 각각 상으로 내렸다. 그러자 열 명의 소실이 자못 불쾌한 듯 종알거리며 불평을 늘어놓았다.

"우리도 똑같이 대감님을 모시는데 왜 그들에게만 상을 내립니까? 그래, 우리는 떨잠을 꽂으면 안 된단 말입니까?"

한타주는 온갖 방법으로 달랬지만 소실들은 여전히 얼굴을 찡그리며 끝까지 귀찮게 굴었다. 한타주는 정말 머리가 지끈거렸다.

조사역은 이 사실을 알고 당장 10만 꿰미나 되는 돈을 들여 북주로 치장한 떨잠을 열 개나 사서 한타주가 조정에 들어간 틈에 사람을 보내 한타주 저택으로 전달했다. 이를 본 소실 열 명은 얼굴에 웃음꽃이 활짝 피었다. 이들은 기뻐 어쩔 줄 모르며 각기 이 떨잠을 머리에 장식했다.

공교롭게도 그 이튿날은 임안의 정월대보름 명절이었다. 소실 열 명은 모두 짙은 화장에 요염한 차림새로 머리에 북주로 치장한 떨잠을 꽂고 계집종들에 둘러싸여 관등놀이를 나갔다. 어둠 속에는 오색 등불이 휘황하게 빛을 발했다. 그 가운데 북주로 치장된 떨잠은 번쩍번쩍해서 사뭇 눈이 부실 지경이었다. 관등놀이를 나왔던 사람들이 담장처럼 빙 둘러싸며 이 모습을 구경했다. 열 명의 소실은 만족해하며 자못 의기양양했다. 저택으로 돌아온 이들은 한타주에게 조잘조잘 일러바쳤다.

"저희들은 조사역이 보낸 북주로 치장한 떨잠 덕분에 몸값이 열 배는 더 올랐습니다. 이는 어르신 체면이 오른 것과 다를 바 없는 일입니다. 이제 어르신께서는 그에게 대수롭지 않은 감투라도 하나 줘야 할 것입니다."

한타주는 이들 소실 때문에 온통 마음이 뒤숭숭했었는데 이제 하늘을 가득 가렸던 먹구름이 사라지고 애첩들도 모두 기뻐하니 자기 마음도 즐거워졌다. 게다가 조사역의 이런 특별히 뛰어난 연기는 한타주에게 멋진 인상을 남겼다. 이리하여 한타주는 그 자리에서 조사역을 공부시랑으로 추천하는 상주문을 작성했다.

결국 남다르게 기발해야만 윗사람의 마음을 얻을 수 있다. 벼슬길에 오른 하찮은 인물은 윗사람 주변의 수많은 아첨꾼들 가운데 두각을 나타내야 더 높은 곳으로 올라갈 수 있다.

2. 추잡한 '간알干謁'

옛날부터 지금까지 벼슬길에 오른 이는 참으로 많았다. 밀물처럼 넘치도록 붐비는 이들은 모두 어떤 과정을 거쳐, 그리고 어떤 방법을 써서 이 길로 들어왔을까? 사람마다 같지는 않다. 누군가는 긴 칼을 손에 들고 목숨을 건 싸움터에서 두각을 나타내기도 했다. 바로 전쟁터를 통하여 벼슬길에 오른 것이다. 또 다른 이는 조상이 세운 공을 인정받아 벼슬길에 오를 수 있었다. 바로 귀족의 자제로서 음서제蔭敍制를 통해 벼슬길에 오른 것이다. 선비들로 말하자면 시대의 변천이나 제도 변경, 출신과 경력의 특징에 따라 벼슬길을 향한 과정도 매우 다양했다.

고대에서 가장 먼저 나타난 벼슬길에 오르는 방식은 '유세遊說'였다. 이는 정치적 주장을 펼치기 위하여 사방으로 이리저리 돌아다니며 벌이는 일련의 활동을 말한다. 여기에서 말하는 '유遊'는 바로 '주走'와 같은 뜻이다. 고대 중국어에서 '주走'는 '달리다, 질주하다'라는 뜻이었다. 따라서 솔직히 말해, '유세'란 바로 오늘날 사람들이 입만 열면 말하는 '감투를 얻기 위하여 뇌물이나 예물을 쓰고 다니는 일'이다. 당시 중국인들은 '감투를 얻기 위하여 뇌물이나 예물을 쓰고 다니는 일'이라는 말만 들어도 몹시 싫어하며 얕잡아보지 않는 이가 없을 정도였다. 중국인들은 권력을 향한 욕심에 눈이 멀어 수단과 방법을 가리지 않고 권세 있는 자들에게 빌붙어 명리를 탐하는 무리라고 이들을 생각했다. 또 이들이 자그마한 벼슬 하나라도 얻기 위하여, 그리고 더 높은 곳으로 승진하기 위하여 낯 뜨거울 만큼 비열한 수단들을 마구 쓴다고 여겼다. 하지만 이것은 중국 선비들이 벼슬길 초기에 사용한 방법이었다.

'감투를 얻기 위하여 뇌물이나 예물을 쓰고 다니는 일'로 제일 먼저 헤맨 이는 바로 공자였다. 그가 정치에 뛰어드는 방식으로 시작한

'유세'는 뒷날 선비들이 벼슬길에 오르는 데 가장 먼저 선택해야 하는 방식이 되었다. 공자는 '벼슬〔仕〕을 하려면' 먼저 '선비〔士〕'가 되어야 한다고 밝혔다. 그리고 '선비'가 되는 길은 바로 '배워야〔學〕' 한다고 일렀다. 게다가 잘 배워서 남보다 뛰어나고 학식이나 재주가 남달라야 한다고 주장했다. 이것이 바로 '배워서 뛰어나면 벼슬을 한다.'[109]는 말이다.

역사를 보면 놀랍게도 '감투를 얻기 위하여 뇌물이나 예물을 쓰고 다니는 일'을 한 인물로 중국 역사상 가장 위대한 사상가인 맹자, 묵자, 순자가 등장한다. 그들의 사상은 중국 역사에 진정으로 깊고 큰 영향을 끼쳤다. 하지만 이들은 당시에 거의 자기의 뜻을 이루지 못했다. 정치의 가장 근본적인 원칙은 복종이라는 사실을, 그리고 복종이란 권력의 크고 작음에 바탕을 두어 권력이 큰 자는 권력이 작은 자를 통치하고, 권력이 작은 자는 권력이 큰 자에게 복종한다는 사실을 그들은 몰랐다. 권력이 큰 자에게 복종하는 것, 이것이 바로 벼슬길에 놓인 변할 수 없는 법칙이라는 사실을 그들은 몰랐다.

그러나 벼슬길에서는 얼마나 뛰어난 학식을 가졌느냐는 문제는 별로 중요하지 않다. 학식이 뛰어난 사람도 때에 따라서는 학식이 별로 없는 사람에게 어쩔 수 없이 복종한다. 만약 이런 현실을 기꺼이 받아들이지 못한다면 당신은 쫓겨나게 될 것이다. 더 심하면 목숨을 내놓아야 한다. 이것이 중국 역사상 위대한 사상가들이 벼슬길에서 순탄치 못했던 이유였다.

진시황이 중국을 통일한 뒤, 이런 '유세' 풍조는 서서히 사라지고 '상서上書'라는 새로운 형식의 '벼슬길 오르기' 방법이 나타났다. 필묵이 입을 대신한 것이다. 이른바 '상서上書'란, 글자를 보고도 그 뜻을 대

---

109 學而優則仕.

강 짐작할 수 있듯이, 정치에 대한 자신의 견해를 지면으로 기록한 뒤 일정한 절차를 거쳐 황제에게 올리는 글이다. 오늘날 볼 수 있는 가장 이른 시기의 '상서' 가운데 유명한 글은 이사의 『간축객서諫逐客書』이다.

'상서'라는 형식은 최근에까지 존재했다. 또 역사상 유명한 '상서'가 수없이 많다. 당나라 때의 위징魏徵과 육지陸贄, 송나라 때의 왕안석王安石, 소식蘇軾, 그리고 신기질辛棄疾을 비롯하여 청나라 때의 캉유웨이康有爲에 이르기까지 이들이 올린 '상서'는 이미 중요한 역사적 자료가 되었다. 그러나 이런 것들은 모두 벼슬아치의 특권일 뿐이었다. 평민 출신의 선비는 자기가 쓴 짤막한 글을 황제 앞에 직접 보내려고 해도 그야말로 하늘에 오르기보다 힘들었다. 그렇다면 정상적인 과정을 밟으며 벼슬길에 오를 수 없었던 선비들은 어떻게 했을까? 여전히 '찾아 헤매는 방법'뿐 다른 방법이 없었다. 그러나 예전의 선배들이 '찾아 헤매는 방법'과 차이가 있었으니, 그것은 바로 그들이 찾아 헤매는 대상이었다. 이제는 황제가 아니라 조정에서 권세가 대단한 인물을 찾아다녔다. 그들이 찾아 헤매며 내놓은 밑천도 더 이상 국가의 중요한 정책에 관한 방안이나 외교 책략이 아니라 자기의 문학적 재능을 드러내는 시부詩賦였다. 이런 현상은 당나라 때 특별히 도드라졌다. 백거이의 『견윤공량신시우증見尹公亮新詩偶贈』은 바로 이런 현상을 대표하는 작품이다.

> 남몰래 새로 지은 시 십여 수,
> 읊조려보니 하나하나 아름다운 옥이로다.
> 이것을 높은 어른께 어떻게 올릴까,
> 삼공구경께 아직 한 수도 드리지 못했구려!

> 袖裏新詩十餘首, 吟看句句是瓊琚.

如何持此將干謁, 不及公卿一紙書.

시 속에서 나오는 '간알干謁'을 '높은 어른께 올린다.'로 옮겼지만, 어떻든 시문으로써 권력을 가진 자에게 벼슬길로의 천거를 바라고 있다. 당나라 때는 거의 대부분의 선비들, 예컨대 이백, 두보, 한유와 같이 문학사에 그 자리도 혁혁한 대가들도 벼슬길에 나아가기 위하여 이렇게 '높은 어른께 올리는' 작품을 썼다. 백거이의 다음 시도 역시 마찬가지였다.

잘 자라 짙푸른 들판의 풀,
해마다 돋았다가는 다시 시드네.
들불로도 다 태워 없애지 못하나니,
봄바람 불면 또 파릇파릇.

離離原上草, 一歲一枯榮.
野火燒不盡, 春風吹又生.

'간알'은 앞에서 이미 이야기했듯이 감투를 얻기 위하여 '찾아 헤매는 일'과 같다. 감투를 얻기 위한 '찾아 헤매기'는 하찮은 인물이 벼슬길에 들어서기 위한 가장 보잘것없고 가장 수준이 낮은 방식 가운데 하나이다. '간알'의 길에서는 재능이 아무리 많은 인물일지라도 '좀 고쳐 주십사'고 머리를 조아릴 수밖에 없다. 왜냐하면 벼슬길에서는 청렴하고 고결한 자존심은 없고 오로지 뻔뻔스러움만이 필요하기 때문이다.

두보는 시인으로서 매우 뛰어났다.

제 스스로도 남보다 뛰어나다 생각해,
당장이라도 높은 벼슬자리 앉으려고 했습니다.
황제를 모시며 요순보다 위에 놓고 싶었으며,
다시 풍속을 순박하게 만들려고 했습니다.

自謂頗挺出, 立登要路津.
致君堯舜上, 再使風俗淳.[110]

이 시는 두보가 '간알'한 시의 몇 구절이다. 두보는 벼슬길에 올라 명예를 얻으려는 강렬한 욕망이 남달랐다. 그리고 스스로 학식이 대단하다고 생각했다. 또한 자기야말로 남다른 정치적 능력이 있다고 믿었다. 그래서 마땅히 벼락출세하여 높은 벼슬에 이르러야 한다고 생각했다. 그는 자기가 세운 목표가 예사롭지 않기에 황제에게 직접 자기 계략을 올리려고 했다. 그리하여 이 세상의 풍속을 순박하게 돌리려고 했다. 그러나 현실은 그의 꿈을 여지없이 산산조각으로 만들었다.

애초에 두보는 여느 선비들이 걸었던 벼슬길과 같은 길을 걸었다. 곧 과거에 응시하는 길을 걸었던 것이다. 첫 번째는 개원 23년, 두보 나이 스물네 살 때였다. 낙방이었다. 두 번째는 그로부터 12년 뒤인 천보 6년이었다. 이때, 두보의 나이 벌써 서른여섯. 이번엔 현종이 인재를 두루 모으기 위하여 친히 치른 과거였다. 뛰어난 재주를 가졌던 인재들이 모두 과거에 응시했다. 시험 과목도 두보가 자신이 있는 부문인 시와 부와 논論이었다. 하지만 안타깝게도 이 일을 주관하는 사람은 이름도 유

110 『봉증위좌승장이십이운奉贈韋左丞丈二十二韻』 가운데 일부.

명한 간신 이림보李林甫였다. 이림보는 과거에 응시한 선비들이 자기의 못된 행적을 까발릴까 걱정을 하며 재능이 있는 선비들을 떨어뜨렸다. 이리하여 청사에 영원히 이름을 드날리는 대시인 두보는 다시 낙방했다. 그 후 두보는 두 번 다시 과거에 응시하지 않았다. 그리고 '간알'로 방향을 전환했다.

두보는 당연히 당시 권세를 가지고 요직에 있던 인물을 간알의 대상으로 삼았다. 궈모뤄郭沫若는 두보가 천보 연간에 자기의 글을 올린 주요 대상으로 위제韋濟, 선우중통鮮于仲通, 가서한哥舒翰, 장기張垍, 위견소韋見素 등을 들었다. 이들은 모두 한때 권세가 하늘을 찌를 듯했던 정계의 요인이 아니었던가! 하지만 궈모뤄는 이들의 정치적 품격에 대해서는 질책을 가했다. 위제를 제외한 나머지 인물은 대체로 정직하지 못하다는 평가를 내렸다. 선우중통과 위견소는 모두 양국충이 발탁했으며 장기는 뒷날 안록산에게 무릎을 꿇었다. 두보도 벼슬을 얻기 위하여 공자처럼 부끄러움도 없이 찬 밥 더운 밥 가리지 않았음을 알 수 있다.

두보의 시 가운데 이런 구절이 있다.

> 아침이면 부잣집 문을 두드리고,
> 저물면 살찐 말 뒤를 따릅니다.
> 마시다 남은 술과 식어빠진 고기 조각뿐이니,
> 가는 곳마다 슬프고 가슴 쓰립니다.
>
> 朝扣富兒門, 暮隨肥馬塵,
> 殘杯與冷炙, 到處潛悲辛.[111]

두보가 간알의 길에서 몹시 고통을 겪으며, 그리고 온갖 굴욕을 견디며 바쁘게 움직였음을 알 수 있다. 두보는 앞에서 든 인물들에게 간알하는 시에서 언제나 상대방을 한껏 치켜세웠지만 자기 자신은 정말로 비참하다는 사실을 알리고 있다. 하지만 이상하게도 누구 하나 그를 도우려고 한 이는 없었다.

권세와 지위가 높은 이의 대문이 열리지 않자 두보는 현종에게 직접 도움을 요청했다. 앞에서 이야기했듯이 한나라 이래 평민 출신의 선비가 자기가 쓴 짤막한 글을 황제에게 직접 올린다는 것은 그야말로 하늘에 올라가기보다 어려웠다. 그런데 두보는 어떻게 황제를 간알할 수 있었을까? 무측천武則天 시대에는 천하의 벼슬아치들을 감시하기 위해 오늘날의 투서함과 비슷한 동궤銅匭를 설치했는데, 그 가운데 '연은궤延恩匭'라 불리는 함이 벼슬길에 오르고자 하는 이들이 부賦나 송頌을 바치도록 마련된 것이었다.

천보 9년, 두보는 처음으로 『조부雕賦』를 올렸다. 이런 부賦는 단지 사물을 빌어 감정을 표현할 뿐이었다. 주의할 만한 것은 함께 올린 『진조부표進雕賦表』이다. 우리는 이 글을 통하여 당시 두보의 처지와 심경, 그리고 이런 종류의 글이 갖는 본래의 가치를 알 수 있다. 황제에게 올리는 이 글은 자유분방하게 의견을 펼쳤지만 황제의 현실적 요구에 부합하는 정치적 주장 없이 그저 꼬리를 흔들며 아첨하는 애처로운 모습만이 보일 뿐이다. 그러나 거들떠보는 이 하나 없었으니 현종에게도 아예 전달되지 않았던 듯하다.

천보 10년, 두보는 벼슬길에 오르기 위하여 뻔뻔스럽게도 두 번째로 글을 올렸다. 이번에는 한꺼번에 세 작품을 올렸으니, 「조헌태청궁부

111 『봉증위좌승장이십이운奉贈韋左丞丈二十二韻』 가운데 일부.

朝獻太淸宮賦」, 「조향태묘부朝享太廟賦」, 「유사우남교부有事千南郊賦」가 그 것이다. 이것이 바로 사람들이 「삼대례부三大禮賦」라 일컫는 작품이다. 제목으로도 알 수 있듯이, 이 작품들은 단지 황실의 제사 따위의 활동을 극진히 찬미하는 것으로 채워져 있다. 이런 작품의 수준은 말하지 않아도 알 수 있다. 두보는 그야말로 온갖 지혜를 짜내며 죽을힘을 다했다. 이런 융단 폭격 같은 헌상 방식은 과연 효과를 거두었다. 현종의 눈에 띄었던 것이다. 현종은 그를 집현전으로 불러들인 뒤 재상 이림보에게 봉래궁蓬萊宮(바로 대명궁大明宮)에서 문장을 시험하도록 했다. 결국 이런 날이 온 것이다. 당시의 성대했던 분위기는 두보가 몇 년 뒤 이날을 뒤돌아보며 쓴 작품을 통하여 알 수 있다. 그리고 두보 자신도 매우 감격했음을 엿볼 수 있다.

세 편의 부를 봉래궁에 올린 것을 생각하면,
하루아침에 이름이 눈부시게 빛났음을 이상하게 여겼다네.
집현전 학사들이 담장처럼 둘러앉아서,
내가 중서당에서 시 짓는 걸 바라보았었네.
지난날 내 문학적 재능은 나라님을 감동시켰는데,
지금은 굶주림과 추위로 길가를 헤맨다네.

憶獻三賦蓬萊宮, 自怪一日聲輝赫.
集賢學士如堵墻, 觀我落筆中書堂.
往時文采動人主, 今日飢寒趨路旁.[112]

112 두보의 작품『막상의행莫相疑行』 가운데 일부.

불혹을 넘긴 하찮은 인물이, 그것도 처자식도 먹여 살릴 수 없는 선비가, 더구나 길거리를 헤매는 비렁뱅이나 다름없는 글쟁이가 뜻밖에도 황제의 부름을 받았다. 두보는 산뜻하게 단장하고 깊고 깊은 궁전, 온 나라 사람들이 의관을 갖추고 절을 올리는 대명궁으로 가서 당시 재상이 주재하고 온 조정의 명망 높은 문신들이 담처럼 둘러싸고 지켜보는 가운데 글을 썼으니, 이 어찌 큰 영광이 아니었겠는가! 그러나 시험은 시험으로 끝났을 뿐 영광은 순식간에 사라지고 그 어떤 결과도 얻지 못했다.

천보 5년(746년), 서울로 온 이후 10년 동안 두보는 감투 하나 쓰기 위하여 그야말로 온갖 좌절을 겪으며 힘들고 고생스러운 세월을 보냈다. 공든 탑은 무너지지 않는 법, 마침내 그를 도우려는 이가 나타났다. 그는 바로 당시 재상 자리에 있던 위견소였다. 위견소는 두보를 하서현위河西縣尉에 임명했다. 때는 천보 14년(755년) 10월이었다. 하지만 두보는 이를 받아들이지 않았다. 그러자 이번에는 두보를 우위솔부右衛率府의 주조참군胄曹參軍으로 임명했다. 이 자리는 두보가 받아들였다. 왜 그랬을까? 두보는 그 이유를 시를 통해 밝혔다.

하서위를 마다했음은,
허리 굽히기 처량해서였네.
늙은 몸 급히 움직이기 두려워서,
이제는 솔부에서 소요하리라.
술 마시기는 적은 봉록이면 되고,
황실에 기대 미친 듯 노래하리.
고향 산천 돌아가려해도 흥이 다했으니,
세게 부는 바람에 시름을 보내네.

不作河西尉, 凄凉爲折腰.
老夫怕趨走, 率府且逍遙.
耽酒須微祿, 狂歌托聖朝.
故山歸興盡, 回首向風飈.[113]

하서현은 서남쪽 구석에 있는 자그마한 현縣이다. 현위縣尉는 종9품의 벼슬로 당나라 때 관리의 등급 가운데 가장 낮은 등급으로 현의 치안을 주관했다. 그리고 우위솔부의 주조참군은 동궁의 무기 관리와 건물의 수선을 책임지는 종8품의 관리였다. 그렇다면 두보는 겨우 한 등급의 차이 때문에 하나는 물리치고 다른 하나는 받아들였을까? 두보는 쌀 다섯 말 때문에 허리를 굽히며 이리저리 뛰어다니기가 두렵기에 물리쳤다고 말했다. 하지만 이는 솔직한 마음의 표현이 아니다. 두보가 몇 년 동안 허리를 굽히며 이리저리 뛰어다닌 일이 정말 없었을까? 그렇다면 우위솔부의 주조참군은 허리 굽힐 일도 이리저리 뛰어다닐 일도 없단 말인가? 관리 등급에 따른 봉록의 차이가 어쩌면 원인일 수 있다. 오랫동안 두보가 거의 알거지 상태였던 점을 고려하면 그럴 듯한 주장이다. 하지만 필자가 보기에 그 원인은 역시 지역 문제인 듯하다. 만약 하서현으로 갔다면 '부잣집 문'도 '살찐 말이 일으키는 먼지'도 없고 '더 높은 곳으로의 승진'도 거의 불가능하다고 생각했을 것이다. 그리고 어쩌면 그곳에서 늙어죽을지도 모른다고 생각했을 것이다. 하지만 두보는 자신에 대한 기대가 대단했다. 그는 '당장이라도 높은 벼슬자리 앉으려고 했다. 황제를 모시며 요순보다 위에 놓고 싶었다'라고 할 정도로 여전히 환상에 젖어 있었다. 서울에 있게 되면, 그것도 궁중에서 근

113 『관정후희증官定後戲贈』.

무한다면 그래도 힘쓸 여지가 있을 것이며 '세게 부는 바람에 시름을 날려 보낼 수 있을 것'이며, 언젠가 기회가 오면 큰 바람에 아주 높은 곳까지 올라갈 수도 있다는 환상을 떨쳐버릴 수 없었다.

당나라의 역사에서 두보처럼 머리 조아리고 허리 굽히며 간알을 진행한 인물로 이백도 두보와 맞먹을 만하다. 이백이 문학 창작에서 드러낸 재능과 자부심은 모두가 인정한다.

> 세상살이 뜻과 같이 않으니,
> 내일은 머리 풀고 조각배를 띄우리라.
>
> 人生在世不稱意, 明朝散髮弄片舟.

얼마나 시원시원 거리낌이 없는가! 이백은 처음부터 당시 황제의 높은 평가를 받았다. 이렇게 쉽사리 관운이 트인 이백은 현종 앞에서 양귀비를 희롱하는가 하면 고력사를 치욕스럽게 하는 등 아무런 거리낌 없이 그야말로 통쾌하게 행동했다. 하지만 입은 통쾌했을지 모르지만 결국 이백은 벼슬길에서 큰 낭패를 볼 수밖에 없었다. 권신 고력사의 가슴에 불을 붙였던 것이다. 벼슬살이 사회는 시인을 필요로 하지 않는다. 황제로 말하자면, 시인 하나 없어지면 겉치레에 필요한 인물 하나 줄어들 뿐이다. 하지만 곁에서 알랑거리는 고력사가 없어진다면 황제가 누릴 수 있는 숱한 즐거움이 사라진다. 벼슬살이 방법이라고는 모르는 글쟁이가 정치판에서 상궤를 벗어나며 세속에 물들지 않은 고상함을 즐겼으니 노련하고 주도면밀한 정객 앞에서는 그야말로 철없는 어린아이였던 셈이다. 그리하여 이백은 궁 밖으로 쫓겨났다.

이백은 '안륙安陸에서 술 속에 헛되이 십 년'[114]을 보내며 마침내 철저히 깨달았으니, 그것은 이 지구가 자기 한 사람이 없어도 여전히 돈다는 사실이었다. '시적 재능이 대단하고 두뇌 회전이 빨라서 한 편의 글을 민첩하게 만들어내는' 뛰어난 인재라도 자기의 당당한 머리를 숙이며 관계자 앞에서는 머리를 조아려야 했다. 이리하여 그는 형주장사荊州長史 한조종韓朝宗에게 자신을 추천하는 글을 올리며 임시직이라도 달라고 부탁했다. 이백도 이제는 식견이 자못 늘었으니, 요즘 말로 하면, 정치적으로나 사상적으로나 모두 한 단계 성숙하고 발전했던 것이다. 그는 『여한형주서與韓荊州書』라는 자기 추천의 글에서 조금도 숨김없이 상대방의 비위를 맞추며 아양을 떨었다. '어찌 고개를 숙이고 허리를 굽혀 권세 있는 자를 섬기며 아첨하겠는가?'[115]라고 큰소리치던 호방한 기개는 전혀 찾아볼 수 없었다.

이 글의 첫머리부터 이백은 한조종을 비행기 태우며 치켜세웠다. '만호후萬戶侯를 버릴지라도 어르신을 뵈옵고 싶습니다.' 이렇게 대비 효과를 내서 한조종의 중요성을 극단적으로 치켜세웠다. 여기서 만호후까지 들추고 있지만 이백 자신도 하찮은 한조종을 중요하게 생각했던 것은 아니었다. 일찍이 황제마저도 뭐 그렇게 눈에 차지 않았던 이백이 이렇게 말할 수 있었던 것은 발상의 대전환이라고 하지 않을 수 없다.

다시 한 번 살펴보면, 이백은 이 글에서 '어르신께서 세우신 정치적인 업적은 천지신명이 하신 일로 비교될 만합니다. 그리고 어르신의 덕행과 재능은 온 세상을 감동시키고 있습니다. 게다가 문필의 뛰어남은 천지의 오묘함을 깊이 깨닫고 있습니다. 더구나 학문의 심오함은 하늘나라와 인간 세상의 이치를 철저하게 탐구하고 있습니다.'라고 하면서

114 酒隱安陸, 蹉跎十年.

115 安能摧眉折腰事權貴.

아무런 숨김없이 속마음을 그대로 드러내고 있다. 이런 말을 듣고도 닭살이 돋지 않았던 인물은 어쩌면 한조종뿐이었을 지도 모른다. 일찍부터 이백이 이런 말을 할 수 있었다면 벼슬이 재상에 이르렀을지 모른다. '이 비천한 몸 한번만 밀어주십시오, 크게 칭찬 한 번 하시고 쓰다듬어 주십시오.' 어찌 이렇게 한조종에게 굽실거리며 비굴하게 알랑거렸겠는가! 체면쯤은 멀리 걷어차고 이렇게 상대방을 추어올리는 화법을 쓰면서도 이백은 전혀 부끄러워하지 않았다.

현종 개원 22년(734년), 34세 때 이백은 양양襄陽에 나타났다. 그리고 형주장사로 있던 한조종을 찾아가 『여한형주與韓荊州』를 올렸다.

글쟁이들은 거의가 대쪽 같은 성격을 가지고 있다. 이들은 남의 주장에 맹목적으로 부화뇌동하지도 줏대 없이 남이 하는 말을 그대로 따르지도 않았다. 그러기에 이들은 평범하고 속된 일에 마음을 두지 않는다. 이들은 고집스럽게도 자신을 고결한 인격자라 여기며 스스로 만족함은 물론 세속에 휩쓸리지 않으면서 고결한 품행과 의지로 대쪽 같은 모습을 겉으로 드러낸다. 이런 모습은 벼슬살이의 투쟁과는 전혀 관계가 없는 것처럼 보이지만 사실은 전혀 그렇지 않다. 옛 글쟁이들을 보면 거의 한 순간도 벼슬살이에서 벌어지는 정치 술수에서 벗어나지 못했다. 범중엄이 아무런 이유 없이 악양루에 감개무량했을 리 없으며, 구양수歐陽修가 취옹정醉翁亭에서 '산수에 노니는 즐거움은 / 마음에 느끼어 그것을 술을 빌어 나타낼 뿐이네.'[116]라고 노래한 것도 이유가 있었으며, '힘차고 강한 의지 온 세상을 뛰어넘네.'[117]라고 노래한 도연명도 분

116 山水之樂, 得之心而寓之酒. 『취옹정기醉翁亭記』에 나오는 구절.

117 猛志逸四海. 도연명의 『잡시雜詩』 가운데 한 구절.

명 '남편은 앞에 밭 갈고 / 아내는 뒤에서 김을 매네.'[118]에 나오는 전원 생활을 정말로 좋아했을 리 없다.

맹자는 일찍이 이렇게 일렀다.

"부귀하여도 방탕해서는 안 되며, 빈천해도 지조를 허물어서는 안 되며, 어떤 협박과 위협에도 무릎 꿇어서는 안 된다. 그래야 대장부라고 할 수 있다."[119]

예로부터 선비는 권세 있는 자를 두려워하지 않는 기개로 존경을 받았다. 그리고 이들은 알랑거리며 아부나 하며 벼슬살이하는 하찮은 인물들을 경멸했다. 하지만 일단 자기 자신이 벼슬길에 뛰어들려고 할 때에는 굽실굽실 비굴하게 알랑거리는 모습을 보였다.

3. 침팬지의 정치 : 종기의 고름을 빨고 치질 핥기

중국어에서 '지치舐痔'라는 단어는 혓바닥으로 항문 일대의 곪은 부분을 빨아주며 핥아준다는 뜻이다. 정말 소름 끼치지 않는가? 이 말은 『장자莊子』「열어구列御寇」에서 이야기한 우언이긴 하지만 옛날 벼슬길에 오른 하찮은 인물이 염치 같은 것은 돌보지 않고 자기의 윗사람을 어떻게 모셨는지 잘 보여준다.

전국시대, 송宋나라의 조상曹商이 임금의 명을 받들어 사신으로 진秦나라에 갔다. 조상은 상대방에게 아첨하며 비위를 맞추는 데 뛰어난 인물이었다. 그는 진나라에 온 뒤 진혜왕秦惠王의 비위를 맞추며 환심

118 夫耕于前, 妻鋤于後.

119 富貴不能淫, 貧賤不能移, 威武不能屈, 此之謂大丈夫.

을 샀다. 기분이 좋아진 혜왕은 그만 조상에게 전차 백 대를 내렸다.

송나라로 돌아온 조상은 자못 우쭐거렸다. 어느 날, 당시 이름난 철학자인 장자와 우연히 만난 조상은 이렇게 자랑을 늘어놓았다.

"옛날 우리 집은 찌지게 가난하여 짚신을 결어 팔 수밖에 없었습니다. 집안 식구들이 굶주림으로 얼굴은 누렇게 뜨고 몸은 말라 비틀어졌습니다. 하지만 지금 나는 이렇게 전차 백 대를 가지고 있으니, 이 어찌 자랑할 만한 일이 아니겠습니까!"

이 말을 듣자 장자는 쌀쌀하게 비웃으며 이렇게 물었다.

"그대는 진혜왕이 의원에게 종기의 고름을 빨고 치질을 핥게 한 사실을 알고 있소?"

조상은 고개를 저었다.

장자는 또 쌀쌀한 웃음을 보내며 말을 이었다.

"그대는 정말 견문이 좁구려. 진혜왕은 벌써 종기에다 치질까지 걸렸던 사람이오. 이 양반이 의원을 불러 곪아버린 종기의 고름을 입으로 빨아내면 전차 한 대, 혓바닥으로 치질의 부스럼을 핥아내면 전차 다섯 대를 상으로 내리겠다고 말했소. 이렇게 볼 때, 그대 조상이 진나라에서 무슨 짓을 했는지 알 만하오. 종기의 고름을 빨고 치질의 부스럼을 혓바닥으로 핥아주는 것보다 더 천하고 염치없는 짓을 했을 것이오. 그러니 이렇게 전차를 백 대나 상으로 받았을 터, 뭐 그렇게 우쭐대고 있소?"

이 이야기는 우언의 형식으로 이야기했으니 사실이 아닐 수도 있다. 하지만 벼슬길에는 이런 자존심도 없는 인물도 있었을 것이다. 그런데 백여 년이 지난 뒤, 벼슬살이하는 하찮은 인물 가운데 실제로 '종기의 고름을 빨아준 이야기'가 있다.

서한 문제文帝 18년, 황제는 등에 생긴 악성 종기 때문에 이리저리 뒤척이며 잠을 이루지 못할 정도로 고통에 시달렸다. 어의가 몇 번이나 병의 상태를 살피며 애를 썼지만 아무런 효과를 보지 못하자 황제는 격노하여 몇 명이나 되는 어의의 목을 쳤다. 황제가 악성 종기에 고통스러워한다는 고약한 소식은 순식간에 퍼져나가며 온 나라 백성들을 걱정에 빠뜨렸다. 평범한 벼슬아치였던 등통鄧通은 비록 재주도 없고 학문도 건실하지 못했지만 이제 자신이 위로 올라갈 수 있는 기회가 왔음을 알았다. 이리하여 그는 즉시 미앙궁未央宮으로 달려가 황제를 알현하려고 했다.

미앙궁은 어둡고 음침한데다 황제마저 오랫동안 병상에 누워 있었기에 자못 무거운 분위기였다.

"폐하, 등통이 뵙고자 합니다."

환관 채공공蔡公公이 종종거리며 들어와 보고를 올렸다.

"싫소!"

"폐하, 등통은 폐하의 부스럼 때문에 왔습니다."

이 말에 문제는 정신이 번쩍 들었다. 등에 난 부스럼이 빨리 사라지길 얼마나 바랐던가!

"빨리 들라 이르시오."

등통은 조심조심 미앙궁에 들었다.

"소신 폐하를 알현하옵니다."

등통은 나지막하지만 분명한 목소리로 말을 이었다.

"폐하께서 오랫동안 편찮으시다는 소식에 걱정이 이만저만 아니었습니다. 그래서 이렇게 문안을 드립니다."

문제는 등통을 훑어보더니 의심이 나는 듯 이렇게 물었다.

"그래, 경은 무슨 좋은 처방이 있소? 빨리 말 좀 해 보시오."

등통은 황제 곁으로 가까이 다가갔다. 그러자 채공공이 황제의 옷을 걷어 올렸다. 과연 황제의 등에는 커다란 부스럼이 하나 있었다. 이미 부위가 문드러져서 누런 고름이 그치지 않고 흘러내리고 있었다. 게다가 구역질나는 고약한 냄새까지 확 풍겼다.

"이 부스럼은 너무나 고약하여 약물로는 바로 효험을 보기 어렵습니다. 폐하의 고통스러움에 신의 마음은 편안치 않사옵니다. 바라옵건대, 이 부스럼의 고름을 제 입으로 빨아 폐하의 고통을 덜어드릴까 합니다."

문제는 생각에 잠겼다.

'이렇게 구역질나는 부스럼의 고름을 어떻게 신하에게 빨도록 한단 말인가?'

이 때문에 잠시 머뭇거릴 수밖에 없었다.

"폐하, 주저하지 마옵소서. 폐하의 옥체가 빨리 건강을 찾을 수 있다면 신은 끓는 물에라도 뛰어들 것이며 타는 불 속으로도 들어갈 것이오니 결코 사양하지 마옵소서!"

문제는 등통의 요청을 거절할 수 없었다. 등통은 부스럼 위로 기어가서 쉬지 않고 고름을 빨았다.

"어떠하오? 견디기 힘들면 당장 그만 두어도 좋소."

"폐하, 걱정 마옵소서. 폐하의 병을 고칠 수만 있다면 이보다 더 고약한 냄새도 신에게는 달콤하게 느껴질 것입니다."

진지하게 고름을 빠는 등통에게서 어떤 볼썽사나운 모습도 전혀 보이지 않았다. 곁에 있던 채공공도 자못 감동된 표정이었다.

등통의 이 행동에 문제도 감동하지 않을 수 없었다. 바로 이때, 태자 계啓가 황제가 있는 궁으로 들어왔다. 문제는 즉시 태자를 불러 세웠다.

"얘야! 아비가 오랫동안 이렇게 아픈데도 낫지를 않는구나. 너는 오늘 아비의 이 부스럼에 생긴 고름을 입으로 빨 수 있겠느냐?"

"저……."

태자는 좀 난감한 표정이었다. 그러나 아버지의 명을 어기기는 힘들었다. 어쩔 수 없이 따라야 했다. 태자는 고름을 빨면서 수시로 난감한 표정을 짓곤 했다.

"어휴!"

문제는 한숨을 쏟아냈다.

얼마 뒤, 문제의 부스럼은 깨끗이 나았다. 장안성에 황제의 조서가 내렸다. 등통을 승상부丞相府의 대금조大金曹로 특별히 임명하고 동산銅山을 아예 그에게 내어주며 오수전五銖錢을 주조하는 책임까지 맡겼다.

옛날 벼슬길에 나선 하찮은 인물이 종기의 고름을 빨고 치질을 핥아준 행위는 요즈음에 보면 참으로 대단한 선천적 소질을 필요로 한 것 같다. 하지만 외국인은 이런 행동이 그렇게 진기하지 않다고 말한다. 미국의 리처드 스텐걸Richard Stengel은 『침팬지의 정치』라는 글에서 침팬지는 우리 인류의 가장 가까운 친척으로 그들과 우리의 DNA가 90%나 같기 때문에 그들의 수많은 행동이 우리 인류와 많이 닮았다고 말한다. 아니 어떤 면에서는 거의 같다고 말한다.

스텐걸은 침팬지 연구를 통하여 이들이 자기만의 사회 조직을 가지고 있어서 각각의 침팬지는 이들 사회 속에서 서로 다른 역할을 담당하고 있음을 밝혔다. 그리고 이들 사이의 관계는 전형적인 정치 관계로 얽혀 있음도 밝혔다. 바로 서로 다른 계급, 지도자와 부하, 통치자와 추종자, 강자와 약자, 권력의 공고함과 쇠락, 잠재되었거나 공개된 맞수, 압박과 피압박, 동맹, 음모와 계략, 투쟁, 그리고 분배 등이 그러하다는 것이다.

침팬지 무리 가운데 지위가 낮은 놈이 지위가 높은 놈에게 존경과 더불어 승복의 뜻을 드러낸다. 그 방식도 한 가지만이 아니다. 예컨대, 고개를 끄덕이며 허리를 굽히거나 상대방의 머리를 빗어주거나 이를 잡아주거나 예물을 올리거나……. 이보다 더 심한 경우 힘이 약한 놈이 강한 놈의 음낭을 입으로 빨아주며 비위를 맞춘다는 것이다.

스텐걸은 힘이 약하고 지위가 낮은 놈이 힘이 강한 놈에게 바치는 온갖 아양은 바로 존경의 표시이며, 힘이 강한 놈은 이런 아양을 받아들이며 그들이 죽음의 위험에 빠지지 않고 비교적 '행복'하게 살 수 있도록 허락함으로써 일종의 존경을 드러낸다고 말한다. 물론 서로 사이의 이런 존경은 완전히 마음속에서 우러난 것은 아니라 할지라도 이 때문에 자기 집단의 상대적인 안정을 유지시킬 수 있다.

침팬지 조직과 마찬가지로 벼슬길에 오른 하찮은 인물이 윗사람에게 보내는 아첨도 일종의 존경의 표시이며, 윗사람도 이런 존경을 기꺼이 받아들임으로써 하찮은 인물의 벼슬길에서의 존재를 용인한다. 강한 놈에 대한 공손과 섬김, 그리고 힘이 약한 놈이 힘이 강한 놈의 음낭을 입으로 빨아주는 행동은 사실 옛날에도 벼슬길에 오른 하찮은 인물이 벌써 써먹었던 행동이다.

4. 똥 먹고, 오줌 마시고, 방귀소리에도 알랑거리고, 몸과 마누라까지 바치기

사람은 누구나 자기를 치켜세우는 말을 듣기 좋아한다. 특별히 관료 사회에서 윗사람은 아랫사람이 태워주는 비행기를 정말 좋아한다. 또 아래쪽에 있는 하찮은 인물이 윗사람에게 보내는 아첨의 타당성 여부는 상관없었다. 오로지 누가 더 경박하고 적나라하게 말했는가만이 중요했다.

명나라 정통正統 연간, 환관 왕진王振의 권세는 대단했다. 공부시랑 왕우王佑는 왕진에게 빌붙을 마음을 먹으며 걸핏하면 왕진의 집을 드나들었다. 왕우는 잘 생긴 용모에 수염이 없었다. 그는 왕진의 안색과 행동을 언제나 잘 관찰했다. 이 때문에 왕진은 왕우를 대단히 좋아했다.

어느 날, 왕진에 왕우에게 이렇게 물었다.

"왕 시랑, 자넨 왜 수염이 없는가?"

왕우는 이렇게 대답했다.

"어르신께서 수염이 없는데 아들 같은 제가 어떻게 수염을 기르겠습니까?"

한타주는 남송 때 재상으로 권력이 대단했다. 그의 총애를 받던 작은이가 사소한 일 때문에 그만 쫓겨났다. 전당錢塘 지방의 현령 정송수程松壽는 8백 냥이나 되는 거금으로 그녀를 급히 사들인 뒤 본채의 한가운데 방에 모셨다. 그리고 부부가 함께 그녀를 공손하게 대하며 아침저녁으로 먹을거리를 보냈다. 이 작은이는 이들이 왜 자기를 이렇게 극진히 대접하는지 알 수 없었기에 대단히 당황했다.

며칠이 지난 뒤, 한타주는 화가 가라앉자 작은이를 다시 불러들이려고 했다. 그는 정송수가 벌써 자기 작은이를 돈으로 사 갔다는 것을 알고 몹시 화를 냈다. 이 소식을 들은 정송수는 즉시 작은이를 돌려보내며 이렇게 말했다.

"지금 조정에서 물러난 어느 태수께서 이 여인을 데리고 자기 임지로 가려는 것을 제가 다행하게도 이 양반을 통제할 수 있는 자리에 있었기에 어르신을 생각하며 제 집에 남모르게 숨겨 두었습니다."

이 말에도 한타주는 마음속에는 여전히 불쾌함이 남아 있었다. 작은이가 집으로 돌아온 뒤, 정송수 집에서 지냈던 일들을 하나하나 자세히 듣고 나서야 한타주는 그제야 크게 감격하여 그날 당장 정송수를 태부사승太府寺丞으로 몇 등급 승진시켰다. 한 해가 지나자 이번에는 간의대부諫議大夫로 승진시켰다. 정송수는 이렇게 큰 이득을 보았지만 여전히 만족하지 않고 다시 미녀를 한 명 사들였다. 그리고 이 미녀에게 송수松壽라고 이름을 붙인 다음 한타주에게 바쳤다. 그러자 한타주는 이렇게 물었다.

"무슨 까닭으로 이 여자에게 그대와 같은 이름을 붙였는가?"

정송수는 이렇게 대답했다.

"제 천한 이름이 어르신 귓가에 늘 울리길 바랐을 뿐이옵니다."

한타주는 그를 동지추밀원사同知樞密院事로 승진시켰다.

당나라 대력大歷 연간에 형주荊州 지방에 풍희락馮希樂이라는 인물이 있었다. 이 양반은 달콤한 말로 다른 사람의 비위를 맞추는 데 뛰어났다. 그 집에 있는 쥐구멍만 보아도 몇 마디 아부를 했다. 어느 날, 이 양반이 장림현長林縣으로 가서 현령을 뵙고자 했다. 현령이 그를 초대하여 식사를 대접하는 자리였다. 이 자리에서 그는 이렇게 말했다.

"어르신의 어질고 의로운 자태는 이르시는 곳마다 감동적이어서 사나운 짐승마저 어르신이 다스리는 곳의 경계를 벗어나고 있습니다. 제가 어제 막 이곳 경계로 들어서는데 사나운 호랑이들이 잇달아 북쪽으로 가는 것이 보였습니다."

이 말이 끝난 지 얼마 되지 않아 아전 하나가 보고를 올렸다.

"밤에 호랑이가 사람을 잡아먹었습니다."

현령이 그를 비웃듯이 바라보자 풍희락은 재빨리 이렇게 말했다.

"길을 떠나던 호랑이가 먹을 것을 찾았던 게 분명합니다."

앞에서 벼슬길에 나선 하찮은 인물이 윗사람에게 늘어놓은 몇 가지 아부는 그래도 극단적이지는 않다. 정말로 지독한 것은 지금부터 말하려는 인물의 일화이다. 하찮은 인물인 이들은 갖가지 수단과 방법을 통하여 윗사람의 비위를 맞추고 있다. 이런 수단과 방법에는 똥 먹기, 오줌 마시기, 방귀소리에도 알랑거리기, 몸 바치기, 마누라 바치기 등도 포함된다.

현대인도 벼슬을 좋아한다. 그 소망의 강렬함은 해마다 공무원을 뽑는 시험에 수많은 이들이 인산인해를 이루는 장면만 보아도 알 수 있다. 하지만 벼슬살이가 그렇게 쉬운 일만은 아니다. 벼슬길에 몸을 들여놓고 높은 지위로 오르려면 남다른 수단과 방법 없이는 절대로 불가능하다. 현실이 어떠한지 자신은 그다지 잘 알지 못할지라도 적어도 역사로 볼 때는 그러하다.

– 똥을 먹은 자

북제北齊 시기, 권신 화사개和士開가 병이 났다. 의원은 그에게 황룡탕黃龍湯을 반드시 먹어야 한다고 처방했다. 황룡탕이란 대변을 짜낸 액체와 한약을 함께 넣어 달인 탕약을 말한다. 그 집 하인이 황룡탕을 받쳐 올렸다. 이미 산해진미에 길들여진 화사개가 시커멓고 악취까지 진동하는 탕약을 어디 본 적이나 있었겠는가! 더구나 마시는 것은 상상 못 할 일이었다. 냄새마저 구역질이 날 지경이었다. 화사개가 난처한 기색을 보일 때, 문병을 왔던 말단 벼슬아치가 이렇게 말했다.

"이 약은 정말로 먹기 좋으니 어르신께서는 머뭇거리실 필요가 없습니다. 제가 먼저 마시도록 어르신께서 허락하여 주십시오."

말을 마치기가 무섭게 황룡탕 한 사발은 벌써 뱃속으로 들어가고 있었다.

– 오줌을 마신 자.

당나라 무측천 시대의 일이다. 어사대부 위원충魏元忠이 병이 들었다. 그러자 아랫사람들이 잇달아 문병을 왔다. 곽홍패郭弘霸란 자도 여러 사람과 함께 찾아왔으나 그들과 같이 안으로 들어가지 않았다. 그는 다른 사람이 나온 뒤에야 혼자 안으로 들어갔다. 그는 안으로 들어간 뒤, 관심을 두지 않을 수 없었기에 한 차례 문안의 인사를 드리고 나서 위원충이 깜짝 놀랄 만한 요구를 했다.

"어르신의 오줌을 한번 맛보도록 해 주십시오."

위원충은 원하지 않았다. 그러자 곽홍패는 손가락으로 오줌을 찍어 천천히 맛보기 시작했다. 이렇게 한참을 맛보더니 얼굴 가득 기쁨이 넘치는 표정으로 이렇게 말했다.

"정말 축하 올립니다. 어르신의 병환은 이제 곧 나을 것입니다. 어르신의 오줌이 달지 않고 짜기 때문입니다. 만약 달았더라면 낫기 힘들었을 것입니다."

– 방귀소리에도 알랑거린 자

청나라 때 어느 양반의 이야기가 가장 희귀한 예라 할 수 있다. 어느 날, 어느 현령이 그만 아랫도리를 통제하지 못하고 대청에서 방귀를 뿜고 말았다. 이때, 그의 곁에서 시중을 들던 생원이 지금이야말로 이 어른께 빌붙을 수 있는 좋은 기회가 왔다고 생각하며 즉시 두 손을 맞잡고 가슴까지 올리는 공손한 자세로 나서며 이렇게 아첨을 떨었다.

"귀하신 볼기를 높이시어 진귀한 방귀를 우렁차게 내시니 멋진 악기 소리인 듯, 난초의 향기인 듯 저에게까지 풍기니 꽃다운 향내 대단하옵니다!"

이렇게 아첨을 떠는 이를 어느 상사인들 좋아하지 않겠는가?

– 마누라 바치고 몸 바친 자

전통적인 논법에 따르면 '처妻는 제齊'라고 했다. 곧 남편과 하나의 몸이라는 말이다. 서양의 논법에 따르면 '아내는 남편의 갈비뼈 하나'이다. 바로 이 때문에 아내는 남편이 가장 사랑하는 사람이 된다. 그리고 남편은 손님 대하듯 아내를 존중해야 한다. 남편도 자기의 아내를 사랑으로 돌봐야 한다.

당나라 때 기처눌紀處訥과 최식崔湜은 이런 이치를 모두 잘 알았다. 기처눌의 아내는 무측천 시대의 권신 무삼사의 처형이었다. 그런데 기처눌은 자기 아내에게 무삼사와 사사로이 정을 통하도록 꼬드겼다. 결국 기처눌은 이 때문에 태부경太府卿으로 발탁되었다. 최식은 당시 정계의 스타 태평공주의 애인이었다. 역사책을 보면 그가 풍자도馮子都와 동언董偃처럼 사랑을 받았다고 한다. 풍자도와 동언은 모두 서한 시대 인물이다. 앞의 풍자도는 권신 곽광霍光의 처와 남몰래 정을 나누었으며, 뒤의 동언은 황실의 관도공주館陶公主의 총애를 받았다. 풍자도와 동언의 사랑이 역사책에 나왔다는 것은 바로 최식이 이들처럼 태평공주의 사랑을 얻었다는 말이다. 그리고 이들 사이에 정당하지 못한 성관계가 존재했다는 뜻이다. 자기 외에도 하늘에서 내려온 선녀처럼 매우 아름다웠던 아내와 딸에게도 모두 황태자에게 몸을 바치도록 했다. 그 결과 최식은 차츰차츰 승진하여 대신들 가운데 벼슬이 가장 높았다. 벼슬아치들의 승진과 파면까지 마음대로 할 수 있는 대권을 손에 쥔 재상에 올랐던 것이다.

하찮은 인물이 윗사람에게 바치는 아첨은 이제껏 부끄러움을 두려워하지 않을 만큼 후안무치했다. 『이십 년 동안 직접 본 괴현상』은 이렇게 그리고 있다.

"오늘날 벼슬길에서 오로지 아부하며 비위를 맞추기만 하면 성공하지 않을 사람이 없으니…윗사람이 좋아하는 것이 바로 출세의 지름길이다."

이 글에는 복사인卜士仁이라는 전사典史 감투를 쓴 사람이 자기 종손에게 벼슬아치로서 알아야 할 비결을 전수하면서 하는 말이 있다.

"벼슬살이에서 손꼽히는 비결은 아첨이다. 다른 사람이 아첨으로 이룰 수 없는 것을 너는 아첨으로 이루어야 하고, 다른 사람이 못 하는 것을 너는 해야 한다. 만약 상사가 일을 시키려고 네 아내를 불러들이면 너는 들여보내라. 그러면 자리를 얻을 수도 있고 지킬 수도 있다. 너는 이런 일을 부끄러워 말아라. 너는 그 사람도 윗사람이 있어서 너와 마찬가지로 아첨을 떤다는 사실을 알아야 한다. 한마디로 이런 일에는 그 누구도 부끄러워하지 않는다는 사실이다. 너는 '부끄러움을 두려워하지 않는다.'는 이 말에 담긴 비결을 옹글게 되새길 일이다. 벼슬살이에는 일정한 요령이 있는 법이다. 만약 마음속에 '부끄러움'이라는 네 글자가 있다면 벼슬살이를 할 수 없을 뿐만 아니라 벼슬길에서 풍기는 냄새조차 맡지 못할 것이다."

똥 먹기, 오줌 마시기, 방귀소리에도 알랑거리기, 몸 바치기, 마누라 바치기 따위는 인간으로서 못할 일이지만 벼슬길에 오른 이 가운데 이런 일을 해낸 이가 있다. 벼슬길에 나선 하찮은 인물은 더 높은 자리로 오르기 위하여 못할 일이 없다. 중국 고대 벼슬길에서도 '부끄러움을 버려야만 비로소 벼슬살이를 할 수 있다'는 원칙을 줄곧 지켜 왔다. 이는 부끄러움 없고 자존심 없는 하찮은 인물의 술책에 용기를 불어넣었다.

제8장
윗사람 명령에 절대 복종하기

윗사람 명령에 절대 복종하기는 단순히 윗사람을 따라 그대로 행동하라는 말이 아니다. 윗사람의 호오好惡를 두루 잘 살피고 윗사람이 일으키는 분쟁의 시비를 분명히 가리며 윗사람의 마음을 살펴 감정을 절제할 줄 아는 것이 벼슬길에 오른 자의 가장 중요한 원칙이다.

1. 윗사람 명령에 절대 복종하기

벼슬길에 나선 하찮은 인물은 '윗사람 명령에 절대 복종하기'를 재간으로 삼아 다양한 상황에 대처해야 한다. 이른바 '윗사람 명령에 절대 복종하기'란, 노골적으로 말해 고분고분하게 윗사람에게 존경의 태도를 드러내는 것을 뜻한다. 중국이라는 가문과 계급을 중시하는 오래된 사회에서는 이것을 줄곧 사회생활의 예절로 여겨왔다. 속담에 '웃는 얼굴에 침 못 뱉는다.'고 일렀다. 벼슬길에 오른 이는 허영심이 매우 강하기에 다른 사람이 자기에게 알랑거리는 것을 좋아하지 않을 수 없다.

당연히 고분고분 알랑알랑해야 하고 공경을 다해 윗사람의 뜻에 따를 수 있어야 한다. 그리고 말 속에 숨은 뜻까지도 깨달아서 멋지게 일을 처리하여 윗사람의 마음에 쏙 들어야 호감을 얻을 수 있다. 하찮은 인물들이 들끓었던 수천 년 동안의 중국 관료 사회에서는 윗사람의 기분을 곰곰 헤아리며 빌붙어 아첨하는 데 능해야 한다는 관료 철학이 언제나 존재했다. 다분히 계산적인 느낌이지만 옛날부터 지금까지 적지 않은 벼슬아치들이 이를 지칠 줄 모르고 즐겼다. 이는 오로지 윗사람의 눈에 들어 좋은 보직을 얻으려는 데 목적을 두었을 뿐이다.

벼슬길에 오르기가 어려운 일일까? 이홍장이 내뱉은 멋진 말 한 마디를 보자.

"세상일 가운데 벼슬살이보다 더 쉬운 것은 없다."

이 말은 다른 해석이 필요 없을 만큼 직접적이다. 황제에게 알랑거리기만 하면, 황제의 신임을 얻을 테고, 그러면 일의 결과는 별로 중요하지 않다는 말이다. 이는 벼슬살이하는 자라면 다 아는 현묘한 계책이 되었다. 이 때문에 청나라 말엽에는 이홍장 외에도 수많은 벼슬아치들이 이런 방식으로 권력자에게 아첨하며 영광스럽고도 높은 자리에 올랐다.

갑오년에 벌어진 중일전쟁 전에 청나라는 자희태후와 광서황제를 각각 우두머리로 하는 주화파와 주전파로 갈렸다. 당시 이홍장은 조정의 핵심 인물이었지만 결코 어떤 대응도 하지 않고 양쪽 세력을 비교하며 분석했다. 결국 그는 대권이 태후의 손아귀에 있다는 것을 알았다. 이 때문에 그는 비록 일본이 벌써 전쟁 준비를 다 갖추었다는 것을 잘 알면서도 온힘을 다하여 화친을 주장하며 자희 쪽에 섬으로써 그녀의 환심을 크게 얻었다. 언젠가 북양해군의 장교 몇 명이 조정에 함선을 사들일 돈을 요구했다. 그러나 이 일을 책임진 이홍장은 이들에게 이렇게 일렀다.

"지금은 예산이 부족하여 감히 불경스럽게 말씀을 올리지 못하겠소. 만약 무슨 문제가 생기면 내가 책임을 지겠소."

이 말은 그야말로 사람들을 숙연하게 하며 옷깃을 여미게 만들었다. 그러나 해군사령부와 호부의 왕공대신들은 자희에게 아첨하느라 함선을 사야 할 돈으로 이화원頤和園을 짓고 있었다. 이홍장은 함선 사들이는 일을 자희태후가 분명 좋아하지 않을 것임을 잘 알고 있었다.

이는 윗사람 명령에 절대 복종하는 최고 경지이다. 그러나 여기서 그쳤다면 이홍장을 이홍장이라고 부를 수 없다. 그는 권력자의 명령에만 절대 복종하는 외에도 권력자가 신뢰하는 대신에게도 비위를 맞추며 아첨했다. 당시 왕공대신 가운데 비교적 힘을 두루 갖춘 순친왕醇親王은 시를 지어 읊기를 좋아했다. 이홍장은 그의 취미에 영합하기 위하여 그의 집에 갈 때마다 짐짓 시흥이 갑자기 일어난 듯 그의 공적과 은덕을 높여 노래했다.

윗사람 명령에 절대 복종하기의 또 다른 비결은 바로 나쁜 소식은 빼고 기쁜 소식만 보고하는 것이다. 이홍장은 이 방법을 누구보다 잘 알았다. 그는 자기가 관장하는 지방 직례直隸에 보리 한 줄기에 두 개의 이삭이 패었다며 뻔뻔스러운 거짓말을 올렸다. 그리고 몇 년 동안 날씨나 작물이 모두 좋은 것은 천하가 태평하고 주상께서 슬기롭고 영명하기 때문이라고 덧붙였다. 이런 상주문이 조정에 올라가자 이홍장은 즉시 집권자의 환영을 받았다.

기쁜 소식은 반드시 올린다. 그러나 나쁜 소식은 결코 올리지 않는다. 이에 대해 이홍장은 자기만의 독특한 생각을 가지고 있었다. 언제가 그가 러시아를 방문했을 때였다. 때마침 러시아 황제의 대관식이 있었다. 그러나 대관식이 진행되는 중에 혼란이 발생했다. 백성들이 의식이 진행되는 중심으로 미친 듯이 밀려들었던 것이다. 그 결과 많은 사상자가 발생했다. 당시 귀빈석에서 이를 지켜보던 이홍장은 러시아의 재무장관 비테(Witte)에게 이렇게 물었다.

"이 불행한 사태의 전말을 귀국 황제에게 자세하게 보고할 작정이오?"

비테는 고개를 끄덕였다. 이홍장은 경멸하는 듯 피식 웃었다. 그는 이 사람이 벼슬을 할 자격이 아예 없다고 생각하며 이렇게 말했다.

"참으로 어리석기 짝이 없소. 나는 일찍이 직례라는 지방의 총독자리에 있을 때, 흑사병이 창궐하여 수만 명이 죽었지만 조정에 올리는 상주문 가운데 한 마디도 언급하지 않고 오로지 천하가 태평하다는 말만 했을 뿐이오."

러시아 사람이 깜짝 놀라며 이상하다는 눈초리로 그를 바라보았다. 그러자 이홍장은 관리로서 마음에 꼭 새겨야 할 바를 이 관리에게 가르쳐 주었다.

"여기 사람이 죽었다고 황상께 보고하여 그분을 몹시 괴롭게 할 이유가 있겠소? 내가 만약 귀국 황상의 벼슬아치라면 이 모든 일을 그에게 보고하지 않을 것이오. 가련한 황상을 구태여 더 괴롭게 할 필요가 어디 있겠소?"

이홍장의 이 말은 분명 성공한 자의 입장에서 한 말이지만, 사실상 기쁜 소식은 반드시 올리고 나쁜 소식은 결코 올리지 않는다는 것은 단지 몇몇 멍청하고 어리석은 상사에게만 대처할 수 있을 뿐이지 일단 똑똑하고 맡은 일을 제대로 처리하려는 상사를 만나면 아무런 쓸모가 없을지도 모른다. 그러기에 벼슬살이를 하면서 하찮은 인물이 상사에게 올리는 공경 가운데 가장 중요한 방법은 자신이 상사의 명령에 절대 복종하며 상사의 잘잘못이나 호오好惡가 곧 자신의 잘잘못이나 호오임을 보증하는 일이다. 따라서 상사와 생각이 다르면 말하지 말고 오로지 '예, 예 그렇습니다!' 하면 된다. 그러나 이것은 결코 관리자의 본질은 아니다. 그러나 한번 바꾸어 생각해 보라. 어떤 상사가 자기를 맞받아치려는 부하를 원하겠는가? 벼슬살이를 하는 대부분의 인물들은 부하가 자기의 명령에 복종하기를 바라며 모두가 화기애애하게 지내기를 원한다.

상사는 자기 뜻에 따라 일을 처리하는 부하를 좋아한다. 상사가 기분이 좋아야만 승진의 기회를 얻을 수 있다. 더구나 중국의 봉건적인 관료 사회에서는 더욱 심했다. 『관장현형기』에는 이런 예리한 관찰이 있다.

"무릇 벼슬살이를 하는 이는 상사의 칭찬, 이 한 마디를 들어야 한다. 그것은 바로 기쁜 승진 소식이다."

"상관의 웃음을 보면 몇 날을 기쁨으로 보낼 수 있으나, 상관의 노여움을 보면 몇 날을 괴로움으로 보내야 한다."

그러기에 상사가 자기를 좋아하게 만들기 위해서는 이 한 마디 비결에 정통해야 한다.

윗사람 명령에 절대 복종하기라는 관료 사회의 법칙은 청나라 때 이르러 더욱 많은 사람들이 최고의 경지에 이를 정도로 멋있게 운용했다. 광서光緖 연간에 나온 『월월소설月月小說』「서序」에는 이런 묘사가 있다.

"윗사람이 한 마디 하면, '예, 예.' 하는 소리가 밑에서 요란하게 들려와야 하니, 바로 이것이 관료 사회이다."

또 이런 대련對聯도 있다.

"예, 예, 예, 조상의 크나큰 복은 이 몸의 즐거움이요,

예, 예, 예, 황상의 천은에 이 몸은 무사합니다."

중국인은 관료 사회에 물든 지 이미 오래 되었기에 이런 모습을 그리 대단하게 여기지도 않는다. 웨이드(T. F. Wade)라는 영국인은 당시 청나라 관료 사회의 '예, 예 하면서 굽실거리는' 모습을 너무도 똑똑하게 보았다. 그는 자기 일기에 이렇게 묘사했다.

"비록 권력이 한 사람에게만 있지 않은데도 중국 대신들은 여전히 자기 의견을 내려고 하지 않는다. 총리아문總理衙門에서 외국 사신이 한 마디 할 때면 중국 관리는 서로 눈치만 볼 뿐이다. 대신은 친왕親王을 살피고, 새로 들어온 대신은 옛날부터 있던 대신을 살핀다. 만약 친왕이 입을 열면 많은 이들은 그제야 한 목소리로 호응한다. 만약 친왕이 입을 꼭 다물고 있으면, 대신들은 죽은 듯이 입을 열지 않는다."

웨이드는 참으로 생동감 넘치는 예를 들고 있다. 어느 날, 그는 청나라 총리아문에서 일을 보고 있었다. 그는 일이 좀 따분해지자 이렇게 한 마디 던졌다.

"오늘은 날씨가 참 좋군요."

그런데 이 말에 대답하는 이가 하나도 없었다. 한참이나 지나서 어떤 대신이 조심스레 응답해왔다.

"참말로 날씨가 좋습니다."

웨이드가 고개를 끄덕이자 이 대신도 그를 보고 고개를 끄덕였다. 이어서 여기저기서 우르르 응답이 쏟아졌다.

"날씨가 정말 좋습니다."

청나라 관리들의 '예, 예, 예, 그렇습니다.'라는 말은 벌써 습관이 되었기에 때로는 상사의 말이 이치에 어긋나도 머리는 따른다. 어느 장관이 자기 부하가 온 힘을 다하여 일을 처리하지 않는 것이 미워서 크게 질책을 하자 부하는 그래도 '예, 예, 예' 할 뿐이었다. 그러자 장관은 그만 더욱 화를 내며 '이, 바보 같은 놈'이라고 꾸짖었다. 그래도 부하는 단 한 마디, '예, 예, 예' 뿐이었다는 이야기가 있다.

당연히 윗사람 명령에 무조건 복종하기는 '예, 예'와 같은 간단한 대답만은 아니다. 만약 상사의 특징을 이해하지 못하거나 그의 의도를 모르면 다른 사람의 가르침을 청하거나 그 뜻을 헤아리며 비위를 맞출 방법을 찾아야 한다. 만약 아무리해도 어떻게 말해야 할지 잘 모른다면 공문서 가운데 쓰였던 문자를 흉내 내어 쓸 수밖에 없다. 청나라 때 오치창吳熾昌의 『객창한화客窓閑話』는 오랜 친구의 말을 빌려 관료 사회에서 어떤 막료가 공문의 초안을 작성할 때 상급 아문의 공문을 흉내 내어 상사의 뜻에 영합하려는 모습을 이렇게 일렀다.

"우리는 사건을 처리할 때 모든 것을 고정된 격식이나 관례에 따라 순서를 정한다. 이렇게 하면, 야단을 맞거나 훈계를 들을 일이 없다."

그러나 이런 빈말이 오히려 일을 그르칠 때도 간혹 있다.

함풍咸豊 연간에 양광총독兩廣總督[120]이 발령 대기 중인 부하 다섯을 접견했다. 절을 받는 등 예절이 다 끝난 뒤에 총독은 자리에 앉았다. 아직도 입을 열기 전이라 실내는 자못 조용했다. 이때, 재산을 헌납하고 벼슬길에 대기하고 있던 후보 현령이 총독에게 가까이 다가가려는 생각으로 벌떡 일어나더니 이렇게 물었다.

"어르신의 고향은 어디십니까?"

말투는 비록 부드럽지만 그 부드러움 속에 뼈가 있어 총독은 그만 자기도 모르게 멍해졌다. 그리고 차갑게 대답했다.

"순천대흥順天大興[121]이오."

후보 현령은 이어서 또 물었다.

120 양광兩廣은 광동廣東과 광서廣西 지방을 가리킨다.

121 지금의 베이징北京이다.

"그럼 어르신의 성씨姓氏는 어떻게 되십니까?"

총독은 만주족이었다. 그는 성가시다는 듯 짜증스럽게 대답했다.

"우리 만주족은 성姓이 없소."

후보 현령이 그제야 멍청한 모습으로 자리에 앉았다. 그는 이야기가 이렇게 끝난 줄 알았다. 그러나 총독 어른이 이미 그를 미워하기 시작했다는 것을 그는 생각지도 못했다. 잠시 뒤, 총독 어른은 억지웃음을 지으며 후보 현령에게 물었다.

"그대는 고향이 어디오?"

후보 현령은 그 자리에 앉은 채로 대답했다.

"광서廣西입니다."

총독의 질문은 잇달았다.

"그곳 특색은 무엇이오?"

후보 현령은 이렇게 대답했다.

"그곳엔 산중에 원숭이가 많습니다."

총독은 꼬치고치 캐물었다.

"원숭이는 얼마나 크오?"

그런데 후보 현령의 대답이 참 재미있다.

"어른께 말씀을 드린다면, 원숭이 작은 놈은 손바닥보다 작지만, 큰 놈은 어른만합니다."

후보 현령의 이 대답 속에 나오는 뒤의 '어른'은 '성인成人'을 가리키지만, 후보 현령은 총독을 '어른'이라고 불렀다. 이렇게 한꺼번에 어울려서 쓰면 누가 들어도 아무런 구별이 없다. 총독은 이 말을 듣자 그만 불같이 화를 내면서 탁자를 내려쳤다.

"너 같은 놈이 백성의 부모 노릇을 할 생각이란 말이냐?"

총독은 후보 현령에게 당장 병가를 내고 고향으로 돌아가서 원숭

이와 함께 살라고 명령했다.

후보 현령에게 결코 악의가 있었던 게 아니다. 그는 다만 상사 앞에서 먼저 말을 꺼냄으로서 분위기를 원활하게 할 생각이었을 뿐이다. 그러나 그는 자신이 관료 사회에 엄존하는 존비의 벽을 넘을 줄은 몰랐다.

이제 벼슬길에서 지켜야 할 규칙을 정리할 수 있다.

어느 곳에서든 먼저 입을 여는 이는 상사이다. 설령 잡답을 하더라도 상사가 먼저 하기를 기다려야 한다. 상사가 입을 열지 않으면 아랫사람은 반드시 벙어리여야 한다.

이것도 윗사람의 명령에 무조건 복종하기의 또 다른 표현이다.

2. 윗사람 존경하기: 무릎 꿇고 절하기는 관아의 예법

"개새끼, 꺼져!"

이 말은 좌종당左宗棠이 순무巡撫로서 막료들의 사조師祖로 있을 때, 지방의 무관에게 욕을 퍼부으면서 한 말이다. 사건의 발단은 지방의 하찮은 인물이 좌종당 앞에서 무릎을 꿇지 않았기 때문이었다.

청나라 때 번섭樊燮은 2품 고관에 상당하는 영주진永州鎭의 총병總兵이었다. 그런데 그는 자기 직분에 전혀 어울리지도 않게 뇌물을 받아먹으며 법을 우습게 알아 어겼고 기생을 데리고 노는 데 이미 단단히 빠져 있었다. 게다가 신병 사열도 그냥 가마에 앉은 채로 시행했다. 이리하여 영주 지방에서는 이런 헐후어歇后語까지 생겼다.

'번 총병 신병 사열 앉아서 보기'

함풍咸豊 연간, 때마침 다사다난했던 가을날, 태평천국의 난이 일어났다. 영주지부永州知府의 행정관 황문침黃文琛은 밤낮으로 성을 지켰지만 번섭은 언제나 술에 취해 기생과 함께 노닐며 아문 밖으로 나오지 않았다. 황문침은 불만이 대단했다. 그는 거리낌 없이 관인을 가지고 직속상관인 순무 낙병장駱秉章을 찾아가서 벼슬길에서 그를 해임하라고 요구했다.

번섭은 왕문침이 자기 험담을 했을까봐 두려워하며 얼른 순무를 찾아뵈었다. 낙병장은 그에게 사조 좌종당을 찾아뵈라고 일렀다. 옛날의 사조는 지방행정장관의 개인 고문일 뿐 조정의 봉록을 받지는 않았으며 국가로부터 위임받은 정식 권한도 없었다. 그러기에 조정의 명을 받은 벼슬아치인 번섭은 좌종당 앞에서 무릎을 꿇고 올리는 관아의 예법에 따라 절을 하지 않았다. 그러자 좌종당은 언성을 높이며 그를 훈계했다.

"무관은 내 앞에서 벼슬의 높낮이와 상관없이 모두 무릎을 꿇고 인사를 올려야 하거늘, 그대는 어찌하여 그렇게 하지 않는가? 빨리 무릎을 꿇고 인사를 올려라!"

번섭도 호락호락하지는 않았다. 그는 이렇게 반격했다.

"조정의 체제는 무관이 사조를 뵙고 무릎 꿇으며 인사를 올리라는 예가 없습니다. 무관은 설령 별것 아닐지라도, 저는 그래도 조정에서 내린 2품 벼슬아치입니다."

좌종당은 화가 머리끝까지 치밀었다. 그는 벌떡 일어나 번섭의 엉덩이를 차며 호되게 꾸짖었다.

"이 놈, 꺼져라!"

번섭의 이번 배알은 원래 감투를 유지시켜 달라고 요구하는 데 목적이 있었지만 결과는 오히려 큰코다치고 말았다.

무릎을 꿇고 올리는 예는 관료 사회에서 하찮은 인물이 반드시, 그리고 재빨리 익혀야 할 기교이다. 이런 점에서 송나라 때의 별 볼 일 없는 인물인 채확蔡確은 단연 돋보인다. 채확이 막 자그마한 고을의 사리참군司理參軍이 되었을 때였다. 사리참군은 당시 직급이 가장 낮은 지방 관리였다. 이때, 2품 선무사宣撫使 한강韓絳이 섬서 지방에 왔다. 지방의 모든 관리들이 한강을 영접할 때, 채확은 자기의 직속상관 한강을 축하하는 시를 그 자리에서 읊었다.

> 지난 날 유가에서는 한유韓愈를 천거했는데,
> 지금은 한신韓信 같은 이를 벼슬길에 올렸습니다.

> 儒苑昔推唐吏部,
> 將壇今拜漢將軍.

한강은 몹시 기뻐하며 채확이야말로 인재라고 칭찬을 아끼지 않았다. 그는 채확을 자기 동생 한유韓維에게 추천했다. 당시 개봉開封의 최고지도자였던 한유는 채확을 당장 촉관蜀官으로 올렸다.

그 후, 한유가 다른 곳으로 이임하고 유윤劉尹이 뒤를 이었다. 이때, 다른 벼슬아치들은 모두 섬돌 아래 서서 예를 갖추며 맞았지만 채확은 이 예를 행하지 않았다. 유윤은 채확이 자기를 얕본다고 생각하고 크게 화가 났다. 그는 당장 조정으로 관리의 죄상을 알리는 상주문을 올리며 채확의 불경에 걸맞는 처분을 황상께 요청했다. 신종神宗은 채확에게 섬돌 아래 서서 예를 갖추지 못한 이유를 설명하도록 했다. 채확은 이렇게 말했다.

"개봉부開封府 속관들이 섬돌 아래 서서 예를 올리는 것이 지금까지 관습으로 굳어지며 내려온 것은 태종太宗과 진종眞宗이 모두 개봉부윤開封府尹을 지냈기 때문에 이런 규정이 생긴 것입니다. 하지만 이제 모두가 황상 아래 벼슬아치인데 이런 예를 다시 행한다는 것은 합당하지 않은 일입니다."

황상께 올리던 예를 관리에게 적용하는 것은 적합하지 않다는 뜻이었다. 이 말을 들은 송나라 신종은 대단히 기뻐하며 채확이야말로 학식이 있다고 믿었다. 이리하여 신종은 채확을 이런 하찮은 자리에 두어서는 안 된다고 생각하며 중앙에서 근무하는 지방관으로 끌어올렸다.

한낱 9품에 불과한 벼슬아치 채확은 관리들이 행하는 이런 예를 두고 자기 상사의 마음을 얻으며 더 높은 벼슬을 얻을 수 있었다. 채확이 이렇게 자신을 낮추며 재빠르게 관료 사회의 예를 활용하여 승진할 수 있었던 것처럼, 스스로 청렴함을 자랑하며 일부러 관료 사회를 거슬렀던 이도 참으로 많았다. 지방의 하찮은 벼슬아치인 우겸于謙은 바로 관료 사회에서 이미 하나의 제도로 굳어진 예물 증정의 예를 뒤집어엎었다.

고대 관료 사회에서 지방 관리의 영욕과 승진은 모두 경관京官의 손안에 달려 있었다. 이 때문에, 지방에서 근무하는 관리는 어쩔 수 없이 경관과 좋은 관계를 유지해야 했다. 지방에서 근무하는 관리가 서울의 인물과 교유할 수 있는 방법은 대체로 세 가지 관계로 구성된다.

그 하나는 바로 '좌사座師'이다. '좌사'란 수재秀才, 거인擧人, 진사進士를 뽑는 시험에서 자기를 합격시킨 시험관을 말한다. 건륭乾隆 이후 과거에서 시험관은 예외 없이 모두 한림 출신의 경관京官이 맡았다. 이 때문에 진사로 합격하여 지방에 근무하는 관리로 말하자면, 좌사는 요직에 근무할 가능성이 높기 때문에 스승과 제자의 관계를 통해 관료 사회에서 발탁과 추천을 기댈 수 있는 통로일 수밖에 없다.

또 다른 관계는 '동방同榜'이나 '동향同鄕'이다. '동방同榜'이란 수재,

거인, 진사를 뽑을 때, 합격자 명단으로 게시된 방에 자기와 함께 이름이 올랐던 사람이다. 그러니까 자기와 같은 해 같은 과거에 '합격'한 형제들이다. 새로 합격한 거인은 모두 함께 '녹명연鹿鳴宴'에서 신나게 먹고 마신다. 그리고 새로 급제한 진사는 함께 '경림연瓊林宴'에 참가하는 즐거움을 누린다. 이런 것들은 모두 공금을 쓰며 마련되는데, 함께 먹고 마시며 즐긴 이들은 한평생 형제처럼 굳건한 관계를 유지한다. 갑과 출신의 벼슬아치는 보통 모두 몇 백 명의 '동방'을 갖고 있다.

마지막으로 자기가 근무하는 지방 출신 경관과의 관계이다. 청나라 때 지방관은 자기 본적지에서 벼슬을 할 수 없었다. 오로지 다른 곳에서만 관리를 할 수 있었다. 그러기에 자기가 근무하는 지방 출신의 경관과도 좋게 지내야 했다. 이들은 관료 사회에서 '동향', '동방' 관계를 통해 고향에 대한 영향력을 소홀히 하지 않았다.

지방에 근무하는 관리가 서울로 올라가 업무 상황을 보고하거나 경관이 지방으로 왔을 때에는 모두 이들에게 예를 올려야 했다. 예로 올리는 예물의 명목도 그 종류가 자못 많아서, 자주 보는 몇 가지 항목만 해도 빙경氷敬, 탄경炭敬, 별경別敬, 단배團拜 등이 있다.

'빙경氷敬'이란 여름날 얼음을 사서 더위를 식히라고 올리는 냉방비이다. 그리고 '탄경炭敬'은 추운 겨울에 쓸 땔감을 사라고 올리는 난방비이다. '별경別敬'은 서울을 떠날 때 드리는 '전별금'이다. 이 밖에도 설, 단오, 추석 등의 명절에는 달리 '수례水禮'를 올렸다. 동향이나 동방은 여기에 더해 '단배團拜'라는 명목이 있었다. 해마다 설날이면 '단체 새해 인사'를 올렸던 것이다.

이 모든 것들이 역대 관료 사회의 악습이었다. 그러나 우겸은 아예 이런 규정을 따르지 않고 서울에 올라갈 때에도 동전 하나 올리지 않았다. 어떤 이가 그에게 이렇게 타일렀다.

"금은보화를 보낼 수 없다면, 특산물이라도 올릴 수 없단 말이오?"

우겸은 양쪽 소매를 흔들더니 웃으며 말했다.

"이렇게 빈털터리외다."

그는 한 편의 시를 읊으며 자기의 태도를 드러냈다. 이 시의 뒤쪽 두 구절은 이렇다.

> 옷소매에 맑은 바람만 가지고 서울로 올라가면,
> 여염집에서 나오는 옳거니 그르거니 하는 말 듣지 않네.

> 淸風兩袖朝天去.
> 免得閭閻話短長.

이 때문에 우겸은 하마터면 목숨까지 대가로 내놓을 뻔했다. 환관 왕진王振은 공금이나 남의 재물을 불법으로 차지하기를 우습게 알았기에 지방에서 근무하는 관리가 서울에 와서 일을 볼 때면 먼저 그에게 거액의 돈을 뇌물로 바쳐야 했다. 그러나 우겸은 뇌물을 올리지 않았기에 왕진에게 미운털이 박히고 말았다. 왕진은 같은 패거리에게 우겸을 무고하도록 조종했다. 우겸은 감옥에 갇히며 사형이 선고되었다. 다행히도 우겸은 지방에서 근무하던 관리로서 명성이 드높았다. 하남河南과 산서山西 지방의 지방관원들과 백성들은 우겸이 억울한 죄를 뒤집어쓰고 곤경에 처했다는 소식을 듣자 수많은 이들이 연명으로 영종英宗에게 우겸을 석방해 달라고 요구하는 탄원서를 올렸다.

관료 사회에서는 지켜야 할 예법도 많지만 금기禁忌도 그만큼 많았다. 따라서 벼슬길에 오른 하찮은 인물은 눈앞의 상사에게 비위를 맞추며 영합하면 당연히 잘못될 일도 없어진다. 벼슬길에 오른 채확이 아직 누구의 눈에도 띄지 않는 하찮은 인물일 때도 그랬다. 어떤 벼슬아치에게나 굽실거리며 크게 예를 올리면 벼슬이 올랐으며, 가장 실권이 막강한 인물을 정확하게 찾아서 빌붙으며 예를 다 갖추면 관운이 자연스레 열렸다. 그러나 지방에서 근무하던 벼슬아치 우겸은 일부러 이를 어겼다. 우겸이 아직도 제대로 벼슬길에 들어서지 않았기 때문이었을까, 아니면 벼슬길에 오른 지 얼마 되지 않은 신참이기 때문이었을까. 관료 사회에 깊이 들어오지 않은 미관말직이 언제나 그랬듯이. 청대의 유명한 천재 홍승洪昇은 전기희곡傳奇戲曲『장생전長生殿』을 썼다. 이 희곡은 지금까지 전해오는 경전이 될 만한 작품이다. 그러나 당시 이 희곡을 예행 연습할 때, 홍승은 그가 어렵사리 얻은 관직을 잃어야 했다. 관직 박탈의 원인은 홍승이 이 작품을 예행 연습하던 때가 황후가 병으로 세상을 떠나고 아직 탈상하지 않은 '국상國喪' 기간이기 때문이었다. 이리하여 위도사衛道士 황육홍黃六鴻은 '국상 기간에 제멋대로 즐거움에 빠지는 것은 무례한 행동'이라는 이유로 국자감생이었던 천재 홍승을 파직했다. 그 이듬해 홍승은 가족들을 이끌고 항주杭州로 되돌아갔다.

관료 사회의 예절이나 갖가지 악습이야말로 실상은 상사가 아랫사람을 통제하는 데 쓰는 일종의 제도였다. 한참 아래에 있던 관료 사회의 하찮은 인물은 순종하고 또 순종할 수밖에 없었다.

3. 윗사람에게 순종하기: 관점의 일치

벼슬길의 수칙 가운데 하나는 '독립된 생각을 절대로 펼치지 않기'이다. 특별히 윗사람에게 빌붙으며 자기 이익을 취하려는 하찮은 인물은 자기 생각이 없는 편이 가장 낫다. 일단 생각과 분석 능력이 있으면 명령을 위반할 용기가 생길 수 있다. 하지만 머리에 뿔나고 몸에 가시 돋으면 벼슬할 생각은 말아야 한다. 부하는 자기 생각이나 관점을 터놓을 수 없는 사람이다. 이것마저 할 수 없으면 관료 사회에서 벼슬살이할 생각을 말아야 한다. 어떤 상사는 이렇게 힘주어 말한다.

"나는 여러분의 의견이나 비판을 좋아합니다."

또 다른 상사는 이렇게 말한다.

"나는 용감하게 간언을 올리는 이를 발탁할 것입니다."

하지만 이는 모든 상사가 벼슬살이에서 쓰는 술수일 뿐이다. 사실 자기를 비판하는 부하를 좋아할 상사는 없다. 더구나 자기 뜻과 다르게 일을 처리하는 부하는 결코 좋아하지 않는다. 부하가 할 일은 바로 상사의 관점과 자기 관점을 일치시키는 일이다.

고대 관료 사회에는 학식이 있는 이가 많았다. 그런데 이런 이들은 대체로 높은 벼슬에 이르지 못했다. 그 이유는 바로 학식이 풍부한 이들의 문화적 소양이 자기만의 독립된 인격과 관점을 유지하도록 만들었기 때문이다. 그런데 이런 관점이 자기 상사와 맞지 않고 타협하기를 원하지 않으면, 결국 아무리 재주가 많아도 모두 좌천되거나 관직에서 쫓겨났다.

유명한 시인 한유韓愈는 막부에 들어감으로써 벼슬살이를 시작했다. 한유는 서주徐州의 장건봉張建封 막부에 의탁하며 절도추관節度推官이 되었다. 장건봉은 그의 막료들을 대단히 엄격하게 대했다. 한유는 상사인 장건봉이 지나치게 엄격하다며 논쟁을 벌였다. 그는 일찍이 장건봉에게 이런 편지를 올린 바 있다.

"이렇게 이른 꼭두새벽 날이 채 밝기도 전에 막부로 출근하여 오후에는 해가 진 다음에야 집으로 돌아갈 수 있으니, 이는 현인을 대하는 예가 아닌 줄로 압니다. 저는 정말 참을 수 없습니다."

이런 말은 막부에 근무하는 하찮은 인물이 할 소리가 아니다. 장건봉은 당장 한유를 내쫓고 말았다.

우리는 한유처럼 내쫓긴 명사들을 일일이 열거할 수 있다.

굴원屈原은 내정이나 외교 문제를 두고 초楚나라의 부패한 귀족 집단과 날카로운 갈등을 일으킨 결과 상관대부上官大夫 등의 시샘을 받았으며 나중에 수많은 모함을 받았다. 결국 초나라 회왕懷王도 그를 내치고 말았다.

사마천司馬遷도 있다. 그는 흉노를 치러 나갔다가 패한 뒤 투항한 이릉李陵을 변호하다 한무제의 노여움을 사며 궁형을 받았다.

이백李白은 영왕永王 이린李璘의 초청을 받아들이며 그의 막부로 들어갔다. 하지만 영왕은 숙종肅宗의 노여움을 사서 피살되고 이백은 멀리 유배되었다.

한유는 감찰어사의 자리에 있으면서 오랜 가뭄으로 백성들의 굶주림이 심하니 갖가지 세금을 감면해 달라고 상소를 올렸다가 양산령陽山令으로 강등되었다. 또 50~57세 때에는 배도裴度가 회서淮西 지방의 오원제吳元濟 반란을 평정하는 데 참여했다가 나중에 형부시랑刑部侍郎에 올랐으나 간영불골諫迎佛骨[122] 사건으로 조주자사潮州刺史로 좌천되었다.

122 중국 역사상 유불 갈등으로 불거진 중대한 사건이다. 밖에서 들어온 종교와 본토의 전통 사상은 서로 적응하지 못하고 몇 백 년의 마찰을 거치며 중국인들은 점차 불교를 받아들이기 시작했다. 당나라 초기에 여러 황제는 모두 불교 신봉자였기에 한때 불교는 크게 성행했다. 당시 지식인들은 국가와 백성의 이익을 위하여 유학 사상에 의거하여 반불 의견을 내놓았다. 당나라 헌종憲宗 원화元和 14년(819년), 유불 갈등은 매우 격렬한 형식으로 터졌다. 원화 14년, 불사를 일으키는 시기에 당헌종은 불골, 즉 사리를 궁중으로 모셔 와서 사흘 동안 공양하려고 했다. 이 소식을 들은 한유韓愈는 『간영불골諫迎佛骨』을 써서 헌종

구양수歐陽修는 당시 정치 상황을 비판하며 상소문을 올린 범중엄范仲淹을 변호하다가 이릉현령夷陵縣令으로 좌천되었다.

오랜 역사에서 독립적인 개성을 가진 지식인의 벼슬길이 자못 순탄치 못했던 것은 모두가 상사와의 관점이 일치하지 않았기 때문이다. 하찮은 인물이 벼슬살이에서 지켜야 할 기준은 자기의 생각이 없어야 한다는 점이다. 바로 자기 관점이 없어야 한다는 말이다. 상사의 관점이 바로 자기의 관점이어야 한다. 당나라 때의 지식인 원진元稹은 벼슬길에서 좌절을 당한 뒤에야 이런 기준을 비로소 깨달았다.

원진은 당나라 대력大曆 14년에 태어났다. 그는 여덟 살 때 아버지를 여의었으나 자신의 재능으로 열다섯 살에 벼슬길에 올랐다. 스물한 살 때, 하중부河中府 – 지금의 허난河南 지방 – 의 미관으로 있을 때, 그는 환관과 다툼을 벌이기 시작했다. 그때, 원진은 환관의 전횡을 비판하며 바른 말을 서슴지 않고 할 만큼 두려움이 없었다. 이 때문에 그는 권력을 쥐고 있던 환관 유사원劉士元에게 미움을 샀다.

원화元和 4년 7월, 당시 겨우 8품의 감찰어사에 불과했던 원진은 낙양을 지나는 무녕군武寧軍 감군사監軍使 맹승진孟昇進의 영구靈柩가 역참을 거치며 잠시 머무는 것을 단호히 불허하며 법에 따라 엄격하게 제재함은 물론 아예 공개적으로 조정에 그 죄를 고발했다. 원진의 환관을 향한 도전은 마땅히 인정받아야 할 일이지만 그보다 앞서 반기를 든 사람들도 있었다.

에게 올리며 불교를 신봉해서는 안 된다고 극렬하게 주장했다. 또한 한유는 역대 어리석은 황제가 부처를 섬기며 복을 빌었지만 오히려 화를 입은 예를 하나하나 들었다. 그러나 한유는 헌종의 뜻을 꺾지 못하고 오히려 목숨까지 잃을 뻔했다.

그 이전에 이강李絳, 최군崔群, 백거이白居易, 독고욱獨孤郁, 단평중段平仲 등은 환관의 우두머리 토돌승최吐突承璀를 탄핵한 바 있다. 이제 원진은 대담하게 환관과 맞섬으로써 이들이 손봐야 할 첫 번째 인물이 되었다. 토돌승최의 심복으로서 지난날 왕승종王承宗을 토벌할 때의 조수였던 구사량仇士良과 유사원劉士元은 원진을 때려죽일 작정으로 싸움을 걸어왔다.

그때, 환관 유사원과 원진은 역참에서 유숙하게 되었다. 환관 유사원 등은 원진보다 늦게 도착했다. 그러나 이들은 보복을 위해 생트집을 잡기 시작했다. 이미 잠든 원진을 대청에서 내몰며 자기들이 휴식을 취해야겠다면서 억지를 썼다. 원진은 당연히 양보하지 않으려고 했다. 서로 물러서지 않으려고 버티는 가운데 유사원과 다른 환관들은 마구 욕설을 퍼부으며 몽둥이로 원진을 내려쳤다. 머리를 다친 원진은 피를 철철 흘리며 신발도 신지 않은 채 뒷문으로 달아났다.

이 사건의 시비곡직은 처음부터 너무 분명했다. 잘못은 애초부터 환관에게 있었지 원진에게 있지 않았다. 그러나 당헌종唐憲宗은 환관의 도움으로 황제의 자리에 오른 인물이었기에 시비곡직을 따지지도 않고 제멋대로 날뛰는 환관들을 두둔하며 도리에 맞게 행동했는데도 두들겨 맞으며 대청에서 쫓겨난 원진을 강릉사조참군江陵士曹參軍으로 좌천시켰다. 이 일은 겉으로 보기에는 단지 예의를 두고 벌인 다툼처럼 보이지만 사실은 정의로운 원진과 그렇지 못한 환관이 한 곳에 있을 수 없기에 벌어진 일이었다.

바로 이런 불공평한 폄적 때문에 원진의 정치에 대한 생각과 처세 방식에는 모두 근본적인 변화가 일어났다. 원진은 환관 세력이 이처럼 강대하여 황제마저도 그들에게 한 수 접어야 하는데, 하찮은 말단 벼슬아치인 자기가 무슨 능력이 있어서 그들과 맞설 수 있는가 하고 생각했다. 따라서 원진은 '싸워서 이길 수 없으니 그냥 빌붙어 살기' 시작했다. 다시 말하면 밉보이지 않고 아첨이나 하겠다는 말이다. 원진은 환관을 공경하는 체하며 재빨리 화해하고 비위를 맞추고 영합했다.

당시, 최담준崔潭峻이란 환관이 강릉 지방의 감군監軍으로 오자 원진은 얼른 그에게 빌붙으며 글재주를 과시했다. 원진은 그를 찬양한 적지 않은 시를 읊었다. 원진의 아첨에 최담준은 기분이 한껏 좋아서 당시 황제 목종穆宗에게 원진을 천거했다. 원진은 단번에 중서성 정2품의 고관으로 승진했다.

4. 윗사람 치켜세우기: 차례로 배경 고르기

영원한 친구도 없고 영원한 적도 없다는 말을 흔히 한다. 이와 마찬가지로 벼슬길에도 영원한 상사는 없다. 수많은 상사 아래에서 자기 자신을 바꾸며 다시는 하찮은 인물의 운명에 빠지지 않기 위해서는 반드시 상황에 따라 기민하게 행동해야 한다. 상사를 따르는 데 충성을 하느냐 마느냐와 같은 고민은 있을 수 없고, 오직 민첩하게 융통성을 발휘하느냐 마느냐의 권모술수만 있을 뿐이다.

왕보王甫는 왕보王黼라고도 했다. 송사宋史는 그를 일러 '지혜와 계략이 대단했으며 아첨하는 데 능했다.'고 기록했다. 고대 관료 사회에서 아첨에 능한 인물은 수없이 많았지만 송나라 때의 왕보란 인물이 '아첨하는 데 능했다.'는 말은 상사 한 인물에만 능했다는 말이 아니라 그가 재빠르게 배경을 찾는 데 능하여 한낱 보잘것없는 사리참군司理參軍에서 끊임없이 승진했다는 데 있다.

왕보는 숭녕崇寧 연간에 진사로 급제하여 상주相州 사리참군에 임명되었다. 이때 그는 하지河志와 함께 조그마한 현의 기록에 해당하는 『구역도지九域圖志』를 편찬했다. 문서를 담당하던 왕보는 두드러진 특징이 하나 있었다. 바로 준수하게 생긴 용모였다. 벼슬길에서 이리저리 어울릴 때 사나이의 자태는 언제나 한몫했다. 왕보의 상사였던 하지는 왕보의 외모에 매혹되었다. 왕보의 시원시원하고 멋진 모습과 재치가 번쩍이는 말씨는 하지를 매료시키기에 충분했다. 이렇게 그를 좋아했기에, 하지는 왕보를 조정에서 벼슬살이를 하고 있던 자기 아버지 하집중河執中에게 천거했다. 하집중도 왕보의 남다른 자태에 탄복하여 온힘을 다하여 추켜올렸다. 이리하여 왕보는 교서랑校書郎에 올랐다가 부보랑符寶郎을 거쳐 좌사간左司諫에 이르렀다. 여기에서 왕보가 단지 그의 남다른 용모 때문에 벼슬이 올랐다고 생각한다면 이는 잘못이다. 나중에 황제의 마음에 쏙 들도록 영합한 것을 보면, 왕보가 하씨 부자의 마음을 꿰뚫으며 온힘을 다해 비위를 맞춘 것은 기분 좋을 때 이들 부자의 천거를 얻으려는 데 목적이 있었음을 알 수 있다.

왕보는 놀랍게도 자기의 배경을 아들로부터 아버지에게로 옮길 수 있었다. 그것도 매우 빠르게 더 큰 배경으로 바꾸었다. 분명 하집중은 튼튼하고 힘 있는 배경이 되기에 충분하지 않았다. 하지만 이 모든 것은 단지 왕보의 큰 이상을 향한 첫걸음일 뿐이었다. 당시 조정에서 재상의 자리에 있던 장상영張商英은 점차 휘종徽宗의 신임을 잃고 있었다. 휘종은 재상의 자리에서 쫓겨나 항주杭州에 머물고 있던 채경蔡京에게 옥고리를 내려 보내고 있었다. 이를 안 왕보는 황제가 채경을 다시 불러 쓸 뜻이 있음을 짐작했다. 한참을 생각에 잠기며 궁리를 하던 왕보는 좋은 수가 생겼다는 듯 황제에게 올리는 글을 작성하며 채경을 높이 치켜세우면서 장상영을 공격했다. 과연 얼마 뒤 채경은 조정으로 다시 불려와 재상의 자리에 올랐다. 채경은 왕보의 큰 도움에 감격한 나머지 그를 좌간의대부左諫議大夫, 급사중給事中, 어사중승御史中丞으로 발탁했다. 2년도 되지 않아서 왕보는 조정에서 매우 중요한 인물로 변신했다.

그는 황제가 가장 가까이하며 신임하는 하집중을 배경으로 해서 조정에 들어갔지만, 이제는 그가 자기 앞길에 아무런 소용이 없을 뿐만 아니라 오히려 방해가 된다고 생각하자 그만 휘종에게 글을 올려 하집중의 죄상을 스무 개나 늘어놓으며 멀리했다. 얼마 뒤, 그는 시독 겸 한림학사로 승진했다. 뒷날 그는 채경과 사이가 벌어진 정거중鄭居中과 오가다가 그만 채경의 미움을 사며 호부상서로 강등되었다. 하지만 그는 큰 장애 없이 빠른 눈치와 적절한 아첨으로 다시 원래의 자리로 되돌아왔다.

왕보는 황제가 가장 아끼고 신임하는 채경을 배경으로 삼은 뒤, 이제는 눈길을 세상에서 가장 큰 배경인 휘종에게로 옮겼다. 그는 휘종의 총애를 얻기 위하여 온갖 계략을 다 짜내며 먼저 황제 곁을 지키는 환관의 비위를 맞추기 시작했다. 그는 아버지를 공경하며 모시듯이 양사성梁師成을 선생님으로 부르며 고분고분 순종했다. 그러면서 양사성의 힘을 믿고 이웃에 사는 문하시랑門下侍郎 허장許將의 집을 강제로 차지했다. 훤한 대낮에 드러내놓고 허장의 집안 식구들과 노복들을 집밖으로 내쫓았다. 왕보는 요령 있게 아첨하면서 매우 빠르게 휘종의 사랑과 신임을 얻었다. 선화宣和 원년(1119년), 그는 부상副相의 자리에 올랐다. 통의대부通議大夫에서 한꺼번에 여덟 단계를 건너뛰며 승진했으니 그 빠른 속도는 역사상 유례없는 일이었다. 휘종은 그에게 관청에 딸린 큰 저택까지 내렸다. 저택으로 이사를 가던 날, 궁중의 악단이 북치고 나팔 불며 앞에서 길을 열었다. 이날, 제멋대로 겉치레하며 과시하는 데 쓰인 기물들은 모두 관아에서 가져온 것이었다.

권력은 사실 일종의 희소 자원이다. 하찮은 인물이라는 신분을 벗어나려면 주인을 몇 번이고 바꾸어야 할 뿐만 아니라 승진 길을 막아선 관원들을 밀어내야 한다. 자리는 오직 하나뿐이니 누구보다 그대가 차지해야 한다. 오직 하나뿐이기 때문에 설령 일찍이 그대를 발탁한 상사라 할지라도 일단 더 멋진 배경을 찾은 뒤에는 일찍이 상사였던 사람은 이제 더 이상 상사가 아니다. 새로 나타난 더 큰 나무가 바로 그대의 배경이기에 그대가 두려워하며 비위를 맞추어야 할 대상은 바로 더 크고 높은 나무이다. 오로지 이 나무만이 하찮은 인물이 위로 오르는 데 확실한 배경이 된다.

중국 역사에서 오대五代는 불과 5~60년밖에 되지 않지만 빈번한 왕조의 교체로 모두 다섯 나라, 다섯 가지 성의 황제가 나타났다. 따라서 황제가 바뀌면 신하도 모두 바뀌는 시대였다. 황제가 단명하면 자연스레 통솔하던 대신들도 단명할 수밖에 없었다. 이들은 불과 몇 년도 벼슬을 하지 못했으며, 왕조의 붕괴를 따라 그들의 영화도 한낱 연기처럼 사라졌다. 그러나 이렇게 끊임없는 교체 속에서도 어떤 충격도 받지 않고 한 번도 넘어지지 않은 이가 있었으니, 바로 풍도馮道가 그런 인물 중 하나였다.

풍도는 하북河北 영주瀛州 경성景城 출신이다. 그의 조상은 농업에 종사하면서 학생들을 가르치기도 했다. 당시에 그의 지위는 매우 낮았다. 이렇게 지위가 낮고 하찮은 인물일수록 벼슬에 대한 꿈이 크다. 그러기에 풍도는 어려서부터 독서에 깊이 빠지며 문장도 일정 수준에 이르렀다. 그는 듬직하고 신중하여 먹고 입는 것을 까다롭게 따지지 않았으며 오로지 독서에만 매진했다. 큰 눈이 내려 대문을 막고 자리에 먼지가 가득해도 먼저 책부터 펼쳤다. 이렇게 학문에 열심이었기에 자연 그 이름이 널리 퍼졌다. 당시 유주幽州를 점거하고 있던 유수광劉守光은 그의 명성을 흠모하여 막료로 삼았다. 풍도가 아직 곤경에 처했던 시절, 벼슬길에 오르려는 자신의 마음을 드러낸 시가 있다.

> 막다른 길에 몰렸다고 상심하지 말지어니,
> 벼슬길은 언제나 일찍이 심은 씨앗의 결과로다.
> 깊은 바다 높은 산 하늘 뜻 그대로임을 알고,
> 자성하여 제 잘못 고쳐야 하리라.
> 자연의 법칙이 어느 때 세상을 버렸나,
> 가는 배 어느 곳에서 길이 막혔나.
> 마음먹으면 아무런 어려움이 없을지니,
> 잔악한 무리 속에서도 성공하고 말리라.

> 莫爲危時便愴神,
> 前程往往有期因.
> 終因海嶽歸名主,
> 未省乾坤陷吉人.
> 道德幾時曾去世,
> 舟車何處不通津.
> 但敎方寸無諸惡,
> 虎狼叢中也立身.

그는 착한 사람에게는 자연히 하늘의 도움이 있게 마련이기에 세상이 아무리 바뀌어도 세상 돌아가는 이치를 바로 알고 마음을 흐트러뜨리지 않는다면 세상 곳곳에 평탄한 길이 열릴 수 있다고 생각했다. 세상 돌아가는 이치란 무엇일까? 그는 지식인으로서의 청렴과 고결, 그리고 체면 따위를 팽개치고 상사 앞에서는 저자세를 취하며 자신은 영원히 하찮은 인물로 머무는 것이라고 보았다.

당나라 말엽, 풍도는 유주를 점거하고 있던 유수광의 참군막료參軍幕僚였다. 그러나 유수광이 패한 뒤, 그는 다시 하동 지방의 감군 장승업張承業을 모셨다. 장승업은 그를 순관巡官에 임명하고 다시 진왕晋王에게 추천하여 하동절도사장서기河東節度使掌書記에 앉혔다. 후당後唐이 세워지자 호부시랑으로 한림학사가 되었다가 명종明宗 때는 단명전학사端明殿學士에 임명되었으며, 나중에 재상의 자리에 올랐다.

풍도는 이전이나 이후의 다른 환관들과는 달랐다. 그는 오만하게 우쭐거리지도 위세 당당하게 거들먹거리지도 않았으며, 자기가 최고라고 생각하지도 않았다. 오히려 근검과 절약이 몸에 익은 소박한 생활을 했으며 충직하고 온후한 장자요 겸허하고 공손한 군자의 모습을 잃지 않았다. 후진後晋, 후량後梁과 강 하나를 사이에 두고 전투를 벌일 때에도, 풍도는 군중에서 한 칸 오두막에 기거하며 침대도 없이 한 줌 마른 풀 위에 몸을 눕히곤 했다. 어떤 장병이 다른 사람에게서 빼앗아온 미녀를 풍도의 첩으로 보내자 그는 차마 물리치지 못하고 다른 집에 소중히 모셔두고 그 미녀의 주인을 끝내 찾아서 되돌려 보냈다. 이 때문에 그의 이름은 한때 유명해졌다.

세속에 물들지 않고 자신만의 순결을 지키려면 벼슬아치로서 일종의 수양이 필요하다. 그러나 풍도가 이런 멋진 수양이 있기에 몇 번이나 주인을 바꾸며 한 걸음 한 걸음 높이 올랐던 것은 아니다. 하찮은 인물의 벼슬길은 그 자체가 안정적이지 않다. 더구나 난세에 오직 한 마음으로 벼슬을 하려면 눈치 빠르게 마음가짐을 새롭게 해서 벼슬길에 뛰어들 수 있어야 한다. 바로 눈치 빠르고 교묘하게 아첨할 수 있어야 한다. 아첨은 관료 사회에서 하찮은 인물이 반드시 갖추어야 할 능력이다. 그러나 적절하게 아첨하면서 예술적인 묘를 얻는 방법에서 풍도는 대가였다.

언젠가 수운군장水運軍將이 임하현臨河縣에서 정교하고 아름다운 옥고리를 손에 넣었다. 이 옥고리 위쪽엔 '전국보만세배傳國寶萬歲杯'라는 여섯 글자가 새겨 있었다. 그들은 이 옥고리를 명종明宗에게 바쳤다. 명종은 이 옥고리를 차마 손에서 떼지 못할 정도로 아끼고 사랑하여 걸핏하면 여러 신하들에게 보이며 감상하게 했다. 어느 날, 명종은 이 옥고리를 풍도에게 보였다. 풍도는 짐짓 목소리를 낮추어 이렇게 말했다.

"이것은 이전부터 내려오는 유형의 보물로 뭐 그리 특별할 것 없습니다. 오히려 폐하께서는 무형의 보물을 지니고 계시니 참으로 이 세상에서 보기 드문 일입니다."

명종은 무슨 말인지 잘 이해하지 못하여 풍도에게 얼른 물었다.

"무형의 보물이 무엇이오?"

풍도는 이렇게 대답했다.

"성군聖君만이 자리에 오를 수 있습니다. 그리고 보배로운 자리를 지킬 수 있는 것은 바로 보이지 않는 인의仁義를 지니셨기 때문입니다."

명종은 비록 몸은 황제의 자리에 있지만 본래 무장 출신이라 이런 고상한 말을 알아듣지 못하고 다시 물으려고 하는데, 풍도는 신비스러움만 남긴 채 벌써 저만치 물러나 있었다. 명종은 어쩔 수 없이 곁에 있는 신하를 불러 그가 한 말의 속뜻을 물어본 뒤에야 풍도의 아첨이 대단히 높은 수임을 알고 마음속으로 자못 흐뭇했다. 아첨의 명수라면 설령 상사에게 자기 의견을 내놓을지라도 상사에게 즐거움을 줄 수 있다. 후당後唐 천성天成과 장흥長興 시대(926-933년)에는 바람과 비도 적당한 데다 여러 가지 상황도 비교적 좋았고 농민들의 수확도 괜찮았다. 이때 명종은 제멋대로 사치에 빠졌다. 그러자 풍도는 명종에게 이렇게 아뢰었다.

“제가 하동에서 장서기掌書記로 일할 때, 어느 날 중산中山으로 사신이 되어 가는 길에 정형井陘을 지나게 되었습니다. 그곳은 지세가 높고 험하여 말이 자칫 잘못하여 넘어질세라 고삐를 바짝 조여 쥐고 잠시도 딴눈을 팔지 않았습니다. 그곳을 지나 평지에 이르자 이제는 길도 평탄한지라 마음을 놓았습니다. 하지만 이곳에서 오히려 넘어지며 살갗이 벗겨지는 상처를 입었습니다. 몸이 흔들릴 정도로 위태로운 곳에 있을 때 온전하게 몸을 보호할 수 있었으나 안전한 곳에서 위태로움을 생각하지 않았을 때 오히려 뜻밖의 일을 당했습니다. 어지신 나라님이시기에 이 이야기를 거울삼아야 할 것입니다.”

자기가 경험한 바를 비유로써 나타냄과 동시에 상사를 ‘어지신 나라님’으로 높이 올림으로써 간언을 제일 싫어하는 황상도 자기 체면을 세우기 위하여 풍도의 이런 책망이 담긴 아첨을 받아들였다.

명종이 세상을 떠난 지 얼마 뒤, 노왕潞王 이종가李從珂가 봉상鳳翔에서 모반에 성공했다. 그러자 풍도는 당장 여러 관리들을 거느리고 노왕을 지극히 정중하게 궁중으로 영접했다. 이런 방식의 영접에 새 상사는 자연스레 만족하며 풍도를 재상으로 삼았다.

936년, 석경당石敬塘이 후당後唐을 멸하고 후진後晋을 세웠다. 풍도는 조금도 두려워하지 않고 보따리를 싸서 그대로 후진으로 자기 몸을 의탁했다. 그리고 번드르르한 말로 석경당의 마음을 즐겁게 하며 사공司空 자리를 얻었다. 그 뒤, 그는 끊임없이 승진하여 동중서문하평장사同中書門下平章事까지 올랐으며, 게다가 노국공魯國公으로 봉해지기까지 했다. 석경당이 세상을 떠난 뒤, 석경당의 양자 석중귀石重貴가 황제의 자리에 올랐다. 하지만 풍도는 여전히 재상으로서 태위太尉까지 겸했으며 연국공燕國公에 봉해졌다.

안타깝게도 후진도 겨우 11년 만에 막을 내렸다. 거란의 대군이 국경을 허물고 내려와 개봉開封에 있던 출제出帝 석중귀를 사로잡았던 것이다. 대신들은 충절을 지키기 위해 목숨을 버리거나 몸을 피해 도망을 갔지만, 풍도는 여전히 조금도 흔들리지 않고 침착하게 서울로 와서 새 주인을 배알했다. 거란의 임금 야율덕광耶律德光은 그 자리에서 풍도를 질책했다.

"그대는 벌써 당나라에서 황제 넷을 섬겼으니 나라를 세우고 지키는 데 큰 업적을 남긴 대신이라고 할 수 있소. 당이 망하자 이제는 진晋을 섬기며 황제 둘을 모셨소. 지금 다시 새 주인을 모시기로 마음을 바꾸었으니, 이렇게 불충하고 불의한 인물을 내 어찌 믿을 수 있단 말이오?"

풍도는 이런 치욕을 당하고도 부끄러운 기색이라고는 하나도 없이 오히려 평온하고 온화한 태도로 야율덕광의 질책을 들으며 서 있었다.

야율덕광은 한참 훈계를 늘어놓은 뒤 풍도에게 이렇게 물었다.

"그대는 무슨 까닭이 있어 나를 찾았소?"

풍도는 그제야 뻔뻔스럽게도 흰소리를 내질렀다.

"땅 한 조각 병사 한 명 없는데 어찌 뵙지 않을 수 있습니까?"

야율덕광은 그를 은근히 비웃었다.

"그대는 대체 어디서 굴러온 늙은이요?"

풍도는 짐짓 멍청한 척하며 말했다.

"저는 재주도 덕도 없는 늙은이입니다."

야율덕광은 이 말을 듣자 껄껄 소리 높여 웃었다.

"어쨌든 재미있는 늙은이구려. 그래, 내 그대에게 한 가지 묻겠소. 천하의 백성들을 어떻게 하면 구제할 수 있겠소?"

풍도는 이제 야율덕광의 비위를 맞추기 시작했다.

"지금은 부처님이 와도 구제할 수 없습니다. 오직 황제께서만 구제할 수 있습니다."

야율덕광은 당연히 크게 기뻐했다. 그의 목을 베려던 원래의 생각은 멀리 달아나고 그 자리에서 풍도를 태부太傅에 봉한 뒤 함께 북쪽 상산常山으로 갔다.

얼마 뒤, 유지원劉知遠이 후한後漢을 세웠다. 풍도는 당연히 후한에 몸을 의탁했다. 유지원은 풍도를 대사大師로 삼았다. 4년 뒤, 곽위郭威가 후한을 멸하고 후주後周를 세우자, 풍도는 얼굴빛 하나 변하지 않고 천연스럽게 곽위 편에 줄을 섰다. 이번에도 민첩하고 재치 넘치는 말재주 하나로 태사太師 겸 중서령中書令의 자리를 차지했다.

풍도는 앞뒤로 각기 다른 성姓을 가진 열 명의 황제를 섬겼다. 그는 황제가 바뀔 때마다 적당히 진퇴를 거듭하며 오랫동안 벼슬을 했지만 자빠지거나 무너지지 않았으니, 풍도가 가졌다는 뛰어난 재주와 국가 안정의 큰 뜻을 역대의 군주들은 버릴 수 없었던 것이다. 그러나 이와 전혀 달리 풍도는 정치적인 공적도 세우지 못했으며 민족적인 기개도 모자랐지만 일단 위의 상사들은 발등에 떨어진 불을 막기 위하여 또 다른 나뭇가지를 잡는 것으로 일을 끝내려 했다. 상사를 바꾸는 일은 풍도로 말하자면 머슴이 주인을 바꾸는 일처럼 쉬웠다. 그러나 이렇게 주인에게 불충한 벼슬아치가 벼슬길에서는 순풍에 돛을 단 듯 거침이 없었으니, 이는 그 자신이 상사의 비위를 맞추며 알랑거리는 데 능했을 뿐만 아니라 알랑쇠라는 사실을 부끄러워하지 않았기에 가능했다.

옛날 벼슬살이에서는 언제나 '충忠'이라는 글자를 중시했다. 이는 상사의 입장에서도 가장 중시해야 할 가치로서 아랫사람에게도 같은 생각을 갖게 했다. 사마광司馬光이나 구양수歐陽修도 한결같이 이렇게 생각했다. 그들은 '나라님에게 잘못이 있으면 온힘을 다하여 간언을 올리고, 나라가 패망하면 절개를 지키며 죽어야 한다.'라고 생각하며 이것이야말로 바로 '충忠'이라고 믿었다. 나라님이 죽으면 신하도 죽어야 한다는 요구는 너무 대단했기에 나라가 망했을 때 모두가 순장될 필요는 없다며 '지혜로운 선비'의 표준을 다시 제시했다. 즉 '세상에 도道가 있으면 관직에 나아가고 도가 없으면 물러나 은거한다. 산림 속으로 흔적도 없이 사라지거나 하급 관리로 한가롭게 보낼 수도 있다.'는 표준이 바로 그것이다.

풍도는 나라를 위하여 목숨을 바치지도 않았지만 물러나 은둔하지도 않았다. 그는 윗사람에게 '충忠'도 바치지 않는 관리의 길을 선택했다. 이것이 난세를 살아야 했던 하찮은 인물이 찾은 현명한 선택이었다. 하찮은 인물이, 그것도 난세를 살아야 했던 지식인이 자기 목숨을 지키는 것 말고도 벼슬길에서 출세하려는 자기의 이상을 실현하려면 세상 돌아가는 모습을 정확히 헤아릴 줄 알아야 했다. 이렇게 세상의 흐름을 정확히 짚을 줄 알아야 영웅호걸이 될 수 있었다. 풍도가 살았던 몇 십 년 동안은 빈번한 병란으로 천하가 몹시 혼란했으며 백성들은 매우 위험한 상황에 놓여 있었다. 그런데도 풍도는 즐겁게 벼슬살이를 계속한 '오뚝이'였으니, 실로 세상의 흐름을 누구보다 잘 읽었던 뛰어난 인물이었다.

5. 윗사람 비위 맞추기: 윗사람이 좋아하는 것을 살피기

윗사람의 관점은 곧 아랫사람의 관점이다. 이는 옛날에 벼슬길에서 반드시 지켜야 할 귀중한 원칙이었다. 그런데 이런 사상적 순종은 아랫사람으로 말하자면 비교적 쉬운 일이었다. 그러나 여기에 더하여 벼슬길에는 윗사람이 좋아하는 것을 자기도 좋아하라는 말이 있다. 이 요구는 아랫사람의 감정까지도 규정한다. 다시 말하면, 자신의 뜻대로 처리할 수 없는 마음도 윗사람과 일치하기를 요구한다. 이런 요구는 참으로 힘든 듯하지만 벼슬길에 오른 아랫사람은 언제나 이렇게 자기감정을 억누르며 윗사람과 일치해야 한다. 설령 속마음에서 우러나온 느낌이 윗사람과 완전히 다르다 해도 윗사람에게 맞추어야 한다.

윗사람과의 감정적 통일은 사실상 벼슬길 심리학이다. 의견과 관점이 일치될 때, 서로 인정하고 신임할 수 있다. 이와는 달리 서로 상대방을 부정한다면 적대감만 생길 뿐이다. 그러기에 윗사람에게 비위를 맞추며 알랑거리기 전에 그의 기호를 곰곰 생각하며 깊이 헤아린 뒤에 그 뜻에 영합하며 만족시키는 것이 가장 바람직하다. 윗사람의 비위를 맞추며 알랑거리는 진짜 고수는 자기가 비위를 맞추며 알랑거릴 대상에 대한 연구를 특별히 마음을 모아 깊이 하는 데 그치지 않고, 남보다 한 발 앞서 윗사람이 말하고 싶은데도 아직 말하지 못한 바를 먼저 나서서 말하고, 윗사람이 하고 싶은데도 아직 하지 못한 바를 먼저 나서서 해야 한다. 그것도 아주 적극적인 태도로 해야 한다. 이렇게 해야 알랑쇠 중의 진정한 고수로서 윗사람에게 가장 총애를 받는다. 이런 점에서, 수양제隋煬帝 양광楊廣은 대표적인 인물이다.

잘 알다시피 수양제는 중국 역사에서 가장 사치스러운데다 부끄러움도 모르고 음탕한 생활을 일삼은 황제였다. 그러나 그는 황제의 자리에 오르기 위하여 아버지 수문제隋文帝의 환심을 사야 했다. 그는 수문제 앞에서 검소한 생활을 하는 체하며 온갖 수단을 부렸다.

수문제는 나라를 세운 황제로서 생활을 검소하게 했다. 그는 태자로 세워진 큰아들 양용楊勇의 의복이 너무 화려하여 불만이 컸다. 그는 큰아들에게 이렇게 훈계했다.

"자고로 제왕이 된 자는 사치를 멀리했기에 사직이 장구할 수 있었으니, 너는 태자로서 검약을 우선해야 한다."

수문제는 그가 입던 낡은 옷 한 벌과 싸움터에서 먹던 불어터진 음식 한 단지를 큰아들에게 보내며 창업의 어려움을 잊지 않도록 했다. 수문제의 부인 독고황후는 남자가 여색을 가까이하는 것을 가장 싫어했다. 물론 황후는 태자가 구름처럼 많은 비빈을 거느리자 크게 반감을 가졌다.

바로 이때, 양광은 태자의 자리를 빼앗아 오기 위하여 남몰래 일을 꾸미고 있었다. 그는 아버지와 어머니의 호오好惡를 알아차린 뒤, 온힘을 다 기울여 비위를 맞추며 짐짓 진상을 숨겼다. 자기가 참으로 검소한 듯이 생활을 하며 규범을 지키는 듯이 행동했다. 그는 아버지와 어머니가 자기 거처로 찾아올 때마다 수많은 비빈과 이들이 낳은 자식들을 다른 곳으로 숨기고 정식으로 맞아들인 소비蕭妃만 곁에 두었으며, 시중을 드는 노비들에게도 모두 검소한 옷을 입혔다. 또 실내에 원래부터 있었던 화려한 가구들은 모두 없애고 낡은 가구로 바꾸었다. 게다가 악기에 묻은 먼지도 닦지 않고 그대로 두고 거문고의 줄도 일부러 끊어버려 오랫동안 즐기지 않은 것처럼 만들었다.

과연 수문제 부부는 그대로 속아 넘어갔다. 수문제는 아들이 이렇게 여색은 물론 놀이까지 멀리한다며 대신들에게 입이 닳도록 칭찬을 늘어놓았다. 양광은 이런 수단을 써서 양용을 밀어내고 태자의 자리를 차지했다.

벼슬길에서 만난 상사 곁에는 언제나 노련하게 알랑거리는 아랫사람이 있게 마련이다. 알랑거리며 상사의 비위를 잘 맞출 줄 아는 아랫사람은 아무리 정치적인 폭풍이 몰아치는 위험 속에서도 능히 벗어난다. 수隋와 당唐, 이 두 왕조를 뛰어넘은 봉륜封倫이 바로 이런 '영웅'이었다.

봉륜은 원래 수왕조의 대신이었다. 수왕조가 나라를 연 지 얼마 되지 않았을 때, 수문제가 재상 양소梁素에게 궁전 건설의 책임을 맡겼다. 양소는 봉륜을 토목감土木監으로 임명하여 모든 공정을 그에게 맡기며 주관하도록 했다. 봉륜은 백성들이 낸 세금을 아끼지 않고 매우 호화스럽게 궁전을 치장했다. 절약과 근검을 자기 생활 목표로 삼아온 수문제는 이렇게 치장된 궁전을 보자 도저히 받아들일 수 없다는 듯이 크게 화를 내며 꾸짖었다.

"양소 이 늙은이가 불량하기 짝이 없군. 인력, 물력을 마구 쓰며 이렇게 화려하게 궁전을 꾸미다니, 백성들이 나를 욕하게 만드는 것 아닌가!"

양소는 이 일 때문에 자기 감투가 날아갈까 걱정이 대단했다. 양소는 봉륜을 급히 찾으며 대책을 의논했다. 그러나 봉륜은 이미 모든 대책이 마련되었다는 듯 양소를 안심시켰다.

"재상께서는 너무 마음을 졸이지 마십시오. 황후께서 오시면 분명 재상께 큰 상을 내리실 것입니다."

이튿날, 양소는 새로 지은 궁전으로 불려 들어갔다. 독고황후는 과연 그를 칭찬하여 마지않았다.

"재상께서는 우리 부부가 이미 나이 들어 별달리 즐거운 일이 없다는 걸 다 알고 있었군요. 그러기에 온 정성을 다하여 이 궁전 장식에 매달렸으니, 그 정성된 마음에 참으로 감동할 수밖에 없습니다."

봉륜이 한 말이 그대로 들어맞았다. 양소는 봉륜의 놀랄 만큼 정확한 예언에 깜짝 놀랐다. 새로 지은 궁전에서 돌아온 그는 봉륜에게 이렇게 물었다.

"어떻게 그렇게 잘 알아맞혔소?"

봉륜은 아무렇지도 않다는 듯 태연자약하게 대답했다.

"황상께서는 천성이 검소하시기에 궁전을 보시자마자 화를 내셨지만, 그분께서는 하는 일마다 황후의 말을 따르십니다. 황후께서는 부녀자입니다. 그러기에 화려하고 아름다운 것을 좋아할 수밖에 없습니다. 황후께서 좋아하시면 황상의 의견은 바뀔 수밖에 없습니다. 그러기에 제 예상은 빗나갈 리가 없습니다."

양소도 일처리가 노련하고 생각이 주도면밀한 인물이었다. 하지만 그는 봉륜의 이 말에 마음속 깊이 감탄하지 않을 수 없었다.

"다른 사람 마음을 헤아리는 데는 도저히 그대를 따를 수 없소!"

이 일로 양소는 봉륜을 다시 보게 되었다. 그 뒤, 양소는 몇 번이나 자기 자리를 가리키며 이렇게 말하곤 했다.

"봉륜이 앞으로 이 자리를 차지할 게 분명하오."

그러나 봉륜이 재상의 자리에 오르기도 전에 수나라는 멸망했다. 봉륜은 당唐으로 귀순했다. 그는 이제 새 주인의 속마음을 헤아려야 했다. 어느 날, 그는 당고조唐高祖 이연李淵을 따라 나들이를 갔다가 진시황의 묘원을 지나게 되었다. 이곳은 수십 리 이어진 지상과 지하의 건축물이 참으로 웅대했으며 그 안에는 수없이 많은 진귀한 보물이 함께 묻힌 유명한 묘원이었다. 그러나 초한전쟁楚漢戰爭을 거치며 지상의 건축물은 남김없이 파헤쳐지고 오로지 깨어진 벽돌과 기와조각만이 나뒹굴 뿐이었다. 이연은 탄식을 금치 못하며 봉륜에게 말했다.

"옛날 제왕들이 백성의 힘을 다 빼고 국가 재정을 파탄 내며 제멋대로 묘원을 이렇게 만들었으니, 이게 무슨 짓이오?"

봉륜은 이 말을 듣고 이연이 성대한 장례를 좋아하지 않는다는 것을 분명하게 알았다. 그러자 화려하고 사치스런 건축물을 표준으로 삼았던 그는 그 자리에서 당장 낯을 싹 바꾸며 이연의 비위를 맞추기 시작했다.

"폐하께서 하시면 모두 따를 것이옵니다. 그리고 대대로 그 기풍이 영향을 끼칠 것이옵니다. 진秦과 한漢, 이 두 왕조의 제왕들이 모두 장례를 성대하게 치렀기에 조정의 백관이나 일반 백성들까지 다투어 이를 본보기로 삼아 그대로 따랐습니다. 옛날의 모든 분묘에는 수없이 많은 보물이 함께 묻혀 있기에 그냥 그대로 도굴되었습니다. 도굴꾼이 모르면 후장은 그냥 헛된 낭비가 될 터이고 알면 파헤쳐질 테니, 이 어찌 가슴 아픈 일이 아니겠습니까?"

이연은 봉륜의 이 말을 듣고 칭찬을 아끼지 않았다.

"그대 말이 맞소. 앞으로는 제왕에서부터 평민에 이르기까지 모두 간소하게 장례를 치르도록 하겠소!"

알랑거리며 비위를 맞추는 일이 그렇게 어렵지 않은 것처럼 보이지만 윗사람의 마음에 맞게 제때 아첨하며 비위를 맞추기란 결코 쉬운 일이 아니다. 알랑거리며 비위를 맞추는 효과는 사람마다 각기 다르기 때문이다. 어떤 경우에는 윗사람이 기쁨에 넘칠 수도 있지만 반대로 윗사람이 도무지 감정을 드러내지 않을 수도 있다. 또 어떤 경우에는 윗사람이 뜻밖에도 눈을 부라리며 화를 낼 수도 있으니…벼슬길에 오른 하찮은 인물은 모두 윗사람의 비위를 맞추며 아첨으로 얻을 수 있는 가장 큰 효과를 기대하게 마련이다. 상대방을 알고 나를 알면 백전백승이라고 일렀다. 그러기에 먼저 윗사람의 모든 것을 자세하게 알아야 한다. 말과 행동, 성격의 특징과 일을 처리하는 태도 등을 낱낱이 파악해야 한다. 그러고 나서 자신의 장점과 특기를 발휘하며 재능과 진심을 펼쳐서 윗사람을 감동시켜야 한다. 이래야 윗사람의 뜻에 맞게 비위를 맞출 수 있다.

윗사람의 표정을 세심하고 면밀하게 살펴서 조금도 빈틈없이 일을 처리한 인물로 삼등시위三等侍衛 화신和珅을 이야기하지 않을 수 없다.

화신은 만주滿洲 정홍기正紅旗 출신이다. 그는 어린 시절 가난하게 생활했다. 건륭乾隆 37년, 화신은 나이 스물두 살 때 정5품에 해당하는 삼등시위의 벼슬을 얻으며 그대로 점간처粘杆處 시위로 임명되었다. 점간처란 바로 비용처備用處이다.

화신은 시위가 된 뒤 건륭황제 곁에서 일을 했다. 이는 그에게 황제와 가까이할 수 있는 좋은 기회였다. 화신은 본래 영리하고 말솜씨가 좋았다. 게다가 잔머리를 굴리며 재치 있게 일을 처리하는 데 뛰어났다. 또한 화신은 용모가 수려하고 몸가짐도 우아하여 사람들의 호감을 쉽게 얻었다. 화신은 나라에서 세운 교육 기관에서는 며칠밖에 공부하지 않았기에 깊은 학문에 이르지 못했다. 그러나 그는 당시 황제가 한족의 문화를 좋아한다는 것을 알고 '사서四書'를 줄줄 외울 정도로 읽었다. 이뿐만 아니라 화신은 한족의 문화와 역사에 대해서도 깊이 공부했으며 중원의 지리와 연혁, 풍속과 인정, 그리고 문단의 여러 가지 일화에 대해서도 늘 관심을 기울였기에 참으로 박학다식했다.

건륭황제는 시를 짓고 읊기를 좋아했다. 화신은 정성을 기울여 건륭황제의 작품을 수집했다. 그리고 이들 작품에 자주 쓰인 율격과 기풍 등을 하나하나 정확히 이해하며 틈만 나면 원래 시의 운에 맞추어 화답하기도 했다. 이렇게 되자 건륭황제는 그를 다시 보기 시작했다. 만주인으로서 화신은 시 작품에서 큰 공적을 세웠으니, 이는 정말 쉬운 일이 아니다. 청나라 때 문학의 대가 원매袁枚도 시로써 화신을 찬양한 바 있다.

어려서부터 시와 예를 익혀서,
작위를 얻으며 최고에 이르렀네.
활시위를 당기면 붉은 기러기 떨어지고,

붓을 들면 오얏나무 구름을 어루만지네.

少小溫詩禮,

通侯及冠軍.

彎弓朱雁落,

健筆李摩雲.

조선의 사신은 이런 기록을 남겼다.

"건륭황제가 의문스러운 점을 물을 때마다 화신은 조목조목 조리 있게 대답했을 뿐만 아니라 그 일의 경과에 대해서도 분명하고 또렷하게 대답함으로써 윗사람의 마음을 참으로 즐겁게 만들었다."

화신은 안색을 살피며 상대방의 속셈을 헤아리는 데 자못 뛰어났다. 그는 언제 어디서나 건륭황제의 말 한 마디 행동 하나도 지나치지 않으며 그 생각과 생활 습관 따위를 훤히 들여다보듯이 파악했다. 건륭황제가 언제 무엇을 하려는지, 그 얼굴만 언뜻 보고도 거의 알아맞히었다. 그러기에 건륭황제가 입을 열기도 전에 건륭황제가 하려는 말을 할 수 있었다. 또 건륭황제가 하려는 일도 먼저 할 수 있었다. 이렇게 함으로써 그는 건륭황제를 매우 흡족케 했다. 건륭황제의 눈에 화신은 그야말로 첫손 꼽히는 유능한 종이었다. 눈치 빠른 데다 재주까지 있었으며 자기 마음을 이렇게도 잘 헤아릴 줄 알았기 때문이다. 게다가 화신은 학식과 교양이 넘치고 예절에도 밝았다.

건륭황제는 한학漢學을 좋아했으며 정주程朱의 이학理學을 중시했다. 그는 청나라 황제 가운데 비교적 책을 많이 읽은 인물이었다. 그는 자기 곁에 있던 신하들과 언제나 유가의 학설에 대하여 토론을 벌였으며 문학과 역사, 도덕과 정의에 대하여 이야기를 나누었다. 게다가 그는 자신의 박학다식을 감추지 않고 뽐내기를 좋아하여 문학과 역사의 정리 작업에 참여하기도 했다.

건륭황제는 옹정황제雍正皇帝 때 간인된 이십사사二十四史를 직접 교정하고 대조 검사하면서 잘못된 부분을 발견할 때마다 대단히 즐거워하며 자손만대에 정말로 굉장히 유익한 일을 해냈다고 생각했다. 화신은 원고를 일부러 잘못 씀으로써 건륭황제가 어필로 교정을 하도록 만들었다. 온힘을 다하여 황제의 마음에 영합하며 비위를 맞추었던 것이다. 그는 이렇게 황제에게 알랑거리며 비위를 맞추었기에 황제 앞에서 의심을 벗어날 수 있었다. 화신은 황제를 떠받들며 아부하는 수단이 참으로 교묘하여 다른 이들보다 몇 수 위였다.

건륭황제의 모후가 세상을 떠났을 때, 화신의 태도는 참으로 보통 사람의 생각을 크게 뛰어넘었다. 그는 황제의 가솔과 친척, 그리고 여러 환관이나 대신들이 황제의 슬픔을 위로하며 대수롭지 않은 말 몇 마디 건네는 것으로 그치는 것과는 전혀 달랐다. 화신은 말 한 마디 없이 몇 날 며칠을 무릎 꿇고 눈물 흘리며 건륭황제를 모셨다. 이렇게 며칠이 지나자 얼굴은 누렇게 뜨고 그 모습은 초췌하게 변했다. 이렇게 황제와 함께 슬픔과 괴로움을 함께한 인물은 조정의 여러 신하 가운데 오로지 화신 한 사람밖에 없었다. 이 때문에 그는 건륭황제의 사랑과 신임을 정말 깊이 받았다.

화신은 건륭황제에게만 비위를 맞추며 알랑거린 게 아니었다. 건륭황제가 좋아하는 사람에게도 온갖 아첨을 떨며 비위를 맞추었다. 건륭황제가 각별히 사랑하는 막내딸인 십공주十公主의 요구라면 절대로 물리치지 않고 모두 따름으로써 그녀를 실망시키지 않았다. 건륭황제는 행차를 할 때에도 십공주를 자기 곁에 데리고 다니기를 좋아했으며 나랏일을 처리하는 틈틈이 그녀와 함께 이야기 나누기를 즐겼다. 건륭황제는 걸핏하면 이렇게 말하곤 했다.

"막내딸이 나를 닮아서 분명 복을 받을 거야."

십공주는 보통 여자아이와는 전혀 달랐다. 천성이 꿋꿋하고 강인했으며 도량도 넓고 쾌활했을 뿐만 아니라 무예까지 좋아하여 나이 열몇 살 때 벌써 탄력이 가장 큰 활시위를 당길 정도였다. 그녀는 남장을 한 채 황제인 아버지를 따라 사냥에 나서곤 했다. 그녀가 말을 타고 달리면 사내아이도 따르지 못했다. 또 건륭황제가 평복을 입고 민간에 나가 살필 때면 십공주는 남장을 하고 뒤따랐다. 건륭황제는 이 딸을 금이야 옥이야 애지중지하며 그녀의 자그마한 손을 잡고 농담을 섞어 이렇게 말하곤 했다.

"네가 아들이었다면, 내 분명 너를 태자로 세웠을 게다."

화신도 십공주가 황제의 마음속에 어떤 자리를 차지하고 있는지 잘 알았다. 그는 십공주의 비위를 맞춤으로써 간접적인 방법으로 건륭황제의 비위를 맞추었다.

십공주는 참으로 활동적이었다. 그녀는 이 세상의 모든 것에 호기심이 있었다. 화신은 십공주의 특징을 마음속에 새기며 온갖 궁리를 다 했다. 또한 공주를 위하여 새롭고도 이상한 장난감을 찾아내어 즐거움을 주려고 했다. 십공주는 화신을 특별히 눈여겨보며 중시했다. 어느 날, 공주는 평복으로 나들이하는 황제 곁을 따르며 곁에서 시중을 드는 화신을 '장인 어르신'이라고 장난스럽게 부르기도 했다.

한번은 건륭황제가 원명원圓明園으로 나들이를 가는데 십공주도 남장을 하고 함께 따라나섰다. 곁에서 황제를 모셔야 하는 화신은 이쪽저쪽 앞뒤를 살피며 공주까지 지켜보아야 했기에 눈코 뜰 새 없이 바빴다. 화신은 건륭황제와 십공주를 따라 원명원의 특설 저자거리에 도착했다. 이곳에는 오가는 사람들이 끊이지 않는 가운데 장사를 하느라 시끌

벅적했다. 골동품에 싸구려 헌 옷도 팔고 있었으며 찻집에 술집에 생활에 필요한 온갖 것들이 모두 갖추어져 있었다. 이곳에서 물건을 사고파는 이들은 모두 궁중을 위해 일을 처리하는 황상皇商이었다. 그런데 어느 점포 문 앞에 내걸린 진홍색 겹옷을 본 공주가 그만 마음을 빼앗긴 채 몇 번이나 눈길을 주며 좋아하는 기색을 감추지 못했다. 공주의 이런 모습을 곁에 있는 누구도 눈치 채지 못했지만 오직 화신만은 공주의 마음을 깊이 헤아리고 있었다. 궁궐로 돌아온 뒤, 그는 즉시 사람을 원명원의 특설 저자거리로 보내 그 옷을 이십팔 금이라는 아주 비싼 가격으로 사서 공주에게 올렸다. 이로써 화신은 공주의 환심을 샀을 뿐만 아니라 건륭황제의 사랑과 신임까지 얻게 되었다.

이뿐만 아니라 화신은 자그마한 선심을 베풀며 건륭황제 곁에 있는 환관들을 자기편으로 만들었다. 이런 환관들은 비록 아무런 직책도 권력도 없지만 그들이 온종일 궁중을 드나들며 황제를 곁에서 모시며 부지불식간에 내놓는 몇 마디 잡담은 예상치도 못한 결과를 가져왔다. 이를 통하여 황상이나 황후가 그에게 호감을 가질 수도 있었던 것이다. 이 때문에 화신은 환관들에게도 마음을 기울이며 이들과 친분을 두터이 맺었다.

이런 모든 모습이 바로 화신의 남달리 뛰어난 점이다. 그는 건륭황제의 성격, 취미, 생활 습관, 생각 등을 제 손바닥 들여다보듯 훤하게 알았다. 그리하여 건륭황제가 생각하는 바를 앞서서 충분히 해낼 수 있었다. 이런 점은 보통 사람이 행하는 아첨과 전혀 다르다. 화신이 상사의 비위를 맞추며 행하는 수없이 많은 행동은 모두 깊고 튼튼한 동감을 바탕으로 한 역지사지의 결과이다. 그러기에 그렇게 저속하거나 노골적이지 않고 오히려 상당히 독창적이다. 화신은 처음부터 끝까지 온갖 방법을 다하여 황제의 비위를 맞추며 사랑과 신임을 얻었다. 그리하여 빠른 속도로 승진할 수 있었다.

6. 윗사람 보좌하기: 결함을 감추고 없애기

윗사람에 대한 가장 큰 공경은 바로 그를 대신하여 벌을 받는 일이다. 관료 사회는 전쟁터와 같아서 하찮은 인물뿐만 아니라 윗사람도 자신의 뜻과는 달리 곤경에 빠질 수 있다. 이때, 만약 아랫사람이 자기를 대신하여 벌을 받으려고 한다면 윗사람은 당연히 눈물을 쏟을 만큼 감격하지 않을 수 없다. 그리고 일이 지난 뒤에도 자기 대신 고통을 받은 이를 끝내 잊어버리지 않고 기회가 되면 그 사람을 발탁할 것이다. 그러기에 이런 방법은 벼슬길에 오른 수많은 인물들이 빌붙으며 이익을 취하기 위한 지름길이 되었다. 이런 행위는 벼슬길에서 '상사 잘못 덮어주기'라고 이르는데, 이 방법이 비록 다급함에 빠진 이를 고난 속에서 완전히 구해내는 빛나는 행동은 아닐지라도 얼마만큼은 하찮은 인물이 인정을 꿰뚫어보는 지략을 발휘하며 사고를 처리하는 능력을 구체적으로 드러낼 수 있다.

먼저 어떤 하찮은 인물이 오로지 윗사람의 잘못을 덮어주는 이야기부터 시작해보자. 어느 직장에 윗사람이 병으로 입원했다. 이는 그야말로 큰일이다. 이 소식이 금세 널리 퍼지자 병문안에 나서는 아랫사람들이 끊이지 않고 이어졌다. 관심을 기울이며 문안을 드리는 말도 상대방을 자못 감동시켜야 했다. 어떤 이는 어쩌면 자기 부모나 자식조차도 못 들었을 복이 가득 담긴 좋은 말을 다했고 문안에 필요한 금품도 깜짝 놀랄 만큼 쏟아 부었다.

이날, 아랫사람들이 윗사람을 병문안할 때, 윗사람이 갑자기 기침을 하며 짙은 가래를 토하여 말을 하지 못했다. 이를 본 아랫사람 하나가 얼른 자기 호주머니에서 새하얀 수건을 꺼내더니 손수 윗사람의 가래를 닦았다. 새하얀 수건에 묻은 짙은 가래를 본 아랫사람들이 구역질을 참지 못하자 병석에 있던 윗사람도 미안하여 어쩔 줄 몰랐다. 그러나 자기 손수건을 꺼내어 가래를 닦아준 이 사람은 아무렇지도 않다는 듯이 손수건을 다시 주머니에 넣으며 이렇게 말했다.

"국장님께서 지금 편찮으신데 입가를 한번 닦아드린 건 아무 일도 아닙니다."

이렇게 단번에 윗사람의 난처함을 없애버렸다.

윗사람이 퇴원한 뒤, 바로 이 사람은 그대로 중요한 부서의 책임자로 영전되었다.

그런데 이 윗사람이 입원해 있을 때, 이 직장의 같은 사무실에서 근무하던 세 사람이 서로 추렴하여 과일과 음료수를 각각 몇 상자를 마련하여 문병을 갔다. 당시 입원해 있던 윗사람은 말 한 마디 없었다. 그러나 그는 퇴원하자마자 간부와 직원들을 소집하여 회의를 개최했다. 이 자리에서 윗사람은 몇 상자나 되는 과일과 음료수를 연단 위에 올려놓고 간부와 직원들을 향해 이렇게 말했다.

"나는 정말로 청렴하게 살아왔습니다. 이제껏 어떤 예물도 받은 적이 없습니다. 여기 있는 이 과일과 음료수는 내가 병원에 입원했을 때, 몇몇 직원들이 내게 보낸 선물입니다. 오늘 이것들을 돌려주려고 합니다. 내가 받은 선물을 돌려주는 데 여러분 모두 증인입니다. 회의가 끝난 뒤 모두 나누어 드시기 바랍니다."

윗사람의 비위를 맞추며 아첨을 했다는 점에서는 다를 바가 없지만, 윗사람의 가래를 처리한 하찮은 인물은 여러 사람 앞에서 때맞춰 윗사람의 추한 모습을 가리며 숨겼으니, 이 사람은 윗사람 앞에서 듣기 좋은 소리를 늘어놓은 이나 선물을 보낸 이보다 윗사람의 신임을 훨씬 더 얻을 수 있었다. 벼슬길에서 윗사람을 위해 죄를 대신 받는 것보다 훨씬 더 선명하고 투철한 방법은 바로 윗사람을 위해 누명을 대신 뒤집어쓰는 일이다.

'누명 뒤집어쓰기'는 관료 사회에서 하나의 보이지 않는 규칙이 되어 벌써 널리 행해진 지 오래이다. 1870년, 증국번은 천진교안天津教案[123]을 해결했다. 그는 조정의 의도에 따라 분쟁보다는 백성의 안녕을 앞세우며 관련이 있는 천진의 관리와 백성을 처벌하고 프랑스에 대해서는 자신을 굽히며 물러섰다. 그러자 조정에는 그의 탄핵을 주장하는 상소문이 잇달아 올라오고 많은 이들이 입을 모아 그의 잘못을 꾸짖었다. 북경에서는 호광회관湖廣會館에 걸린 증국번이 쓴 편액을 떼어내어 불사르며 그의 부끄러운 자태를 드러냈다. 온갖 비방이 쌓이고 여론이 시끄러워지자 증국번은 부끄러움으로 어쩔 줄을 몰랐다. 그는 친구에게 보낸 편지에서 이렇게 말했다.

"군중을 만족시키지 못했으니 온갖 비판을 달게 받을 것이며, 국가와 인민에게 끼친 위해에 참으로 자책하고 있네."

고향 사람이기에 짊어져야 할 책임이 있다. 그리고 고향에 대한 그리움과 사랑이 깊을수록 그 책임도 더욱 절실했다.

청나라 말엽, 황실을 위해 '누명 뒤집어쓰기'를 한 이는 증국번 하나로 그치지 않았다. 이홍장李鴻章은 '마관조약馬關條約'(시모노세키 조약)

123 1858년, 천진조약天津條約의 체결로 외국 선교사들의 선교 활동이 시작되자 기독교와 중국 전통 문화 사이에 갖가지 오해와 충돌이 발생했다. 1870년, 프랑스 선교사가 세운 천진의 천주교회에서 어린이들을 현혹한다는 이유를 내세우며 천진 시민들이 천주교회에 불을 지른 사건이 바로 '천진교안天津教案'이다.

등에 서명한 문건으로 조정의 권한을 위임받아 백성을 고통 속에서 구하려는 마음으로 모두 처리했다. 그러나 위급한 국면을 온힘을 다하여 되돌리려고 했지만 힘이 모자랐기에 잘못에 대한 책임을 대신 뒤집어 쓰고 천고의 오명을 짊어져야 했다.

이홍장은 일찍이 증국번의 손녀사위 오영吳永에게 이렇게 말했다.

"요즘 사람들은 '열중熱中'이라는 두 글자를 입에 올리기를 두려워하는데 나는 그렇게 생각하지 않네. 현재의 상황으로 말하자면, 나는 참으로 '열중'하고 있네. 선비가 벼슬살이를 시작하면 어떤 일을 하든지 위로는 황상을 모시고 아래로는 백성을 돌보는 데 황제의 신임이 없으면 될 일이 하나도 없네. 개인적인 사업이든 학문이든 경제든 가릴 것 없이 하나같이 황제의 신임이 필요하네. 나는 지금 황제의 신임을 얻지 못하고 있으니 어떻게 '열중'하지 않을 수 있겠나!"

이홍장은 숙달된 일만 쉽게 처리하는 것을 벼슬살이 방법으로 삼았다. 그는 손안에 든 권력을 유지하려면 황제나 황후의 신임을 받아야만 된다는 것을 너무도 잘 알았다. 그러기에 '삼가 공손하게 자기 직분 다하기'를 철저히 행했다.

이홍장의 별명은 '이 뻔뻔이'였다. 그는 일련의 불평등조약에 서명했다. 필자와 친구들은 이 늙은이를 원망하며 증오했다. 필자는 1988년, 시베이대학西北大學 역사학과 『중국근대사』 교과서 가운데 이홍장의 '나라 팔아먹은 역사'를 공부했다. 당시에는 참으로 이해하기 힘들었다. 자희태후慈禧太后가 우두머리, 동치제와 광서제는 '최고 책임자', 그 아래에는 함풍황제의 친동생으로 왕의 작위를 받은 두 동생이 있었으니, 이홍장은 기껏해야 외교 관계나 외국 자본에 관한 일을 나누어 관장하는 조정의 서열 '다섯 번째'에 불과했다. 그러나 만약 작위에 따라 차례를 따지면 앞의 몇 사람은 자리도 높고 권력도 대단한 친왕들이지만, 이홍장은 권력 서열 '열 번째'에도 끼지 못할 것이다. 이홍장이 불평등조약에 서명할 때의 직위라야 부총리 겸 외교부장일 뿐이었다. 그가 치욕적인 불평등조약에 서명하며 정말로 '나라 팔아먹을 짓'을 했을지라도, 그는 '책임을 져야 할 첫 번째 인물'이 될 수는 없다고 생각한다. 나중에 역사 공부를 더 많이, 더 깊이 파헤치면서 '약소국에게 외교란 없다.'는 사실도 명백히 알게 되었다. 우매한데다 무지하고 남의 의견에 귀를 기울이지 않는 고집스런 만주족 친왕과 귀족들은 '나라 팔아먹는 일'을 처리하는 임시 직무조차도 해낼 수 없었다. 온 조정의 고관들은 무위도식만할 뿐이었다. 오로지 이홍장만이 외교가 무엇인지 알고 능히 외교 교섭을 할 수 있었다. 그리고 불량스러운 열강에 휩쓸리지 않고 일을 처리할 수 있었다. 오래 전부터 조정에 몸담고 있었던 중신들은 큰소리만 칠 뿐 큰일을 해낼 수 없었고, 품행이 고결하고 명망이 높은 선비들을 대표한다는 옹동화는 선비 냄새만 물씬 풍길 뿐 세상 돌아가는 이치를 잘 몰랐기에 난처한 일을 처리하고 복잡한 일을 해결할 줄 몰랐다. 이런 열악한 조건 속에서 내정과 외교를 두루 잘 아는 이홍장은 정치적 지혜를 노련하게 운용하며 손바닥 위에 외국 침략자를 올려놓고 데리고 놀았다. 배상을 적게 하는 방향으로 일을 능숙하게 처리할 줄도 알았다. 또 그는 배상은 하되 영토를 할양하지 않는다는 원칙을 지키려고 했다. 이도 힘들면 한 발 물러서서 반도는 할양할 수 있지만 아무래도 섬은 할양할 수 없다는 원칙을 고수함으로써 손실을 최대한 감소시키려고 했다.

굴욕적인 불평등조약 체결은 수고만 하고 좋은 결과는 얻지 못하는 힘든 임무였다. 굴욕이라는 흙탕물에 빠져야 하고 위험한 여울을 건너며 온갖 비방은 비방대로 다 받으며 속죄양이 되어야 했다. 더욱이 태후 일당을 대신하여 역사의 누명을 짊어지는 악역을 맡아야 했다. 덕도 없고 능력도 없으며 사리에도 어두운 친왕과 귀족들은 나라를 팔아먹게 만들어도 후하고 좋은 가격도 받지 못하면서 어디에다 쓸 곳도 없는 흰소리에 틀에 박힌 말에 거짓말 따위 허튼소리만 늘어놓을 줄 알았기에 이쪽저쪽에서 다 욕을 먹을 임무는 이홍장에게 맡겼다. 이 때문에 외교 활동에서 이홍장은 만주족이 세운 청나라 왕조가 저지른 외교적 누명을 몽땅 다 뒤집어썼으니, 이런 점에서 그는 중국 역사에서 챔피언이라고 할 수 있다. 이홍장이 누명을 뒤집어쓰면서 받은 억울함은 두아竇娥[124]보다 훨씬 더 크다.

이홍장은 양무운동洋務運動[125]을 이끈 주요 인물 네 명 가운데 실질적으로 일을 가장 많이 한 인물이다. 그가 주관한 양무운동 가운데 500여 가지는 중국에서 첫 번째로 이루어졌으며 200여 가지는 아세아에서 처음으로 이루어졌다. 그는 전력, 전신, 우정, 금융, 대외 무역, 철도, 항운, 제련, 조선, 교육, 번역, 출판, 해군, 병기 등 여러 사업의 창시자로서 길러낸 고급 인재가 수없이 많았다. 앞장서서 '중국 위협론'을 주장한 이는 일본인이었다. 그런데 일본인의 이 위기감은 이홍장이 생애 후반에 이룩한 혁혁한 공적 때문에 생겼다. 황제의 권력이 넘치는 전제 체제가 주는 '병목 현상', 정부가 주도하고 감독하고 정부와 논의해야 하는 양무운동이 갖는 제도적 제약, 독점자본주의와 제국주의 침략이 민간 주도의 상업 재산에 끼치는 폐해, 그리고 과학 기술과 교육의 후진성 때문에 양무운동은 결국 실패했다. 이홍장은 다시 온갖 비난을 받아야 했다.

124 두아竇娥는 관한경關漢卿의 잡극 『두아원竇娥寃』의 주인공으로 봉건사회에서 압박을 받은 전형적인 여성이다.

125 서양의 선진 기술을 본받자는 운동이었다.

군사적인 면에서, 이홍장은 불가능한 줄 뻔히 알면서도 계속하려고 했다. 연전연패를 겪으면서도 전투를 했으며 독자적으로 군수 산업을 일으키고 스스로 경비를 마련하여 군대를 훈련시키며 조정을 위해 작전을 벌였다. 그러나 상부의 지지는 충분하지 않았고, 중간층에서는 집행에 힘이 모자랐으며, 일반 사병은 연약한 데다 사기까지 말이 아니어서, 서양식 총을 손에 쥔 시골뜨기 사병은 목표물을 겨누지도 않고 사격을 했으며, 긴 칼에 창을 든 사병은 양코배기만 봐도 도망칠 정도로 군대는 전투력이 없었다. 이 때문에 이홍장은 지휘에 최선을 다하지 못하고 '군대를 지치게 만들며 군량미만 축낸다.'는 악명을 뒤집어써야 했다.

증국번에게는 문생이 수도 없이 많았다. 그러나 그의 마음에 드는 제자는 겨우 두 명뿐이었다. 그 가운데 하나는 '청나라는 앞으로 50년이 채 못 되어 분명 망하고 말 것이다.'라고 정확하게 예언하며 불가능한 일은 결코 하지 않았던 조열문趙烈文이다. 제왕학에 정통했던 조열문은 학문에 전심하며 난세에는 결단코 벼슬살이를 하지 않으려고 했다. 또 하나는 흐르는 물을 거슬러 오르며 한마음으로 벼슬길에서 거들먹거린 이홍장이다. 그러나 이홍장이 벼슬길에서 높이 오를 수 있었던 '비결'은 윗사람을 위해 책임을 질 때 언제나 용감하게 나섰다는 데 있다.

제9장
'립보이기'의 보이지 않는 규칙

하찮은 인물이 벼슬길에서 알아야 할 정치적인 책략 가운데 하나는 평민이나 조정에 밉보이는 것은 모두 괜찮지만 윗사람에게는 절대로 밉보여서는 안 된다는 사실이다. 봉건 시대에 벼슬길에 오른 이가 보기에 평민에게 밉보인다 해도 평민이 감히 공격하지 못할 테고, 조정에 밉보인다 해도 산 높고 물 먼 곳에 있는 중앙정부의 호통이 자기에게 미치지 못할 터였다. 그보다 하찮은 인물은 조정에 밉보일 만한 일을 할 능력도 없었다. 그러나 윗사람에게는 절대로 밉보여서는 안 되었으니, 이는 어떤 문제가 발생했을 때, 저 먼 곳에 있는 높은 벼슬아치보다는 직접 일을 책임지고 처리해야 하는 바로 윗사람이 훨씬 더 이해관계가 맞닿아 있기 때문이다.

1. 벼슬이 한 등급만 높아도 그대를 죽일 수도 있다

벼슬살이하는 인물에게는 그를 몇 겹으로 감시하는 윗사람이 있다고 앞에서 이야기했다. 그의 성격, 언어, 동작들은 모두 승진이나 파면에 영향을 줄 수 있다. 목숨마저 내놓게 할 수 있다. 옛 선비들 앞에 놓인 유일한 길은 아무래도 학문을 하면서 여력이 있으면 벼슬길에 나서는 일이었다. 그러나 몇몇 선비들은 자기의 우수한 재능을 뽐내며 윗사람을 높여 존중하지 않으려고 했다. 그 결과 옛 중국 선비들은 벼슬길에 온몸을 던졌지만 아무런 공적을 남기지 못하거나 상처를 입으며 내쫓겨 살해되기도 했다.

굴원屈原은 좌천 문화의 원조라고 할 만하다. 그는 군주에게 충성을 바쳤고 나라를 사랑했으며 고향을 그리워했다. 그러나 두 세대에 걸친 임금은 나라가 어려움을 당했을 때에는 그를 중요한 자리에 임용했지만 약간의 안정을 되찾은 뒤에는 몇몇 소인배들의 은밀한 말 몇 마디에 현혹되어 그를 멀리 유배 보냈다. 그러나 굴원은 선비 특유의 고결한 인품을 가지고 있었기에 결코 나쁜 무리와 한패가 될 수 없었다. 그의 포부 또한 예사롭지 않았다. 그러기에 그는 현실과의 충돌로 고통을 받으며 얼굴은 초췌해질 수밖에 없었다. 결국 그는 깔끔한 방법으로 자기의 생명을 마무리했다. 이것은 나라와 백성을 사랑하는 정직한 중국 선비의 숙명으로 자리 잡았다.

시선 이백도 전형적인 모순 덩어리였다. 그는 문학 영역에서는 최고봉에 도달했고 벼슬길에서도 자기의 문학이 이룬 성과에 맞먹는 공적을 세울 수 있기를 갈망했다. 그러나 사실 그는 문학에서는 크게 성공했지만 벼슬길에서는 완전히 실패한 인물이었다. 이백은 스물네 살에 고향을 떠나 멀고 먼 장정에 올랐다. 널리 친구를 사귀고 사회 명사들을 알현하며 높은 벼슬자리에 당장 오르기를 바랐다. 스물일곱 살 때에는 재상을 지냈던 허어사許圉師의 손녀와 결혼을 하고 안륙安陸에 정착했다. 이때, 그는 몇 차례나 자기가 머물던 지방의 배장사裴長史를 알현하고자 했지만 번번이 거절을 당했다. 서른 살 때에는 장안으로 올라와서 재상이 자기를 천거해 주기를 간절히 바라며 그 아들과 친분을 맺으며 왕래했다. 또한 다른 왕공 대신들을 찾아뵙고 인사를 올렸지만 아무런 효과가 없었다. 서른네 살 때에는 양번襄樊으로 가서 형주장사荊州長史 한조종韓朝宗을 알현하고 벼슬길 천거를 바랐지만 아무런 결과를 얻지 못했다. 마흔세 살 때, 이백은 한림원으로 불려 들어가서 당현종의 어용작가가 되었다. 마흔네 살 때, 이백은 은퇴하기를 원하는 글을 올리고 장안을 떠났다.

우리는 그가 뛰어난 시인일 뿐 정치적인 재능이라고는 갖추지 못했다고 말할 수 있다. 그러기에 약삭빠른 인물들이 모인 벼슬길에는 그가 앉을 자리가 있을 리 없었다. 이백의 성격, 기질, 식견 등은 그가 벼슬길에서 실패할 수밖에 없는 운명과 비극적인 역할을 결정했다. 그는 시인으로서 전형적인 기질이 있었다. 정서의 격동, 끊임없는 환상, 자유분방함, 직관에 의한 객관적 세계 파악 등이 그러하다. 이 때문에 그는 형세의 분석, 사람과 세상사 평가하기, 계략에 따른 정책 결정 등에 언제나 일방적인 소망에 치우치며 현실과 멀어질 수밖에 없었다.

소식蘇軾이 관직에서 밀려나며 감옥에 갇힌 일도 당대의 대문장가요 뛰어난 정치가였던 왕안석王安石이 주재한 변법에 반대했던 것이 큰 원인이었다. 왕안석은 참으로 공명정대한 인물이었다. 그는 결코 소식을 모함하지 않았다. 그러나 그의 비위를 맞추며 알랑거리던 인물이 그를 위해 소식이라는 반대 세력을 제거했다. 나무가 크면 바람도 세게 맞는 법, 소식은 결국 희생양이 되었다.

벼슬길에 나선 하찮은 인물은 어느 때 어느 상황에서도 자신의 총명함이나 재능을 윗사람의 총명함이나 재능에 견주어서는 안 된다. 더구나 윗사람보다 더 나은 성적을 내어서도 안 된다. 일단 윗사람이 그대가 총명하고 능력이 있다고 생각하거나 윗사람보다 더 좋은 성적을 낼 것이라고 믿는다면 위험 가까이에 있다. 설령 재능이 대단하더라도 윗사람은 자기의 소질이나 능력에 대한 그대의 부정을 용인하려고 하지 않는다. 나아가서 윗사람은 자기의 지위와 권위에 대한 위협을 절대로 받아들이지 않는다. 역사에서 이런 예는 수없이 많았다. 한나라 개국 후, 장량張良은 유후留侯에 봉해졌지만 관직에서 물어나 '은거'했다. 그러나 한신韓信은 달랐다. 그는 자신이 공신이기에 유방과 여후가 끝까지 자기를 감싸리라 믿으며 요행을 바랐다. 그리고 벼슬길에서 계속 그럭저럭 지낼 마음을 가졌다. 그러나 그 결과는 익히 아는 그대로였다. 전국시대에 대신 범려范蠡와 함께 월왕 구천이 성공하도록 보좌했던 문종文種은 범려와는 다른 길을 걸었다. 월왕 구천이 패업을 이룩하자 범려는 과감하게 벼슬을 버리고 배에 몸을 실은 뒤 멀리 떠났다. 그러나 문종은 범려가 자기에게 남긴 글을 중시하지 않고 요행을 바라다가 결국은 월왕 구천에게 죽임을 당했다. '토끼 잡고 나면 사냥개는 삶아먹고, 새를 다 잡고 나면 좋은 활은 숨기며, 적국을 격파하면 모신을 죽인다.'는 말은 역대 조정에서 여러 번 검증되었다. 오늘날 윗사람을 모시는 사람들은 이 말에서 큰 교훈을 얻어야 한다. 언제든 윗사람의 권위를 건드리지 말고 윗사람보다 총명하려고 해서는 안 된다. 더욱이 무슨 일을 하든지 윗사람보다 잘하면 안 된다. 그렇지 않으면, 일찌감치 보따리를 싸야 한다. 아니면 비록 목은 그대로 있겠지만 그대를 낭패시킬 수 있다.

윗사람을 존중하지 않으면, 세운 공이 윗사람보다 높아도 스스로 멸망을 자초할 수밖에 없는 벼슬길의 투쟁에서는 설령 고급 관원이라도 자기 목숨을 지킬 수 없다. 위연魏延은 여러 해 동안 유비劉備를 뒤따르며 하급 군관에서 한 계단씩 승진한 인물이다. 촉蜀의 장군 가운데 그는 전투에 능하여 수없이 많은 공을 세웠다. 그는 촉의 건국에 불후의 공훈을 세웠으며 유비에 대한 충성심도 대단히 깊었기에 큰 신임을 얻었다. 유비는 사람을 쓰는 데도 남달리 뛰어난 점이 있었다.

유비가 처음 군대를 일으켰을 때, 위연은 세상에 이름이 알려지지 않은 인물일 뿐이었다. 유비가 한중漢中을 손에 넣고 막 촉을 세우고 삼국이 정립하는 국면을 맞았을 때에도 위연은 한낱 '아문장군牙門將軍'에 불과했다. 그러나 여러 해 동안 유비를 뒤따르며 수없이 많은 전투를 치르는 가운데 위연은 큰 임무를 맡을 수 있는 인물로 떠올랐다. 유비의 혜안이 진주를 알아본 것이다. 유비는 한중을 얻은 뒤에 위연을 '진원장군鎭遠將軍'의 자리에 파격적으로 발탁했다. 한중은 경제는 물론 군사적으로도 촉의 요지였다. 장비를 포함한 모든 이들은 이 땅을 다른 이에게 내어줄 수 없다고 생각했다. 군정軍政을 한 손에 휘어잡으려면 용기는 있지만 계략이 없으면 안 되고 계략은 있지만 용기가 없어도 안 된다. 말할 것도 없이 용기도 계략도 모두 없다면 이런 중대한 임무를 맡을 수 없다. 여러 가지 말이 많았지만 유비는 이들을 다 물리쳤다. 군 내부의 의견은 분분했지만 아직 이름이 알려지지 않은 위연이 임명될 줄은 아무도 예상하지 못했다. 위연을 인정하지 않으려는 자도 있었고 빈정대며 찬물을 끼얹는 자도 있었다.

유비는 여러 신하들을 불러 모았다. 그리고 그 자리에서 유비는 위연에게 이렇게 물었다.

"이제 그대에게 큰 임무를 맡기려고 하니, 그대는 어떻게 할 작정이오?"

위연은 이렇게 대답했다.

"만약 조조가 전군을 이끌고 쳐들어오면, 저는 폐하를 대신하여 그를 막아낼 것이며, 만약 다른 장군이 몇 십만의 군사를 이끌고 쳐들어

오면, 폐하를 대신하여 그들을 멸망시킬 것입니다."

유비는 칭찬을 아끼지 않았다. 산과 바다를 삼킬 듯한 위연의 기개에 그 자리에 있던 여러 장수들이 내심 기꺼이 복종했다. 자기 직무를 처리하면서도, 그리고 조조에 맞서며 북벌 중에 벌인 여러 차례 전투에서도, 위연은 대장으로서의 풍모를 그대로 드러냈다. 용기도 있었고 계략도 있었던 위연은 여러 차례 전공을 세우며 조조 진영의 대장 장합張郃, 곽회郭淮, 왕쌍王雙의 목을 쳤다.

유비가 세상을 떠난 뒤, 제갈량은 위연을 남방으로 보내 맹획孟獲을 막게 했다. 위연과 조운趙雲은 남쪽 지방 공격 대장으로서 맹획을 일곱 번이나 사로잡았다. 전투에 능한 장군이 아니라면 이룰 수 없는 전과였다. 바로 이 시기에 위연은 제갈량과 접촉이 잦았지만 둘 사이는 걸핏하면 의견이 맞지 않아 사이가 별로 좋지 않았다. 관우關羽와 조운이 앞서거니 뒤서거니 잇달아 세상을 떠나자 위연은 이제 촉에서는 첫손 꼽는 대장이 되어 남정후南鄭侯로 높여 봉해졌다. 위연은 알릴 필요가 없는 것들도 떠벌리며 일을 처리함으로써 다른 이들의 의심을 샀다. 제갈량도 위연이 세운 공이 나라님보다 더 높다고 생각했기에 그를 지극히 불신하는 상태에 이르렀다. 위연이 세운 정확한 작전 방안도 날이 갈수록 제갈량의 허락을 받지 못했다. 그러자 제갈량이 용기가 없어서 감히 기습 작전도 하지 못한다는 등의 불평이 터져 나왔다. 이 말은 제갈량 귀에도 들어갔다. 게다가 말을 전하는 이의 과장까지 더해졌다. 그를 신임하지 않던 제갈량은 이제 그가 모반을 도모하고 있다는 생각까지 하면서 하는 일마다 그를 막고 나섰다.

234년, 마지막으로 북벌에 나섰던 제갈량이 병으로 몸져누웠다. 살날이 얼마 남지 않았다고 생각한 그는 양의楊儀 등을 불러 앉힌 뒤 위연을 배제한 채 은밀하게 뒷일을 처리했다. 이번에는 제갈량이 잘못된 판단을 내놓았다. 그는 자기가 죽은 뒤에 위연을 통제하며 지휘할 수 있는 인물이 없다고 생각했다. 더구나 위연이 조정에 등을 돌리며 반란을 일으킬 것이라고 보았다. 그리하여 군대 철수를 명령하면서 위연이 따르지 않으면 그대로 두고 다른 군대는 철수하라고 일렀다. 장사長史 양의는 평상시에도 위연과 갈등이 심했다. 두 사람은 물과 불처럼 서로 화합하지 못하고 앙앙불락했으며, 더구나 위연은 이제껏 양의를 안중에 두지도 않았다. 양의는 능력이나 신망이 모두 위연보다 못하기에 제갈량이 세상을 떠난 뒤에 자기의 승진에 위연이 가장 큰 장애물이 될 것이라 생각했다. 따라서 하늘이 내린 이 좋은 기회에 전력을 다하여 위연을 죽여야 한다고 결심했다.

제갈량이 세상을 떠난 뒤, 양의는 제갈량의 분부대로 그의 죽음을 비밀에 부치고 부고를 내지 않았다. 양의는 제갈량의 이름으로 위연에게 군대를 철수하라고 명령했다. 위연은 진상을 알지 못하고 명령을 거절하며 양의에게 창을 겨누며 맞섰다. 양의는 제갈량이 알려준 계략에 따라 위연을 유인하여 목을 내려쳤다. 이리하여 한평생 전쟁터를 누비며 촉을 위해 큰 공을 세운 맹장은 강적의 칼 아래 쓰러진 게 아니라 자기 나라 간신의 손에 반란죄를 뒤집어쓰며 쓰러졌다. 제갈량은 한평생 그야말로 말과 행동을 신중하게 한 인물이었다. 그러나 위연을 처리하는 데 스스로 국가의 기둥을 망가뜨리는 잘못을 범하고 말았다. 제갈량은 개인적인 선입견과 편견으로 판단을 그르쳤다. 제갈량이 저지른 이런 잘못은 후세 사람들도 경계하며 깨달을 만한 교훈이다.

2. 현관現官이 현관顯官보다 낫다

옛날에 황제를 곁에서 모시던 이들은 언제나 자기 자신을 일컬어 "나라님 모시기는 호랑이 모시기."라고 말하곤 했다.

당시에 황제는 권력 피라미드의 정점에 오른 인물이다. 이런 황제를 곁에서 모시는 벼슬아치가 자칫 조금이라도 실수를 하면, 황제는 말 한마디면 그의 목을 벨 수 있었다. 이는 호랑이에게 언제든 먹힐 수 있는 경우와 다를 바가 없다. 벼슬길에 오른 하찮은 인물은 황제의 비위를 직접 거스를 수도 없을 뿐만 아니라 황제로부터 비교적 멀리 떨어져 있기에 조정에서 근무하는 높은 벼슬아치들처럼 두려워할 필요가 없었다. 그러나 벼슬길에 오른 하찮은 인물에게도 자기의 직속상관이 있다. 이 직속상관 앞에서 하찮은 인물은 여전히 살얼음을 걷듯 조심조심 신중하게 행동해야 한다.

청나라 때 원매袁枚의 『자불어子不語』에는 '일해만금一咳萬金'에 대한 이야기가 실려 있다.

어느 해, 산동 지방 문상현汶上縣의 어느 현령이 산동의 순무巡撫에게 인사를 올리려고 찾아갔다. 그날, 현령은 감기가 걸려서 이야기를 할 때 아무리 애를 써도 기침을 참을 수 없었다. 그러자 순무는 그만 굳은 표정을 지으며 작은이가 있는 방으로 가버렸다. 문상현의 현령은 자기도 모르게 나온 기침이 직속상관의 심기를 건드렸다는 것을 당장 알아챘다. 얼른 몸을 깊이 굽혀 머리를 조아리며 물러난 그는 서둘러 앞으로 어떻게 될지 알아보았다. 과연 짐작한 대로, 순무 어르신은 부하에게 자기를 탄핵하는 공문을 작성하라는 명령을 내렸다. 현령은 그만 당황하여 어쩔 줄 몰랐다. 이 공문은 감투를 내리는 데 그치지 않고 그를 당장 감옥에 가둘 게 뻔했기 때문이다. 그는 주위에 있는 친구에게 급히 가르침을 청했다. 어떤 친구가 그에게 은자 만 냥을 뇌물로 올리라고 일렀다. 현령은 당장 그대로 했다. 만 냥이나 되는 은자를 순무의 큰 뜰에 내려놓으며 이 액운에서 벗어나려고 했다. 이로부터 '일해만금一咳萬金'이라는 말이 벼슬길에 널리 퍼졌다.

이 이야기 속에 나오는 하찮은 인물인 현령은 그래도 재치 넘치고 약삭빠른 인물이다. 직속상관의 안색을 보고 자기 잘못이 무엇인지 바로 알았다. 설령 일부러 상관의 심기를 건드리진 않았을지라도 그는 재빨리 책임을 지고 바로 뇌물을 올림으로써 정말로 황당하기 짝이 없는 잘못에서 벗어났다. 벼슬길에 오른 하찮은 인물에게 가장 두려운 대상은 바로 직속상관이라는 사실을 이 이야기를 통하여 알 수 있다. 직속상관의 직위가 별로 높지 않더라도, 자기를 직접 관장하는 직속상관은, 황제처럼 목을 내릴 수는 없지만, 정말 가까스로 얻은 자그마한 감투쯤은 얼마든지 벗길 수 있다. 이를 일러 '현관現官이 현관顯官보다 낫다.'라고 한다.

여기에 관련된 또 다른 이야기가 있다.

어느 날, 관아의 문 앞에 공고문이 나붙었다. 3월에 향시를 실시하고 가을에는 대과가 있다는 고시였다. 이 소식이 널리 퍼지자 선비들은 몸과 마음을 가다듬으며 자신의 행운을 시험해 볼 생각을 했다.

이때, 참으로 공교롭게도 현령이 병으로 자리에 눕자 어쩔 수 없이 이 좋은 임무를 자기의 심복 주부主簿 단감單淦에게 부탁하며 맡겼다. 단감은 큰돈을 챙길 수 있는 멋진 임무를 맡게 되자 한밤에 자다가도 슬그머니 웃으며 몇 번이나 깰 정도로 즐거움에 넘쳐서 하나하나 빠짐없이 준비를 했다. 그리고 그 다음날부터 선비들을 맞아들이기 시작했다.

몇몇 가난한 선비들은 하룻강아지 범 무서운 줄 모른다고 오직 자기의 재능과 학식만 있으면 장원으로 급제할 수 있다고 믿었지만, 다른 선비들은 주머니를 탈탈 털어서 주부에게 봉투를 올리고 예물을 올리며 온 정성을 다하며 애를 썼다.

시간은 쏜살같이 지나가며 어느새 기한이 다 되었다. 단감은 산더미처럼 쌓인 재물과 예물을 바라보며 기쁨이 넘쳤다. 이제 문을 닫으려는데, 아전 하나가 들어오더니 시험에 응시하려고 어떤 젊은이가 찾아왔다는 보고를 올렸다. 단감은, 고맙게도 또 재물이 들어오네 하고 생각하며 얼른 그 젊은이를 들여보내라고 일렀다. 비단옷을 걸치고 배가 불뚝 튀어나온 젊은이가 들어오는데 얼핏 보아도 부잣집 아들이었다. 단감은 자기도 모르게 웃음이 피어올랐다. 그런데 그 젊은이는 지독한 구두쇠인지 한참이나 지나도 돈 한 푼 내놓을 기미가 보이지 않았다. 단감은 저도 모르게 얼굴빛이 어두워지며 인명부를 접어버리고 젊은이를 거들떠보려고 하지 않았다.

젊은이도 결코 호락호락하지는 않았다.

"어르신, 오늘은 왜 등록을 하지 않으십니까?"

단감은 쌀쌀하게 웃으며 이렇게 대답했다.

"젊은이는 여기가 어딘지 모르는가? 불당에 들어왔으면 불전을 내놓아야지! 시간이 지났네!"

그러자 젊은이가 입을 열었다.

"저……."

화가 벌컥 솟아오른 단감은 소리를 버럭 질렀다.

"꺼지게! 시경 서경을 그 따위로 공부했으니 예절이라고는 모르지! 어디 시험을 치르겠다고?"

알고 보니 이 부잣집 아들이란 젊은이는 바로 현령의 손아래 처남이었다. 젊은이는 곧장 현령의 집으로 달려가서 엉엉 소리 내어 울었다.

깜짝 놀란 현령은 그 까닭을 알자 크게 탄식하며 이렇게 한 마디 내뱉었다.

"과연 현관現官이 현관顯官보다 낫구나!"

9품밖에 안 되는 하찮은 벼슬아치 주부가 현령의 손아래 처남을 납작하게 만들었으니, 그 처남은 세상 돌아가는 이치를 제대로 몰랐다고밖에 할 수 없다. 실제로 행사 권한만 있다면 설령 아무리 하찮은 벼슬아치라도 당장 어떻게 할 수 있다. 이럴 때는 신분이나 배경이 굉장하니까, 이런 생각은 아예 버려야 한다. 자기가 상대보다 한 수 위라는 자만심으로 실권을 가진 벼슬아치에게 밉보였다가는 작은 벼슬도 얻지 못하며 목숨마저 내려놓을 수 있다. 당나라 때 무황武皇의 사랑을 깊이 받았던 진자앙陳子昻은 한낱 현령의 손에 넘어지며 감옥에서 세상을 마쳤다.

당나라 고종 때, 스물한 살 된 진자앙은 과거를 보기 위해 동도 낙양으로 왔다. 그러나 처음으로 서울에 온 진자앙은 이름이 알려지지 않은 인물이었다. 바로 그때, 동쪽 저자에서 누군가 호금胡琴을 팔고 있었다. 호금을 손에 치켜든 이 사람은 백만 냥의 가격을 불렀다. 둘러선 사람들 가운데에는 높은 벼슬아치에 신분이 고귀한 이들도 적지 않았지만 선뜻 사려고 나서는 이가 없었다. 진자앙은 갑자기 기발한 생각이 떠올랐다. 그리고 두 말 않고 이 호금을 샀다. 곁에 있던 이들이 모두 깜짝 놀라며 어떻게 이런 비싼 가격으로 물건을 살 마음을 먹었느냐고 물었다.

"내가 제일 잘 하는 것이 바로 호금 연주입니다. 내일 저희 집에 오시면 여러분을 위해 연주해 올리겠습니다."

이튿날, 진자앙이 자리를 잡자 수많은 사람들이 빽빽하게 둘러쌌다. 진자앙은 호금을 손으로 들더니 벌떡 일어나서 몹시 분노한 목소리로 말했다.

"제가 비록 큰 재주는 없지만 굴원屈原이나 가의賈誼가 품었던 높은 뜻을 가지고 있습니다. 사천 땅에서 이곳 서울로 오며 시문 백 편 이상을 들고 와서 저를 알아주십사 여러 곳에 간청을 올렸지만 알아주는 이 하나 없었습니다. 이런 악기는 본래 천한 악공들에게나 필요한 것인데, 어떻게 이런 것을 연주할 수 있겠습니까!"

말을 마치자 온힘을 다해 땅바닥에 호금을 내려치니 백만 냥이나 되는 호금은 그대로 산산조각이 났다. 주변 사람들이 정신을 차리기도 전에 진자앙은 시문을 꺼내더니 사람들에게 한 장씩 나누어줬다. 진자앙의 행동에 깜짝 놀랐던 사람들은 그가 쓴 시문의 뛰어난 솜씨에 서로 돌려보기에 바빴다. 하루도 지나지 않아 그의 이름은 서울 바닥에 유명해졌다.

얼마 뒤, 진자앙은 진사로 급제하여 종9품의 장사랑將仕郎에 올랐다. 진자앙은 벼슬길에 오른 뒤, 순조로운 벼슬살이를 위하여 당장 무황의 비위를 맞추려고 『주수명송周受命頌』을 지었다. 이 작품을 본 무황은 참으로 좋아하며 진자앙을 정9품으로 올려 비서성의 정자正字로 임명했다. 그러나 이는 실권은 없는 자리였다. 진자앙도 이 사실을 잘 알고 승진을 위한 실권을 위해 붓을 내던지고 종군했다. 무유의武攸宜의 막부로 자진하여 들어갔다. 그리고 군대를 좇아 북방의 거란契丹 반군을 진압하는 데 나섰다. 그러나 그는 군사 계책을 세우면서 무유의의 미움을 샀다. 무유의는 진자앙을 참모에서 군조軍曹로 강등시켰다. 진자앙은 결국 관직을 내놓고 고향으로 돌아갔다.

진자앙은 조정을 떠나 고향 사홍현射洪縣으로 돌아온 지 얼마 되지 않아 이 지방의 현령에게 밉보이기 시작했다. 이곳 현령 단간段簡은 진자앙의 집안이 부유한 것을 보자 재물을 탐내며 차지하려고 마음먹었다. 그러나 진자앙은 현령의 수작에 끄덕도 하지 않았다. 그러자 현령 단간은 온갖 트집을 잡으며 진자앙을 잡아 감옥에 가두었다. 그리고 갖가지 고문으로 그를 괴롭혔다. 결국 진자앙은 단간의 학대를 견디지 못하고 옥중에서 세상을 떠났다.

고향으로 돌아온 진자앙은 여전히 벼슬길에서 나타나는 법칙들을 몰랐음이 분명하다. 직속상관과 맞서는 일은 벼슬길에 나선 이에게는 하책 중의 하책이요 자기 목숨을 위해서도 마찬가지이다. 그러나 총명한 진자앙은 이를 잘 몰랐다. 벼슬만 잃은 게 아니라 목숨까지도 잃었기 때문이다.

옛 벼슬길에는 관직 이름이 정말 많았다. 더구나 서로 견제해야 할 같은 직위에서는 도대체 누가 누구를 관장하는지, 그리고 도대체 누가 실질적인 권한을 가지고 있는지, 아래쪽에 있는 하찮은 인물은 절대로 흐리멍덩하게 판단해서는 안 된다. 실질적인 권한을 가진 윗사람에게는 어떤 일이 있어도 밉보일 수 없다.

건륭 연간에 크고 작은 벼슬아치의 권한을 다시 세운 규정이 있다.

"총독은 문무를 통할하며 군민軍民을 잘 다스린다."

"순무는 교육과 형정刑政을 두루 살피며 관장한다."

장지동張之洞이 양광兩廣 총독으로 있을 때였다. 언젠가 조주부潮州府에 결원이 생기자 장지동은 자기 마음대로 사람을 보내 이 자리를 맡겼다. 그리고 그 명단을 관리의 임면에 관한 인사를 주관하는 포정사 유지개游智開에게 넘겼다. 그러나 유지개는 벌써 광동 지방 순무가 추천한 인물을 뽑기로 결정한 터였다. 광동 지방의 순무와 총독은 모두 종2품으로 동급의 관직이었다. 유지개는 장지동의 추천을 무시하고 처리하지 않았다.

장지동은 이 사실을 알고 화를 벌컥 내며 당장 유지개를 호출하여 준엄하게 꾸짖었다.

"그대가 나를 무시하고 순무의 비위를 맞추고 있는데, 그래, 어디 믿는 구석이 있소?"

유지개는 가만히 있지 않고 자기 의견을 내세웠다.

"일을 처리하는 데 어찌 믿을 곳을 생각하겠습니까? 옛 제도에 따르면, 병사兵事는 총독께서 관장을 하시고, 하급 관리 업무는 순무께서 관장하시도록 되어 있습니다. 힘 있는 두 분 사이에서 이러지도 저러지도 못할 때는 옛 제도를 따를 수밖에 없습니다."

이 말에 장지동은 더욱 분을 참지 못했다.

"순무가 총독의 지휘를 받는다는 건 천하에 모르는 이가 없거늘, 그대는 어디서 그런 옛 제도를 보았는지, 어디 한번 가져와 보시오. 그대가 말한 대로 조정에 보고를 올려 내가 하급 관리 인선을 따지지 않았다는 의심에서 깨끗이 벗어나야 하겠소."

그제야 유지개는 겁을 잔뜩 먹고 『회전會典』을 뒤졌지만 황망 중에 이 옛 제도를 찾지 못하고 근심 걱정에 피를 토할 지경이었다. 게다가 장지동이 자꾸만 재촉하자 그는 어쩔 수 없이 병을 핑계로 사직서를 낸 뒤 고향으로 돌아갔다.

총독이 이 일을 따져 물은 것은 마치 '옛 제도'가 권한을 부여한 것처럼 보인다. 간단히 말해, '옛 제도'가 말하는 권한은 사실 그 한계가 참으로 모호하여 그대로 좇기가 힘들다는 사실이다. 총독이나 순무가 정식으로 받은 권한은 확정된 것이 아니다. 장지동과 같이 대가 센 총독을 만나면 '옛 제도'가 명백하더라도 아래쪽에 있는 하찮은 벼슬아치 유지개는 노여움을 살 수밖에 없었다.

청나라 때 관료 사회에는 '벼슬길에서 지켜야 할 책략'이 널리 퍼져 있었다.

"평민에게 밉보여도 괜찮다. 조정에 밉보여도 괜찮다. 그러나 바로 윗사람이나 그 지방 유지에게 밉보여서는 안 된다."

평민에게 밉보인다 해도 평민은 감히 경솔하게 나서지 못한다. 조정에 밉보인다 해도 산 높고 물 먼 곳에 있으니 중앙정부의 호통이 자기에게 미치지 못할 터였다. 게다가 하찮은 인물은 조정에 밉보일 만한 일을 할 능력도 없었다. 그러나 바로 윗사람에게는 절대로 밉보여서는 안 되니, 바로 윗사람은 남몰래 그대를 해코지하며 감투를 벗기고 벌을 내릴 수 있을 뿐만 아니라 그대의 집안에까지 화를 내릴 수 있기 때문이다.

3. 하찮은 벼슬아치가 더 무섭다

관료 사회에는 국가에서 임명한 정식 벼슬아치도 아닌 하찮은 인물들이 있다. 정식 벼슬아치 밑에서 일하는 사무원 같은 이들이 바로 그들이다. 그러나 그들의 실질적인 지위는 매우 중요하다. 그리고 그들이 미치는 영향도 대단히 크다. 그들 가운데 일부는 권력을 조종하고 벼슬아치들을 윽박지르며 횡포한 짓을 일삼기도 한다. 이런 하찮은 벼슬아치로는 막료, 아전, 종복 등이 있다.

아전은 관아에서 공문서를 주로 처리하는 하찮은 벼슬아치였다. 중앙 관아의 경아전과 지방 관아의 외아전을 모두 포함하여 아전이라고 했다. 청나라 때에는 이들 아전이 정치에 끼친 영향이 심각했다. 이들은 주로 권력을 농간하고 글재주로 거짓을 일삼았으며 남의 재물을 협박으로 갈취했다.

권력을 이용한 이들의 농간은 고대 관료 사회에서 언제나 존재했다. 청나라 때, 관리들은 대량의 공문서를 처리하는 데 대단히 서툴렀다.

이들 관리들은 모두 과거를 통하여 벼슬길에 오른 인물로서 지금까지 이들이 공부한 것은 실용적인 가치라고는 전혀 없는 학문으로, 법령이나 세상 돌아가는 형편에 대해서는 공부한 적이 없었기 때문이다. 그러나 아전들은 공문서를 직접 처리하는 인물로 기존 관례를 누구보다 잘 알고 있었기에 실제적인 권력도 대단하여 걸핏하면 윗사람을 좌지우지 했다. 관리들은 자기가 이런 아전보다 못하다는 것을 잘 알았기에 어쩔 수 없이 이들을 스승으로 모실 수밖에 없었다.

아전들은 이렇게 큰 권력을 가지고 있었기에 대담하게 나쁜 짓을 일삼으며 제멋대로 뇌물을 받아 챙겼다. 중앙에 있는 육부 관아의 아전들은 그 권력이 대단하여 사람들이 '재상이 가진 권력에 못지않다.'라고 말할 정도였다. 이부에서는 벼슬아치를 임면하는 일을 관장했다. 따라서 벼슬 한 자리라도 얻으려는 이들이 이부의 아전들에게 뇌물을 바치려고 줄을 설 정도였다. 아전들은 뇌물을 바치는 이들이 바라는 감투의 크기에 따라 뇌물 액수를 조정하고 결정한 뒤에 다시 상부에 보고를 올렸다.

이에 대하여 우쓰吳思는 『혈수정률血酬定律』에서 '합법적으로 상해傷害할 수 있는 권리'라는 용어로 상세하게 논술했다. 특히 이 책에 있는 「회뢰고략灰牢考略」은 감옥의 백白, 흑黑, 회灰의 변화와 발전을 통하여 '합법적으로 상해할 수 있는 권리'에 대해 사람들이 한층 더 깊게 이해하도록 했다.

종합적인 대형 사전 『사해辭海』에는 '반방班房'에 대하여 '범인을 임시로 잡아 가두는 곳에 대한 속칭. 즉 유치장이나 감방.'이라고 풀이했다.

그러나 옛 서적이나 역사 자료 연구에서 원래의 뜻으로 보면, '반방'은 관아나 개인 저택에서 아역衙役들이 당직을 서거나 휴식을 취하던 곳이었다. 그러나 이런 곳이 나중에는 임시로 사람을 가두는 곳으로 변했다. 청나라 때의 유명한 학자 왕휘조汪輝祖는 『학치설췌學治說贅』에서 '반방'에 대해 이렇게 이야기했다.

"구속된 범인의 이름을 자세하게 밝히는 일은 법률이 규정한 바 없다. 어쩔 수 없이 한 가지 방법을 쓴다면 감옥에 범인을 가두기만 하면 즉시 이름을 밝혀 적을 수 있다."

말하자면, 감옥은 정식 지위를 가지고 있지만 반방은 그렇지 않다는 뜻이다. 반방에 가두는 것은 법률적인 근거가 없는 수감으로 '바르다〔白〕'고 할 수 없다. 그러나 합법적인 관아에서 어쩔 수 없이 그런 방법을 쓸 수는 있지만 이것도 '그르다〔黑〕'고 할 수 없다. 이렇게 그르다고 하지만 그르지도 않고, 바르다고 하지만 바르지도 않은 수감 장소를 '회뢰灰牢'라고 했다. 따라서 '회뢰'는 바로 비공식 감옥이다. 청나라 말엽 절강성 남심진南潯鎭의 어느 지방 유지는 '세심천선국洗心遷善局'이라는 '회뢰'와 비슷한 곳을 지어 관아에서 정한 법으로는 묶을 수 없는 자를 이곳에 감금했다.

'합법적으로 상해할 수 있는 권리'는 사실 사람들이 늘 입에 올리는 '은밀한 해코지'요 '골탕 먹이기'이며, '직권을 이용하여 일찍이 자기를 비판한 인물을 박해하기'이다.

우쓰는 『신회이기身懷利器』에서 이렇게 묘사했다.

"'합법적으로 상해할 수 있는 권리' 또는 이와 반대로 '합법적으로 은혜를 베풀 수 있는 권리'는 모두 고무줄과 같은 특성이 있다. 합법적으로 다른 사람을 상해할 수 있는 능력은 바로 관리들만의 고유한 재능이다. 이는 진정한 예술이다. 갖가지 자원과 재화는 이에 따라 이익으로 나누어 가지며 새로이 조정된다."

장거정은 명나라 때 가장 유능한 대신이었다. 그는 관료 사회의 갖가지 폐단과 권모술수를 샅샅이 꿰뚫었다. 그가 일찍이 말한, 높은 자리를 차지한 벼슬아치가 하찮은 벼슬아치를 두렵게 여긴 고사는 이 문제를 가장 잘 설명한다.

"군대에서 장교의 승진과 논공행상은 싸움터에서 베어 온 적군의 머리에 달려 있소. 예전에 병부에 근무하는 하찮은 아전 하나가 올라온 보고서 가운데 '일一' 자를 깨끗이 지운 뒤 다시 그 자리에 '일一' 자를 써 넣고 나서 병부의 관리에게 올리며 이렇게 말했소.

'글자 하나를 지우고 고쳐 써 넣었으니, 규정에 따라 엄격하게 살펴서 처리해야 할 것입니다.'

장교들에게서 뇌물이 올라오자 하찮은 아전은 이렇게 말했소.

'글자 하나를 고치긴 했지만 자세히 살펴보니 원래 그 글자였으니 아무런 부정을 저지른 게 아니었습니다.'

병부의 관리도 더 이상 따지지 않았소. 그래서 나는 이렇게 물었소.

'장교들의 승진과 강등이 모두 이 하찮은 아전 손아귀에 있으니, 그에게 어떻게 뇌물을 올리지 않을 수 있겠소?'"

사람들이 이렇게 하찮은 벼슬아치 아전을 두려워하며 뇌물을 올리는 것은 이들에게 무슨 좋은 것을 얻으려는 게 아니라 자기에게 큰 화를 입힐까 두려웠기 때문이다. 앞의 이야기는 '합법적으로 상해할 수 있는 권리'의 심각성을 충분히 설명하고 있다.

당나라 때 한유가 쓴 『남전현승청벽기藍田縣丞廳壁記』에는 최崔 씨 성을 가진 친구 이야기가 실려 있다. 이 친구는 간관諫官의 자리에 있을 때 황제에게 올릴 글을 놓고 벌어진 의견 차이 때문에 배척을 당하며 남전현의 현령 보좌관으로 밀려난다. 이 친구는 현령의 보좌관이면 자기 일을 변함없이 열심히 할 수 있을 것이라고 생각했지만 원하는 대로 일이 풀리지 않았다. 한유는 이렇게 덧붙여 말했다.

"문서를 처리할 때, 실제로 일을 담당하는 하찮은 벼슬아치는 이미 완성된 문서를 가슴에 안고 현령 보좌관을 찾는다. 이때, 그는 문서의 앞쪽은 말아 올린 채 오른손으로 붓을 건네며 현령 보좌관을 바라보고 뻣뻣이 서서 이렇게 말한다.

'여기에 서명을 하셔야 합니다.'

현령 보좌관은 붓을 손에 쥐고 하찮은 벼슬아치가 가리키는 자리에 조심스럽게 서명한다. 그런 뒤 이렇게 묻는다.

'됐소?'

'됐습니다.'

이러면 공문서 처리가 끝난다. 하지만 문서 내용이 무엇인지 현령 보좌관은 아는 게 없다."

그래서 한유는 이렇게 개탄한다.

"현령 보좌관은 자리는 비록 높을지라도 권세는 하찮은 아전보다 못하구나!"

따라서 관리의 종복, 막료, 아전에게 밉보여서는 안 된다. 앞에서 지방 무관이 좌종당에게 밉보인 예를 이야기한 바 있다. 명청 시대에 관아에서 근무한 사람은 관官은 물론 요僚도 있었으며 이吏도 있었다. 관官은 정식으로 임명된 정직正職으로서 장관을 말한다. 요僚는 보좌 직책을 맡은 부하직원을 가리킨다. 그리고 이吏는 사무원으로서 아전衙前이라고도 했다. 관과 요는 관원으로서 등급이 있었다. 등급이 있는 관원을 가리켜 '품관品官'이라고 일렀다. 이들은 모두 중앙에서 임명하기에 '조정의 명관命官'이라고 불렀다. 그러나 '이吏'는 장관이 모집하여 썼기에 품계에 오른 벼슬아치가 아니었다. 그러기에 이들의 신분은 사실 평민이나 다름 없었다. 다시 말하면, 관료官僚는 모두 '국가 간부'이지만 이吏는 '평민 신분으로 간부의 일을 대신하는 인물'로 취급받았다. 이들은 관아에서 부리는 하인과 다를 바가 없었다. 차이가 있다면, 이들이 '지식 서비스'를 제공한다는 점밖에 없다.

벼슬길에서 이렇게 하찮은 벼슬아치에게 자칫 잘못하여 밉보인 이는 꽤 많았다. 구내암瞿耐庵이 홍국주興國州에 부임했을 때였다. 그는 천성이 인색하였기에 전임 회계 담당 아전에게 호주머니를 털어 예물을 주려고 하지 않았다. 특별히 때맞추어 윗사람에게 올리던 예물의 수량이 적힌 장부를 손에 넣으려고 하지 않았다. 그러자 슬그머니 화가 치민 아전은 장부에 적힌 숫자를 모두 바꾸고 말았다. 예컨대, 윗사람에게 원래 올릴 예물이 일백 냥의 은자라면 일백 닢 은화로 고치고, 원래 올릴 예물이 일백 냥이라면 오십 냥으로 고쳤다. 그것도 모르고 구내암은 위조된 장부의 수량에 따라 예물을 올렸다. 그 결과 예물을 한 곳에 보냈으면 한 곳에 밉보였고, 두 곳에 보냈으면 두 곳에 밉보였다. 자신은 이유도 모른 채 윗사람과 동료에게 두루두루 밉보이고 말았다.

처음에는 호광湖廣 총독 단대인湍大人이 그의 양외할아버지인데다 그의 양장인養丈人 대세창戴世昌까지 튼튼한 배경이 있었기에 그의 이력을 알고 있는 몇몇 윗사람들도 총독의 체면을 생각해서 그를 문제 삼지 않았다. 그런데 뜻밖에 단대인도 이 지방을 떠나고 대세창도 세력을 잃어버리자 양외손養外孫이니 양손서養孫壻 따위를 관대하게 보아줄 사람은 이제 아무도 없었다. 뒤이어 호광 총독으로 가대인賈大人이 부임했을 때, 누군가 구내암에 대하여 나쁜 말을 했지만, 가대인은 전임자의 체면을 보아서 그를 즉시 해임하지 않았지만 훗날 나쁜 말을 하는 이가 많아지자 결국 구내암을 자리에서 쫓아낼 수밖에 없었다.

관료 사회에서 '문자門子'니 '문정門政'이니 '문정門丁' 등은 요즘 말로 하면 각 기관 문서접수처의 문지기이다. 이들은 벼슬아치의 개인적인 노복일 뿐이지만 유무형의 권력을 가지고 있었기에 이런 사람에게도 밉보여서는 안 되었다.

호북 지방 기주蘄州의 이목吏目[126]으로 새로 임명된 수봉점隨鳳占이란 인물이 돈을 들여 남색 화령花翎으로 장식된 모자를 샀다. 그리고 칠장이를 불러 '남색 화령으로 장식한 5품 관원 기주 이목'이라는 직함이 적힌 명함을 만든 뒤, 이것을 지니고 부임했다.

기주에 도착한 수봉점은 관례에 따라 먼저 지주知州에게 인사를 올리고 관아의 문간을 지키며 담당하는 직원의 우두머리 어른을 만나서 두툼한 봉투 하나를 건넸다. 자연스럽게 이들은 친형제처럼 상대를 대하며 한참 동안 시간을 보냈다. 지주를 만난 뒤에도 감히 물러나지 않고 관아 안의 관친官親[127], 사야師爺[128], 타장방기打賬房起[129], 전곡錢谷[130], 형명刑名[131], 서계書啓[132], 징수徵收[133], 교독敎讀[134], 큰아들, 둘째아들, 그리고 그 밖에도 관아에서 일하는 이들의 멀고 가까운 친척들을 지기가 인도해 빠지지 않고 하나하나 찾아보았다. 그들을 맞이하는 이도 있었고 사절하는 이도 있었지만 지주의 열두 살 난 막내아들까지도 찾아보고 인사를 올렸다. 한 주州의 관아를 거의 다 돌아보고 나서는 다시 문

126 한 주州의 장관을 보좌하는 부관副官으로 종9품의 벼슬이다. 치안과 도둑 체포 등의 일에 협조한다.
127 관아에 근무하는 관리의 친척.
128 여기서는 막료를 가리킨다.
129 재무 회계를 담당하는 이.
130 세무를 담당하는 이.
131 사법을 담당하는 이.
132 공문서 초안을 담당하는 이.
133 세금 징수를 담당하는 이.
134 가르치는 이.

지기가 거처하는 곳에 잠시 머물렀다. 세도가의 몇몇 나리들은 이미 눈에 익을 대로 익은지라 수봉잠도 일일이 인사를 나누었다. 노복도 찻잔을 들고 그 곁으로 다가와서 굽실거리며 '수고하셨습니다.'라고 인사했다.

수봉점의 '남색 화령으로 장식한 5품 관원 기주 이목'이라는 직함이 적힌 명함을 보면 사람을 두렵게 할 만큼 대단한 것 같다. 하지만 사실 이 직함은 대단치 않았다. 그 지방의 아편 흡연장, 도박장, 교자窖子, 전당포 등으로부터 몇 푼의 돈이라도 뜯어내는 데 쓸 수 있을 뿐이었다. 또 지방 세력가가 연 전당포가 감히 말썽을 일으키지 못하게 하고 지방 관아의 관친官親, 사야師爺, 문정門政에게 깍듯이 예의를 지키게 하는 데 쓸모 있었다. 게다가 지주의 시종과 노복에게도 최대한 친근하게 대하는 데도 쓸모 있었다. 수봉잠의 성품이 겸손한 것이 아니라 권력이 그들만 못했던 것이다.

9품밖에 안 되는 말단 벼슬아치의 하인에게 얼마나 큰 권력이 있을까? 우선 관아의 문지기가 권력의 사슬 가운데 결정적 작용을 하는 매우 중요한 위치에 있다는 것을 알아야 한다. 옛 관리는 집안에만 내내 머물며 좀처럼 나들이를 하지 않았다. 공무를 처리하는 관아와 일상생활 공간인 안채는 모두 관아의 같은 대문 안에 있었다. 일상적인 공무는 물론 개인적인 교제와 은밀하게 이루어지는 개인적인 거래도 대체로 이 관아의 대문 안에서 이루어졌다. 관아의 대문으로 들어갈 수 있고 없고는 문지기만의 고유 권한이었다. 문지기가 고의로 난처하게 만들려고 작정하면 얼마든지 그럴 수 있었다. 또한 헛걸음하게 만드는 방법도 수없이 많았다. 통보를 하지 않을 수도 있고, 나리께서 지금 외출 중이라고 거짓말을 할 수도 있고, 나리께서 지금은 손님을 만나는 시간이 아니라고 둘러댈 수도 있다. 옛말에 '높은 양반은 뵙기 쉬우나 문지기는 상대하기 어렵다.'라고 했다. 문지기 권력의 대단함을 잘 보여주는 말이다.

함풍咸豊 연간에 복건 지방 포정사로 임명된 장집형張集馨은 권세가 대단한 문지기와 맞닥뜨렸다. 바로 민절閩浙 지방 총독 경서慶瑞의 문지기였다. 총독의 심복인 장칠張七은 주州와 현縣에서 문지기에게 보내는 은자銀子가 올라오면 반드시 순도와 분량을 측정하여 표준에 미달하면 결코 받아들이지 않았다. 하급 관리가 예물을 가지고 오면 그 자리에서 개봉하여 순도와 분량을 조사하여 조금이라도 부족하면 당장 물리치고 완전하게 채운 뒤 다시 올리도록 했다. 총독인 경서도 아랫사람이 자기 문지기에게 더 많은 예물을 올리는 것이 바로 자기를 존경하는 일이라고 생각했다. 그러했기에 장칠은 더욱 거리낌 없이 제멋대로 방자하게 굴었다.

임지에 이른 장집형은 제일 먼저 장칠에게 예물을 보냈다. 그런데 은자의 무게가 0.06냥이 부족하다는 이유로 장칠은 이 예물을 내던졌다. 장집형은 화가 잔뜩 치밀었지만 경서의 성격을 생각하여 어쩔 수 없이 참을 수밖에 없었다. 그리고 은자를 더 채워서 다시 예물을 보냈다. 그때부터는 그에게 예물을 보낼 때마다 순도와 분량을 부족함이 없도록 했다.

결론적으로 하찮은 벼슬아치가 더 무섭다. 관료 사회에서 정말로 별 볼 일 없을 만큼 하찮은 인물이 직위도 없고 지위도 없는 것처럼 보이지만 윗사람을 바로 곁에서 모시며 따르기에 보이지 않는 권력이 있기 마련이다. 벼슬살이를 하면서 반드시 알아야 할 것이 권력이다. 권력이 있다면, 신분이 어떻든 가리지 말고 비위를 맞추며 밉보이지 말아야 한다.

4. 지방 토호와 잘 지내기

벼슬길에 오른 하찮은 인물은 윗사람에게 결코 밉보여서는 안 되며 자기가 근무하는 지방 토호에게도 밉보이면 안 된다. 이들 지방 토호는 막강한 관료 세력의 지지를 등에 업고 있다. 이러한 관료 세력은 바로 윗사람일 가능성이 높다.

황육홍黃六鴻은 순치順治 8년 과거에 급제하여 지현知縣, 급사중給事中 등의 벼슬을 했다. 황육홍이 쓴 『복혜전서福惠全書』에는 이런 이야기가 실려 있다.

그가 막 담성郯城의 지현으로 부임했을 때, 이 지방에서 세금을 거두기가 참으로 골치 아픈 일이라는 것을 알았다. 몇몇 집에서 낸 토지세를 이 지방에서 권세를 가진 유지가 가로채고 있다는 것을 그는 알아챘다. 권세를 가진 몇몇 지방 유지가 세금을 대신 받아서 관아에 내지 않았던 것이다. 그 가운데 행실이 고약한 어떤 악덕 인사는 세금으로 받아들인 일백 냥이 넘는 은자를 몽땅 챙겨서 독차지하며 호주머니 불리기를 벌써 20년 넘게 해왔지만 지금까지 이곳을 거쳐 간 지현 가운데 그 누구도 감히 신경을 쓰려고 하지 않았다. 조정의 정식 법률이나 제도에 의하면 지방 토호들은 이런 짓을 할 권리가 없었다. 또한 이들이 곡물세나 토지세 등을 거부할 권리도 없었다.

황육홍은 전임 현령이 재임할 때 담성에는 '금강천왕나찰金剛天王羅刹'이라고 불리던 24명의 깡패 같은 지방 유지가 있었다는 기록까지 남겼다. 관아에서 막일을 하는 일꾼이나 하찮은 아전 중에도 이들의 패거리가 섞여 있었고 문지기나 시종 가운데도 이들의 밀정이 있었다. 각 가정에서 내는 토지세를 이들이 차지하며 삼켜도 관아에서는 어쩔 수 없이 감히 말도 못하고 결손 부분을 대신 납부해야 했다. 만약 현령이 이들을 제지하려고 하면, 이들은 수많은 무뢰한들을 시켜 상급 관청을 찾아가서 소란을 피우게 만들었다. 그러했기에 담성 지방은 관아의 기풍이 엉망이었을 뿐만 아니라 관아에서 써야 할 식량도 다 채우지 못했다. 황육홍이 부임하기 이전에 4명이나 되는 현관이 면직을 당하기도 했다.

황육홍도 관료 사회의 보이지 않는 규칙을 잘 알고 있었다. 그는 담성에 부임한 이후 지방 유지들을 더욱 우대하고 온갖 방법을 동원해 이들의 체면에 손상이 가지 않도록 배려했다. 기한 내에 정해진 공출미를 모두 내는 납세자에게는 관아에서 술이나 꽃, 숄 등을 내리는 특혜를 주었지만 믿는 데가 있어 두려움을 모르는 지방 세도가들에게는 아무런 효과를 거두지 못했다. 그 당시 담성의 신왕사新汪社에는 유정완劉廷琬이란 행실이 못된 악덕 인사가 있었다. 그는 자기가 소유하고 있는 토지를 숨기며 속일 뿐만 아니라 다른 이들과 나누어 가져야 할 땅을 독점하면서 납세자가 세금으로 내는 곡물을 마음대로 가져왔다. 관아에서 지명해 파견된 이곳 책임자는 가난한 납세자에게 그만큼의 몫을 다시 나누어 할당했다. 결국 이들의 세금 부담이 갈수록 무거워지자 이 고장을 몰래 떠나는 이가 꼬리를 물고 잇달았다. 이들 가난한 납세자들은 유정완을 몹시 증오하며 관아로 몰려가서 자기들이 당한 고통을 호소하고 법을 어긴 자를 성토하며 규탄했다. 심지어는 상부 기관에까지 알리며 해결을 요구했다.

황육홍은 많은 이들의 분노를 달래기에는 힘이 벅차다고 생각했다. 그리하여 그는 일벌백계로 경종을 울리기로 마음을 굳히고 칼을 빼어 들었다. 결국 지방의 납세자들은 속 시원하게 화를 풀 수 있었다. 그러나 자신에게는 큰 골칫덩어리였다. 억울한 누명을 뒤집어써야 했기 때문이다. 황육홍에게 질책을 당하며 명예가 실추된 세도가의 아버지도 역시 담성에서 알아주는 세도가로서 이 지방에서는 그런대로 인맥이 탄탄한 인물이었다. 그는 먼저 사람을 시켜 황육홍에게 이렇게 알렸다.

"내 아들의 명예를 빨리 회복시켜 주시오. 착한 사람에게 억울한 죄를 뒤집어씌운 이들을 다스리기 바랍니다. 그렇지 않으면, 이제 새로 부임하는 이 지방 순무께서 오실 때 내 반드시 그분을 만나 당신의 잘못을 고발하겠소."

말투로 보아 이 양반이 새로 부임할 순무와 좀 아는 사이임이 분명했다. 보통 백성이라면 순무 어른을 만나서 문제 해결을 부탁할 수 없었기 때문이다.

그래도 황육홍은 기어코 그의 체면을 세워주지 않았다. 그런데 그는 그럴 만한 능력이 조금 있던 인물이었다. 신임 순무가 이 지방에 들어오자마자 바로 고발장을 올렸다. 부모와 같은 사랑으로 백성을 다스려야 할 담성의 벼슬아치 황육홍이 횡령과 독직을 일삼는다고 고발했다. 고발장을 접수한 순무는 감정을 전혀 드러내지 않았다. 부임한 지 사흘째 되던 날, 순무는 부속 전문 기관인 사도司道의 직원들에게 이렇게 물었다.

"누구 추천할 만한 강직한 관리가 없소?"

포정사 시태첨施泰瞻이 황육홍을 추천했다. 이어서 안찰사 하공何公과 도대道臺 전공錢公이 황육홍의 인품과 명성에 대해 입을 모아 칭찬을 늘어놓았다.

이튿날, 시태첨이 출근하여 인사를 올리자 순무는 세도가의 아비가 올린 고발장을 내놓았다. 그러자 시태첨은 얼른 황육홍을 위해 변명하기 시작했다.

"그 양반은 사실을 완전히 날조해 사람을 억울하게 만들고 있습니다. 그야말로 힘없는 납세자의 등을 치며 곡물세를 제대로 바치지 않았습니다."

덧붙여 관아에서는 어떻게 그의 아들을 처리했는지 사건의 자초지종을 자세하게 말했다. 일이 이렇게 되자 황육홍을 괴롭힐 마음이 전혀 없지는 않았던 순무가 오히려 계면쩍은 입장이 되었다. 어떻든 황육홍은 이렇게 '연착륙軟着陸' 했다.

조금 두렵긴 했지만 아무런 위험 없이 일이 끝나기는 했다. 그러나 황육홍은 여전히 후사가 두려웠다. 당시 시태첨을 비롯한 몇 사람의 깊은 믿음과 적극적인 칭찬의 말이 없었다면 모함에 빠지지 않을 수 없었다. 몇 년 뒤, 하북河北 동광현東光縣 지현으로 임지를 옮긴 황육홍은 이와 비슷한 사건을 다시 만났다. 자못 힘이 있던 이 지방의 악덕 인사가 평소에도 관아를 좌지우지하며 각종 세금을 제멋대로 독점하고 있었다. 그의 하는 짓이 담성의 세도가와 다름이 없었다. 황육홍은 이번에는 혈기 넘치는 용감함을 드러내지 않고 좋은 말로 구슬리며 달래기로 했다. 지방세를 독촉하고 징수하는 인물로 그를 지정하며 자기편으로 끌어들였다. 물론 그는 그 일을 하지 않았다. 그러나 황육홍은 좋은 말로 다시 권함으로써 그의 체면을 세워주었다. 뒷날, 황육홍이 이 지방을 떠날 때, 그는 형제들과 함께 황육홍을 위해 잔치를 베풀며 송별했다.

위에서 이야기한 두 가지 사건은 황육홍을 다시 생각하게 한다. 그는『복혜전서』에 주와 현에서 백성들을 다스릴 임무를 맡게 될 후배들에게 특별히 조심해야 할 점을 쓰고 있다. 특히 위에서 말한 두 가지 사건을 거울삼으라고 이르면서, '성질 눌러 참기'라는 작은 항목에서는 '지방 일은 그곳 처지에 맞게 짐작하고 헤아려서 처리하면 될 것이니, 자기 기쁨과 노여움을 입에 올리며 소란을 피울 게 무엇인가?'라고 말했다. 게다가 그는 주와 현의 책임자에게 지방 유지를 잘 대접하라고 특별히 훈계하며 '지방 유지들 가운데는 서울이나 다른 지방에서 근무했던 이도 있고, 관직은 있으나 휴가라서 지방에 머무는 이도 있으며, 그냥 집에서 빈둥거리는 이도 있으니, 이들과 교제할 때에는 마땅히 예의로써 대해야 한다.'라고 일렀다. 까놓고 말해, 벼슬을 하는 자는 지방의 유지에게 밉보여서는 안 된다는 말이다. 또한 아무리 힘이 강한 자라도 그 지방에 자리잡고 있는 세력을 눌러서는 안 된다는 말이다.

이런 황육홍의 이야기를 통하여 지방 세도가의 권위가 얼마나 대단했는지 알 수 있다. 이들 지방 세도가는 그러한 권위를 배경으로 공공연하게 세금을 가로채며 배를 채우는 데 거침이 없었다. 이들이 지방에서 차지한 세력은 이리저리 복잡하게 얽히고설켜 있었다. 이런 권력을 청나라 때의 소설 『홍루몽紅樓夢』에서는 '호관부護官符'라고 불렀다.

선비 가우촌賈雨村은 응천부應天府에 현령으로 부임하자마자 살인 소송 중인 사건을 맡게 되었다. 두 집에서 여종을 사는 문제로 양보하지 않고 서로 버티다가 사람을 때려죽인 사건이었다. 가우촌이 원고를 불러 심문하자 그는 이렇게 말했다.

"타살된 분은 바로 소인의 주인어르신입니다. 그날, 계집종을 사는 대가로 돈을 치른 건, 사기꾼이 이 여자를 유괴해서 파는 줄 몰랐기 때문입니다. 이 사기꾼은 주인어르신의 돈을 챙겼고, 우리 주인어르신께서는 사흘 뒤 좋은 날에 집으로 들이겠다고 말씀하셨습니다. 그런데 이 사기꾼이 설씨薛氏에게 다시 계집종을 팔아넘겼습니다. 나중에 이 사실을 알게 된 우리는 계집종을 빼앗아 왔습니다. 그렇지만 설씨는 지방 유지로 재산은 물론 권세도 대단했습니다. 그들 집안의 종들이 무리로 몰려와서 소인의 주인어르신을 때려죽였습니다. 그리고 이들은 벌써 모두 몸을 숨기고 오로지 관계없는 몇 사람만 남아 있을 뿐입니다. 소인이 이 사건을 고발한 지 일 년이 지났지만 해결할 분이 아무도 없었습니다. 이제 현령 어르신께서 살인범을 잡아서 착한 이를 돕는다면 그 은혜 잊지 않을 것입니다."

이 이야기를 다 들은 가우촌은 분노했다.

"어떻게 이런 일이! 사람을 죽이고 내뺐는데도 잡지 않다니!"

즉시 구속 영장을 발부하여 살인범 집안 식구를 데려다가 모진 고문을 하려고 했다. 바로 이때, 곁에 있던 문지기가 가우촌에게 구속 영장을 발부하지 말라는 눈짓을 보냈다. 가우촌도 머뭇머뭇하다가 구속 영장을 발부하지 않았다.

법정에서 물러나온 뒤, 가우촌은 문지기를 밀실로 불렀다.

"왜 구속 영장을 발부하지 못하게 했소?"

문지기는 가우촌에게 무릎을 꿇어 예를 올린 뒤 웃으면서 이렇게 말했다.

"나리께서 영예스럽게 부임하신 뒤 아직까지 이 지방의 '호관부護官符'를 보시지 못했단 말입니까?"

가우촌은 얼른 되물었다.

"아니, 호관부라니?"

문지기는 이렇게 대답했다.

"지방에 부임하신 나리들께서는 모두 개인적으로 명단을 가지고 있습니다. 이 명단에는 그 지방에서 권세가 대단하고 재산도 쩌렁쩌렁한 유지들의 이름이 올라 있습니다. 이건 어느 지방이나 마찬가지입니다. 만약 이 명단을 잘 몰랐다가는 이들의 심사를 건드릴 수 있습니다. 그러면 관작은 말할 것도 없고 자칫 잘못했다가는 목숨까지도 위태로울 수 있습니다. 이를 '호관부'라고 하는데, 방금 말한 설씨도 나리께서 함부로 건드려서는 안 될 인물입니다. 이 사건은 예전의 관아에서도 이들 얼굴을 보아서 내버려 두었기에 이렇게 된 것입니다."

문지기는 이렇게 말하면서 베껴 쓴 '호관부'를 주머니에서 꺼내어 가우촌에게 올렸다. 가우촌이 보니, 앞에는 모두 이 지방의 명문대가에 대한 평가였다.

가賈씨네 저택은 백옥으로 짓고 말은 금으로 만들었네.

아방궁 삼백 리 아무리 커도 금릉의 사史씨네 저택만 못하네.

동해에 백옥 침대 부족하여 용왕이 금릉의 왕王씨를 찾았네.

여러 해 지나도 위대한 설薛씨네, 진주는 흙처럼 많고 금은 쇠처럼 흔하다네.

賈不假, 白玉爲堂金做馬.

阿房宮, 三百里, 住不下金陵一个史.

東海缺少白玉床, 龍王來請金陵王.

豊年好大'雪', 珍珠如土金如鐵.

가우촌은 이 글을 읽은 뒤 얼른 고개를 숙이고 문지기의 의견을 그대로 따랐다. 아무런 실속도 없이 살인 사건을 서둘러 얼렁뚱땅 마무리하고 말았다.

가우촌이 살인 사건을 처리하는 과정을 보면 청나라 때 벼슬살이를 하던 하찮은 인물이 자기의 감투를 잃지 않기 위하여 국가가 정한 법률도 그대로 집행하지 않고 오로지 지방 토호의 비위를 맞추는 데 애쓰고 있음을 알 수 있다.

5. 온갖 활동에 빠지지 말기

이제 십자령十字令[135]의 한 수를 보자.

일하면 짱,
이하면 융통,
삼하면 만능인,
사하면 골동상납,
오하면 빚 걱정 않기,
육하면 온 놀이 잘하기,
칠하면 받쳐 올려 연예인,
팔하면 의복 단정 말씨 침착,
구하면 성은 망극에 상덕 칭송,
십하면 어른 접대에 넘치는 술독.

一曰紅,
二曰圓融,
三曰路路通,
四曰認識古董,

135 '십자령十字令'은 중국 시가 문학의 특수한 형식이다. 일반적으로 '일一'에서부터 '십十'까지의 숫자를 순서에 따라 머리로 하여 배열한 열 개의 구로 된 소품이다. 여기 보인 십자령은 1행의 글자를 하나로 시작하여 10행의 열 글자까지 순서에 따라 자수를 맞추어 배열했다. 이런 특수한 형식의 시는 그 형식이 반듯하고 내용은 엄숙하며 시어는 알기 쉽다. 게다가 넘치는 유머로 보면 볼수록 독특한 멋이 있다.

五曰不怕大虧空,

六曰圍棋馬弔中中,

七曰梨園子弟殷勤奉,

八曰衣服齊整言語從容,

九曰主恩憲德滿口常稱頌,

十曰坐上客常滿樽中酒不空.

'수현십자령首縣十字令'이라는 제목으로 널리 알려진 이 시는 작은 '수현首縣'[136]의 현령이 벼슬길에서 가는 이 배웅하고 오는 이 마중하며 장관을 위해 봉사하는 온갖 모습을 묘사하고 있다. 수현의 현령은 이런 일 처리에 융통성을 발휘해야 하며 반듯한 의관과 절제 있는 말과 행동을 중시해야 한다. 게다가 바둑이나 마작도 당연히 하고, 깊이 있는 골동품 감상으로 손님을 접대할 줄도 알아야 한다. 장관이 임지에 올 때에는 환영회를 열어 대접하고 떠날 때에는 송별연을 열어 작별해야 한다.

장관이 연극을 보고 싶다면 극단을 불러와야 한다. 게다가 평시에도 장관을 뵐 때면 언제나 '성은이 망극하고 상덕이 넘치옵니다.'라는 칭송의 말을 입에 달고 살아야 한다.

표면적으로 평화를 유지하기 위하여 벼슬길에 오른 크고 작은 인물들은 사방으로 뛰어다니며 다양한 '활동'을 해야 한다. 이는 나중에도 거리낌 없이 말할 수 있도록 하기 위해서이다.

청나라 때, 벼슬길에서 해야 할 갖가지 활동은 그 이름도 정말 많

136 현縣보다 높은 급의 주州, 부府, 행성行省의 소재지가 있는 곳의 현을 가리킨다.

았을 뿐만 아니라 일정한 규칙과 비결까지 있었다. 오견인吳趼人은 『20년 동안 눈으로 직접 본 괴현상』에서 벼슬길에서의 규칙을 묘사하며 벼슬살이를 하는 자는 이를 잘 알아서 융통성 있게 처신해야 한다고 일렀다. 가정嘉靖, 도광道光 연간에 관료 사회에는 '바쁜 한관閑官'이라는 노래가 있었다. 주채천周采川이란 벼슬아치의 '오직 때맞춰 윗사람 접대하기에만 마음을 두고 동료들보다 훨씬 부지런하게 움직이는 모습'을 비웃는 이 노래는 사실 벼슬길에 오른 모든 이들이 접대하기에 바쁜 모습을 담고 있다. 다른 각도에서 보면, 벼슬살이를 하면서 이런 접대 규칙을 잘 모른다면 다른 사람의 비웃음을 살 뿐만 아니라 자칫 잘못하면 자신도 불운해질 수 있다는 말이다. 하나의 예를 들어보자. 소주蘇州에 방금 발령을 받은 어느 지현知縣은 타고난 성격이 융통성 없고 어리석어 접대할 줄 몰랐다. 그는 이곳에 온 지 20년이나 지났지만 공적으로 처리해야 할 일도 없는 데다 현장에 파견되지 못하여 결국은 곤궁한 생활 속에서 스스로 목숨을 끊기에 이르렀다. 벼슬살이에서 마땅히 해야 하는 활동은 수없이 많다. 윗사람 찾아뵙기, 손님을 초대하여 잔치 베풀기, 가는 사람 배웅하고 오는 사람 맞이하기, 윗사람에게 예물 올리기, 동료와 교제하기, 그리고 이런 저런 명목으로 돈을 뜯어내야 할 인물에 대한 대접 등등.

벼슬길에서 관계를 맺고 정보를 주고받는 일은 언제나 찾아뵙는 방식을 응용한다. 벼슬길에 오른 이들은 큰일 작은 일에 윗사람을 찾아뵈어야 하며 평소에도 서로 자주 왕래해야 한다. 만약 누군가 부주의해서 지나쳤다면 반드시 늦어도 찾아뵙고 잘못을 빌어야 한다. 예컨대, 신임 관리의 부임, 설날에 올리는 세배, 외관外官의 서울 방문은 잊지 말아야 할 중대사이다. 찾아뵐 사람이 많을 때에는 먼저 목록을 작성하여 관아에 고용된 하인의 구체적인 안배를 따라야 한다. 또 찾아뵐 사람이 거주하는 곳이 분명하지 않으면 이것도 관아에 고용된 하인을 통해 확인해야 한다. 이들을 찾아뵈려면 대체로 관원의 집이나 회관, 그것도 아니면 전통극 공연장으로 가야 한다. 이렇게 찾아뵐 때에는 먼저 수행원을 통하여 올린 명함에 따라 허락을 받아야 안으로 들어가서 배알할 수 있다. 그러나 때로는 그저 명함만 올리고 주인을 보지 않아도 인사를 올린 셈이 되는 경우가 있다. 또 본인이 직접 찾아뵙지 않고 수행원이 대신 명함만 올리는 때도 있다. 같은 급수의 관원들 사이에서는 한 쪽이 다른 한 쪽을 방문하면 다른 한 쪽은 다시 먼저 방문했던 쪽을 답방해야 한다.

관료 사회에서 상대방을 찾아뵙는 일 가운데 최적기는 새해에 세배를 올릴 때이다. 큰 벼슬아치든 아니면 보잘것없는 낮은 벼슬아치든 서로 찾아뵙기에 분주하다. 이런 잦은 왕래로 관료 사회는 온통 활기가 넘친다. 동료나 동향 사람은 말할 것도 없고 같은 해에 과거에 급제한 사람과 오랫동안 사귄 친구 등 관계가 가까운 이들끼리도 서로 인사를 한다. 또 관계가 비교적 먼 이들도 이 기회를 이용하여 서로 인사를 나누며 가까워지려고 한다. 이렇게 인사를 올리려는 손님은 말할 것 없지만 어떤 관원들은 날마다 손님맞이에 지쳐서 새로운 방법을 시도해보기도 한다. 바로 명함만 올리고 주인은 뵙지 않는 방법이다. 때가 되면 문간에 마련된 방명록에 이름만 올리면 그만이었다. 손보孫寶는 새해 인사를 드릴 때 지켜본 모습을 이렇게 일기로 기록했다.

"새해 문간에 명함 한 장 넣고 사람은 찾아뵙지 않는 것은 분명 사회 관습이기에 없앨 수는 없다. 내가 방명록을 자세히 살펴보니 방문한 이 가운데 많은 분들을 알지 못할 뿐만 아니라 그들이 거처하는 곳도 지극히 멀었다."

『관장현형기』에는 수봉점이라는 신임 지주가 임지에 도착한 뒤 이곳저곳을 찾아가서 인사를 올린 이야기가 기록으로 남아 있다. 동료를 비롯해 지방 유지들에게도 인사를 올렸고 관아에 봉직하는 이의 친인척에다 스승의 부친까지 인사를 드린다. 이렇게 사흘을 보내면서 관계를 돈독하게 만들었을 뿐만 아니라 이전 담당자가 관리하던 장부까지 분명하게 알아서 기억해야 한다.

인사를 올리는 과정에서 대접도 빼놓을 수 없다. 함께하는 식사는 가장 보편적인 방식이다. 친소나 원근을 막론하고 술 몇 잔이 뱃속에 들어가면 허물없는 사이가 되어 벌주놀이까지 하며 마음껏 즐거움을 나눌 수 있다. 『편도론偏途論』에는 관아에 근무하는 이들이 서로 잔치에 초대하여 대접하는 모습이 나온다.

"수행원도 안팎에 차이가 있고 동료도 동향 사람이냐 오래된 친구냐의 차이가 있지만 함께 근무하는 친구에게 밉보일 수는 없다. 보름이 지나면 별도의 음식을 마련하여 사람 사이의 관계를 유지하는데, 이를 접대라고 한다. 한가한 때에 돌보면 언젠가는 보살핌을 받게 마련이다."

관원 사이에도 잔치를 베풀어 대접을 해야 하지만 수행원 등 여러 관아에 근무하는 이들도 이런 대접을 필요로 한다.

외지에 파견된 관리들도 오가는 손님 접대에 고생이 이만저만 아니다. 자기가 관할하는 지역을 지나는 상사나 권세 있는 이들을 대접하지 않을 수 없다. 오는 이를 공손하게 맞아들여 편안한 잠자리로 모시고 잔치를 베풀어 초대하는 외에도 함께 연극을 보러 가고 여비를 주어 배웅해야 한다. 원하든 원치 않든 상사가 자기 관내를 지나기만 하면 빠짐없이 준비하느라 온종일 아무 일도 할 수 없다. 몇몇 관리들은 이 때문에 백성을 위해 일할 수 없다며 반감을 갖기도 한다. 그들은 시간과 정력을 모두 이런 불필요한 데 쏟아 부으면 이야말로 인생을 낭비한다고 보았다. 동쪽으로 손님을 모시러 간다는 것이 서쪽으로 잘못 가는 일도 종종 발생했다. 자신은 손님 접대에 만전을 기했다고 생각했는데, 상사가 참으로 필요로 하는 물건을 종종 빠뜨리기도 했다. 홍자징洪子澄이라는 어느 현령은 손님 접대의 번거로움 때문에 벼슬을 팽개치고 고향으로 돌아갈 생각을 하며 이렇게 말했다.

"하루 종일 이리 뛰고 저리 뛰며 먼지나 뒤집어쓰고 비굴하게 굽실거리며 나쁜 물만 들 것이니 참으로 못할 일이다."

청나라 조정은 부패하여 이런 각종 활동은 오로지 벼슬살이하는 이의 체면을 위할 뿐이었다. 이는 자신의 체면만을 위하는 일이었다. 이런 갖가지 '활동'은 단지 겉모습일 뿐 속뜻은 오히려 각자가 품은 음흉한 생각이다. 다시 말하면 더 높은 벼슬이나 더 많은 재물이 목적이다. 일단 권력이나 세력을 얻으면 거들먹거리며 무게를 잡고 체면을 다시 세울 수 있기 때문이다.

『청대관장도기清代官場圖記』에는 고대 관료 사회에서 이루어진 접대에 대하여 특별히 정리하고 있다.

1. 찾아뵙기 – 관계를 맺으며 정보를 얻기에 꼭 필요하다. 평소에 오가며 인사를 올리는 이외에도 신임관리가 부임할 때, 새해를 맞을 때, 지방에 나왔던 관리가 서울로 올라갈 때는 반드시 인사를 올려야 한다. 인사를 올릴 때에는 일반적으로 관원의 집으로 찾아가거나 회관이나 연극이 이루어지는 곳으로 찾아간다. 이렇게 인사를 드릴 때에는 먼저 수행원을 통하여 명함을 올린 뒤 윤허가 있으면 들어가서 배알한다.
2. 잔치를 베풀며 손님 초대하기 – 접대의 목적은 함께 식사를 함으로써 가까운 관계를 맺는 데 있다. 관원들 사이에도 이런 접대가 필요할 뿐만 아니라 수행원 등 관아에서 근무하는 사람들

사이에도 이런 접대가 필요하다. 청나라 때 관료 사회에서는 이런 접대 풍속이 대단히 성행했다. 특별히 청나라 말엽에는 더욱 성행했다.

3. 오가는 손님 잘 접대하기 – 자기 경내를 지나는 상사나 권세 있는 이를 돌보는 일은 지방에서 근무하는 관리가 반드시 치러야 할 일상적인 과제이다. 여기에는 오는 손님 공손하게 맞이하며 편안한 잠자리를 마련하는 일은 말할 것도 없고 잔치를 베풀며 이들을 초대하고 함께 연극을 보러 가는 일, 떠날 때 드리는 여비까지 포함된다. 지방에서 근무하는 관리는 이 때문에 걸핏하면 하루를 바쁘게 보내다가 지쳐서 백성들을 돌볼 틈도 없다.
4. 관료 사회에서 이루어지는 수많은 접대는 사실상 돈 쓰기이다.
   가. 상사에게 예물 올리기 – 청나라 때 관료 사회에서는 아랫사람이 윗사람이나 윗사람이 근무하는 부서의 관리들에게 올려야 하는 예물에 대한 규정이 있었다. 새해를 맞거나 명절 때, 생일, 결혼, 득남 등 상사가 경사를 맞을 때, 아랫사람은 윗사람에게 예물을 올려야 한다. 직속상관일 경우에는 거의 매달 예물을 올리며 공경의 뜻을 드러내야 한다.
   나. 동료에 대한 접대 – 경사, 상사, 단배團拜, 공식 연회, 옛날에 함께 근무하던 이와의 만남, 승진이나 영전 등 동료 사이에 일어난 여러 가지 일들은 일반적으로 '추렴'을 통해 해결한다. 다시 말하면 모두가 얼마만큼의 돈을 내어서 일을 처리한다.
   다. 접대는 이런 저런 명목으로 돈 뜯기이다. 청나라 관료 사회와 일반 사회에서는 보편적으로 이런저런 명목으로 돈 뜯기가 성행했다. 바로 온갖 관계를 통하여 돈을 가진 이에게 재물을 요구했다. 이런저런 명목으로 돈을 뜯는 행위는 사실상 약점을 이용한 바가지 씌우기요 재물 갈취였다.

5. 관리들은 관료 사회에서 교제하며 접대할 때에 반드시 의복에 신경을 써야 한다. 상사를 만날 때에는 오래된 의복을 착용하고, 손님을 맞을 때에는 화려한 의복을 착용한다. 만약 하루 동안에 상사에게 인사도 올려야 하고 손님도 맞아야 한다면 서로 다른 관복을 입어야 한다. 상사를 만날 때 입을 옛 의복은 검소함을 드러내기 위해서이며, 손님을 맞을 때 입을 화려한 의복은 체면을 세우며 고귀한 신분을 드러내기 위함이다.

관료 사회에 이와 같은 활동이 이미 존재하는 이상 혼자만 이를 멀리할 수는 없다. 언제 잔치가 있고 언제 문상을 하는 등의 활동은 모두 관리가 겪어야 할 중요한 일이다. 또한 관료 사회에 막 들어온 하찮은 인물이 오랫동안 신경 써야 할 일이기도 하다.

옮기고 나서

이 책의 저자 천웨이晨未는 벼슬길에 오른 인물이 더 높은 자리로 올라가거나, 더 나은 곳으로 옮기거나, 그것도 아니면 남몰래 뒤로 들어오는 돈이 두둑한 이 자리를 온전하게 유지하기 위하여 지켜야 할 46가지 잠규칙潛規則에 대하여 실제 역사의 인물을 예로 들어 이야기를 펼친다.

'면후심흑面厚心黑', 곧 얼굴은 두껍기가 성벽과 같고 심보는 고약하기가 석탄과 같이 검어야 '영웅호걸'이 될 수 있다고 리쭝우李宗吾는 그의 저서 『후흑학厚黑學』에서 일관되게 주장한 바 있다. 독자들은 이 책을 통하여 벼슬길에 오른 인물이 더 나은 자리를, 더 높은 자리를, 그리고 남몰래 뒤로 들어오는 검은 돈이 더 많은 자리를 위하여 벌이는 '면후심흑'의 고약한 모습을 만나게 된다.

멀리 주나라 초기 강태공姜太公이나 가까운 청나라 말엽의 이홍장李鴻章은 이 책에 등장할 수밖에 없는 인물이다. 이들은 이 글의 저자가 손꼽은, 벼슬길에 오른 사람이 지켜야 할 잠규칙을 하나같이 잘 지켜

실천함으로써 오뚝이처럼 쓰러지지 않은 인물이 되었다. 스스로를 신격화한 강태공이나 제갈량의 모습을 보노라면 이제는 하나의 성어가 되어버린 '종남첩경終南捷徑'을 생각하지 않을 수 없다. 학식과 덕망이 높은 은자인 체 몸을 사리며 짐짓 저자와 멀리 떨어진 곳에 살고 있지만, 사실은 세상 돌아가는 일에 온 신경을 집중시킨 채 자기를 불러주기를 고대하는 인물은 예나 이제나 곳곳에 널려 있다.

그래서 먼 옛날은 지나간 시간이 아니라 언제나 바로 지금이다. 가만히 살펴보면 이 책에 등장하는 인물은 죽지 않았다. 여기에 등장하는 인물은 모두 중국인이지만, 그들은 이제 다시 살아나 한국이라는 무대에서 그가 벌였던 연기를 다시 연출하고 있는 듯하다. 아마 독자들은 나라가 바뀌고 황제가 바뀌어도 벼슬길의 '잠규칙'을 실천하면서 몇 대에 걸쳐 큰 벼슬을 했던 '풍도馮道'를 보며 양복에 넥타이 매고 무대에 오른 또 다른 '풍도'를 머릿속에 떠올릴 수 있을 터이다. 또한 나라의 안위에 앞서 먼저 자신의 안위를 생각하며 윗사람 비위 맞추기에 온 힘을 쏟았던 '이홍장李鴻章'을 보며 오늘 우리나라의 누군가를 머릿속에 떠올릴 수도 있을 터이다.

이 책에서는 청렴하고 공정한 일처리로 역사에 이름을 올린 양진楊震이라는 인물도 나온다. 선물이 아니라 뇌물임에 분명한 황금 10근을 물리치며 '네가 알고 내가 알고 하늘이 알고 땅이 안다.'며 일갈한 그의 얼굴이 떠오른다. 그의 얼굴은 단호했을 것이며 그의 목소리는 낮았지만 가을날 찬 서리처럼 힘차고 엄했을 것이다. 이런 인물이 지금 이 땅에 없을 리 없다. 독자들은 이 땅에 살아 있는 이런 인물을 머릿속에 떠올릴 수 있다.

그러나 이 책 속에 등장한 역사의 인물들이 벼슬길에서 벌이는 행동은 후배들에게 주는 깨우침일 수 있다. 그런 점에서 이 책을 읽는 독자들은 깊이 생각하며 가려 읽어야 할 것이다.

세사에 얽매임 없이 내몽골 초원에서 유유자적하게 생활하며 학문에 깊이 빠져든 저자의 의도를 허무는 글이 될세라 옮긴이로서 두려운 마음이다. 독자 여러분 앞에 종아리를 내민다. 질정 바란다.

이번에도 이 책이 세상에 나오기까지 '인간사랑' 식구들에게 큰 힘을 입었다. 진심으로 감사를 드린다.

2016년 여름

이기홍

관리의 비밀
–중국 역사에 나타난 관리들의 생존법

발행일 1쇄 2016년 11월 30일
지은이 천웨이晨未
옮긴이 이기흥
펴낸이 여국동

펴낸곳 도서출판 인간사랑
출판등록 1983. 1. 26. 제일-3호
주소 경기도 고양시 일산동구 백석로 108번길 60-5 2층
물류센타 경기도 고양시 일산동구 문원길 13-34(문봉동)
전화 031)901-8144(대표) | 031)907-2003(영업부)
팩스 031)905-5815
전자우편 igsr@naver.com
페이스북 http://www.facebook.com/igsrpub
블로그 http://blog.naver.com/igsr
인쇄 인성인쇄 **출력** 현대미디어 **종이** 세원지업사

ISBN 978-89-7418-762-0 03910

이 도서의 국립중앙도서관 출판시도서목록(CIP)은 서지정보유통지원시스템 홈페이지(http://seoji.nl.go.kr)와
국가자료공동목록시스템(http://www.nl.go.kr/kolisnet)에서 이용하실 수 있습니다.(CIP제어번호: CIP2016026805)